NELSON PEREIRA DA COSTA

# PROBLEMAS DO EMPREENDEDOR

## As questões Relevantes do Mundo dos Negócios

EDITORA
CIÊNCIA MODERNA

**Editor:** Paulo André P. Marques
**Produção Editorial:** Dilene Sandes Pessanha
**Capa:** Daniel Jara
**Diagramação:** Daniel Jara
**Copidesque:** Equipe Ciência Moderna



## FICHA CATALOGRÁFICA

***COSTA, Nelson Pereira da.***

***Problemas do Empreendedor: As Questões Relevantes do Mundo dos Negócios***

Rio de Janeiro: Editora Ciência Moderna Ltda., 2024.

1. Administração – Organização de empresas
I — Título

ISBN: 978-5842-313-3
CDD 658

**Editora Ciência Moderna Ltda.**
**R. Alice Figueiredo, 46 – Riachuelo**
**Rio de Janeiro, RJ – Brasil CEP: 20.950-150**
**Tel: (21) 2201-6662/ Fax: (21) 2201-6896**
E-MAIL: LCM@LCM.COM.BR
WWW.LCM.COM.BR

**01/24**

*A*
*Leda Maria*

*Minha primeira esposa, mãe de meus filhos,*
*que sempre se preocupou com a minha*
*saúde, tendo palavras de conforto*
*e de esperança.*

# Prefácio

A ideia, às vezes, generalizada que temos é a de que os presidentes de grandes empresas, grupo seletíssimo, têm respostas para todas as perguntas e problemas do mundo corporativo. Como não é bem assim, se faz necessário que estes dirigentes reciclem os seus conhecimentos, ou ainda, que avancem para novos cursos de pós-graduação. Mas, um dos problemas apontados por escolas e profissionais de recursos humanos é a proliferação destes cursos.

Umas poucas letras (MBA, MSc, MA, PhD) antes ou depois do nome são encaradas como uma razoável comprovação de que sabem, fazem e dizem. Isto é verdade? Infelizmente, não. Muita gente acha que um MBA (Master of Business Administration) é, seguramente, um especialista do campo da Administração. No entanto, até as palavras por trás dessas letras mágicas não têm essa implicação. A administração de empresas soa um tanto vulgar e seu conceito é meio estático. Podemos fazer administração sem estarmos, necessariamente, fazendo negócios.

Isto não quer dizer, é claro, que o detentor de um diploma de MBA não possa ser um administrador líder. Teoricamente, a percentagem de administradores líderes em potencial entre os MBAS deveria ser similar à de líderes entre homens de negócios, com o mesmo tempo de experiência empresarial. Na realidade, os MBA's, tomados como grupo, produzem menos administradores empreendedores, porque têm de superar sua concepção inicial de que as empresas se fazem com números e não com pessoas qualificadas.

Mas, esse aspecto é apenas o começo, porque tanto os números quanto as regras estão sujeitos a mudanças, quando precisamos enfrentar a grande variável chamada: Recursos Humanos. Por quê? Porque a qualidade está nas pessoas, assim como o conhecimento para resolver problemas é, aliás, um conceito de inteligência. A qualidade de um produto está em quem consome e não em quem fabrica, inspeciona ou controla.

Atrelada à crescente dependência de planejadores que de executores, vem a enorme mudança resultante do avanço rápido da Informática. Neste campo, a ênfase tem ficado com as quantidades, que aparentemente representam uma verdade superior, por saírem de uma máquina maravilhosa, chamada computador. E logo nos esquecemos da primeira lei da computação: Entra lixo sai lixo.

Quando as vendas despencam, os lucros cessam, os preços variam, os custos sobem, as empresas recorrem aos dirigentes pragmáticos e experientes para resolver os problemas. A chave da solução não está em bem produzir, vender e distribuir, mas na arte de descobrir, definir, diagnosticar e resolver problemas.

Saber ler o cenário, antecipar as possíveis situações futuras e estar adiante do seu tempo são o que caracteriza o administrador que tem visão estratégica.

Não adianta uma montanha de títulos para aqueles que não possuem habilidades gerenciais, exatamente, aquelas que dizem respeito a trabalhar e otimizar os recursos da organização.

*Problemas do Empreendedor* é um livro que aborda muito mais as origens do que as soluções, já que estas são próprias de cada pessoa, grupo, empresa, organização, sociedade, estado. Mesmo assim, acredito que este projeto de livro ajudará o leitor a entender que os problemas existem desde o momento em que nascemos até a nossa morte.

É difícil viver num mar de tranquilidade. Portanto, devemos estar mais bem informados e preparados para enfrentar surpresas desagradáveis, porque só os tolos são confiantes e a única certeza que temos é a incerteza.

Vale, neste momento, recomendar a leitura do Livro "Antologia do Empreendedor", publicado por esta mesma Editora. Este livro aborda diversos temas que podemos considerar problemas do mundo corporativo.

Esses temas, sempre presentes em nossa vida empresarial são, por exemplo: cenário, ambiente, globalização, economia, mercado, varejo, burocracia, negócio, segmentação, exportação, objetividade, expectativa, motivação, personalidade, comunicação, relações pessoais, perfeccionismo, comportamento, objetivo, feedback, mudança, psicologia, relações humanas, adaptação, flexibilidade, status, preço, novo produto, cor, marca, contabilidade, consumidor, embalagem, inovação, projeto, propaganda, produto, empresa, responsabilidade, administrador, paradigma, gerência, profissão, administração, habilidade, fracasso, organização, imagem, lucro, terceirização, empreendedor, parceria, empresário, transparência, resultado, padrão, valor, informação, desperdício, tecnologia, automação, tempo, modelo, experiência, internet, dado, gráfico, símbolo, pesquisa, ouvir, decidir, consumidor, mensagem, controle, planejamento, qualidade, relatório, delegação, liderança, mudança, produtividade, franquia, vendedor, estoque, marketing, venda, negociação,, serviço, sistema de informação, transporte, estrutura, cargo, poder, estratégia, concorrência, reengenharia, assessoria, percepção, educação, estudar, conflito, complexidade, desenvolvimento, linguagem, leitura, energia, aperfeiçoamento, sucesso, ensino

O principal objetivo deste livro é mostrar a diferença entre enfrentar, mesmo com garra, esforço e denodo, o problema e estar preparado para o mesmo, tendo consciência de todas as dificuldades que aparecerão, função do cargo ocupado na estrutura organizacional da empresa.

Este livro foi estruturado em nove capítulos, cujos objetivos são os seguintes:

**Capítulo 1 – Problema:** Mostrar a dificuldade de se definir o que seja um problema, já que tudo parecer como tal.

**Capítulo 2 – Problemas Organizacionais:** Mostrar os mais importantes problemas existentes nas corporações, explicando como os mesmos acontecem.

**Capítulo 3 – Problemas Administrativos e Gerenciais:** Mostrar os mais importantes problemas que prejudicam a ação administrativa e a gestão dos recursos.

**Capítulo 4 – Problemas Mercadológicos:** Mostrar que ambiente (mercado, governo), em que está inserida a empresa, é determinante para o surgimento de, mais ou menos, problemas na comercialização dos produtos.

**Capítulo 5 – Problemas Empresariais:** Mostrar que a empresa é uma concessão do estado e que, portanto, o empreendedor/empresário terá de se pautar por um modelo de organização que atenda a sociedade e suas mudanças, como também de rentabilidade dos recursos investidos.

**Capítulo 6 – Problemas das Funções Organizacionais:** Mostrar que tais problemas surgem devido à incapacidade da organização em criar órgãos que justifiquem sua existência e lhes discipline a ação administrativa.

**Capítulo 7 – Problemas das Funções Administrativas:** Mostrar que estes problemas são frutos da falta de uma coordenação efetiva que envolva estas funções, sob a forma de um processo.

**Capítulo 8 – Problemas com Tempo:** Mostrar como as pessoas utilizam o tempo de maneira errada, não considerando que o tempo é um recurso inelástico.

**Capítulo 9 – Problemas Resolvidos:** Mostrar exemplos de problemas resolvidos, a fim de apresentar métodos de solução.

Gostaria de manifestar meus agradecimentos a todos aqueles que me ajudaram, direta e indiretamente, a levar adiante este projeto, que consumiu tempo de vida, nas idas e vindas de infindáveis leituras, numa atitude performática, às vezes, não muito pragmática, mas que ao término deste período me fez feliz por ter tornado útil esse tempo e também sentir como se fosse uma obrigação cumprida.

Não poderia, também, deixar de agradecer as contribuições que tive do meu filho, Alexandre. Infelizmente não mais entre nós.

*Nelson Pereira da Costa*

# SUMÁRIO

# Introdução

Quando falamos que estamos numa época de mudanças e instabilidades pode parecer prosaico e é, pois sempre houve mudança e instabilidade desde que o mundo é mundo. Contudo, na aldeia cada vez mais globalizada, em que vivemos, as soluções dos problemas devem ser efetivas, isto é, eficientes, eficazes e velozes, e para tal precisamos de opções diferentes.

À medida que os administradores se orientam para o campo do diagnóstico e da decisão, maior a necessidade de se fundamentar em ideias, conceitos, leis, princípios, teorias e valores que lhes permitam orientar e balizar seu comportamento e que, obviamente, influenciará todo o resto do grupo, num ambiente cada vez mais complexo e mutável.

Temos presenciado transformações econômicas, políticas e sociais decorrentes da utilização de recursos informáticos em nível mundial. A partir da década de 1970, temos observado o deslocamento da hegemonia do paradigma industrial para o paradigma da informação, baseado na utilização de supertecnologias.

Simultaneamente há uma diminuição do custo dos equipamentos de processamento de dados e a sua disseminação, no âmbito da sociedade, tem crescido o interesse dos usuários, não só pelos aplicativos, mas também pela tecnologia, tornando-os mais exigentes.

O novo paradigma propõe uma sociedade automatizada e informatizada, com fundamento nos avanços da microeletrônica, mecatrônica, robótica, laser, fibras óticas, meios densos. Tal modelo impõe problemas administrativos, econômicos, financeiros, políticos e sociais.

O sistema educacional produz, certamente, uma verdadeira horda de administradores com indiscutíveis talentos, mas são talentos que não se integram ao clima organizacional. Esses profissionais estão sempre dispostos a estudar, a analisar e a definir o problema. Estão sempre imersos numa atmosfera de especialização, racionalidade, padronização, otimização, produtividade, eficiência e qualidade total. São altamente analíticos. Estão sempre insistindo em projetos e metas rigorosamente objetivos.

Poderão ter sucesso, em algumas organizações, se forem bons em simplesmente fazer exposições para o conselho de direção ou em redigir planos estratégicos. A tragédia é que esses talentos carecem de visão holística. Procuram cobertura para decisões menos transparentes e, com frequência, falham miseravelmente quando precisam ser eficazes. Quer dizer dar lucro à empresa.

A capacidade de resolver problemas faz parte do mundo acadêmico. Selecionar o problema a ser tratado faz parte do mundo corporativo. Por isso, vale a máxima de Abraham Lincoln: "Se pudéssemos saber, em primeiro lugar, em que ponto nós estamos e até que ponto avançar, estaríamos em melhores condições, para julgar o que fazer e como fazer".

Quando conseguimos definir um problema estamos a meio caminho da solução, mas, às vezes, a dificuldade em descobri-lo é um entrave para empreendedores.

Um outro aspecto a ressaltar é a capacidade para diagnosticar problemas, que é conseguida ao longo do tempo, nas diversas decisões que se tem de tomar na vida. Quando não mais prevemos ou descobrimos problemas, isto quer dizer que perdemos a capacidade de observação. Pior, é quando não assumimos mais as questões corriqueiras e fugimos delas.

Os problemas sempre existirão e demandarão soluções. A chave de tudo isso é a simples utilização das funções administrativas, principalmente, pesquisa e análise dos dados, fenômenos e fatos existentes, a fim de minimizar os riscos e buscar soluções inteligentes.

O célebre professor de marketing da Universidade de Harvard, Theodore Levitt, afirmou: "Os planejadores costumam construir complicadas árvores de decisão, cuja presunção a qualquer utilidade só é superada pelo temor reverencial com que os melhores gestores se submetem as muitas pessoas que, durante toda a sua vida, tiveram como objetivo único e supremo a manipulação de números".

O problema, porém, não é que as empresas não devam planejar suas atividades. Muito pelo contrário, certamente que devem planejá-las, e bem, desde que o planejamento não seja um fim em si mesmo.

Durante muitos séculos, desenvolveram-se fórmulas e modelos matemáticos bastante elaborados capazes de predizer com grande precisão os eventos astronômicos baseados na Teoria de Ptolomeu. Só quando Copérnico e Kepler descobriram que as fórmulas funcionavam muito mais facilmente quando a Terra era substituída pelo Sol, como centro do universo, é que teve início um dos casos mais célebres de mudança de paradigma.

Como o Sol já não é mais nosso referencial astronômico, pode-se dizer que os paradigmas mudam e que não são tão exatos como parecem ser, quando edificados. Portanto, problemas e soluções dependem de um referencial contemporâneo e que seja aceito pela maioria do público envolvido.

Assim, é preciso refletir seriamente e entender que a busca da solução não deve ser apenas um instrumento de resposta, mas uma ferramenta pautada no entendimento entre as pessoas, que dão valor a métodos, técnicas, práticas, princípios, leis, teorias, premissas, processos, procedimentos, regras, rotinas, ações, filosofias, políticas, diretrizes, programas, planos, funções, estratégias, táticas, fórmulas, demonstrações, metodologias.

É sempre bom lembrar, àqueles que são pragmáticos demais e que só dão solução ao problema quando este se apresenta, a frase de Kurt Lewin: "Nada é mais prático de que uma boa teoria".

# Capítulo 1

# PROBLEMA

*"A definição, análise e resolução de problemas são tão importantes quanto planejar e estabelecer estratégias."*

Robert Heller

## Objetivos do Capítulo

- Mostrar a dificuldade de se definir o que seja um problema, já que tudo parece como tal.
- Mostrar algumas considerações sobre problemas.
- Mostrar uma metodologia de tratamento de um problema.
- Mostrar os principais tipos de problema e ferramentas de solução.

## 1.1 Conceito de Problema

Problema pode ser considerado como uma situação que exige busca e solução. Esta resposta pode alterar um processo, uma decisão, uma realidade, um objetivo, uma estratégia, uma política, um procedimento, um plano e um projeto, por exemplo.

Chiavenato admite que "um problema acontece quando encontramos uma discrepância entre o que é e o que deveria ser". Hampton afirma que "a mola que aciona o processo decisório é a consciência de que existe um problema".

Assim, um problema (questão) é algo (situação, dificuldade, necessidade) não resolvido, que pode causar discussão, constrangimento, conflito, hesitação, perplexidade, por difícil de explicar ou de solucionar, em qualquer campo do conhecimento, e que merece um estudo aprofundado. É a partir da capacidade de reflexão crítica, a respeito dos problemas, que o administrador procura interpretar e descobrir as suas causas e efeitos.

O fracasso na resolução de um problema vai revelar em que pontos se acham as dificuldades e as condições mínimas que uma solução deve satisfazer. Albert Einstein afirmou: "Na ciência não é tão importante resolver os problemas como bem formulá-los".

Tomada de decisão e problema andam juntos, mas são diferentes, porque a decisão está intimamente ligada à solução de um problema, comprometendo-se com uma alternativa específica. É importante ressaltar o fato de que um problema não é a ausência de solução, pois existem problemas legados pelos povos antigos que, até hoje, não encontramos solução.

Os gregos descobriram que os problemas nunca são resolvidos e sim transferidos para outros. Assim, por exemplo, a redução de custos de uma empresa fez com que a mesma dispensasse mão de obra, isto é, ela transferiu o seu problema para os funcionários demitidos.

O empreendedor se defronta com problemas, cada vez mais, diferentes e complexos. Sua atenção será disputada por eventos e por grupos situados dentro e fora da empresa, que proporcionarão informações contraditórias; complicarão a sua diagnose, o seu diagnóstico e a sua visão de solução do problema.

Cabe, aqui, um esclarecimento sobre a confusão que até autores consagrados fazem de diagnóstico, diagnose e sintoma:

- Diagnose – É a caracterização da problemática, isto é, conjunto de problemas relativos a um mesmo assunto questão.

- Diagnóstico – É o caminho que resolve, mesmo que temporariamente, o problema, através de hipótese(s) de solução.
- Sintoma – Um sintoma é um desvio do comportamento de um sistema àquilo que se considera normal. Custos mais baixos do que os normais são um sintoma e não algo errado; indicam uma mudança no sistema.

Os problemas são gerados em todos os níveis da organização. Eles são muitos a exigir soluções, tais como: Onde localizar fábricas? Como desenvolver programas, políticas e planos? Qual o melhor canal de distribuição? Qual política de preços adotar? Qual nível de estoque manter? Como aumentar as vendas? Como enxugar custos? Qual a melhor campanha de divulgação do produto, da marca e da imagem?

## 1.2 Definição do Problema

Não é o bastante que tenhamos consciência de uma dificuldade. Necessário se faz que nos aprofundemos nela, tentando compreender mais bem a sua natureza e seus elementos constituintes. Esta etapa é muito importante para o sucesso da solução, pois dela dependerá, em grande parte, a delimitação do problema.

Se o empreendedor é incapaz de traduzir a sua dificuldade em termos de um problema explícito e definido, ele também será incapaz de realizar uma análise a contento. Na prática, é comum se observar uma atitude apressada por parte dos iniciantes em negócios.

A definição do problema constitui o passo mais difícil de uma decisão (pesquisa), porque é muito comum se confundir sintoma com problema. Os pesquisadores precisam trabalhar com uma definição concreta do problema a ser resolvido, porque ela guiará o processo de solução. Antes da definição do problema existe uma etapa que é o reconhecimento do problema.

A dificuldade que tem o indivíduo em ler o cenário (entenda-se identificar problemas) pode estar associada à falta de: conhecimento, sistemas de informação, dados, métodos, modelos, gráficos, diagramas, políticas e registros históricos, por exemplo.

A definição clara e precisa do problema representa um investimento em tempo e, às vezes, em recursos, cuja utilidade é, frequentemente, subestimada, com desastrosas implicações. O objetivo básico da definição do problema é obter uma ideia preliminar, geral e sistêmica da questão, da mudança, do impasse, do conflito, da desmotivação.

As perguntas básicas são: Quê? Quem? Como? Quando? Quanto? Por quê? Onde?

A primeira coisa a fazer é descobrir as causas do problema para bem defini-lo. Em outras palavras, é necessário definir bem claramente o que está errado e o que deve ser corrigido, ou o que é necessário criar para preencher uma lacuna ou finalidade específica. Não se trata ainda de dar detalhes sobre como ou o que fazer, mas sim de permitir uma visão da situação atual e de suas deficiências, se for o caso.

Em resumo, é uma tomada de posição que formará, junto com os objetivos, um conjunto de razões que justificam encarar a situação como um problema que merece uma solução.

## 1.3 Considerações sobre Problemas

A seguir, algumas considerações que ajudarão a mais bem conceituar o que seja problema:

**Responsabilidade de Assunção –** É importante não fugir dos problemas, pois eles sempre existirão. Alguns crescem de tal monta que se tornam insolúveis. A resolução rápida, mesmo não sendo a melhor, desde que não seja uma imprudência, verdadeiro salto no escuro, é mais eficaz do que a pesquisa mais sofisticada ou um processo decisório muito mais elaborado, todavia demorado.

O dirigente não pode fugir aos problemas dizendo que o tempo é o melhor remédio, como a frase conhecida: "Deixa estar para ver como vai ficar". Ele deve enfrentar a situação e procurar decidir rapidamente, buscando a melhor solução, o que é obrigação intransferível de qualquer empreendedor.

**Dificuldade de Diagnosticar –** A capacidade de diagnosticar exige da pessoa a leitura do cenário, não só para si, mas também para o grupo ao qual pertence. Esta capacidade é adquirida ao longo do tempo, em função do acurado poder de observação. Ela serve para diagnosticar problemas, sendo um pré-requisito da tomada de decisão.

Algumas pessoas, porém, parecem viver nas nuvens, evitando o contato com a realidade coletiva e deixando de perceber os problemas a seu redor. Em casos extremos isto pode levar à alienação ou negação da capacidade de observação.

De todos os desperdiçadores de tempo, a dificuldade de diagnosticar problemas é o mais grave, pois suas raízes estão nos fatores internos (emocionais) e externos (ambientais), exigindo um trabalho sistemático e profundo de análise e avaliação.

**Formulação –** A formulação do problema indica exatamente qual a questão que se pretende resolver. Formular o problema consiste em dizer de maneira explícita, clara, compreensível e operacional qual a dificuldade com a qual nos defrontamos e que pretendemos resolver, limitando o seu campo e apresentando suas características. O objetivo é tornar o problema individualizado, específico e inconfundível.

**Hierarquização –** Você terá de selecionar o que deve ser analisado (pesquisado, estudado), para não perder tempo com o que não é essencial. Deverá analisar, determinar e responder aquilo que for imprescindível através de hierarquização racional, definindo o trabalho mais importante.

É necessário saber quais os problemas que podem ser adiados ou contornados. Embora possa parecer desídia, aplicar a técnica da negligência calculada pode dar resultado, isto é, não destinar tempo àquilo que não precisa ser feito.

**Limites –** O ambiente empresarial (corporativo, organizacional, unidade de negócio) não é um conjunto estável, uniforme e disciplinado, mas um conjunto bastante dinâmico em que atua, constantemente, grande quantidade de forças, de diferentes dimensões, natureza e direção, e que muda a cada momento, tendo em vista a interação das mesmas. Tudo dentro de limites estabelecidos pelo sistema, onde cabem suas operações.

A análise feita acima se aplica aos limites de um problema, a fim de que os empreendedores não se percam no rumo da solução. Como os limites são identificados por seres humanos, os mesmos estão sujeitos à subjetividade. O entendimento do problema estará em função das informações coletadas e seus meios de busca. Mas estas informações são interpretadas, em função do nível de percepção da pessoa.

Assim, é difícil dizer se a interpretação é a melhor possível. É importante observar que os limites do problema são fundamentais para a própria resolução do mesmo, tendo em vista que o administrador poderá estar dando respostas incongruentes ao tamanho verdadeiro do problema.

Quanto menor for a questão maior a facilidade de solução e vice-versa.

**Causas –** Um problema para existir precisa de uma causa (origem), que está diretamente associada ao efeito. Mas, nem todo efeito é um problema, pois pode ser algo favorável. As principais causas de problema, podem ser, por exemplo: Falta de Conhecimento; Comportamento Inadequado; Excesso de Aplicação de Métodos e Técnicas; Falta de Saúde; Falta de Metodologia; Falta de Habilidade; Excesso de Preciosismo; Falta de Atenção; Falta de Recursos; Falta de Ferramentas de Gestão.

## 1.4 Tratamento do Problema

A habilidade de resolver problemas pode ser conceituada como aquela facilidade que a pessoa tem para definir, estruturar e questionar o problema, determinando as variáveis e hipóteses que levam a solução. O gerente, se possuir uma base matemática, terá mais condições para transformar as hipóteses em um sistema de equações. É uma habilidade que será maior, em função do trato com números e suas relações quantitativas e qualitativas.

No tratamento de um problema é bom estabelecer relações entre: fatos, fenômenos, variáveis, acontecimentos e pessoas. É muito comum se associar um sistema para gerenciar a solução de um problema. Esta premissa não é totalmente falsa, pois tudo pode ser considerado como um sistema.

O Quadro, a seguir, mostra exemplos de alternativas de decisão para problemas que o empreendedor encontrará nas etapas de construção de um negócio.

| Etapas | Problemas | Alternativas de Decisão |
|---|---|---|
| Instalações | Tamanho da Fábrica | Uma grande fábrica; várias fábricas menores. |
| | Localização | Junto aos mercados consumidores; junto aos mercados de recursos. |
| | Recursos | Comprar; alugar; vender. |
| Equipamentos | Tecnologia | De uso geral; especializada; transitória. |
| Produção | Produto | Fabricar; comprar. |
| | Controle | Grande; regular; adequado; pequeno. |
| | Material | Alto nível de estoque; baixo nível de estoque; estoque just-in-time; estoque de segurança. |
| | Qualidade | Qualidade total; padrões; qualidade assegurada. |
| Mão de Obra | Supervisão | Cerrada; branda; democrática. |
| | Treinamento | Programado; não programado; constante. |
| | Especialização | Alta; média; baixa. |
| | Horas Trabalhadas | Normais; extras; incentivadas. |
| Produto | Linhas de Produtos | Muitas; poucas. |
| | Novo Produto | Poucas alterações; muitas alterações. |
| | Risco Tecnológico | Processos já utilizados; processos não testados. |

**Quadro 1.1**: Exemplos de Alternativas de Decisão.

A filosofia é a orientação que fundamenta a ação administrativa na resolução de problemas, porque ela é um modo de se posicionar diante do mundo. Ela tem por finalidade estabelecer uma forma de compreensão e transmissão da realidade comum. Por isso, os agrupamentos humanos sobrevivem se tiverem alguma orientação filosófica. A filosofia tem a utilidade de orientar e explicar os atos e fatos do cotidiano.

Um método de solução de um problema pode ser:

- Defina o problema, o que ocorreu, onde e quando.
- Tente determinar suas causas.
- Dimensione o efeito negativo do problema.
- Reveja registros históricos, relatórios, regras, manuais, regulamentos e costumes da organização.
- Verifique as pessoas interessadas e afetadas.
- Colha sentimentos, informações e opiniões.
- Classifique e organize as informações.
- Faça uma previsão do que poderá acontecer, se o problema não for solucionado e se a situação exige uma solução breve.
- Verifique se existem políticas e procedimentos que resolveu problema semelhante, no passado.

- Prescreva um sistema que leve a um processo geral de solução do problema.
- Faça comparações com modelos de solução existentes no mercado.
- Verifique se a organização, ou você, tem recursos para solucionar o problema.
- Ligue os fatos entre si, examine relações.
- Não tire conclusões apressadas.
- Redefina o problema, caso necessário.
- Estabeleça variáveis que não excedam ao número de equações e vice-versa.
- Analise e avalie soluções possíveis.
- Procure a solução mais simples, otimizando os recursos disponíveis.
- Verifique o que pode sair errado e quais as reações que a solução provocou.
- Verifique se a solução deve ser posta à prova e se há necessidade de ajuda.
- Faça um esboço final.
- Convença seu pessoal, obtenha aprovação.
- Escolha a oportunidade de aplicar a solução.
- Faça um relatório para aprovação superior.
- Implemente e comunique a solução.
- Estabeleça prazo e número de verificações.
- Detecte problemas imprevistos, reveja a solução e comunique quais mudanças são necessárias.
- Verifique os resultados da solução aplicada.
- Verifique se surgiram outros problemas secundários.

Problemas não resolvidos devem constituir desafio permanente para o ser humano. Uma decorrência desse comportamento, relacionada à abertura e à busca de novos elementos, ocasionou o surgimento de um novo ramo da ciência: a heurística, ou ciência da descoberta. Ainda incipiente, a heurística vai, pouco a pouco, alcançando repercussão e conseguindo formar-se como ramo da ciência, ou, pelos menos, como ciência acessória. Ciência cujo método é o da tentativa e erro, até que a solução apareça.

## 1.5 Classificação dos Problemas

É muito difícil classificar os problemas já que estes existem sob todas as formas, porque tudo na vida pode ser considerado um problema. Assim, consideraremos a seguinte tipologia:

**Quanto ao Tempo:**

Problema Importante – Problema que precisa ser solucionado de forma mediata.

Problema Urgente – Problema que requer uma solução imediata.

**Quanto à Definição:**

Problema Estruturado – Problema que é claramente definido, tendo suas variáveis conhecidas.

Problema Não Estruturado – Problema que não é claramente definido, onde não há variáveis, ou, ainda, se existem, são pouco confiáveis.

**Quanto ao Âmbito:**

Problema Geral – Problema onde os limites não são claros.

Problema Específico – Problema onde os limites são definidos.

**Quanto ao Contexto:**

Problema Organizacional – Problema relativo a processos de melhoria do desenvolvimento e progresso da organização.

Problema Comportamental – Problema relativo à interação e integração das pessoas e seus conflitos.

Problema de Mercado – Problema que aborda preços, produtos, inovações, concorrentes, recursos e quantidades negociadas.

Problema Ambiental – Problema trazido do meio (ambiente externo) que compromete a organização. Os problemas de mutabilidade do ambiente estão relacionados às variáveis que afetam as atividades. Assim, o ambiente onde a tarefa é realizada estará, em função da concorrência, das agências governamentais (reguladoras), dos fornecedores de recursos, dos consumidores, da mudança organizacional, das previsões de venda, das demandas de mercado, das inovações de produtos e processos, das novas tecnologias, das incertezas, das turbulências, das contingências, por exemplo.

Não há como afastar o problema da mutabilidade, porque, cada vez mais, os cenários serão diferentes e cambiantes, levando a sociedade para o conflito. Infelizmente, não há como fugir

Problema em Família – Problema onde são tratadas as relações entre parentes, herdeiros e sucessores, que trabalham na organização, como dirigentes da mesma, donos ou não. Uma empresa da qual participam numerosos membros de uma família, com variadas idades e relações entre si, muitas vezes, se desintegra por questões de domínio e sucessão.

Problema da Ação Governamental – Problema que trata das regulamentações e intervenções do Estado nas empresas/organizações. Os problemas governamentais surgem devido à ingerência exagerada que o governo tem sobre a iniciativa privada, tais como: alta tributação; falta de controle da poluição e desmatamento; juros de crédito elevados; burocracia; insegurança; tratamento igual para grandes e pequenos; regulamentação excessiva; custo pais; corrupção; infraestrutura; gastos públicos; política fiscal; legalização da empresa em vários órgãos de governo; impedimentos quanto ao horário de funcionamento; mecanismos de recolhimento cada vez mais complicados; políticas de padronização excludentes; contratos de parcerias; estrutura judicial e tantos outros.

Problema Empresarial – Problema que envolve a missão, os objetivos e os resultados da empresa, visando a sua sobrevivência.

Problema de Gestão – Problema relativo aos processos de gerenciamento e otimização dos recursos da organização.

**Quanto às Funções Organizacionais:**

Problema Financeiro – Problema relativo à: capital próprio, liquidez, capital de giro, orçamentos, credores, caixa, câmbio, financiamento, contabilidade.

Problema de Marketing – Problema relativo à: marca, relações com consumidores, nichos de mercado, estratégias de divulgação do produto.

Problema de Produção – Problema relativo à: custo, produtividade, compra de matérias-primas e insumos, movimentação de materiais e produtos, distribuição, armazenagem, refugos, prevenção de acidentes, ambientes de produção, controle de estoques.

Problema de Venda – Problema relativo à: preço, carteira de pedidos, devoluções, cancelamentos, turnover de vendedores.

Problema de Logística – Problema relativo à: distribuição física de produtos, movimentação e fracionamento de cargas, meios (canais) de transporte e embarque.

Problema de Material – Problema relativo à: movimentação, armazenamento, distribuição, conservação, contabilidade, compra, suprimento, transporte, inventário.

Problema de Sistema – Problema relativo à: complexidade, abordagem, entropia, limites, atuação, interfaces, adaptação, ambiente.

Problema de Informática – Problema relativo à: utilização, finalidade, filtro, distorção, tratamento, segurança, valor, fonte, uso, engenharia, qualidade usuário, administração, fluxo e necessidade da informação.

Problema de Serviço – A insatisfação com o serviço gera um problema. É importante, de imediato, determinar sintomas que poderão vir a ajudar na prevenção dos problemas de serviço. Alguns sintomas podem ser observados, tais como:

- O serviço contém desvios de requisitos, especificações, procedimentos e preços?
- O serviço possui recursos para corrigir suas falhas?
- A gerência de serviços fornece padrões de desempenho e treinamento adequados?
- A direção da empresa admite uma parcela de responsabilidade pelo problema causado?

Problema de Desenvolvimento – Problema relativo à: criatividade, inteligência, conhecimento, percepção, educação, aprendizagem, treinamento, instrução, inovação, observação, perfeccionismo, personalidade, especialização.

Problema de Segurança – Problema relativo à prevenção de: acidentes, roubos e incêndios.

Problema de Manutenção – Problema relativo à: rendimento, produtividade, falha, quebra, deficiência, correção, desvio, custo, ruído, interrupção e reposição de: máquinas, equipamentos e instalações.

Problema de Tecnologia – Problema relativo à: treinamento, usuário, produção, compra, implantação, aplicação, desenvolvimento, atualização, investimento.

Problema Social – Problema relativo à responsabilidade da organização para com o ambiente, sociedade, empregados, consumidores, usuários, pacientes, fornecedores, parceiros, setores da economia, mercados, governos.

Problema de Qualidade – Começa-se a entender que qualidade tem um preço e esse pode ser alto quando, por arrogância ou pretensão, decidimos fazer qualidade por conta própria, sem consultar nosso público-alvo sobre aquilo que lhe beneficia ou adiciona valor aos produtos que consome. De nada adianta investir em recursos, treinar pessoas, mudar processos, se esse investimento não tornar nossos produtos mais bem conhecidos.

É ingênuo supor que qualidade é apenas uma questão de fazer melhor, cortar defeitos ou se esforçar mais. Tudo isso pode resultar em nada sem um esforço coordenado e dirigido para alcançar nossos clientes, em tudo que puder beneficiá-los, a custos que possamos suportar.

Qualidade é uma opção racional de quem reconhece no cliente a importância da função e do negócio. Sem consumidores não haverá negócios. Negócio sem qualidade não consegue consumidores. Portanto, que cada um cuide dos seus clientes e comece a fazer aquilo que não é novo, não foi inventado e nem depende de programas de governo.

**Quanto às Funções Administrativas:**

Problema de Planejamento – Problema relativo a desenvolvimento, implementação e implantação de: um projeto, um programa, um plano, uma pesquisa.

Problema de Direção – Problema relativo a: delegação, coordenação, liderança, relação com subordinados, comando, tomada de decisão, resolução de problema.

Problema de Controle – Problema relativo a: desvio, análise, avaliação, desempenho, feedback, padrões, grau conveniente de controle.

Problema de Organização – Problema relativo a: desperdício, racionalização, gargalo, documentação, arquivo.

Problema de Comunicação – Problema, em grande parte, relativo ao canal (meio) em que a comunicação é realizada, envolvendo os níveis de percepção do receptor e do transmissor, bem como os recursos tecnológicos aplicados.

Problema de Pesquisa – O maior problema da pesquisa é a representatividade da amostra e do universo estudado. Pode-se, ainda, apontar a metodologia da coleta de dados, a entrevista, o questionário, o pesquisador, a leitura e análise de documentos, as observações e estimativas.

É muito fácil que uma empresa fique tão envolvida num mercado ou num setor da economia que não seja capaz de considerar todo o mercado (visão holística) para os seus produtos. Ela pode estar perdendo oportunidades potenciais e, pior, tempo e dinheiro.

## 1.6 Solução

A solução é um meio ou processo de superar um problema. Nem sempre a solução apresentada permite a resolução total do problema, pois a mesma tem de ser conclusiva e demonstrável, como recomenda a ciência.

O homem tem buscado sempre o encadeamento das relações, dos fatos ou eventos, procurando estabelecer ligações entre os fenômenos e as ideias. É comum associar a ideia de que sistemas são utilizados no gerenciamento de problemas, como: a construção de uma fábrica, o desenvolvimento de um novo produto ou a descoberta de um novo processo, por exemplo.

A capacidade de resolver problemas faz parte do mundo acadêmico. Selecionar o problema a ser tratado faz parte do mundo corporativo. Por isso, vale a máxima: "Quando conseguimos definir um problema estamos a meio caminho da solução, mas, às vezes, a dificuldade em descobri-lo é um entrave para o homem de negócios".

## 1.7 Considerações sobre Solução

Pode parecer fácil solucionar um problema empresarial para aqueles que administram no estilo "apaga incêndio", isto é, resolvem o problema, mas não se preocupam em evitá-lo no futuro. Não estudam as causas, porque não têm a habilidade de estudar. Esta habilidade é conceituada como aquela em que há a facilidade de definir, estruturar e questionar um problema, determinando as variáveis que levam a solução.

Aquele administrador que possuir uma base matemática, terá mais condições para transformar as hipóteses de solução em um sistema de equações. É uma habilidade que será maior, em função do trato com números, que, infelizmente, não é comum entre nossos gestores, porque dão mais valor em falar do que construir fórmulas e meios racionais de solução, tendo em vista a herança que recebemos do Império Romano. Somos bons de "bico", mas parar para pensar, por meio de números, é outro departamento.

Um outro aspecto a ressaltar é a capacidade para diagnosticar problemas, que é conseguida ao longo do tempo, nas diversas decisões que se tem de tomar na vida. Quando não mais prevemos ou descobrimos problemas, isto quer dizer que perdemos a capacidade de observação. Pior, é quando não assumimos mais as questões corriqueiras e fugimos delas.

Os problemas sempre existirão e demandarão soluções. A chave de tudo isso é a simples utilização das funções administrativas, principalmente, pesquisa e análise dos dados e fatos existentes, a fim de minimizar os riscos e buscar soluções inteligentes.

A solução de um problema utiliza, racionalmente, as ferramentas gerenciais. Assim a função administrativa análise, por exemplo, busca a melhor resposta possível dentre várias. Como há confusão entre resposta e resultado, aí vai:

Resposta é definida como uma reação necessária e suficiente, embora nem sempre seja a solução do problema.

Resultado é o produto da saída de: um sistema, um processo, uma atividade (operação, ação, tarefa). Assim, o resultado de uma empresa é ter consumidores satisfeitos, de um hospital é ter pacientes curados e de uma escola é ter alunos mais bem preparados para enfrentar a vida. O resultado leva o indivíduo (a organização) a tomar decisões apropriadas para continuar sobrevivendo e competindo no mercado, ou não.

A solução de cada problema gerencial é dada por meio de uma série de ajustamentos, em que cada um deles é avaliado em relação à margem de contribuição que dê para o resultado final da empresa. Como as pessoas evitam "perder" tempo, energia e dinheiro na busca de uma solução própria e original, elas se voltam para soluções já apresentadas e de conhecimento geral.

Entretanto, nem todos os problemas são resolvidos com esta abordagem prática. Quando um problema constitui novidade, ou quando não há ninguém disponível para ajudar, o empreendedor tem de tornar-se "expert" e descobrir a resposta.

## 1.8 Facilitadores da Solução

Muitos são os elementos que facilitam a solução de um problema. Assim, citaremos alguns facilitadores da solução, considerados os mais importantes:

**Atividade Intelectual** – Como o envelhecimento é inexorável, manter uma atividade intelectual fará com que o ser humano leve mais tempo para perder a memória de fatos, fenômenos, acontecimentos e, principalmente, conhecimento. Ter disciplina e organização é muito importante, porque a mente organiza qualquer novo material em grupos e configurações. Quanto maior a organização, tanto maior a necessidade de memória. Procurar, conscientemente, as configurações e princípios é mais efetivo do que aprender decorando.

**Aprendizagem** – Como a aprendizagem está intimamente ligada à percepção, podemos dizer que ela se processa, em função das mudanças comportamentais que resultam de nossas experiências, novos conhecimentos, habilidades, capacitações e práticas. É uma mudança na relação estável entre um estímulo que o organismo individual percebe e a resposta que formula.

O processo de aprendizagem envolve a existência do estímulo de alguma coisa que o organismo seja capaz de sentir, isto é, precisa realmente sentir o objeto e percebê-lo de fato. O estímulo, sendo percebido, deve ser interpretado pelo organismo que deve produzir uma resposta, segundo tenha sido ele entendido e interpretado. Logo, quanto maior for o nível de aprendizagem do planejador do canal de ensino, melhor será o desempenho deste.

**Criatividade** – Está ligada a algo novo e diz respeito a uma capacidade de encontrar novos caminhos ou novas soluções para problemas e/ou oportunidades do momento. A criatividade pressupõe um poder de alterar o ambiente corporativo para melhor. Quando se restringe ao patamar técnico e à inventividade do dia a dia, não encontra obstáculos, sendo praticada e estimulada o tempo todo.

Já no âmbito das alterações mais expressivas, envolvendo questões pertinentes à cultura organizacional, a criatividade só encontra espaço efetivo quando o projeto de mudança tem o respaldo da direção da companhia. A empresa precisa estar aberta à mudança, caso contrário refreará a criatividade.

É necessário ressaltar que o desenvolvimento e manifestação da criação não dependem somente dos esforços do próprio indivíduo. Tantos fatores intrapessoais quanto interpessoais, bem como fatores do próprio indivíduo quanto de natureza social, poderão favorecer ou dificultar a emergência do processo criativo.

Não basta que um funcionário de uma empresa tenha uma grande ideia, mas que tenha um chefe que acredite nela para levá-la adiante. O verdadeiramente engenhoso consegue confrontar de forma positiva o meio circundante, encontrando espaço para dar vazão à criatividade e influenciar o entorno.

**Conhecimento** – O conhecimento não é impessoal, como o dinheiro. Não reside em: um livro, um banco de dados, um programa de software. Estes contêm apenas informações. O conhecimento está sempre incorporado a uma pessoa, é levado por ela, criado, aumentado e aprimorado.

Conhecimento é o ato, ou processo, pelo qual o sujeito se coloca no mundo e, com ele, estabelece uma relação. Como entendimento do mundo, não é um enfeite ou uma ilustração da mente e da memória, um mecanismo fundamental para tornar a vida mais desejável e mais plenamente realizada. Só tem seu sentido pleno na sua relação com a realidade.

Entender e fazer são duas faces do mesmo ato de conhecer. Teoria e prática, ação e reflexão são elementos indissociáveis de um todo, que só didaticamente podem ser distinguidos.

**Definição –** Definição é algo com pretensões, mais profundas, não apenas estabelecer o que é em função da pergunta, mas envolve uma visão de referência da indicação do objeto que se pretende definir, envolvendo também uma operacionalidade. A missão da definição é tornar explícitas as condições para responder perguntas acerca daquilo que é conceituado.

Quando comparamos as definições de um conceito proposto em épocas diferentes, verificamos, geralmente, que há um denominador comum, mesmo que este tenha sofrido uma mudança, em função da evolução científica e tecnológica. Uma definição é boa no grau em que seja útil.

**Desvio –** Desvio é caracterizado como algo que saiu errado ao planejado, isto é, aconteceu um distúrbio no comportamento do sistema. Sempre há um desvio esperado, por mínimo que seja, pois não existe nada perfeito, tanto que, em Estatística, criou-se a figura do desvio padrão que é a variação (+ ou -) de uma distribuição de frequência em torno de sua média.

Os desvios, por definição, estão fora de controle, mas, quando mensurados, facilitam a solução do problema, pois mostram a anormalidade daquilo que era esperado.

**Disciplina** – A disciplina é um processo ou forma de pensar que ajuda o ser humano a desenvolver autocontrole, tornando-se alguém mais efetivo. A disciplina, em geral, é vista de forma pejorativa e está associada a recompensas e punições (sanções).

**Especialização** – O homem, dentro de suas limitações, decorrentes da incapacidade de equacionar os problemas complexos, precisa isolar os elementos componentes para melhor entendê-los, analisando sua estrutura e conhecendo suas características, isto é, tornando-se um especialista. Mas a especialização absorve a inteligência e a capacidade das pessoas, levando-as a graves distorções pela impossibilidade de perceber os efeitos colaterais de uma ação setorial.

Embora o administrador seja um especialista em algum conhecimento, ele não deve esquecer de ter uma visão generalista para resolver problemas, tomar decisões e fazer análises. Hoje, é muito comum que dirigentes tenham conhecimento interdisciplinar em administração, matemática, estatística, marketing, produção, logística, custo, contabilidade, finanças, informática, economia, direito, sistemas de informação e de comunicação, história, tributação, valores mobiliários.

**Educação** – Uma sociedade moderna tem como espelho seu sistema educacional. Educação é toda influência que o ser humano recebe do ambiente social, durante toda a sua existência, no sentido de adaptar-se às normas e valores vigentes e aceitos. Seja qual for a sua forma, a educação tem que se tornar rotina.

Todos precisam dispor de uma linguagem comum, talento para executar as tarefas e entendimento de sua função pessoal na manutenção da engrenagem da organização. Fazer certo, logo da primeira vez, é o que se quer de fato. No entanto, na vida, talvez as coisas só se ajustem depois da terceira tentativa.

Aqueles que estão envolvidos em funções específicas precisam ter uma educação especial. A educação profissional compreende três etapas interdependentes, mas perfeitamente distintas:

- Formação – Educação que prepara o homem para uma profissão.
- Aperfeiçoamento – Educação que prepara o homem para uma carreira dentro de uma profissão.
- Treinamento – Educação que prepara o homem para um cargo, função ou atividade.

**Experiência –** Aproveitar a experiência do passado, tanto os erros quanto os acertos, para viver o presente e planejar o futuro. Como, em muitos momentos os fatos se repetem, aquele que arquivar as soluções dos problemas e soluções do passado, tem, mais possibilidades de sucesso na solução de novos problemas.

**Estudo –** O estudo ajuda na solução de um problema, porque adianta uma descrição analítica de um fenômeno, fato, evento, situação, por exemplo.

**Formulário** – O formulário é um importante meio de comunicação, transmissão e registro de informações, principalmente as baseadas em dados quantitativos. A ação administrativa é apoiada por formulários cuja clareza, formato e conteúdo tornam eficientes e eficazes a gerência da organização. A necessidade dos formulários pode ser justificada, em função dos seguintes fatores: importância das informações; exigências legais e governamentais; padronização das comunicações; armazenamento de dados; controle.

O formulário é um documento que encerra informações constantes e espaços destinados à inserção de informações variáveis. Contudo, é significativo assinalar que a maioria das organizações pouco se preocupa com o problema, criando, em consequência, formulários que, além de não considerarem os existentes, também não são precedidos de um estudo prévio de sua real necessidade, utilidade e características básicas, gerando entropia na organização.

**Filosofia –** Assunto já abordado.

**Fato –** O fato é um acontecimento passível de ser observado empiricamente, sendo expresso por meio de uma afirmativa, que tem validade geral e que não pode ser contrariada. Assim, aquele que pretende solucionar um problema terá de considerar seriamente os fatos, porque estes podem: iniciar, reformular, redefinir, esclarecer ou rejeitar uma hipótese de solução.

**Habilidade Gerencial –** A capacidade gerencial reside na absorção dos objetivos de qualquer empreendimento, bem como atingir objetivos, através das funções administrativas. A gerência da empresa é sempre uma excelente oportunidade para demonstrar que seu papel não é complicar e muito menos sofisticar os processos de gestão. Muito ao contrário, o que se espera de um gerente é que ele obtenha resultados positivos, através de uma adequada e objetiva utilização dos recursos da empresa.

O sucesso do gerente não está inteiramente correlacionado ao seu brilhantismo acadêmico. Assim, são necessárias certas habilidades que darão ao mesmo uma eficiência executiva e, obviamente, um ganho de tempo em suas atividades. O gerente precisa desenvolver a capacidade de interferir intencionalmente nos processos, nos objetivos e nos valores, que regem a filosofia e a política da empresa; alterar táticas de ação, aprender sobre si próprio, sobre sua função e sobre as condições operacionais da organização.

**Habilidade Cognitiva –** A habilidade cognitiva se traduz na capacidade de reflexão crítica a respeito dos problemas que o gestor procura interpretar e descobrir as suas causas e seus efeitos. O fracasso na resolução de um problema vai revelar em que pontos se acham as dificuldades e as condições mínimas que uma solução deve satisfazer. Saber definir e categorizar (classificar) o problema é de extrema importância, bem como cruzar informações em busca de soluções. Aquele que define bem um problema, já tem 50% da solução, porque difícil mesmo é saber qual é o real problema.

**Habilidade Analítica –** A habilidade analítica consiste em saber a utilidade e a potencialidade das técnicas administrativas, isto é, adquirir mais realismo, profundidade e criatividade na solução de problemas. Aprender a decompor, identificar variáveis fundamentais, estabelecer relações de causa e efeito, buscar novos caminhos, objetivos, prioridades e alternativas é a base da análise.

**Habilidade de Negociação –** A habilidade de negociação consiste na capacidade de ser aquele que encontra meios para alterar ou dirigir o comportamento da outra parte. Para tal, será preciso persuadir, interessar, motivar, dissuadir, atemorizar e olhar nos olhos do outro.

**Nota:** Habilidade e capacidade são tidas como sinônimos.

**Intuição** – A intuição é vista como um "impulso" para a ação onde não há raciocínio lógico. Segundo Motta, "a intuição deverá merecer explicações mais apuradas no futuro, porque parece que o nível de intuição da pessoa aumenta, em função das experiências, pesquisas, estudos e conhecimentos acumulados, que não foram ainda adicionados ao consciente do indivíduo". A razão é desconhecida. A verdade é que muitas pessoas resolvem problemas na base da intuição.

**Inteligência** – A ciência ainda não encontrou uma fórmula para medir com precisão quem é superdotado e quem é gênio. Pelos testes de quociente de inteligência, considerados ultrapassados pelos especialistas, um superdotado teria um QI entre 150 e 160. Um gênio pontuaria entre 160 e 180. Hoje, a definição mais comum para classificar superdotado é aquela pessoa inteligente que consegue desenvolver habilidades acima da média, em várias áreas.

Os gênios são aqueles superdotados que, além de demonstrar precocidade, provocam perplexidade, pois são capazes de criar algo inédito, revolucionário e transformador.

Os estudiosos acreditam que a genética contribui com 50% do desempenho cerebral e os estímulos externos, com os outros 50%. A diferença entre uma pessoa comum e outra superdotada estaria não no número de neurônios, mas na quantidade e na complexidade das conexões cerebrais (sinapses).

**Inovação** – A inovação não se limita ao produto, ela pode ser considerada como a capacidade de receber, idealizar, estruturar e operacionalizar situações novas. Pode-se inovar tudo, desde: os processos de manufatura à relação com o mercado e com os consumidores.

O inovador além de pesquisador precisa ter ousadia. Em mercados altamente competitivos, a busca pela inovação tornou-se um "mantra", segundo Philip Kotler. Paradoxalmente, se as inovações não forem bem-sucedidas também perecerão.

A inovação é necessária em negócios, mas ela começa com uma ideia proposta por alguém. Assim, aquele com uma nova ideia deve trabalhar de acordo com a situação. Ele precisa incluir pelo menos alguma indicação mínima como: custo, risco, benefício, tempo e recurso.

As ideias são inúteis quando não usadas. A prova de seu valor está em sua implantação. Até que isso aconteça, elas se acham em um limbo. Isto não quer dizer que todas as ideias têm de ser minuciosamente documentadas antes que sejam mencionadas a quem quer que seja.

Naturalmente que impingir ao indivíduo criativo a responsabilidade de pormenorizar seus meios de execução embaraçará, ou até mesmo asfixiará, seu talento singular. Não há como ensinar alguém a ser um gênio. Mas, também, ao contrário do que se costuma acreditar, as ideias geniais são raríssimas.

Todas as fontes de oportunidades para inovar devem ser procuradas, analisadas e estudadas de modo sistemático. A busca precisa ser organizada, devendo ser feita de forma regular e sistemática. Os inovadores de sucesso examinam os dados e as pessoas. Definem, analiticamente, como a inovação precisa ser para satisfazer uma oportunidade. E então eles saem e observam os consumidores (usuários, pacientes), para ver quais são suas expectativas, seus valores e necessidades.

Uma inovação para ser eficaz precisa ser simples e pontual. Deve concentra-se em uma única coisa, caso contrário, causará confusão e não funcionará. Mas antes de inovar, talvez, seja razoável renovar. Isto é, resgatar o que há de bom e aproveitável numa rotina, processo, política, plano e projeto, antes de jogar tudo por terra, pelo prazer de se tornar um inovador, aventureiro e temerário.

**Instrução** – A instrução não é difícil de se ganhar como o dinheiro. Não reside em um livro, um banco de dados, um programa de computador. Estes contêm apenas informações. Ela está sempre incorporada em uma pessoa (física ou jurídica) alicerçada no conhecimento. Em todas as sociedades anteriores, a pessoa instruída era um ornamento. Mas, hoje, é um emblema, símbolo, guru, âncora, arquétipo, apanágio, suporte ou polo de decisão de qualquer organização.

**Juízo** – Francis Bacon admite a inferência do juízo do indivíduo na avaliação de um determinado problema, isto é, vale a pena se dedicar a resolver tal problema ou este não tem tanta importância assim? Juízo é considerado um ato pelo qual o raciocínio afirma ou nega alguma coisa em função de outra. É a operação fundamental do pensamento reflexivo, sendo que a expressão verbal do juízo é o raciocínio.

Assim, um homem comum não se envolverá em problemas complexos, por achar que pessoas mais capacitadas se importarão e porque a solução está além do seu raciocínio.

**Leitura** – A capacidade de ler consiste na habilidade de aprender a conhecer o mundo e suas manifestações. Para que se possa tomar conhecimento e usufruir riqueza histórica construída e transmitida pelos homens é fundamental a prática da leitura.

A leitura dará a pessoa, além de grande conhecimento, um bom vocabulário, o poder de organizar as ideias, a velocidade de entendimento do texto e a capacidade de reproduzir as informações apreendidas. É um processo que compreende as seguintes fases: o reconhecimento dos vocábulos; a interpretação do pensamento do autor; a associação de ideias (autor-leitor); a retenção dessas ideias; a capacidade de reprodução. Já o estudo é uma descrição analítica de um fenômeno, evento ou situação.

**Lei** – A lei é uma constatação empírica de uma realidade. Ela permite prever acontecimentos e generalizar uma grande quantidade de fatos. A Lei de Pareto, talvez a lei mais utilizada no campo da Administração, diz o seguinte: 20% dos consumidores respondem por 80% das receitas da empresa.

**Lógica** – A lógica se apresenta como ciência normativa, uma vez que o seu objetivo não é definir o que é, mas o que deve ser as normas do pensamento correto. É a ciência das leis ideais do pensamento e da arte de aplicá-las à pesquisa e à demonstração da verdade. Pelo exercício espontâneo e habitual da nossa inteligência podemos conhecer a verdade, mas somos incapazes de justificar, racionalmente, por meio de princípios universais, as regras do pensamento exato.

Assim, na resolução de um problema, é importante ter conhecimentos de lógica, pois é mais um facilitador da solução.

Aquele que tiver a noção exata do que seja lógica caminhará mais rápido para a solução de um problema, independente do campo de conhecimento no qual foi formado. O objetivo da lógica é o estudo da inteligência sob o ponto de vista do seu uso no conhecimento. A lógica se divide em:

Lógica Formal (Geral) – Estabelece a forma correta das operações intelectuais que derivam da natureza do entendimento. A lógica formal estuda a ideia, o juízo e o raciocínio, com as respectivas expressões verbais: o termo, a proposição e o argumento.

Lógica Material (Especial) – Determina as regras impostas ao pensamento pela matéria. É também chamada metodologia.

Lógica Crítica – Estuda a verdade, cujos estágios são: ignorância (ausência de conhecimento), dúvida (possibilidade da verdade), opinião (probabilidade da verdade) e certeza (evidência).

**Modo de Pensar** – O ser humano é cercado de problemas. Problemas que na sua maioria não são solucionados. Por quê? Por que não sabemos pensar a respeito do próprio problema? Por que não sabemos pensar numa solução? Ou será por que nossa dificuldade está na maneira de pensar na solução? Os cientistas da Lógica dizem que não chegamos a uma solução ótima (a melhor possível) porque o processo de pensar é que está errado, muitas das vezes.

Este processo mostra a sua importância quando enveredamos por caminhos errados e perdemos muito tempo, chegando, às vezes, a solução, muito tardiamente. Um ditado chinês nos diz: "A mais longa estrada começa com um primeiro passo". Mas em que direção? É preciso pensar a respeito. Quem sabe precisamos estabelecer um plano gerencial para pensar.

**Observação** – A observação é um método amplamente utilizado pelo homem desde as mais remotas eras. Este método ligado ao senso comum, geralmente, não é estruturado nem planejado. Na maioria das vezes, ocorre de forma casual, a partir de fatos da realidade que despertam algum interesse. As observações podem ser registradas, possibilitando uma investigação posterior mais detalhada.

**Objetividade** – Entre as muitas qualidades dos administradores, há uma, a objetividade, que é utilíssima e muito rara. Esta capacidade que têm certas pessoas de não se perderem em meandros e ir ao âmago do assunto, de maneira concisa. Parece fácil, mas não é. Em geral, o ser humano dá mais valor às discussões do que chegar a um objetivo.

A divagação é muito apreciada, porque abandonar preconceitos e opiniões formadas é penoso. Por outro lado, o homem objetivo, em geral, não é simpático, porque parece uma máquina, sendo uma pessoa capaz de ver as coisas como são, com todas as riquezas, deficiências, dificuldades e potencialidades, sem perder os pés do chão.

**Percepção** – A percepção humana pode ser detectada pelos sentidos. Ela implica integração, organização, seleção e interpretação dos fenômenos puramente sensoriais. Um ambiente apresenta, geralmente, um grande número de elementos, cuja totalidade não pode ser percebida, a um só tempo. O processo de aprendizagem desempenha importante papel na percepção. As pessoas trazem, para a organização, determinados padrões aprendidos e não outros possíveis.

De fato, as expectativas oriundas de experiências passadas podem fazer com que as pessoas introduzam fenômenos que não estão presentes no objeto que está sendo estudado e, também, por influências individuais. Às vezes, as pessoas deixam de "ver" coisas que se opõem as suas ideias preconcebidas ou aquilo que possam perturbá-las.

As diferenças de percepção podem afetar a comunicação. Duas pessoas sempre têm visões diferentes da mesma situação. A percepção também pode ser encarada como fenômeno de grupo. Pessoas da mesma família, religião, partido político, escola ou clube tendem a ter comportamentos semelhantes em muitos assuntos.

Mas há, frequentemente, grandes diferenças de percepção entre pessoas de grupos diferentes. Alguns destes fatores são: sensoriais, fisiológicos, físicos, etários, sexuais, educacionais, políticos, ideológicos, econômicos, regionais, religiosos, psíquicos, organizacionais, de personalidade, de interesse.

**Pesquisa** – A pesquisa é um procedimento, geralmente formal, que requer um tratamento científico, permitindo descobrir novos caminhos na busca de verdades, em qualquer campo do conhecimento. Devido ao desenvolvimento científico e tecnológico a pesquisa tornou-se uma atividade inerente à vida hodierna. Ela tem sido mal compreendida, quanto à sua natureza e muito do que se denomina pesquisa não passa de mero conjunto de informações desordenadas.

Pesquisa é uma função administrativa voltada ao desenvolvimento de uma busca reflexiva, sistemática, controlada e crítica que permite descobrir causas, novos fatos (dados), realidades, relações, leis, regras, princípios e procedimentos para adequar a organização e/ou a pessoa a uma mudança de estado. Como a mudança é constante, a necessidade de pesquisar é eterna.

A pesquisa se constitui em uma ferramenta de coleta de dados para análise e reflexão sobre a realidade do mercado e da sociedade. Ela também determina problemas, possibilitando o confronto entre a teoria e a prática, fazendo avançar o conhecimento sobre os mecanismos que ajudarão a mais bem administrar.

**Questionário** – O questionário é um método comum para se coletar dados, porque utiliza uma técnica flexível que não é necessariamente tão dispendiosa. Os dados coletados podem ser estruturados para permitir análises estatísticas por meio do computador. Ainda que as exigências nos setores industriais, de serviço e de consumo sejam diferentes, há muitos fatores no planejamento do questionário que são universais, pois ele pode ser utilizado como ferramenta de trabalho, de consulta, de avaliação e de referência.

O conteúdo e a ordem das perguntas variam, dependendo se elas são idealizadas para: pesquisa de mercado, entrevistas (pessoais, telefônicas) ou questionários postais. O leitor terá problemas na confecção de um questionário se não observar as seguintes considerações:

- O questionário deve ser específico à área pesquisada e não deve conter perguntas impertinentes.
- A lista de perguntas deve ser idealizada para resultar no maior número possível de informações sem ambiguidades.
- Cada pergunta deve ser simples e relativamente curta.
- A maioria das perguntas deve requerer um simples sim ou não como resposta.
- Uma opção dentre uma série de alternativas é o mais recomendado.
- Não use perguntas que induzam a determinada resposta, uma vez que elas tendem a provocar um resultado com desvios.
- Pense cuidadosamente na sequência das perguntas, uma vez que as primeiras perguntas do questionário podem influenciar as últimas.
- Planeje o questionário de tal maneira que as respostas possam ser facilmente analisadas e tabuladas, porém atitude mecanicista (sim ou não) deve ser evitada, desde que possível.
- Evite muitas perguntas, porque a maioria das pessoas não está preparada para responder a mais de vinte perguntas.
- Perguntas estruturadas solicitam respostas breves e específicas.
- Perguntas não estruturadas dão às pessoas mais liberdade para responder, porém confundem o avaliador, quando faz a coleta dos dados.
- Elabore perguntas que tragam informações necessárias para o momento.

**Recurso –** Recurso é meio auxiliar que permite a pessoa ou a organização atingir objetivos. A empresa para se tornar produtiva dependerá de recursos. Se você tem os recursos adequados dificilmente não será efetivo, isto é, não terá muitos problemas para atingir objetivos com eficiência e eficácia. Os recursos podem ser físicos, materiais, humanos, financeiros, administrativos, tecnológicos, sistêmicos de informação e de comunicação, mercadológicos, administrativos, intelectuais.

Sem recursos tecnológicos atuais e modernos a empresa se tornará lenta, cara e não competitiva, porque, hoje, existem máquinas, equipamentos e sistemas que facilitam o trabalho das pessoas, tendo em vista apresentarem resultados rápidos, com qualidade suficiente para atender o desejo dos consumidores mais exigentes.

A organização procura dispor de recursos de tal forma que o conjunto, assim empregado, seja capaz de realizar uma atividade econômica ou um trabalho, com um mínimo de risco, esforço e custo.

**Raciocínio** – É a operação pela qual o indivíduo de uma relação, ou de várias relações conhecidas, extrai uma outra. Como estas relações se exprimem por juízos, pode-se dizer que raciocinar é encadear juízos com o fim de concluir alguma coisa. Há duas espécies de raciocínio. Um que vai do particular para o geral, chamado indutivo e outro que vai do geral para o particular, chamado dedutivo. Os instrumentos da indução são: observação, experimentação, analogia e comparação. Os instrumentos da dedução são: decomposição, análise e regressão.

**Reflexão –** A reflexão é a capacidade crítica a respeito dos problemas que o empreendedor procura interpretar e descobrir as suas causas e efeitos. O fracasso na resolução de um problema vai revelar quais pontos se acham as dificuldades e as condições mínimas que uma solução deve satisfazer. Assim, na ciência, não é tão importante resolver os problemas como descobri-los e bem formulá-los

**Racionalidade –** A racionalidade se fundamenta na ideia de que uma organização existe e se justifica para atingir objetivos, metas, propósitos e desafios. O ideal racional presume a impossibilidade de existir o "urgente" e a possibilidade de dizer "não". Infelizmente muitas pessoas sofrem da mania do urgente o que leva você a parar o que está fazendo para atender um pedido da chefia. Por outro lado, evite o abuso do urgente para com os outros. O tempo deles é tão precioso quanto o seu.

**Senso Comum** – O senso comum, muitas vezes confundido com bom senso, é uma característica inata ou adquirida na vida profissional de um administrador. Entretanto, a complexidade dos sistemas organizacionais atuais ultrapassa em muito as habilidades aprendidas pelo senso comum e pela experiência, no dia a dia. É necessário que o administrador tenha habilidades que o qualifiquem a enfrentar ameaças cada vez mais adversas.

**Senso Crítico** – É indispensável que o administrador possua senso crítico e faça a sua própria avaliação (autocrítica). Para adquirir senso crítico deve questionar sobre: melhores resultados, frequentes emergências, controles excessivos, objetivos, metas, arquivos de séries históricas (informações passadas), dificuldade de encontrar as pessoas certas, capacidade dos subordinados, conhecimento atualizado e falta de determinadas habilidades.

**Sintoma –** Como já abordado, um sintoma é um desvio do comportamento de um sistema àquilo que se considera normal. Aplicando-se técnicas estatísticas, pode-se detectar o sintoma. Os sintomas são obtidos não apenas pela comparação do atual com o passado, como também pela comparação com sistemas semelhantes, por exemplo, o concorrente. Alguns autores nos falam de pré-sintomas, como sendo um prenúncio de um sintoma. Por exemplo, observamos valores (medidas) todos acima da média, porém, em um intervalo considerado como normal.

**Teoria –** Teoria é um conjunto de princípios que se constitui em instrumento científico apropriado na procura e, principalmente, na explicação dos fatos. Princípios são verdades fundamentais, ou que se crê serem verdades, num determinado tempo, que explicam as relações entre variáveis. Teoria é, pois, uma abstração conceitual da realidade que se pretende estudar. A teoria orienta os objetos de estudo, oferece um sistema de conceitos, resume o conhecimento, prevê fatos, indica lacunas do conhecimento.

Ter uma teoria à mão é importante, porque é possível se chegar a deduções sobre o que ocorrerá, sob condições específicas, em diversas situações. Por que são tão poucas as pessoas que se interessam pela teoria? Um dos motivos é que a prática (execução) mostra, geralmente, resultados imediatos. O teórico se interessa em observar e analisar os fenômenos a fim de descobrir generalizações, princípios e regras.

Embora, para cada princípio quase sempre se possa estabelecer, em contra posição, um outro igualmente aceitável. Nota-se que há uma busca constante para o desenvolvimento de regras de ação ampla. É bom não esquecer o que disse Kurt Lewin: "Nada é mais prático do que uma boa teoria".

**Treinamento** – Quando o empregado não possui os conhecimentos e as habilidades necessárias ao bom desempenho das funções, há uma porção de consequências indesejáveis, baixa produtividade, gastos excessivos de material, tempo, energia e acidentes. Quando os empregados não produzem satisfatoriamente, apesar de serem boas as instalações, máquinas e ferramentas, possivelmente, a causa seja a falta de habilidade e conhecimento. A solução é o treinamento. Há empresas que preferem que os empregados novos venham a aprender dentro delas, porque assim aprendem do modo por elas desejado.

Treinamento é o processo educacional, aplicado de maneira sistemática e organizada, por meio do qual as pessoas adquirem conhecimentos, atitudes, deveres, responsabilidades, altos padrões de desempenho e habilidades, em função de objetivos definidos. O treinamento tem por finalidade ajudar os empregados a alcançar os objetivos da empresa, proporcionando oportunidades para que todos, em todos os níveis, obtenham conhecimentos, práticas e condutas requeridos em suas atividades.

Os principais objetivos de uma política de treinamento são: preparar o pessoal para execução imediata das diversas tarefas peculiares à organização; proporcionar oportunidades para o contínuo desenvolvimento pessoal, não apenas em seus cargos atuais, mas também para outras funções para as quais a pessoa pode ser considerada; mudar a atitude das pessoas, com várias finalidades, entre as quais: criar um clima mais satisfatório entre empregados, aumentar a motivação e tornar os funcionários mais receptivos à supervisão e gerência.

Tudo o que se gastar em treinamento, desde que este seja bem feito, redundará em benefícios altamente compensadores para a organização. Inversamente, tudo o que se deixar de gastar, quando há necessidade de treinamento, redundará em prejuízos para a empresa, pois ninguém nasce sabendo e nem pode tudo saber, a menos que alguém lhe ensine. Sozinho também se aprende, mas custa muito mais. Por isso, toda administração inteligente procura treinar bem seu pessoal para evitar problemas futuros. É como nos disse Pitágoras: "Eduque os jovens, para não ter problemas com os adultos".

Treinamento é bom para os profissionais, mas a boa educação é fundamental para desenvolver a capacidade de absorção ou mesmo de criação de novos conhecimentos. Um ser humano treinado é capaz de assimilar rotinas e praticar as mesmas no seu dia a dia. Uma pessoa educada é capaz de questionar e/ou criar conceitos contribuindo de forma ativa para o desenvolvimento das organizações.

Treinar um indivíduo na habilidade, para usar conhecimento técnico produzirá um especialista funcional, mas isto pouco contribui para desenvolver um homem com conhecimento das funções administrativas e organizacionais, suportes de gestão de uma corporação.

**Visão** – A visão identifica os limites que os principais responsáveis pela empresa conseguem enxergar dentro de um período de tempo mais longo e uma abordagem mais ampla. O homem, dentro de suas limitações, decorrente da incapacidade de analisar e equacionar os fenômenos complexos, naturais ou artificiais, precisa isolar os elementos componentes para melhor entendê-los, analisando sua estrutura e conhecendo suas características, como recomenda a metodologia do cartesianismo, o que conduziu à especialização e a consequente perda de visão global.

Para ter uma visão sistêmica, o empreendedor terá de ser suprido com informações pertinentes, através de sistemas inteligentes de informação e comunicação. Portanto, a visão sistêmica é dada àquele que encara a empresa como um sistema, que tem subsistemas de sustentação e preservação dos negócios (recursos, estratégias, funções, métodos, programas, planos, projetos, políticas, mudanças, regras, avaliações).

A visão estratégica é tão importante quanto à própria estratégia. A falta desta visão agrava o resultado da empresa. O indivíduo que não tem visão de longo prazo pode até ter sorte no seu negócio ou na sua vida. Como dizia Aristóteles: "Sorte é quando a pessoa que está a seu lado é atingida por uma flecha".

A visão generalista é aquela em que o executivo tem conhecimento interdisciplinar para resolver problemas, tomar decisões e fazer análises. A visão do negócio é a capacidade de dominar e manusear recursos relativos à situação e à missão da empresa e de planejar de forma coerente essa visão.

A visão holística dá ao empreendedor a capacidade de conviver com o ambíguo, o contraditório, o ilógico e o inesperado.

## 1.9 Ferramentas de Solução

Ferramentas são instrumentos de uma arte ou ofício, que tornam mais econômica, rápida e confiável a execução de uma atividade, operação, processo, solução ou decisão. São exemplos de ferramentas os programas de computador, os sistemas de informação, os sistemas de gerenciamento, os sistemas de suporte à decisão e as metodologias.

Alguém, com a ferramenta certa no tempo certo, tem condições de resolver um determinado problema? É bem provável. Pode-se dizer que a ferramenta ajuda a diminuir a complexidade de como tudo se apresenta aos olhos do ser humano e, principalmente, de uma empresa, tendo em vista um alto grau de incerteza em todos os mercados que atua.

Em Administração, a ferramenta será considerada como um recurso apoiado em leis, regras, princípios, premissas, procedimentos e políticas, que dará ao dirigente/administrador condições de não só decidir, como solucionar um problema. Todas as funções administrativas e organizacionais de uma empresa utilizam ferramentas para apoiar, no seu dia a dia, as diversas decisões e soluções a serem implementadas. Embora sejam muitas as ferramentas de solução, a seguir, listamos as mais importantes:

**Dinâmica de Grupo –** A dinâmica de grupo é o nome que se dá à reunião de pessoas em pequenos grupos para a solução de um problema de interesse comum. Este método não só ajuda a solucionar problemas como desenvolve estratégias e políticas. Através da dinâmica de grupo as pessoas aprendem a se conhecer e a trabalhar em equipe.

**Curva –** Dentre todos os gráficos, as curvas são imbatíveis para avaliar comportamentos, porque estas ajudam a medir, por exemplo, sazonalidade e períodos de entressafra através de séries históricas. Quando houver pontos de inflexão (mudança abrupta na direção do comportamento da curva) muito acentuados, deve-se verificar o motivo e compará-los às curvas dos anos anteriores.

Se for possível, a empresa deve fazer estas curvas em cores e em meios transparentes para permitir superposição e análise. Ao se fazer a superposição, tomar cuidado com as escalas que devem ser as mesmas para não mascarar resultados. Uma outra observação importante é a de se comparar grandezas que tenham a mesma homogeneidade.

Assim, em vendas, por exemplo, devemos comparar faturamento à receita com vendas e às entradas de caixa. Não comparar grandezas díspares, como: níveis de estoque com contas a receber; custo variável com taxa de turnover; encargos sociais com taxa de retorno do investimento.

Construir curvas não é privilégio de grandes empresas. O instrumento utilizado para projeções e tendências mais barato que se conhece é a curva. Portanto, dê mais atenção à curva! Como já foi dito, a construção de curvas de avaliação de desempenho é um instrumento valiosíssimo do qual a direção da empresa não deve abrir mão.

A seguir, são apresentadas quatro situações relativas ao desempenho de uma equipe de vendas, onde os eixos cartesianos representam o seguinte:

Eixo dos X – Representa a média do volume de vendas (V).
Eixo dos Y – Representa a frequência do número de vendedores (F).

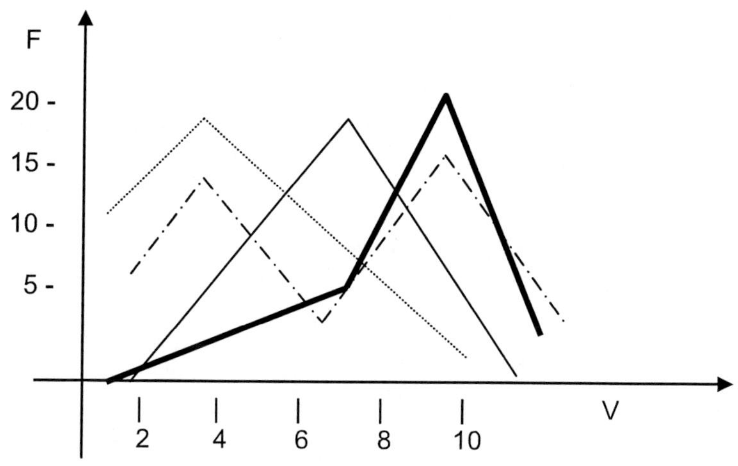


**Figura 6.4:** Exemplos de Curvas de Desempenho.

Onde:
——— = Desempenho Normal
▬▬▬ = Desempenho Ótimo
.............. = Desempenho Ruim
—·—·—·- = Desempenho Irregular

Análise das Curvas:

- Desempenho normal representa que a maioria dos vendedores vende em torno da média de vendas do grupo.
- Desempenho ótimo representa que a maioria dos vendedores atua acima da média, indicando um ótimo desempenho ou que a empresa subestimou suas metas.
- Desempenho ruim representa que a maioria dos vendedores atua abaixo da média, indicando um resultado ruim ou que a empresa superestimou suas metas. Pode ser que seja preciso melhorar o treinamento dos vendedores.
- Desempenho irregular representa que existem dois grupos de vendedores: um grupo que vende abaixo da média e que, portanto, precisa de treinamento ou pode ser um problema de supervisão ou de clientes consumidores e o outro grupo, que vende acima da média, devendo ser investigado o motivo de tal resultado.

**Gráfico –** Gráfico é a representação em uma superfície plana de um objeto, de uma relação ou de um raciocínio esquematizado, objetivando visualizar uma ideia e facilitar a transmissão precisa de uma imagem. O gráfico, para facilitar seu entendimento, precisa ser racional, claro e conciso.

O gráfico é um meio de que utilizamos para configurar a observação de determinado fenômeno, durante certo período, em toda a extensão de sua variabilidade e intensidade de suas singularidades. Sob esta acepção, no entender de diversos autores, o gráfico exerce a mesma função de uma mensagem, isto é, deve ser uma comunicação precisa e clara que prenda a atenção do observador.

Uma empresa sem representações gráficas não tem a visão do todo analisado. O estudo e a análise dos gráficos fornecem evidências, difíceis de descobrir sem os mesmos. Seu uso serve para estudar a situação, o processo, a atividade, a tarefa, por exemplo, pois eles reproduzem, de forma mais clara, a realidade.

Dentre os diversos objetivos dos gráficos, podem ser citados os seguintes: apresentar dados numéricos em forma visualmente simples, legível e interessante; tornar claros os fatos que poderiam passar despercebidos em tabelas e textos; dispor os dados de modo que seja facilitada a comparação; permitir leituras instantâneas; poupar tempo e esforço na análise de séries estatísticas; retratar o passado, o presente e o futuro provável; permitir o registro de informações, cotidianas ou periódicas; transmitir informações sugestivas.

O uso de gráficos visa a fornecer desenhos tão simples e evidentes quanto possível e, ao mesmo tempo, permitir a definição de um modelo esquemático que possa servir aos fins de cada estudo, como uma fiel reprodução da situação real. Atualmente, os gráficos solucionam os problemas decorrentes do excesso de palavras e de gestos, sendo ferramenta de trabalho técnico usada por todas as ciências.

Toda e qualquer representação gráfica, para evitar problemas, deve obedecer a determinados requisitos, tais como:

- Simplicidade – É o requisito que objetiva propiciar ao observador uma percepção rápida do fenômeno. Deve o gráfico conter exclusivamente o essencial na sua construção. Significa que deve ser evitado um excessivo número de informações no mesmo documento.
- Clareza – É o requisito que vai proporcionar ao operador a leitura correta dos valores representados. Os valores numéricos, as unidades em que estes foram medidos e as linhas que os representam devem ser colocados de modo a impossibilitar o aparecimento de dúvidas capazes de acarretar erros e levar a conclusões falsas sobre o fenômeno. Um gráfico deve "falar por si", tendo, por conseguinte, uma única interpretação.
- Veracidade – É o requisito pelo qual o gráfico deve expressar a verdade sobre o fenômeno analisado.
- Exatidão – É o requisito pelo qual deve ser construído com o máximo cuidado, quer quanto ao traçado, quanto ao problema de escala e quanto à exatidão dos valores.

**Diagrama** – Diagrama é um gráfico, geralmente, em um espaço bidirecional, onde podemos representar, por meios de pontos, linhas e superfícies, resultados, estruturas, rotinas, relações, atividades, programas, controles, prazos, gargalos e programação, por exemplo. Os mais clássicos diagramas utilizados são; organogramas, fluxogramas, cronogramas e congestionogramas.

A construção de diagramas requer os seguintes requisitos:

- Padronização – O diagrama precisa ter elementos cuja nomenclatura seja homogênea, uniforme e coerente.
- Atualização – O diagrama retrata a situação em um determinado momento.
- Funcionalidade – O diagrama deve definir como a tarefa será dividida, bem como que forma deve ter para se entender como funciona a tarefa.
- Desempenho – O diagrama deve ser suficientemente claro para definir o seu propósito.
- Congruência – O diagrama deve apresentar um desenho congruente àquilo que quer representar. Nunca colocar num diagrama grandezas díspares (não homogêneas), porque dificulta a análise e interpretação.
- Coordenação – O diagrama deve ser um mecanismo que ajude a coordenar, integrar e harmonizar as diferentes partes de um bom trabalho, provocando um alto grau de sinergia.

**Reunião –** Uma reunião é um processo dinâmico de grupo que é fluido, inexato e mutável, impossível de se reduzir a um simples conjunto de sistemas e descrições. Estas qualidades não devem ser encaradas como negativas, e sim como a principal vantagem do encontro. Um grupo bem entrosado, que se reúne para trocar conhecimentos e opiniões, necessidades e esperanças, confiança e medo, cria um efeito sinergético e uma mecânica bastante dinâmica que muda, de minuto a minuto, à medida que a interação grupal se desenvolve.

Até as reuniões têm seu estilo e personalidade. Elas são feitas de indivíduos, cada um participando com suas qualidades, defeitos, vícios, atitudes, sentimentos e necessidades. Quando esses indivíduos se mesclam numa reunião, transformam-se em algo mais que a soma de todos eles. Essa personalidade do grupo vai influenciar a forma com que cada membro participa e se relaciona com os outros.

As reuniões devem ter data e assunto predeterminado e, só em casos extremos, deve a empresa promover reuniões de última hora ou extraordinárias. Com isso evitará o desgaste da seriedade que precisa ter este encontro, qualquer que seja. Um administrador indeciso usa a reunião para a tomada de decisão, eximindo-se, em parte, da responsabilidade da ação administrativa. Elas servem a muitos fins importantes, sendo basicamente um agrupamento de informações e julgamentos, a fim de alcançar um objetivo específico. O velho ditado de que duas cabeças pensam melhor do que uma, ainda se mantém.

Através das reuniões, chega-se a uma decisão, fixam-se diretrizes, políticas, estratégias e táticas, alteram-se normas, regras e procedimentos, confrontam-se ideias, modelos e resultados, trocam-se pareceres, solucionam-se conflitos e problemas, comunicam-se uma previsão de vendas, um resultado e um plano. As reuniões podem ser classificadas quanto à: forma (geral e particular); finalidade (objetivos, estratégias, soluções, políticas) e periodicidade (programadas e extraordinárias).

É bom assinalar que uma reunião tem um efeito sinergético que ajudará o processo de busca da solução de um problema. Mas o que é sinergia? Esforço no sentido de que a soma das partes seja maior do que o todo. A sinergia, vista como efeito, é a melhor compatibilidade entre as partes componentes do sistema. No espaço real a sinergia acontece imediatamente. No espaço virtual ela leva mais tempo para acontecer, já que os contatos são formais e intermitentes, além disso, não há o "olho no olho", tão importante na leitura corporal.

**Análise –** Análise é a busca da melhor solução (resposta) para uma questão colocada em estudo ou dúvida. Ela permite dividir aquilo que se deseja conhecer em tantas partes, dentro do possível, de modo a trazer conhecimento de cada uma delas, e, com isso, chegar ao detalhamento do todo.

O estudo de um processo (sistema, projeto, método, atividade), em todos os seus detalhes recebe o nome de análise, que procura, sobretudo, apontar fraquezas, qualidades, oportunidades e restrições.

A visão geral do conceito de análise é de que é todo um processo que visa descobrir as causas de determinado fenômeno ou os efeitos de ações, produzindo, desde que possível, procedimentos, quanto ao que deva ser feito para melhorar alguma coisa.

A análise resume-se tão somente em apontar alternativas, em fazer sugestões, em procurar soluções, as mais diversas, para os males encontrados ou apontados. Ora, a pergunta que surge é, naturalmente, aquela que exprime as seguintes dúvidas: Por que a análise? Qual o motivo de se analisar algo que esteja funcionando? Os grandes problemas da análise derivam da metodologia empregada e do comportamento do analista.

**Avaliação –** A avaliação mostrará qual o resultado conseguido, bem como o feedback que se deve dar para corrigir os desvios não previstos. Avaliar é comparar, por meio de um controle, os resultados obtidos com os padrões propostos anteriormente. Uma avaliação deve ter, de preferência, um relato escrito. Segundo Koontz, "avaliar significa fazer uma apreciação ou estimativa".

A avaliação é importante para qualquer indivíduo e/ou organização, pois é através dela que se adquire senso crítico e racionalização dos recursos.

A avaliação requer um referencial, isto é, um padrão. A falta de padrões objetivos e concretos dá àquele que avalia campo para dar vazão aos seus preconceitos, idiossincrasias e tendenciosidades. A falta de avaliação de um resultado, uma resposta ou um desempenho não dará ao administrador condições de compará-los aos padrões pretendidos.

Como a avaliação de desempenho significa comparar os resultados obtidos com os previstos e/ou esperados, ela pode servir a, pelo menos, dois fins amplos: julgamento e desenvolvimento. O julgamento refere-se a tomar decisões relativas ao comportamento, remuneração, estrutura e recursos. O desenvolvimento refere-se ao auxílio prestado a subordinados para que melhorem seu desempenho e adquiram novas habilidades no âmbito da organização.

**Análise de Valor** – A análise de valor do projeto pode ser definida como o exame crítico das funções do projeto, com a finalidade de dotar o projeto de condições de sobrevivência. O valor do projeto é dado, principalmente, pela finalidade, uso, novidade e custo. Esta análise que se originou na General Electric, em 1948, é uma abordagem voltada à redução do custo, por meio do estudo cuidadoso de quais componentes podem ser reprojetados, padronizados ou fabricados por métodos de produção mais baratos.

**Leitura do Cenário** – Transformar estruturas, pessoas e comportamentos para uma atuação inovadora e empreendedora é um processo difícil, mas fundamental. Difícil, pois significa mudar os pontos que foram chaves ao sucesso da empresa, e que hoje são obstáculos. Inovar é fundamental, pois, é a sobrevivência e o crescimento da empresa que estão em jogo.

O empreendedor que não encontrar espaço na empresa em que trabalha, certamente procurará outra. Pode até abrir seu próprio negócio se tiver coragem e conhecimento. É preciso que o empresário descubra, a tempo, que cabe, basicamente, a ele abrir este espaço e esta oportunidade para sua empresa. E não esperar, milagrosamente, por um anjo salvador que apareça a partir de anúncios de emprego.

As organizações precisam saber ler os cenários e buscar alternativas de enquadramento, através de novas estratégias. Quando uma organização não consegue mais ler os parâmetros de seu cenário, é porque ela está em declínio.

**Avaliação da Oportunidade** – A oportunidade é avaliada pela ponte que faz dos recursos da empresa com o mercado, no momento e lugar certos. Mas é importante que se diga que não é muito fácil, principalmente, quando se é jovem, tendo em vista o seu próprio conhecimento (nível de percepção do mundo). Mesmo porque, a oportunidade se caracteriza por forças ambientais incontroláveis pela empresa, que podem favorecer o seu planejamento estratégico, ou não.

Uma das características do ambiente instável é que ele potencializa as oportunidades e as ameaças à empresa. É crucial, portanto, que os empresários aprendam a reconhecer os solavancos e a lidar com eles. Uma das atribuições mais importantes do líder, nessas ocasiões, é acertar na definição de um esforço principal, de modo a jogar toda a atenção da empresa na seguinte premissa: “Quando a empresa não está sendo confrontada com ameaças e/ou oportunidades, algo errado está acontecendo”.

**Brainstorming** – É uma reunião que tem sido utilizada como técnica para o desenvolvimento de ideias criativas em torno de uma área específica. O grupo é, geralmente, limitado entre cinco até dez pessoas. Nesta reunião os participantes têm liberdade de dizer o que pensam, sem serem criticados.

**Estudo de Caso –** O estudo de caso consiste em apresentar, de forma sucinta, uma situação real ou fictícia, para ser discutida em um grupo. A forma de como apresentar o caso pode consistir em descrição, narração, diálogo, dramatização, sequência fotográfica, filme, artigo, resenha, relatório.

Esta técnica pode receber, também o nome caso seminário, discussão resultado, resolução de problema e que consiste na apresentação de um caso para o grupo dar sugestões ou apresentar soluções, conforme o fato, enfoque ou método. Também pode ser usado com a finalidade de atingir determinados objetivos, tais como:

- Desenvolver a capacidade analítica e espírito crítico no participante.
- Buscar a motivação e integração do grupo.
- Capacitar o participante a entender como, quando, onde e por que tomar decisões.

Os tipos de casos mais utilizados são: o caso problema e o caso análise. O caso análise tem como objetivo desenvolver a capacidade analítica. O caso problema tem como objetivo chegar a uma solução, a melhor possível, em função dos dados apresentados. No caso problema, há um esforço de síntese. É importante observar que ninguém pode, com certeza, dizer qual o caminho certo na solução de um problema. Mas, quanto mais aprofundada for a análise, maior é a certeza de que a tomada de decisão apresenta menos risco. No caso análise, a unanimidade geral não é o propósito do encontro. No caso problema, o grupo desenvolve a melhor solução, em função dos recursos apresentados.

O estudo de caso é uma técnica de simulação. Ele parte do princípio de que existe sempre mais de uma solução adequada para qualquer problema. Tal método requer que seja designado um coordenador que deverá ser o elemento capaz de fazer o grupo trabalhar de maneira organizada, não sendo levado à dispersão.

**Procedimento –** Procedimento é uma série de passos lógicos, através dos quais todas as ações repetitivas, numa empresa, são iniciadas, executadas, controladas e finalizadas. Um procedimento define que ação é requerida, quem a executa (pessoa ou máquina), quando a ação deve ter lugar (cronologia e implementação) e como é executado (método). Qual a diferença entre política e procedimento? Política é o que fazer. Como um exemplo pode-se citar: a decisão de pagar ou não uma despesa.

Procedimento é como fazer, isto é, se a despesa será paga em cheque ou dinheiro. O papel mais importante do procedimento é servir de canal transportador dos dados até o ponto de processamento dos mesmos. Os procedimentos permitem a execução de ciclos completos de ação.

**Manual** – O manual é um documento com a finalidade de uniformizar processos, atividades, tarefas e rotinas que devem ser observados pelas pessoas, sendo, portanto, um ótimo instrumento de racionalização e otimização dos recursos de uma empresa. Ajuda a aperfeiçoar a comunicação e a interação entre os diversos subsistemas da organização, quando é elaborado com base na cultura organizacional existente. O manual da organização é uma coleção integrada, sistematizada e classificada de documentos de modo que se torne um instrumento de consulta e referência.

A construção de um manual é feita de diversas partes relativas a: propósito da empresa (missão), filosofia, objetivos, estrutura organizacional, procedimentos, políticas, programas, estratégias, regulamentos, instruções, rotinas, competências, responsabilidades, regimentos, quadro de pessoal, níveis hierárquicos, funções organizacionais, funções administrativas, canais de comunicação, canais de distribuição, sistemas de informação, tecnologias, padrões de qualidade, simbologia, terminologia, códigos, senhas, siglas, padrões de correspondências, análises, formulários, arranjos físicos, questionários de pesquisa, distribuição do trabalho, sistemas de segurança, suprimentos, recrutamento, seleção, treinamento...

Complementam um manual: figuras, desenhos, tabelas, planilhas, fluxogramas, diagramas e gráficos, por exemplo. Os manuais são ferramentas, de relativa duração, reunidas dentro de um contexto, de fácil identificação, classificação, codificação e endereçamento, para que sirva de obra de referência, estando a sua utilidade na razão direta de sua flexibilidade e rapidez em se adaptar às mudanças ambientais.

Portanto, o manual não é eterno, sofrendo modificações, a fim de que seja: útil, necessário e suficiente. Para tal deve estar, permanentemente, submetido à análise, à crítica e à avaliação não só por parte de seus construtores, como também por seus usuários. Via de regra, as grandes empresas possuem diversos tipos de manual, como o de: administração de pessoal, suprimento, finanças, contabilidade, comercialização, serviços, patrimônio, segurança, entre outros, cada um dos quais com seus objetivos e conteúdos específicos, distribuídos de acordo com o interesse da empresa.

Embora uma empresa tenha seus próprios manuais, é bom frisar que existem entre eles características diferenciadas, tais como: formato cômodo, que facilite seu manuseio e sua guarda; linguagem simples, concisa, objetiva, direta, precisa e coerente, em função do público-alvo e facilidade de localização dos assuntos.

**Computador –** A matemática é o tradutor universal que nos permite trasladar ideias originalmente expressa em uma determinada linguagem científica para um sistema de conhecimento universal. O computador é o instrumento de máxima importância nessa conversão de energia intelectual. Com sua capacidade de seguir instruções pormenorizadas, o computador tem uma margem de erro praticamente nula. Trabalha seguindo um caminho rígido de procedimentos: um programa.

Cada programa é composto de uma série de instruções que fazem com que o computador execute o trabalho pretendido. É necessário esclarecer que sistema não é sinônimo de computador e que não existe uma conexão essencial entre os dois. Os computadores possibilitam examinar muitas alternativas em pouco tempo, oferecendo elementos para o processo decisório.

**Informação** – Toda empresa manipula vários fluxos de informação que afetam a sua administração. Administrar bem um negócio é administrar seu futuro. E administrar seu futuro é administrar informações. Portanto, pesquisar para a obtenção de dados é fundamental para sobreviver diante de tanta concorrência, em mercados saturados. Os executivos de hoje dependem, cada vez mais, de informações relevantes, a fim de tomarem decisões de menor risco.

A necessidade da informação atualizada é uma constante, porque as mudanças são muito velozes. A economia está sendo globalizada, os consumidores cada vez mais diferem entre si e é muito difícil estabelecer um equilíbrio entre custo, preço, atendimento, qualidade, quantidade e lucro.

**Banco de Dados** – Um banco de dados pode ser entendido como uma coleção de arquivos estruturados, não redundantes e inter-relacionados, que proporciona uma fonte única de dados para uma variedade de aplicações. O banco de dados armazena a informação usada em comum pelos diversos subsistemas de uma empresa com base na moderna tecnologia de processamento, permitindo que ela possa arquivar e acessar dados sobre diversas operações com velocidade e precisão.

É indispensável que a implantação do banco de dados satisfaça às necessidades dos usuários e que cada subsistema utilize a mesma base de dados, porque, caso contrário, o próprio objetivo do banco estará comprometido.

**Processo** – Processo é um conjunto de etapas (passos) sequenciais que apresenta mudança ao longo do tempo, tendo certa continuidade. É dinâmico, cíclico e sistêmico (cada etapa afeta as demais). É o detalhamento de como fazer. Praticamente, todo e qualquer trabalho é visto como um processo. Mesmo que se faça uma atividade de diferentes maneiras, é básico que se siga um processo já estabelecido anteriormente ou que seja fruto de um ato empírico, constituindo-se, em ambos os casos, num padrão momentâneo.

**Modelo –** O modelo é qualquer representação simplificada de um processo e/ou uma realidade em seu todo ou em partes. Pelo modelo verifica-se a interligação entre informação, processo e decisão. O desenvolvimento de um modelo é fundamental, porque ele é um pré-requisito para a análise de valor da informação e porque é a chave para se compreender que partes do processo podem ser apoiadas por sistemas automatizados.

Em geral, é uma abstração de uma realidade, de uma situação pretendida ou de uma solução, ajudando a economizar tempo e dinheiro. Munidas de modelos, as pessoas correm menos riscos, tendo em vista que a construção de modelos se aplica, principalmente, à tomada de decisão, resolução de problemas e avaliação de desempenho.

Um modelo é a expressão de um raciocínio ou de um encaminhamento lógico que parte dos dados de base, resultante da observação da realidade para a escolha de uma solução que possibilite uma ação. Não pode representar muitos aspectos de um contexto, porque, os modelos, além de serem muitos, mudam constantemente. Se quisermos estudar o fluxo de materiais através de uma fábrica, nós podemos construir um desenho, em escala, mostrando o piso da fábrica, a posição das máquinas, equipamentos e homens, por exemplo.

Os mais importantes problemas com modelos são:

- Utilização – A utilização de modelos permite que testes de mercado sejam reduzidos ou até eliminados, substituídos por pré-testes, simulações em laboratórios, que reproduzem as condições ambientais relativas a um número de consumidores selecionados (público-alvo) a uma situação ou a um cenário previsto.
- Forma – Um modelo poderá assumir diversas formas, tais como: uma descrição, um desenho, um referencial cartesiano, um relatório, um escrito, um formulário, uma tabela, um quadro, uma fórmula,

um sistema, um projeto, um plano, um programa, uma sinopse, um estatuto, um contrato, uma curva, um cronograma, um fluxograma, um diagrama, uma pessoa.

- Objetivos – Os objetivos de um modelo é definir ou descrever alguma coisa; assistir uma análise; especificar relações e processos; representar uma situação em termos de símbolos; ajudar no processo de tomada de decisão; minimizar custo e tempo; permitir uma melhor visualização das alternativas; aumentar e reforçar o conhecimento. Há muito tempo utilizam-se modelos em diversas ciências, mas sua aplicação aos problemas de gestão de empresas é bem mais recente.
- Limitações – Apesar das limitações que os modelos apresentam na caracterização de qualquer sistema, a grande vantagem de seu uso reside no fato de que eles propiciam um quadro de referências, a partir do qual se pode desenvolver uma análise e se ter uma visão abrangente do objeto em estudo. Quem constrói o modelo sofre a tentação de atopetar o mesmo com todas as respostas, desenvolvendo um modelo eclético. Só que isso, além de ser perda de tempo, é, praticamente, impossível que venha servir para alguma coisa.
- Tipo – Qual o tipo de modelo utilizar é um problema para àqueles que não têm prática do seu uso. O dirigente terá de conhecer classificação de modelos para então escolher qual o que mais bem atende a: função, estrutura, estado, incerteza, processo, atividade, objetivo e fluxo, por exemplo. Assim após a escolha, terá a sua disposição modelos descritivos, prescritivos, estruturais, de fluxos, de cálculos, matriciais, administrativos, sistêmicos, gerenciais, gráficos.

**Sistema** – O termo sistema é de uso comum, pois existem: sistema educacional, sistema de computador, sistema solar, sistema nervoso e outros. À luz da etimologia, a palavra sistema originou-se do prefixo "sun" e do radical "thema" (ambos gregos) isto é, um conjunto coerente de coisas que se interagem, se inter-relacionam e se integram.

O estudo dos sistemas capacita os homens e as instituições a terem um procedimento racional integrado a um conjunto organizado. A verdadeira importância do estudo dos sistemas é conscientizar o dirigente para a complexidade da organização e a necessidade de que o sistema seja sempre considerado. Tais sistemas são controlados por meio de informações.

**Rotina** – A rotina é uma sequência de atos/passos/etapas/procedimentos que se faz, em função de, por exemplo: um hábito, uma observação, um método, uma metodologia, um estudo. A seguir, um exemplo de rotina: Listar pedidos; Verificar itens faltantes dos pedidos; Verificação da conveniência de atendimento; Aprovação ou não do pedido; Baixar produtos do estoque; Atualizar controle de cotas de venda; Faturamento dos pedidos; Avisar Recepção de pedidos faturados; Avisar Contabilidade para contas a receber; Registrar comissões dos vendedores.

**Diretriz** – Como a diretriz é um conjunto de orientações macroeconômicas da organização (empresa), não dá para buscar uma solução que contrarie a mesma. Então, é preciso mudar a solução ou a diretriz, que é muito mais difícil.

**Matriz** – A matriz é uma tabela (quadro) de dupla entrada onde são conjugadas as variáveis (fatores) controláveis e não controláveis que o analista tem da situação, isto é, o seu conhecimento acerca de: dados, informações, ameaças, oportunidades, restrições, cenários, pontos fortes e pontos fracos. É muito comum se usar a palavra matriz para caracterizar um padrão adotado que pode ser uma cópia de uma outra empresa ou até de um país. Quem já não ouviu falar de matriz tecnológica e matriz energética.

**Rede** – A palavra rede (malha) significa um conjunto de atividades interligadas. Rede é a estrutura que estabelece a direção e o sentido do fluxo de informações que circula na organização. Ela possibilita o suporte necessário de dados para os polos de decisão que processam e filtram as informações. A Teoria dos Grafos é a aplicação de diagramas em rede para a otimização do tempo e do custo. Sua rede mais famosa, PERT/CPM, é utilizada para analisar o caminho crítico de um projeto, entendido como o mais longo de todas as etapas de sua consecução.

**Princípio e Regra –** Princípio, como já visto, é uma verdade fundamental, genérica, que serve de base às normas (regras). Regras são verdades específicas ou restritas, possuindo, geralmente, exceções.

Princípios de administração são, portanto, regras básicas para o trabalho e conduta do administrador. Portanto, não há como ir de encontro a estes dois conceitos na solução de um problema.

**Premissa** – As premissas servem de base para mostrar coisas evidentes, difíceis de serem contrariadas. São como conclusões lógicas e antecipadas, frutos de estudos e experiências anteriores. O conhecimento de premissas é de extrema valia para a solução de problemas.

**Política –** Política é um padrão de ação que facilita a tomada de decisão para situações parecidas, aumentando o poder de comparação e avaliação do gerente. A função de uma política é aumentar as chances de os dirigentes e funcionários fazerem escolhas semelhantes ao enfrentarem, independentemente, situações análogas. Uma política bem traçada ajuda a se cometer menos erros.

As políticas proporcionam um padrão de decisão para problemas recorrentes de natureza semelhante. São orientações para a ação que facilitam a tomada de decisão. Uma política rege, mas não faz o trabalho. Seu propósito é guiar a ação para os objetivos pretendidos, mas não são objetivos em si mesmo. Pode-se operar uma organização bastante descentralizada, utilizando-se políticas sólidas e bem compreendidas.

**Programa** – É uma lista de atividades sequenciais limitadas no tempo, de preferência em ordem de prioridade e de cronologia, para atingir objetivos. Então, se há um programa e este não foi cumprido, pode-se caracterizar um desempenho pouco pragmático. Por outro lado, é comum que à medida que o programa avance muitos itens sejam excluídos, mudados de posição e outros sejam inseridos. Assim, o programa nem sempre serve como ferramenta de avaliação.

Programas sofrem mudanças de acordo com as contingências a serem enfrentadas e as dificuldades em se conseguir recursos apropriados. Nestes casos são novamente editados. Os programas serão grandes ou pequenos, gerais ou detalhados, curtos ou longos, tendo em vista objetivos e recursos. Embora se tenha dito que a ordem dos eventos não tenha uma grande importância, é bom que o administrador trabalhe com uma cronologia, a mais próxima possível da realidade, pois, senão for assim, haverá muito retrabalho, causando evidente perda de tempo.

**Plano** – O plano (produto do planejamento) é um curso de ação, onde se estabelece quem fará o que, onde, como e por que atingir objetivos. Todo e qualquer plano é retratado formalmente através de um documento. Se não for escrito não é plano.

Um plano pode ajudar muito um administrador Assim, proporciona condições para uma decisão cuidadosa, disciplina o pensamento, define claramente os objetivos, explicita responsabilidades de execução, enfatiza fatores chaves para o sucesso, analisa mais cuidadosamente as condições de um negócio, proporciona detalhes mais bem pensados, fornece um mínimo de coordenação, observa as oportunidades e ameaças, ajuda a construir uma orientação da empresa para o mercado.

Alguns altos executivos acham que o tempo de que dispõem é muito precioso para ser gasto em outra coisa que não seja resolver problemas do dia a dia. Assim, "não perdem tempo" em participar do desenvolvimento de um plano. Se for adequadamente preparado, um plano conterá detalhes suficientes para a sua implementação, mas se for feito às pressas e inadequadamente construído pode causar muita perda de tempo, constrangimento e desconfiança quanto ao destino da organização.

Haverá problemas com um plano, se ideias, condições, recursos, métodos e objetivos não forem dispostos de maneira lógica, para poder ser seguido por outros. Se o plano não for devidamente comunicado fracassará.

**Aplicativo** – Os aplicativos são os processos pelos quais as informações são coletadas, processadas e distribuídas, com vista à ação administrativa. Eles podem ser informatizados e executados, mentalmente, por um usuário. Mas, o problema real não é selecionar ou conhecer aplicativos, ainda que essa escolha seja complicada devido à mudança rápida da tecnologia.

**Hipótese –** Hipótese é uma suposição que se faz na tentativa de explicar o que se desconhece. Ela é uma proposição enunciada para responder, tentativamente, a um problema. É um enunciado conjectural das relações entre duas ou mais variáveis. A característica básica de uma hipótese é de que ela é uma suposta, provável e provisória resposta a um problema. Isto quer dizer que demanda tempo para ser comprovada e aceita.

**Variável –** A variável é qualquer quantidade, qualidade, classificação, medida, característica ou atributo que pode possuir diferentes valores numéricos. O aspecto que mais salta aos olhos no equacionamento de um problema são as variáveis que assumem diferentes valores, às vezes, mutuamente excludentes para ajudar a testar a(s) hipótese(s).

Portanto, uma variável pode ser considerada, também, como: valor, aspecto, propriedade, fator, objeto, traço, magnitude. Para que a solução seja confiável é necessário que a variável seja embasada nas seguintes propriedades: Homogeneidade (relacionamento lógico); Inclusivibilidade (dentro de determinada categoria); Utilidade (serve a um fim); Exclusivibilidade (representa uma única dimensão).

**Pesquisa Operacional –** A pesquisa operacional é considerada simplesmente uma Teoria da Decisão Aplicada. Ela pode ser caracterizada como a aplicação de métodos, técnicas e instrumentos científicos aos problemas que envolvem operações de sistemas, de modo a munir os executivos responsáveis de: técnicas e soluções ótimas, para os problemas. Este tipo de pesquisa levará em conta os seguintes aspectos:

- Uma visão sistêmica do problema a ser resolvido.
- Uma concordância quanto ao uso do método científico.
- A utilização de estatística, probabilidade e matemática.

Até certo ponto, a pesquisa operacional é um produto da Segundo Guerra Mundial, apesar de que suas raízes advêm da Teoria Matemática e da Teoria da Probabilidade, que são bem anteriores. Seu desenvolvimento acelerado, nos últimos anos, se tornou possível com o computador, tendo em vista sua velocidade na manipulação de dados e fórmulas matemáticas em operações complexas.

A pesquisa operacional não proporciona decisões diretas, entretanto, num problema de planejamento de produção ou de transporte, os objetivos podem ser tão claros, os dados tão definidos e as conclusões, tão práticas, proporcionam uma solução ótima (a melhor possível, em função dos recursos disponíveis).

Ao utilizar a pesquisa operacional, o administrador constrói um modelo matemático, cuja finalidade é otimizar os recursos disponíveis para resolver problemas e tomar decisões. A pesquisa operacional ainda é usada para objetivos específicos, porque levanta as alternativas e equaciona a melhor solução, usualmente, maximizando ou minimizando alguns fatores (variáveis).

Também hierarquiza as alternativas e utiliza a sistemática das ciências exatas, dando destaque à matemática aplicada, à programação linear, ao estudo das redes, à Teoria das Filas e à Teoria dos Jogos.

Os principais campos de aplicação da pesquisa operacional são:

- Administração de lotes econômicos.
- Otimização de recursos.
- Novos empreendimentos, produtos e processos.
- Gestão de resultados.

É essencial que se tenha, nos estudos da pesquisa operacional, uma visão simplificada da realidade, porque tal estudo refletiu sobre: psicologia social, tecnologia da informação, estrutura organizacional, comunicação grupal e, não somente, na solução de problemas. Nestes aspectos, há um ponto em comum, qual seja, a preocupação com a manipulação de informações, pessoas, grupos e máquinas.

**Programação –** Programação é, basicamente, a análise de uma tarefa, a elaboração do fluxograma correspondente ao serviço a ser executado, a codificação deste fluxograma em instruções e a depuração destas instruções, a fim de que façam executar o serviço que se deseja. Já se inventou um número quase ilimitado de linguagens simbólicas. A maioria delas possui significado especial para os seus inventores e poucas pessoas.

Os suportes de programação tornaram-se muito disseminados e importantes, e isto se deve ao fato de que os fabricantes estão dando ao usuário mais facilidades.

**Pacote –** Com o avanço da Informática surgiram os chamados “pacotes” que nada mais são do que programas desenvolvidos para determinada aplicação que possibilitam grande economia de tempo, desde que sejam aplicáveis ao problema que o usuário pretende resolver.

As vantagens da utilização de pacotes consistem no custo de aquisição, normalmente, mais baixo do que o custo de desenvolvimento, no prazo menor de implantação e na segurança de usar alguma coisa já testada.

A maior dificuldade na utilização de pacotes reside na integração dos mesmos aos demais sistemas existentes na empresa, já que possuem seus próprios arquivos e algumas vezes não permitem interligações (interfaces) com outros sistemas operacionais. O uso de pacotes torna-se recomendável nos casos de:

- Aplicações influenciadas por exigências legais ou fiscais que sofram frequentes alterações.
- Aplicações altamente complexas em termos de processamento de dados ou que requeiram o uso de tecnologia não amplamente dominada pela empresa.
- Exigências de implantação no curto prazo.

Especialmente nos casos de aplicações mais amplas e complexas, como planejamento e controle da produção, orçamento, custo, por exemplo, é preciso considerar que o pacote, por si só, não é a solução integral dos problemas. Além de uma seleção cuidadosa do pacote a ser utilizado, é necessário garantir os benefícios objetivados, por meio de: conceitos adequados, políticas bem definidas, planejamento da implantação e solução dos problemas de interfaces do pacote com outras aplicações.

Pacotes, por mais poderosos que sejam, não prescindem de ações complementares para enquadramento às necessidades da empresa.

# Capítulo 2

# PROBLEMAS ORGANIZACIONAIS

*"Frequentemente encontramos uma série de grandes oportunidades habilmente disfarçadas em problemas insolúveis. O trabalho do empreendedor é ler esta realidade e transformar tudo isso num negócio rentável."*

John W. Gardner

## Objetivos do Capítulo

- Mostrar os mais importantes problemas existentes nas organizações.
- Buscar explicar como os problemas organizacionais acontecem.
- Mostrar problemas menores que, como variáveis, fazem parte de um grande problema.

## 2.1 Conceito de Organização

Organização é um conjunto intencional/interativo/cooperativo de recursos, funções, políticas, atividades, tarefas, responsabilidades, regidos por pessoas para alcançar objetivos predeterminados e congruentes com a missão para a qual a mesma foi formada.

Desde as épocas mais remotas existiu a organização como atividade contínua e permanente, dado que o homem sempre procurou racionalizar, aperfeiçoar e simplificar suas ações para conseguir maior rendimento ou o máximo de bem-estar com o mínimo de esforço. E este é o princípio básico e o objetivo final da organização.

O mundo de hoje é uma sociedade composta de organizações. As pessoas nascem, crescem, vivem, trabalham, recebem tratamento de saúde, estudam, se divertem e são enterradas em organizações. As organizações exercem um papel cada vez maior na vida moderna. A organização procura dispor de recursos de tal forma que o conjunto, assim empregado, seja capaz de realizar uma atividade econômica ou um trabalho, com um mínimo de risco, esforço e custo.

Uma organização é patrimônio da sociedade e não de seus donos. Uma sociedade vai bem quando suas organizações vão bem.

Assim, como as pessoas, as organizações têm um caráter próprio que as distingue das demais, isto é, elas desenvolvem uma identidade. Este caráter desenvolve-se da mesma maneira pelo qual evolui o caráter dos indivíduos. Quanto maior o número de interações pessoais e grupais, mais acentuada é a personalidade da organização.

A seguir, alguns aspectos das organizações:

- As organizações existem para cumprir objetivos que os indivíduos isoladamente não podem alcançar, em face das suas limitações.
- Uma organização é um sistema composto de subsistemas: operacionais, táticos e estratégicos.
- Uma organização divide o trabalho, de acordo com a funcionalidade, espaço e tempo.
- As organizações precisam agir de forma congruente com o ambiente onde habitam, porque corre um risco muito grande de entrarem em dissonância com o mesmo, o que, em geral, é catastrófico, isto é, a organização deve dançar conforme a música.

Uma das razões que explicam a enorme variedade e densidade de organizações no mundo atual é o fato de que a organização é o mais eficiente meio de satisfazer um grande número de necessidades humanas. Em geral, as organizações são compostas de duas ou mais pessoas que interagem e integram-se para atingir determinados objetivos comuns.

Segundo Chiavenato, existem razões que explicam a existência das organizações:

Razões Sociais – As pessoas são seres gregários que necessitam de relacionamento com outras pessoas para viver.

Razões Materiais – As pessoas se organizam para alcançar: maiores e melhores habilidades; uma utilização do tempo que seja a melhor possível; conhecimentos que sozinhas levariam mais tempo para conseguir; uma efetiva comunicação.

Razões Psicológicas – As pessoas apresentam um efeito multiplicador (sinergia), quando reunidas para trabalharem num mesmo projeto.

Toda e qualquer organização possui aspirações, retratadas em objetivos, propósitos e metas. Mas, a organização não pode aspirar altos níveis, se não possui recursos para atingi-los. As restrições causam impactos muito desagradáveis às organizações e são de toda maneira contornadas. Às vezes, estas podem revelar oportunidades ainda não visualizadas. Portanto, nem sempre dificuldades, restrições e ameaças devem ser vistas de maneira negativa.

## 2.2 Problemas Organizacionais

As crescentes intensidades e velocidades de mudança atingem as organizações, exigindo destas decisões rápidas e respostas imediatas, através do planejamento de estratégias adequadas. A necessidade de possuir registros históricos ajuda a organização a ter uma razoável capacidade de prever o seu futuro, associando o passado com as ameaças presentes.

Cabe à organização fazer sempre uma leitura prospectiva do ambiente que a cerca. Os problemas organizacionais mais importantes são:

**Fator Humano –** Uma organização depende da qualidade, do valor e da integração das pessoas que nela trabalham. A ênfase central de Drucker é na realização do ser humano, porque ele só se realiza sendo produtivo. Organizações são importantes, porque são os instrumentos para que as pessoas sejam produtivas, e a administração é que faz com que a organização cumpra o seu papel.

**Cultura Organizacional** – Uma organização deve levar em consideração o conhecimento de sua cultura, conceituada como um conjunto de crenças, hábitos, tradições, valores, normas e regulamentos predominantes que caracterizam os processos interativos pessoais que ocorrem nas operações do dia a dia da organização. A definição de cultura organizacional procura explicar que a única maneira viável de mudar os sistemas, dentro dos quais as pessoas estão inseridas, é alterar sua cultura e o seu comportamento.

**Diversidade** – É um fator de diferenciação entre seres humanos, que precisa aceitação e inclusão de todos os grupos (raça, nacionalidade, religião, sexo), em todos os níveis da empresa. A diversidade precisa de uma cultura especial que afugente os preconceitos e fatores irrelevantes ao desempenho funcional. Então, essa diversidade pode ser uma vantagem competitiva? Em que a diversidade dos recursos humanos ajuda?

Num primeiro momento parece que não, tendo em vista a dificuldade de lidar com contrários. Mas, de onde vem a luz, a criatividade e a inovação, senão em se relacionar com pessoas diferentes e, às vezes, mais inteligentes do que nós.

**Clima Organizacional** – Uma organização deve cuidar do clima organizacional que retrata a qualidade do seu ambiente psicológico. Em decorrência do estado motivacional das pessoas, este clima pode ser positivo ou negativo, quando é favorável, receptivo e agradável ou quando é desfavorável, frio e desagradável, respectivamente.

A organização começa a se desintegrar, geralmente, em função de um clima negativo. A seguir, são colocadas, como exemplos, algumas ações desastrosas que afetam a organização, acarretando problemas: Não comunicar; não escutar; não liderar; não interagir; não agir com imparcialidade; não reconhecer; não recompensar; não comemorar.

**Ambiente** – Uma organização depende do estudo do ambiente para a sua própria estabilidade, manutenção e sobrevivência.

**Contingência –** Uma organização precisa saber lidar com a contingência, que é algo que pode ou não acontecer. Considera-se contingência as ameaças, restrições, oportunidades e fatos imponderáveis.

**Complexidade** – À medida que os ambientes forem se tornando cada vez mais mutáveis e imprevisíveis, as empresas mais progressistas terão de desenvolver sistemas mais sutis, complexos e rápidos. Está se tornando consenso entre os cientistas que, hoje em dia, há muita evidência de que a complexidade da sociedade já é superior à compreensão dos que são responsáveis por sua direção, e de que o tamanho e a relação de algumas empresas estão acima da capacidade de seus diretores.

A crescente complexidade organizacional torna obsoletos modelos e políticas, fazendo com que seus dirigentes tenham de conviver com ambiguidades e incertezas. Terão poucas chances de desenvolvimento as organizações que tiverem dificuldades de lidar com a complexidade, tendo em vista a produtividade e a construção de novos métodos de trabalho.

## 2.3 Problemas de Processo

Processo, como já observado, é um conjunto de etapas (passos) sequenciais que apresenta mudança ao longo do tempo, tendo certa continuidade. É dinâmico, cíclico e sistêmico (cada etapa afeta as demais). É o detalhamento de como fazer. Praticamente, todo e qualquer trabalho é visto como um processo. Mesmo que se faça uma atividade de diferentes maneiras, é básico que se siga um processo já estabelecido anteriormente ou que seja fruto de um ato empírico, constituindo-se, em ambos os casos, num padrão momentâneo.

O passo é a parte elementar do processo. Dificilmente, se encontra trabalho de apenas um passo. Heráclito destacou a importância do conceito de processo ao declarar: “um homem não cruza, mais de uma vez, um mesmo rio, utilizando determinado processo”.

A finalidade do processo é garantir a realização de objetivos por meio da aplicação de recursos.

O processo consiste de atividades intimamente relacionadas, que, continuamente, se sobrepõem, em vez de seguir uma sequência estritamente determinada e única. É bom observar que o interesse pela minúcia, muitas vezes, dificulta a percepção do todo.

O processo está relacionado com as decisões, atividades, estratégias, táticas, políticas, restrições, oportunidades, controles, planos. O processo de produção, por exemplo, será avaliado, em função das técnicas e práticas operacionais de fabricação.

Não há nenhuma maneira universalmente correta de elabora um processo, qualquer que seja.

## 2.4 Problemas no Trabalho

Toda vez que fazemos um esforço para obter coisas que satisfazem as nossas necessidades, realizamos trabalho, que é a verdadeira medida do valor de troca de todas as coisas. O trabalho é toda atividade humana voltada para a transformação da natureza, no sentido de satisfazer uma necessidade. Para os economistas é um dos fatores de produção.

O trabalho significa o esforço, exercício ou atividade para realizar alguma coisa. Este esforço pode ser físico, mental, voluntário ou forçado. É através do trabalho que o homem transforma o ambiente onde vive.

Hoje, é comum que organizações, através de parcerias, dividam funções, atribuições, atividades, operações e tarefas, com a finalidade de minimizar custo.

Os problemas no trabalho estão relacionados aos seguintes elementos:

**Simplificação do Trabalho** – A simplificação do trabalho tem sido definida como a análise sistemática de todos os fatores que afetam ou afetarão o trabalho, a fim de economizar recursos. Procurar uma maneira mais simples de fazer o trabalho, tornando-o mais rápido, menos cansativo, menos dispendioso e, consequentemente, mais produtivo é o que se chama de simplificação do trabalho. Esta filosofia se fundamenta nas seguintes premissas:

- Há sempre uma maneira melhor de se executar uma tarefa.
- A melhor maneira jamais é conseguida, ela deve ser um desafio.
- A simplificação do trabalho pode ser aplicada, se houver interesse em economizar recursos.
- O trato sistemático e ordenado dos problemas de trabalho produzirá melhores resultados do que um tratamento casual ou impulsivo.

**Divisão do Trabalho –** A divisão do trabalho pode ser analisada sob dois aspectos: o individual e o coletivo. A divisão do trabalho será feita de acordo com a posição que cada participante ocupa na estrutura organizacional e as relações mantidas entre eles. Cada indivíduo ou grupo realiza um tipo de atividade.

**Posto de Trabalho** – A organização do posto de trabalho consiste em determinar um lugar para cada coisa, de modo mais eficiente.

**Estudo do Trabalho –** O estudo do trabalho desenvolve-se no sentido de melhor utilização (otimização) dos recursos à disposição da empresa. Os objetivos do estudo do trabalho, para o consequente aumento de produtividade, são: melhorar os métodos de trabalho, melhorar a distribuição das tarefas e determinar o rendimento do trabalho. Durante a crítica do método existente é necessário ter uma atitude interrogativa e imaginativa. O senso comum deve prevalecer, para efeito de economia e de operacionalidade.

**Custo e Rendimento do Trabalho –** Quando se elabora o novo método de trabalho, além da sua exequibilidade, é preciso fazer uma estimativa do custo da sua implementação e do rendimento a mais que ele dará, fazendo-se, inclusive, o cálculo da amortização dos gastos que serão necessários na implantação.

**Análise do Trabalho –** A análise de distribuição do trabalho tem por finalidade avaliar as tarefas de um grupo, eliminar as atividades supérfluas e distribuir as tarefas necessárias, de forma a conseguir maior efetividade. Tal análise segue as seguintes fases: Análise das tarefas individuais; Grupamento das tarefas em atividades; Elaboração do quadro de distribuição de tarefas; Análise do quadro de distribuição de tarefas.

**Agenda de Trabalho –** A agenda, como já abordada, é uma lista sumária, geralmente, com data e hora marcadas, em que são feitas anotações de compromissos, transmissão de informações, apontamentos pessoais, questões a serem debatidas, tarefas a serem cumpridas, ações e decisões a tomar, por exemplo. Já a pauta de trabalho é o nome dado a uma lista de assuntos a serem tratados numa reunião

**Tempo do Trabalho –** O tempo deve ser considerado um aliado e não um inimigo do homem. Assim, qualquer uso mais efetivo do tempo tem de começar com um controle. Fazer uma lista do que é preciso fazer, priorizar os itens, ajuda o trabalho do administrador, mas nunca deve ficar refém de uma agenda de trabalho, porque, se perder a agenda, não mais administrará?

**Automação do Trabalho –** Automação significa a transferência de atividades de controle, regulagem e correção de processos feitos pelo ser humano para equipamentos cibernéticos. As máquinas automáticas são capazes de realizar uma sequência de operações até certo ponto semelhantes aos processos mentais humanos, podendo ainda corrigir erros que ocorram no curso de suas operações, seguindo critérios preestabelecidos.

**Programação do Trabalho** – É a distribuição racional dos tempos das diversas fases de uma tarefa ou trabalho planejado. A programação do trabalho terá de levar em conta o estudo dos ritmos e métodos de trabalho, com a finalidade de adaptação do homem ao processo que participa.

## 2.5 Problemas no Grupo de Trabalho

Um grupo não é simplesmente o somatório de indivíduos. Cada um, com as suas idiossincrasias e traços diferentes, é um elemento que influencia o grupo e que por este se deixa influenciar. Essas interações dão ao grupo um caráter ativo e dinâmico. A convivência grupal cria sentimentos, laços de simpatia e amizade, que dão ao grupo certa força interna, formando uma verdadeira trama de tensões.

Existem vários tipos de grupos sociais, como: família, clube, escola, igreja, partido político, empresa. A organização terá de ser dividida em grupos de trabalho para poder funcionar.

O estudo das tensões entre os membros do grupo de trabalho permitirá conhecer suas relações, bem como melhorar o ambiente social, tornando-o positivo. É preciso saber quais as pessoas que podem ou devem trabalhar juntas; as que devem trabalhar, mais ou menos, distantes; as que devem ser escolhidas para cargos de chefia. Saber escolher os indivíduos, quando o trabalho de um depende do outro, é muito importante nas relações humanas.

Os comportamentos, os motivos, as atitudes e as reações de um indivíduo em um grupo de trabalho precisam ser estudados, para se entender a dinâmica do grupo. Também é preciso levar em consideração o nível hierárquico. A compreensão dessas variáveis, que ajudam ou inibem os indivíduos para o trabalho em grupo, é de grande importância. Os dirigentes precisam avaliar as causas de maior ou menor produtividade, bem como o grau de criatividade do grupo e do indivíduo.

Se uma pessoa está trabalhando numa equipe, ela é naturalmente motivada, porque há um compromisso entre as partes. E esta é a grande diferença num sistema tradicional em que os subordinados atendem seus chefes. A importância de se trabalhar em equipe é que cada membro é responsável também pelo resultado do grupo. Não basta apenas cumprir tarefas.

Equipe é uma dessas palavras, excessivamente, utilizadas no campo da administração. Sugere uma coesão e unidade que você raramente obtém e talvez não queira que, realmente, aconteça o tempo todo. O trabalho em equipe é a combinação de diferentes indivíduos, trabalhando ao longo de rotas independentes e colaborativas para objetivos comuns.

As equipes não podem ser formadas da noite para o dia. É necessário um longo período antes que possam funcionar. Elas são baseadas na confiança mútua e no entendimento recíproco. Isso leva anos para se conseguir.

## 2.6 Problemas de Atuação

É comum em palestras, aulas ou seminários se ouvir a seguinte narrativa: Na saída da sala de cirurgias, conversam dois médicos. O primeiro diz: – A operação foi um sucesso, assepsia, instrumentadores e tempo recorde. Imagine extrair aquele rim avariado em somente 12 minutos! O segundo médico suspira e responde descontrolado: – É verdade, só que tiramos o rim errado. É a velha briga entre eficiência e eficácia.

A confusão entre fazer as coisas certas e fazer as coisas de maneira certa é basicamente o problema central numa organização. Não existe nada mais inútil do que fazer com grande eficiência as tarefas que não precisam ser feitas. A eficiência, a eficácia e a efetividade de uma empresa se fundamentam no funcionamento acurado e preciso dos sistemas operacionais, baseados num bom planejamento estratégico.

Contudo, nossas ferramentas administrativas e conceitos diversos, bem como mecanismos e instrumentos de trabalho, focalizam a eficiência. Precisamos é de uma maneira de identificar as coisas certas, aquelas que, possivelmente, darão resultado significativo, isto é, que tenham eficiência, eficácia e efetividade.

A seguir, os problemas de atuação estão fundamentados nos conceitos de:

**Eficiência –** Eficiência é a habilidade de produzir o desejado com o mínimo de esforço e desperdício. É a melhor maneira pela qual as coisas devem ser feitas, a fim de que os recursos sejam aplicados de forma mais racional possível. Eficiência significa agir de acordo com o que foi preestabelecido, fazendo o melhor uso de meios, processos e recursos. O gerente eficiente dá ênfase aos meios; resolve problemas; diz como as coisas são executadas; cuida dos recursos; preocupa-se com o controle; cumpre com suas obrigações; reduz custos em processos de produção; treina os subordinados.

**Eficácia –** Eficácia é uma medida normativa do alcance de resultados (objetivos), isto é, refere-se à capacidade de satisfazer uma necessidade da sociedade através do suprimento, pela empresa, de bens, serviços e ideias. Ela relaciona-se com os fins almejados. O gerente eficaz faz as coisas certas, dando ênfase aos resultados; elabora alternativas; otimiza a utilização dos recursos; distingue quais problemas devem ser tratados e porque da prioridade de abordagem; aumenta lucro e receita com vendas.

**Efetividade –** Efetividade é o somatório da eficiência mais a eficácia, visando buscar a satisfação do consumidor dentro de um período de tempo, o mais curto possível. Ela está relacionada à velocidade de resposta que o consumidor dá aos produtos de uma empresa. O gerente efetivo sabe onde gastar o próprio tempo; concentra esforços em resultados mais do que em atividades; baseia-se nas qualidades pessoais mais fortes de cada um; concentra-se nas tarefas-chave; toma decisões que otimizam resultados; atua como agente de mudança; avalia estratégias e táticas.

## 2.7 Problemas de Relacionamento Humano

A habilidade de relacionamento consiste na capacidade de saber se relacionar com as pessoas, através de mecanismos de persuasão, motivação, interação, integração e liderança. Um indivíduo deve naturalmente compreender que ele não é perfeito, que as pessoas que trabalham para ele e com ele não são perfeitas e que sua empresa não é e nem jamais será perfeita.

O bem-sucedido empreendedor é uma pessoa que mantém alta média de acertos na avaliação precisa das forças que determina qual deve ser seu comportamento mais apropriado em determinado momento e, efetivamente, ser capaz de comportar-se de acordo com a situação. Por outro lado, também é importante saber lidar com os erros das pessoas.

Os erros são para servir de lição e de ponto de partida para novos rumos e não para serem rememorados. A eterna preocupação por causa de um erro é uma atitude estéril.

Saber escolher os indivíduos, quando o trabalho de um depende do outro, é um dos pontos importantíssimos das relações humanas. Se colocarmos, para trabalhar juntas, pessoas de mútua antipatia, estaremos preparando terreno para atritos, desentendimentos e dilemas. A indiferença, a rejeição, a submissão, a rivalidade e o domínio são atitudes frequentes dentro de uma empresa, muito embora sejam desaprovadas pela boa moral. A única atitude capaz de criar um ambiente social positivo, de confiança e de segurança é a de colaboração.

O real objetivo das relações humanas é a motivação e o interesse pelo trabalho, para que este seja o melhor possível, tanto para as pessoas quanto para as organizações. Relações humanas não são uma doutrina ética, embora de algum modo implique a ideia de dignidade humana. O estudo das relações humanas não resolve todos os problemas da organização, porque muitos destes não são humanos. As relações humanas buscam a interação social das pessoas numa organização, através de ações e atitudes.

Na organização surgem muitas dificuldades, como: a falta de interesse pelo trabalho; falta de assiduidade e de pontualidade; excessiva rotação ou pouca estabilidade; intrigas, perseguições, rivalidades, falsidades. Há, também, resistência ao cumprimento de ordens e determinações; excessivo número de reclamações ou de reivindicações; elevado número de acidentes e frequentes questões trabalhistas ou sindicais.

O sucesso em relações humanas é grandemente determinado pela espécie de pessoa com a qual se tem de lidar. Uma vez que tenham sido contratados empregados com boas características de relações humanas, o passo seguinte é desenvolver as mesmas ao seu potencial máximo. No trabalho surgem muitas dificuldades e, portanto, muitos problemas. Uns são de natureza técnica, outros de natureza financeira e outras, ainda, de natureza humana.

Eis algumas medidas para evitar problemas nas relações humanas:

- Explicar, cuidadosamente, os deveres do indivíduo diante do grupo.
- Evitar discussões intermináveis, quanto aos direitos e deveres de cada um.
- Dar salários proporcionais à produtividade e ao mérito.
- Apresentar os novos companheiros a todos os membros do grupo.
- Evitar de magoar um chefe, passando por cima de sua autoridade.
- Mostrar critérios objetivos para promoções.
- Evitar admissões de novos membros no grupo, que não tenham as qualidades necessárias para a função.
- Criar comissões para propor soluções objetivas para problemas de relacionamento.
- Diminuir a distância social entre chefes e subordinados.

Os comportamentos, as atitudes e as reações de um indivíduo, no grupo de trabalho, são influenciados pelos motivos que o levam a trabalhar ou a ter gosto pelo trabalho. A alguns pode parecer que as pessoas trabalham somente por causa do dinheiro. Isso é falso. Existem outros motivos que levam o indivíduo a trabalhar.

## 2.8 Problemas das Relações Profissionais

Os problemas das relações profissionais numa organização estão fundamentados nos seguintes elementos relacionais:

**Relação entre Indivíduo e Grupo** – Os motivos que levam um indivíduo a pertencer a um grupo são: necessidade de se manter ativo como uma fórmula para descarregar tensões; necessidade de sobreviver; necessidade de afirmação pessoal; necessidade de exibição; necessidade de competição; necessidade gregária; necessidade expiatória; necessidade de encobrir outras atividades.

**Relação entre Indivíduo e Equipe de Trabalho** – Os comportamentos que o indivíduo tem para com sua equipe de trabalho são:

Orientado para o Ego – Dominar a reunião, interromper a fala do outro, não saber ouvir, reagir de maneira nervosa, não dar atenção aos argumentos do outro, recusar assumir responsabilidade.

Orientado para a Interação/Integração – Conciliar opiniões divergentes, receber e mostrar interesse por ideias e sugestões, aliviar tensões, estimular a cooperação.

Orientado para a Tarefa – Organizar o ambiente de trabalho, ativar processos produtivos, ler e compilar informações, esclarecer e ensinar a quem precisa, observar, concluir e relatar fatos, eventos e objetivos, possuir objetividade e saber sintetizar.

**Relação entre Superior e Subordinado** – O superior deve tratar o subordinado de forma adequada. Criar um ambiente próprio ao bom trabalho, evitar atritos, evitar tirar o entusiasmo do subordinado, chamar atenção sobre o valor pessoal, motivar o subordinado, evitar a insatisfação, dizer a cada empregado como ele vai no trabalho, dizer o que você espera do subordinado, frisar os meios de aperfeiçoamento, analisar o valor de novas proposições, tomar em consideração todo trabalho fora da rotina, falar enquanto o assunto "está quente", falar com antecedência sobre mudanças que afetarão as tarefas dos subordinados, explicar o porquê das modificações, conseguir a aceitação da modificação, utilizar a melhor das capacidades individuais, descobrir capacidades não aproveitadas, não ser obstáculo ao progresso do empregado (subordinado).

**Relação entre Indivíduo e Organização** – O relacionamento do indivíduo com a organização nem sempre é um relacionamento cooperativo e satisfatório. Muitas vezes, é um relacionamento tenso e conflitante. Enquanto o indivíduo traz habilidades, conhecimentos, capacidades, destrezas, juntamente com sua aptidão para aprender e um indefinido grau de desempenho, a organização, por sua vez, deve impor responsabilidades, mas sempre como desafio.

A organização espera que o empregado obedeça à sua autoridade, e, por seu turno, o empregado espera que a organização se comporte corretamente com ele e opere com justiça. Embora não exista acordo formal ou coisa claramente dita, o contrato psicológico é um entendimento tácito entre indivíduo e organização, no sentido de que uma vasta gama de direitos, privilégios e obrigações, consagrados pelo uso, será respeitada e observada pelas partes.

**Relação com Proprietários –** É a relação que pode ser entendida da seguinte maneira. Uma empresa é uma pessoa jurídica com muitos direitos legais e privilégios das pessoas físicas. É uma entidade cujo controle independe dos proprietários. A empresa pertence aos proprietários, mas os seus bens são geridos por dirigentes (diretores e gerentes), que nem sempre são os donos do negócio. As prerrogativas administrativas dos proprietários (acionistas) estão essencialmente limitadas ao direito de eleger os diretores e de apelar aos tribunais, quando os atos da administração puderem ser prejudiciais aos seus interesses.

**Relação com Consumidores –** Hoje, é comum se falar de CRM (*customer relationship management*) nas empresas como veículo de relações lucrativas para ambos os lados e um canal de integração. Empresas de diversos setores passaram a gastar fortunas para aprimorar a gestão do relacionamento com o cliente. Para tal, as respostas, em geral, foram: telemarketing, serviço de atendimento a clientes (SAC) e processo integrado de dados dos consumidores. Mas, o leitor precisa estar atento para a Lei de Pareto que diz: "20% dos consumidores respondem por 80% da receita da empresa".

## 2.9 Problemas Comportamentais

Comportamento pode ser traduzido como uma conduta, maneira de agir, uma reação, uma atitude diante de uma pessoa, organização ou ambiente. Se uma pessoa reage contra uma decisão organizacional, por exemplo, diz-se que ela tem um comportamento negativo. Mas, um comportamento negativo nem sempre é um problema, pode ser inovador. Os problemas comportamentais de um indivíduo podem advir da falta de atendimento das necessidades humanas (fisiológica, segurança, social, estima, independência, realização, poder, atuação, afiliação).

Dificilmente uma questão importante nas empresas deixa de apresentar implicações comportamentais. Todos nós já vivenciamos organizações sem estratégias, planos e projetos. Porém, ninguém viu uma organização sem comportamento. O fracasso da organização não pode ser atribuído ao mercado. O insucesso da mesma é, com certeza, uma falha administrativa. Não se trata da falta de recursos ou de informações, mas é uma questão de comportamento apropriado ao ambiente de negócios.

Os problemas comportamentais derivam, principalmente, das seguintes variáveis:

**Estímulo** – É uma influência que leva alguém a praticar algo ou modificar seu comportamento. A influência é uma espécie de indução ao comportamento das pessoas.

**Sentimento** – O sentimento inclui os processos mentais e emocionais que estão dentro das pessoas e que não podem ser vistos, mas cuja presença é inferida a partir das atividades e interações das pessoas. O estudo do sentimento inclui satisfação, frustração, barreira, preconceito, compensação e cooptação.

**Interdependência** – Os elementos do grupo são dependentes uns dos outros, isto é, são interdependentes, porque um elemento afeta o outro e vice-versa.

**Cooperação** – A cooperação supõe, de certa forma, uma espécie de divisão de trabalho entre os indivíduos participantes de um mesmo grupo. A cooperação aumenta a capacidade humana

**Participação** – A participação pode ter vários significados, tais como: fazer parte de algo, tomar parte em algo ou ter parte em alguma coisa. Fazer parte refere-se a uma posição adquirida, às vezes involuntariamente. Tomar parte indica que a pessoa executa uma ação específica dentro de uma coletividade. Ter parte refere-se a um comprometimento.

**Adaptação** – A adaptação é o movimento que o indivíduo executa, através de reações ou respostas, para atender as modificações do ambiente a fim de não prejudicar a consecução de seus objetivos. Envolve mudança, inovação e ruptura. Se um sistema está sempre submetido a um determinado ambiente ou suas mudanças são facilmente adaptadas, fica mais fácil a sua manutenção.

Claro que quanto maior o conhecimento dos administradores da organização maior a adaptação. É bom ter em mente que a organização pode não maximizar o lucro, ou minimizar custo, nem aumentar prestígio ou renda, mas tem que se adaptar para sobreviver.

**Expectativa** – A expectativa é a combinação de crença, chance, probabilidade e sorte que alguém tem em atingir determinado resultado (objetivo ou desempenho). Uma das variáveis mais importantes da motivação é a expectativa (Modelo de Vroom). A Teoria da Expectativa considera que pode ser necessário haver uma sequência de eventos interligados para que um resultado desejado se realize. A maioria dos dirigentes, porém, trata seus subordinados de forma que os conduzam a um desempenho inferior ao que são capazes de conseguir.

A maneira pela qual os dirigentes tratam seus subordinados é, sutilmente, influenciada pelo que esperam deles. Se as expectativas de um dirigente são elevadas, o provável é que a produtividade seja excelente. Se suas expectativas são restritivas, a produtividade será provavelmente baixa. É como se existisse uma lei que fizesse o desempenho de um subordinado subir ou descer para acompanhar as expectativas de seu superior.

**Motivação** – A motivação é o ato de estimular alguém a agir da maneira que se deseja ou fazer com que um indivíduo desenvolva uma atividade que lhe dê satisfação. A motivação pode ser definida como um conjunto de variáveis de uma pessoa que a levam a um comportamento específico.

**Conflito** – O conflito é uma situação em que uma pessoa se coloca contra uma outra ou contra um grupo. Conflito significa a existência de ideias, sentimentos, atitudes ou interesses antagônicos e colidentes. No passado, os conflitos eram reprimidos. Hoje, são desejáveis, pois trazem mudanças e inovações, desde que não sejam constantes e permanentes, pois, se assim o forem, não deixarão a organização prosseguir na sua luta diária para sobreviver.

O conflito é uma das condicionantes dos seres vivos, sendo mais exagerado entre os seres humanos.

**Mudança** – A mudança é a transição ou passagem de uma situação (estado) para outra diferente. A mudança passa a ser sempre mais valorizada, a estabilidade passa a ser vista com suspeita e se procura imaginar novos tipos de atitudes que atendam às necessidades de mudança. Ela é sempre feita com a intenção de melhorar, porque objetiva maior e melhor qualidade dos produtos, imagem da marca e da empresa, fatia de mercado, margem de lucro.

Mudanças acarretam uma série de perturbações sobre os indivíduos e as organizações. Ameaçam o equilíbrio psicossocial, causando frustração e desorientação. Afetam o equilíbrio das organizações, que não podem manter processos decisórios que tornam anacrônicas suas respostas às próprias necessidades de atualização.

A vida está repleta de histórias de pessoas que deixaram escapar o momento exato da mudança. As razões são diversas: medo, comodismo ou mesmo uma visão míope do cenário. O descuido, muitas vezes, cobra um preço elevado, que se traduz em oportunidades desperdiçadas e sonhos postergados.

**Euforia –** A euforia se manifesta de forma consciente, é constante e, de modo geral, direcionada para atitudes produtivas. Pode durar: meses, anos ou a vida inteira. Este distúrbio trabalha muitas vezes a favor de seu portador, dando a ele uma energia e um otimismo incomum diante das situações do dia a dia.

**Moral** – Moral é uma atitude mental, um espírito de corpo, uma situação de bem-estar, um estado emocional. É, portanto, um conceito intangível. O moral da empresa é elevado quando as necessidades dos funcionários são, razoavelmente, atendidas e vice-versa.

**Agravo** – De modo geral, as relações entre superiores e subordinados são satisfatórias. Às vezes, contudo, os subordinados se tornam insatisfeitos. As insatisfações são estudadas como agravos na empresa e que podem ser de origem exógena ou endógena. Insatisfações exógenas podem vir da família, lar, comunidade, região ou país. Insatisfações endógenas podem vir da realização profissional, ambiente organizacional, status, remuneração, interação ou políticas empresariais.

**Hábito –** Sem hábitos o homem não teria nenhuma chance e por um paradoxo, não teria qualquer chance se não tivesse hábitos, porque a vida seria uma série interminável de ensaios e erros. Tudo seria permanentemente novo, causando confusão a todo instante. Se não fosse pelos hábitos, não teríamos nenhum progresso.

O hábito nos faz ganhar tempo e energia. Um selvagem, que nunca viu um par de sapatos, levaria o dia inteiro para calçá-lo. De fato, quando iniciamos algo inédito ficamos em permanente estado de tensão. Os hábitos permitem também que façamos as coisas automaticamente. Se não fosse assim, teríamos de começar tudo do início. Um hábito nunca se torna de todo inconsciente, mas requer sempre uma pequena atenção. Eles evitam os movimentos inúteis e permitem ao homem agir de maneira mais eficaz. Dão sistematização ao comportamento, diminui a aleatoriedade e o empirismo. No entanto, há um outro lado da questão.

Se os hábitos fazem a natureza humana, igualmente a desfazem. Constroem e destroem. Mesmo sendo uma necessidade, às vezes, nos trazem problemas.

## 2.10 Problemas Pessoais

Sociedade e civilização, no mínimo, só são possíveis com a ajuda de algum mecanismo ou regras que gerem ordem e acomodação. É aí que entram: costume, cultura, valor, filosofia, religião, ideologia. A grande organização distingue-se da pequena por fatos mais significativos do que pelo tamanho. Ela criou divisões, e departamentos por ser este o único caminho para governar a complexidade.

Na pequena organização, umas poucas pessoas, em corredores, podem, quase sem parar, fazer todas as decisões e conhecer todos os fatos necessários para dirigir a empresa. Na grande organização isto é praticamente impossível. Problemas pessoais sempre existirão, qualquer que seja o tipo de empresa. Se já não bastassem os problemas internos da organização, são acrescentados a estes os problemas vindos de fora, tais como: dívidas, crise conjugal, doenças na família, doenças pessoais.

Alguns autores mais radicais acham que, para acabar com os problemas pessoais na organização, bastam algumas regras:

- Reduzir o falatório sobre relações humanas.

- Um bom relacionamento entre as pessoas não conduz a uma boa produtividade.
- Apostar mais no indivíduo do que no grupo.
- Ter cuidado com grupos de rendimento muito baixo no trabalho.
- Dar mais ênfase ao esforço de integrar todos do que fazer com que trabalhem em grupo.
- Acabar com reuniões inúteis, onde se fabricam consensos e as pessoas perdem a capacidade de decidir.

Boas ideias só não bastam. Nem basta a energia bruta ou o entusiasmo. Deve existir dentro da organização um dirigente prudente, paciente, hábil em lidar com conflitos e mudanças, capaz de obter a confiança de seus pares, superiores e subordinados e conhecedor das informações relevantes para a empresa.

## 2.11 Problemas Interpessoais

Os problemas interpessoais estão caracterizados pelos seguintes elementos:

**Empatia –** É definida como sendo a compreensão intelectual, ou imaginativa, de assumir o papel de outra pessoa. Na maioria dos casos, é uma característica adquirida. Alguns acham que a empatia é a capacidade de projetar-nos dentro das personalidades de outras pessoas. A empatia é um dos mais importantes elementos influenciadores do relacionamento.

**Indiferença –** A indiferença fundada no orgulho, na vaidade ou numa falsa convicção de superioridade, é uma barreira à comunicação e ao entendimento entre pessoas que devem trabalhar juntas.

**Submissão –** Atitude de acatar determinações, ordens e proibições, sem contestação. A atitude de submissão anula o indivíduo, tirando-lhe toda iniciativa. Uma série de motivos leva o indivíduo a adotar uma atitude de submissão: medo das consequências da desobediência; apatia ou simples comodismo; inexperiência e desejo autêntico de ser liberado do esforço e da responsabilidade de pensar e agir por si próprio; messianismo admirativo e incondicional; prazer em rebaixar-se e autoanular-se (masoquismo); necessidade de expiação; utilidade mercenária; desejo de obter um crédito de confiança para usá-lo posteriormente.

**Rejeição –** Atitude de anular a presença física e/ou psíquica de outra pessoa.

**Rivalidade –** A rivalidade cria um clima de hostilidade, de desconfiança, de lutas pessoas, cujo resultado é sempre uma diminuição da produtividade. A rivalidade surge sempre, quando duas ou mais pessoas visam a um mesmo alvo, que não é partilhável, e cada uma se julga com bastante possibilidade para eliminar os demais. Na rivalidade há, sistematicamente, o enfrentamento.

A rivalidade se dá com pessoas mais ou menos semelhantes ou iguais. Cada uma odeia na outra as qualidades que gostaria de possuir sozinha. É a existência de traços iguais que cria a competição.

**Domínio –** A atitude de domínio pode surgir quando o indivíduo é fadado à liderança, por ser colocado numa posição de mando; por se julgar superior aos demais; por ser escolhido como líder. Em qualquer caso, entretanto, quem assume uma atitude de domínio adquire um estado tensional mais pronunciado. É por isso que os líderes estão sempre propensos ao cansaço e à irritação.

Às vezes, a atitude de domínio é do tipo paternalista e, embora diminuindo a tensão emocional do líder, cria problemas éticos entre os dominados, com efeitos, não raro, nocivos.

**Coação –** A coação é uma ferramenta de direção que não dá alternativa à pessoa de recusar uma ordem, porque poderá ser punida por tal atitude. As pessoas podem fazer algo se forem coagidas, mas o que é feito por coação não é fruto de escolha pessoal. Logo, segue-se a conclusão lógica: Quem é coagido age somente dentro dos limites que o ajudem a evitar punições, mas não se oferecerá para ajudar os superiores.

Um soldado, cumprindo serviço militar compulsório, fará a limpeza do quartel desde que com isso evite o seu confinamento e a perda da folga. Mas, não se apresentará como voluntário para um trabalho que julgue desagradável.

**Intimidação** – Atitude de amedrontar, assustar, apavorar ou ameaçar outra pessoa, por diversas razões.

**Interação** – Um dos pontos fortes da empresa é a interação entre os funcionários. Observar esta interação determina quem faz o quê, quem reage e como reage. A pedra fundamental do sistema social numa empresa é o grupo primário. O primeiro estudo abrangente de um grupo primário num ambiente industrial foi o estudo de Hawthorne. O grupo primário se origina de interações, ou de fazer algo em associação pessoal íntima com outras pessoas durante um período de tempo.

**Integração** – A integração é um estágio superior da interação, porque é quando o indivíduo se sente realmente fazendo parte do grupo, conhece seus membros como a si mesmo, conhece a organização onde trabalha, conhece os companheiros, sabe participar de uma reunião, sabe a hora de falar e ouvir, sabe se controlar. Já que o trabalho se desenvolve sempre em grupo, necessário se torna que o indivíduo se integre ao mesmo.

Pode-se considerar um indivíduo integrado no grupo, quando:

- O seu comportamento e a sua atitude se afinam com os demais membros do grupo.
- Demonstra satisfação em pertencer ao grupo.
- As suas iniciativas envolvem o interesse do grupo, surgindo em função dele, de modo que a ação denota interesse coletivo e não egoístico.
- Coopera com os demais, sabendo que a cooperação deve ser espontânea.
- Os seus sentimentos se identificam com os do grupo.

**Envolvimento** – O envolvimento ajuda o grupo a ter maior motivação para o trabalho. A falta da capacidade de envolvimento do executivo não lhe dará a possibilidade de motivar para o trabalho os seus subordinados. O envolvimento pode ser realizado por coação, recompensa ou valoração do trabalho. Em todos estes casos o dirigente se apresenta como aquele que trabalha com o risco calculado de manter um subordinado necessariamente motivado para desempenhar determinada tarefa.

**Confrontação** – Ato em que uma pessoa vai de encontro às normas do grupo ou do comportamento de alguns de seus membros.

**Colaboração** – A atitude de colaboração, que se dá quando consideramos o companheiro como nosso semelhante, resulta de uma combinação harmoniosa das atitudes opostas de domínio e submissão. É a aceitação da autoridade naquilo em que alguém é capaz, e vice-versa. Uma combinação, assim alternada e harmoniosa, permite um equilíbrio tensional e facilita o entrosamento.

Com a colaboração se obtém uma fusão de pontos de vista que permite maior e melhor entendimento e comunicação entre os componentes de um grupo de trabalho. Onde há colaboração a vida acontece com mais suavidade.

Ainda faz parte do comportamento interpessoal os seguintes conceitos: comprometimento, credibilidade, confiabilidade, influência, persuasão.

## 2.12 Problemas do Comportamento Individual

A seguir, trataremos de algumas características que marcam os problemas do comportamento individual:

**Racionalidade** – Como já observado, a racionalidade se fundamenta na ideia de que uma organização existe e se justifica para atingir objetivos, metas, propósitos e desafios. O ideal racional presume a impossibilidade de existir o "urgente" e a possibilidade de dizer "não". Infelizmente muitas pessoas sofrem da mania do urgente o que leva você a parar o que está fazendo para atender um pedido da chefia. Por outro lado, evite o abuso do urgente para com os outros. O tempo deles é tão precioso quanto o seu.

**Ceticismo –** É a aplicação do princípio da dúvida sistemática. O método e a descoberta devem ser constantemente questionados.

**Perfeccionismo –** O ser humano apresenta uma tendência inconsciente para a precisão, beleza e perfeição. Quando não é premido por dificuldades econômicas e financeiras, esse impulso cria tesouros artísticos seculares. Nas artes, esta punção humana ainda prevalece. Mas, existe uma diferença entre almejar a excelência e almejar a perfeição. A primeira, é atingível, gratificante e saudável. A segunda, é inatingível, frustrante e neurótica.

A perfeição é um conceito subjetivo e suas raízes estão ligadas a um alto grau de exigência consigo mesmo e, por extensão, com os outros, levando as pessoas a um estado de insatisfação latente. Aquele que se propõe em ser perfeito encontrará dificuldades, pois sua tendência será procurar defeitos em si e nos outros, como também dar importância inadequada a detalhes irrelevantes que redundarão num relacionamento conflituoso, provocando um temor por parte de seus colaboradores.

**Pessimismo –** Dirigentes predispostos ao pessimismo usam sua ansiedade como preparação para o momento em que terão de agir. O pensamento negativo concreto e detalhista pode ajudar os executivos a antecipar coisas, que possam dar errado, e a mais bem planejar para evitar resultados ruins.

**Otimismo –** Os gerentes costumam tomar decisões baseadas mais em otimismo lúdico do que em pessimismo racional da possibilidade de ganhos e perdas. Superestimam os benefícios, subestimam os custos e constroem cenários de sucesso, deixando de lado o potencial de erros. Como resultado, tais pessoas adotam iniciativas que dificilmente cumprirão orçamentos ou prazos, ou nunca darão retorno.

Os otimistas tendem a viver num mundo de ilusões. Eles, frequentemente, atribuem seus sucessos à própria habilidade e os fracassos à falta de sorte.

**Objetividade** – Este item já foi abordado.

**Senso Crítico** – Este item já foi abordado.

**Disciplina –** Este item já foi abordado.

**Ambição –** A ambição é um motor que energiza o indivíduo, impulsiona suas ações e garante o progresso. Está relacionada à capacidade de definir foco e estabelecer metas, traçando caminhos para alcançá-las. Nessa trajetória, quem quer chegar sozinho dura pouco ou acaba abandonado por seus pares.

As empresas gostam de profissionais agressivos na busca de resultados, mas não a qualquer preço. É interessante observar que a palavra ambição quase sempre é associada a algo megalomaníaco. No entanto, ela varia de pessoa para pessoa. Tem a ver com apetite para o risco e disposição para ir além da média dos seres humanos.

**Simplicidade –** Qualidade de quem não apresenta dificuldades para realizar uma tarefa.

**Humildade –** Virtude que nos dá o sentimento de modéstia.

**Prepotência –** Característica daquele que abusa do poder, da influência e da autoridade.

**Vaidade –** Característica daquele que gosta de atrair admiração.

**Despreocupação –** Qualidade daquele que não dá a devida atenção aos fatos e acontecimentos.

**Orgulho –** Sentimento de dignidade pessoal; conceito exagerado de si próprio.

**Sofisticação –** Característica de quem é: refinado, afetado, aprimorado, esnobe.

**Sinceridade –** Qualidade da pessoa que utiliza de franqueza, sem malícia.

**Organização –** Qualidade da pessoa que utiliza os recursos, numa escala de prioridade, em função das necessidades e objetivos a alcançar.

**Personalidade –** É uma espécie de padrão de resposta de uma pessoa para fatos e fenômenos. É um comportamento esperado. Personalidade e modos próprios de agir são coisas enraizadas. Muitos anos de condicionamentos que se acumularam, tornam impraticável uma mudança de comportamento.

**Autocrítica** – Capacidade pessoal de criticar suas próprias decisões, soluções, ações, projetos, procedimentos.

**Conformismo –** Característica daquele que não pretende mudar; satisfeito com o ambiente, a situação, a estrutura e a rotina, por exemplo.

**Generalização –** Característica voltada a determinar uma regra (procedimento, política, diretriz) comum a vários objetos de estudo.

**Compromisso –** Ação para atender interesses, satisfações, participações e contratações.

**Arrogância –** Orgulho que se manifesta por atitudes altivas e desdenhosas.

**Dissimulação –** Ato de encobrir as verdadeiras intenções.

## 2.13 Problemas Profissionais

A seguir, listaremos os elementos, cuja falta, trazem problemas profissionais:

**Garra –** A pessoa deve ter garra (força de vontade), porque produz um efeito contagiante. Mas, atenção, ter garra sem técnica pode causar frustrações.

**Ética –** A prática da ética é uma das responsabilidades sociais dos homens de negócios.

**Transparência –** A transparência é considerada requisito básico para a credibilidade da empresa e dos seus gestores. A sua ausência mina a imagem da organização.

**Prontidão –** Habilidade da pessoa que realmente demonstra o desejo de se comunicar com outra. Não basta querer, pois é necessário possuir capacidade para tal.

**Absenteísmo –** É a ausência do indivíduo no lugar de trabalho. O excesso de absenteísmo faz com que não se possa contar com um empregado no seu posto de trabalho.

**Pontualidade –** Característica de cumprir horário. A falta de pontualidade demonstra a incapacidade de bem administrar o tempo.

**Atendimento –** Atendimento é toda atividade de contato da empresa com o cliente da qual resulta: uma proposta, um contrato, uma venda, uma propaganda, uma negociação, um serviço.

**Atenção –** É muito importante manter a atenção no consumidor, principalmente, quando este falar. Responder ao seu questionamento é fundamental.

**Credibilidade** – É o crédito, a confiança, a honestidade, a competência, a correção e a fé que uma pessoa deposita nas palavras de outra.

**Confiabilidade** – A confiança costuma ser considerada como o elemento mais importante de um bom relacionamento funcional. Um alto nível de confiança permite-nos aceitar o que o outro diz sem precisar questioná-lo e acreditar em suas promessas. A falta de confiança numa pessoa pode ser causada em parte por sua conduta e em parte pelo que nós pensamos, independentemente, da conduta do outro.

**Assiduidade** – A falta de assiduidade demonstra que não se pode contar com uma pessoa de uma equipe, pois nunca sabemos se esta vai comparecer ao trabalho.

## 2.14 Problemas com Executivos

Executivo é o administrador situado no nível institucional (nível superior) da organização. Geralmente, é um diretor ou superintendente, podendo ser um gerente. Também pode ser definido como aquele que recebe delegação superior de poderes dentro de uma empresa, ou todo e qualquer dirigente postado no nível institucional da empresa.

A grande diferença entre executivos e empresários é que os primeiros atuam num campo estritamente profissional, enquanto os segundos estão mais voltados para a macroeconomia. Justamente por isso, é difícil tirar deles posições convergentes. Todos concordam que é preciso ser generalista, ter jogo de cintura e, principalmente, muita informação.

As críticas dos executivos concentram-se na figura do empresário tradicional, uma classificação na qual a maioria dos herdeiros garante não se encaixar. Os herdeiros, em geral, respeitam e reconhecem a competência dos executivos e a sua importância como agentes de mudança.

Algumas observações são colocadas, a seguir, sobre o comportamento do empresário e o do executivo: o executivo arrisca mais porque não é o seu patrimônio que está em jogo; na hora de decidir o empresário precisa pensar mais e melhor do que o executivo; o executivo usa todo o seu instrumental técnico, mas, se der errado, os problemas dele serão menores do que os do empresário.

O maior perigo é o executivo especialista, genial, com mil cursos, que não tem nada a perder e que vai, de galho em galho, ganhando altos salários. Os executivos acreditam que o empresário, em geral, resiste muito ao novo.

Um executivo é avaliado, em função das suas qualidades pessoais, tais como: coragem, julgamento, lealdade, iniciativa, inteligência, criatividade, conhecimento, confiança, maturidade, objetividade, vitalidade, adaptabilidade, persistência, integridade, tato, decisão.

O desempenho esperado de um executivo leva-o a objetivos organizacionais com os melhores métodos de eficiência (perícia na execução), eficácia (resultados positivos) e efetividade (velocidade de resposta com eficiência e eficácia). Também são considerados os traços de caráter que refletem as maneiras pelas quais o executivo desempenha as funções administrativas.

Os principais elementos que causam problemas com executivos são:

**Dificuldade de Ler o Cenário** – Por não saber ler o cenário o administrador, certamente, trará problemas para a empresa. Ler o cenário significa não só ler o presente, mas também ter uma dose de previsão do futuro.

**Dificuldade em Decidir** – Se o empreendedor tem dificuldade em decidir, isto é, escolher uma linha de conduta (alternativa) a ser adotada na solução de um problema, obviamente, causará outros problemas, em função do tempo de espera.

**Falta de Delegação** – A delegação é a ferramenta mais eficaz na administração do tempo, porque se traduz no crescimento de quem delega e do delegado.

**Falta de Flexibilidade** – A necessidade de flexibilização é cada vez mais importante num mundo onde as turbulências se acentuarão em escopo, espaço, tempo, velocidade e complexidade. O executivo, que não tiver uma flexibilidade na sua programação diária, deixará de atender problemas urgentes e oportunidades.

**Falta de Conhecimento** – Sem o conhecimento de métodos e de técnicas, de racionalização e de otimização de recursos você será pego no contrapé. O conhecimento capacita o indivíduo a ter novas ideias, criar leis, princípios, teorias e abstrações. Só quem possui conhecimento tem o poder da análise, maior ferramenta na solução de problemas.

**Conhecimento** – Embora já abordado é sempre bom lembrar que o conhecimento não é impessoal, como o dinheiro. Não reside em: um livro, um banco de dados, um programa de software. Estes contêm apenas informações. O conhecimento está sempre incorporado a uma pessoa, é levado por ela, criado, aumentado e aprimorado.

**Falta de Habilidade Gerencial** – Certas habilidades são necessárias ao gerente para que ele saiba distinguir eficiência de eficácia e de efetividade.

**Falta de Programação** – É muito comum a confusão entre anotações na agenda e programação diária. Programe apenas 70% da jornada de trabalho e reserve os 30%, para interrupções, situações inesperadas, oportunidades e problemas.

**Imediatismo** – A solução imediatista resolve o problema em curtíssimo prazo, mas, provavelmente, causará outros problemas futuros. O imediatismo é uma doença herdada da organização burocrática, de triste lembrança.

**Falta de Visão Estratégica** – A falta de uma visão de longo prazo agrava o resultado da empresa. O dirigente que não tem este tipo de visão se valerá da sorte.

**Falta Habilidade de Ouvir** – A capacidade de ouvir é fundamental uma vez que o ser humano passa a maior parte do trabalho se comunicando com outras pessoas. Um bom comunicador pressupõe um bom ouvinte e ouvir não é algo passivo, mas sim uma ação consciente para captar o que diz o outro. Bom ouvinte é todo aquele capaz de prestar atenção. A atenção é fruto da nossa vontade e dos fatores emocionais que a envolvem. Na atividade gerencial, entretanto, esta capacidade é fundamental. Se não souber ouvir, sua capacidade de comunicação ficará seriamente prejudicada.

Portanto, é preciso ouvir opiniões contrárias as suas e poder pensar que talvez aquilo contrário às nossas ideias seja o correto e mais inteligente. Também podem ser reclamações de consumidores, subordinados, superiores, colegas, fornecedores ou concorrentes. Ouvir além das palavras significa ajudar as pessoas a dar vazão aos seus sentimentos de uma forma construtiva, em vez de fechá-los através do negativismo e da crítica. A arte de ouvir é uma habilidade que pode ser desenvolvida, e, por paradoxal que pareça, é uma excelente técnica para influenciar pessoas.

**Falta Habilidade de Falar** – A fala é um dos mecanismos mais importantes, para alguém se fazer entender. Como dar ordens a alguém, se você não se expressa com clareza, é confuso e cheio de vícios de linguagem?

**Falta Habilidade de Ler** – Conforme já observado, a habilidade de ler do indivíduo consiste na capacidade de ele aprender a conhecer o mundo e suas manifestações. Para que se possa tomar conhecimento e usufruir riqueza histórica construída e transmitida pelos homens é fundamental a prática da leitura. Pois esta dará ao leitor, além de grande conhecimento, um bom vocabulário, o poder de organizar as ideias, a velocidade de entendimento do texto e a capacidade de reproduzir as informações apreendidas.

**Falta Habilidade de Escrever** – A habilidade de escrever consiste na capacidade da pessoa construir relatórios claros, objetivos, concisos e relevantes. Para que o indivíduo saiba escrever é preciso que aja com naturalidade, conheça a língua, saiba pensar, escreva para o leitor e não para si, demonstre acuidade para detalhes e possua capacidade de observação. Aquele que souber escrever bons relatórios se destacará na multidão e não fará com que o leitor tenha dificuldade para entendê-lo.

**Desorganização Pessoal** – A desorganização pessoal e a falta de autodisciplina são medidas que as pessoas usam para se auto-sabotarem e não atingirem seus objetivos. Todo o processo de administração se apóia e se inicia com a autodisciplina, isto é, o exercício do poder que cada um de nós tem sobre si mesmo. Portanto, evite fazer várias coisas ao mesmo tempo, pois isto estimula a dispersão, a baixa produtividade e a ineficiência, além de favorecer o esquecimento e a confusão que causam estresse e tensão. Estabeleça uma escala de prioridades, em função das necessidades e objetivos a alcançar.

As prioridades têm níveis de valores relativos, e estes só podem ser estabelecidos quando comparados com outros. Habitue-se a fazer sua lista diária e procure estendê-la para uma semana e depois um mês. Não se esqueça de deixar um tempo disponível para imprevistos. Respeite suas prioridades e observará que o urgente diminuirá de proporção. Drucker propõe que cada pessoa passe em revista o seu dia de trabalho e faça as seguintes perguntas: O que não é necessário fazer? Que atividade pode ser executada por outra pessoa? O que eu faço que desperdiça o tempo e causa problemas?

**Falta de Assessoria** – O executivo, embora viva na Era da Informação, onde a tecnologia deu saltos espetaculares, proporcionando aos dirigentes canais de informação conectados a tudo e a todos, a figura do assessor aparece como aquele especialista a ser consultado para embasar a ação administrativa. As atividades de assessoria incluem o provimento de informações pertinentes e relevantes, relatórios, planos, pesquisas, análises, estudos de previsão, avaliações de desempenho.

A assessoria está fora da estrutura básica de linha, da qual é auxiliar, sendo empregada para ajudar executivos a tomar decisões, em função da absoluta falta de tempo para fazer “tudo”.

**Formação** – A preocupação em formar executivos capazes de superar obstáculos e crises tem permeado o planejamento das organizações. Principalmente, daquelas que já se deram conta das carências profissionais de boa parte dos executivos que chegam ao topo. Capacidade de administrar é o que distingue o dirigente de sucesso, pois desafia sua competência no tempo e no espaço, exigindo resultados positivos, que se estendam a todos os lugares, onde opera a empresa.

Assim, devido a competitividade, a formação acadêmica de qualidade passou a ter uma importância muito grande para o mundo corporativo. Além da preocupação didática em termos de conteúdos de qualidade assegurada, há um esforço em todas as áreas de conhecimento, para que os alunos extrapolem a vivência em sala de aula e ganhe conhecimento prático em suas áreas de atuação. Nesse contexto, emerge outra questão premente de atualidade, que é a educação continuada.

Para evitar erros que causem problemas, o executivo deve dar atenção as seguintes premissas:

- Ter controle não significa, necessariamente, poder do executivo.
- Aumentar o desejo de prestígio é uma necessidade executiva, à medida que o poder diminui.
- O executivo precisa entender que os fatores autoridade, influência, carisma e persuasão não carregam junto o conceito de subordinação.
- O executivo deve adotar as medidas que possam assegurar sua compatibilidade pessoal com os superiores.
- O executivo, ao assumir uma atribuição importante, deve obter de seus superiores uma clara, concisa e inequívoca declaração, por escrito, de seus deveres, responsabilidades, relações e âmbito de sua autoridade.
- O executivo deve ter excepcional cuidado para encontrar subordinados que combinem competência técnica com segurança, fidedignidade e lealdade.
- O executivo, em negócios como na diplomacia, além de ter estratégias de atuação, precisa estabelecer alianças.

- O executivo deve reconhecer o poder do bolso.
- O executivo deve compreender a importância crítica dos canais de comunicação, que devem ser claros e críveis, em todos os níveis, para cima e para baixo, da estrutura organizacional.

## 2.15 Problemas com Recursos

Como é cada vez mais comum, as limitações de recursos imporem restrições às empresas, deve-se, primeiro, determinar a disponibilidade de recursos e, depois, usá-los como guia (ou fator a ser considerado) da formulação de estratégias para produtos e mercados. A empresa para se tornar produtiva dependerá de recursos. Sem recursos adequados ela não conseguirá sobreviver.

Com já visto, os recursos podem ser físicos, materiais, humanos, financeiros, administrativos, tecnológicos, sistêmicos de informação e de comunicação, mercadológicos, administrativos, intelectuais.

Todas as organizações são constituídas de recursos, que podem ser contratados, comprados e incorporados à empresa ou adquiridos, sob a forma de: empréstimo, aluguel, arrendamento ou leasing. De modo geral, os recursos organizacionais podem ser:

- Recursos Naturais: água, luz, ventilação, umidade, vegetação, tipo de solo.
- Recursos de Apoio: serviços públicos, energia elétrica, telefonia, água encanada e potável, esgotamento sanitário, gás, hospital, escola, correio, banco, policiamento, transporte, segurança.
- Recursos Físicos: imóveis, viaturas, instalações.
- Recursos Materiais: equipamentos, máquinas, móveis, utensílios, ferramentas.
- Recursos Financeiros: capital próprio, crédito, financiamento, receita com vendas, investimentos de terceiros, empréstimos.
- Recursos Humanos: mão de obra direta e indireta.
- Recursos Tecnológicos: tecnologia da produção, tecnologia da informação e tecnologia do conhecimento.
- Recursos Administrativos: funções administrativas, funções organizacionais, práticas, técnicas, procedimentos, rotinas, políticas, planos, programas, métodos, metodologias, documentos, manuais.
- Recursos Mercadológicos: perfil do consumidor, pesquisa de mercado, inovação, produto, marca, comunicação do produto, previsão de vendas, relação com consumidores, fornecedores e concorrentes, estratégias, táticas, negociação, distribuição.
- Recursos Sistêmicos: sistemas de informação, sistemas de comunicação, sistemas de suporte à decisão, sistemas simulatórios, sistemas de banco de dados.

A seguir, algumas premissas sobre recursos:

- Os recursos constituem a capacidade de ação de uma organização.
- Enquanto o trabalho focaliza apenas a mão de obra, os recursos envolvem todas as pessoas existentes na organização, desde o presidente até o faxineiro.
- Geralmente, quando se fala em recurso, surge a imagem simplista do dinheiro.
- Recursos são extremamente diversificados e complexos.
- Recursos similares são administrados dentro de um esquema de divisão de trabalho.
- Cada um dos recursos exige uma especialização.
- Não é importante a empresa ter muitos recursos, mas, sim, como mais bem faz uso deles.
- Recursos devem ser otimizados (melhor uso possível), em função das contingências do momento, do ambiente e do mercado.

## 2.16 Problemas com Objetivos

A falta de objetivos, um que seja, é como um barco sem rumo. Os objetivos esclarecerão o que realmente queremos alcançar e, ao mesmo tempo, oferecer um sentido para viver e utilizar o tempo.

Objetivo é o alvo (situação, resultado) que se pretende atingir, dentro de certo espaço de tempo (meta). Ele determina a direção e o sentido para onde se deve concentrar esforços e recursos de toda a sorte.

Os objetivos indicam a missão da organização, isto é, aquilo para a qual foi criada, e constituem uma fonte de legitimidade que justifica suas atividades e, na verdade, até sua existência. Também servem como padrões, através dos quais os membros de uma organização podem avaliá-la.

Os objetivos são importantes, porque identificam os primeiros passos do planejamento. Se estes são vagos e indefinidos, como planejar? Objetivos mal definidos levam a organização ao fracasso. Em muitas empresas, se você pedir a alguns executivos que descrevam os seus principais objetivos, tem-se um número elevado de respostas confusas e conflitantes que podem criar uma série de problemas para a organização, como o desperdício de: dinheiro, horas de trabalho e recursos.

Eles são a base para as principais atividades, isto é, são as fundações onde se assentam a estrutura da organização. Não é suficiente definir objetivos, mas também os recursos e as ações necessárias para alcançá-los. Deve-se também definir as prioridades desses elementos, com clareza, sem ambiguidades.

Os objetivos de uma organização são estabelecidos, principalmente, em função da missão e da visão estratégica que têm os seus dirigentes. Objetivos podem ser formulados, em termos amplos e abstratos, como, por exemplo:

- Aumentar a participação no mercado consumidor.
- Aumentar a produção com os mesmos recursos disponíveis.
- Diminuir custos operacionais.
- Manter os custos financeiros e elevar o índice de liquidez da empresa.
- Fornecer às pessoas elementos necessários e suficientes para que exerçam seus respectivos papéis.
- Permitir o trabalho em equipe.
- Eliminar as tendências egocêntricas de grupos existentes na organização.
- Servir como referências para avaliar decisões, estratégias, táticas, políticas e planos.
- Orientar a reflexão sobre a missão (finalidade) da empresa
- Estimular o empenho das pessoas para resultados positivos.
- Ajudar a utilização e otimização de recursos próprios.
- Entender o estabelecimento de objetivos como um processo.
- Estabelecer consenso entre: proprietários, dirigentes e empregados.
- Considerar governos, mercados, ambientes e clientes.
- Construir os objetivos de maneira clara, explícita, específica e mensurável, sem subjetividades.
- Questionar: o quê, quanto e quando atingir?
- Representar esperanças factíveis de realização.
- Ser congruente com os recursos da organização.
- Atender atividades e não pessoas.
- Fazer parte de um programa, planejamento, plano ou projeto.
- Ser comunicado, com certa margem de manobra (risco e mudança).

## 2.17 Problemas Estruturais

A estrutura é a forma de combinar as partes, configurar um arranjo que represente uma composição. Ela representa a integração das unidades operantes e a forma pela qual a autoridade é exercida. Conseguir a estrutura certa é um objetivo meio utópico, tendo em vista a dinâmica da reorganização para atender ambientes cada vez mais turbulentos.

A estrutura organizacional é o desenho organizacional que reúne cargos e funções, com base nos recursos disponíveis. A estrutura diz quem é quem na organização. Ela é a rede que mostra as atividades administrativas fluindo para atingir objetivos, metas e desafios.

A instabilidade econômica, a rapidez das mudanças tecnológicas e a irresponsabilidade das elites governantes geraram um grau de incerteza muito grande, fazendo com que o administrador assumisse o desafio de gerenciar e inovar a organização para simplesmente sobreviver. Cada estrutura de organização tem certas especificações que nada têm a ver com o seu propósito, mas são partes integrantes da mesma.

Igualmente, organizações são estruturas para satisfazer o seguinte: necessidade de clareza, simplicidade e economia de esforços e de manutenção; direção de visão para o produto e não para o processo; facilidade em administrar conflitos e atingir resultados positivos; compreensão de cada indivíduo quanto a sua própria tarefa, bem como a da organização como um todo; tomada de decisão que focalize as questões certas e que sejam orientadas para a ação e execução no mais baixo nível possível de administração; estabilidade, em oposição à rigidez, para sobreviver à agitação; flexibilidade para compensar a incerteza; inovações (abertura para novas ideias) e atendimento do mercado.

Embora cada organização, especialmente um negócio, seja estruturada, nenhum princípio de estrutura é o ideal a todas as suas exigências e necessidades. O princípio funcional, por exemplo, tem grande clareza e alta economia, torna fácil a cada um compreender sua própria tarefa, tem alta estabilidade, mas pouca adaptabilidade. Perpetua e desenvolve aptidões técnicas e funcionais, mas resiste a novas ideias e inibe o desenvolvimento e a visão da alta administração.

Uma conclusão é que estruturas de organização podem ser: puras, eficientes ou eficazes, mas é improvável que sejam todas ao mesmo tempo. Isso não significa que uma estrutura de organização deve, necessariamente, ser desajeitada, ou seja, uma mistura confusa. Uma implicação que se torna clara, porém, é a de que uma estrutura tem probabilidade de acabar sendo sempre provisória.

Uma estrutura organizacional flexível enfatiza: a comunicação horizontal; a descentralização das decisões; a delegação de autoridade; a utilização intensa da coordenação; poucas regras; políticas e procedimentos e, principalmente, economia de tempo.

Uma estrutura organizacional é como um corpo humano. Assim, como é preciso zelar pela saúde do corpo, é preciso, também, cuidar da saúde de uma estrutura. Esta pode sofrer de esclerose, infantilismo, senilidade, paralisia. Ela até pode ser desequilibrada. Algumas vezes as estruturas já nascem com doenças, outras vezes adquirem-nas através de constantes mudanças. Destes males destacamos:

**Comunicação** – A falta de esclarecimento aos empregados sobre o papel que devem desempenhar na equipe empresarial, a falta de clareza na descrição das atribuições individuais e das delegações de autoridade, explica, provavelmente melhor do que qualquer outro defeito, o conflito, a politicagem e a ineficiência.

**Formalização** – A falta de formalização das tarefas e linhas de autoridade, a falta de uma clara determinação da responsabilidade pela execução de um trabalho, pode fazer de uma equipe um grupo de indivíduos invejosos, inseguros e tendentes a passar adiante a responsabilidade.

**Incongruência de Atividades** – Há casos em que determinadas atividades não devem coexistir sob uma mesma chefia, por serem, por assim dizer, divergentes, opostas ou mesmo conflitantes.

**Macrocefalia Administrativa** – Tendência ao crescimento desordenado com o propósito de justificar posições de poder.

**Microcefalia Administrativa** – Tendência à centralização para controlar um número de subordinados muito grande, para a sua capacidade de rapidez e de resposta aos problemas.

**Excesso de Filtragem** – Criação de polos de decisão que podem filtrar em excesso ou distorcer as determinações da direção superior.

**Excesso de Contatos Funcionais** – Tendência nas estruturas em que a direção é muito preocupada em não aumentar os custos administrativos. É a existência de excessivo número de contatos funcionais, pois não existindo chefias intermediárias a direção superior não tem a quem delegar e acaba tendo que dar instruções diretamente ao pessoal do nível operacional.

**Dupla Incidência de Autoridade** – O problema da acomodação de pessoas aos cargos sem que haja uma perfeita delimitação de atribuições e de áreas de influência. Não raras vezes, resulta em subordinados com mais de um chefe.

**Integração Ilógica** – A dificuldade consiste em integrar racionalmente, considerando as similitudes e afinidades, pois é erro aproximar e colocar sob a mesma chefia partes heterogêneas que não se ajustam bem.

**Hierarquia** – O leitor não deve confundir níveis de trabalho na organização com níveis hierárquicos, que dizem respeito à estrutura da organização. Um nível hierárquico pode abrigar mais de um nível de trabalho. A estrutura hierárquica, bem como a estrutura organizacional, precisa ser modificada de tempos em tempos, como engajada num moto contínuo de inovações e mudanças.

Porém, é importante que mudanças estruturais sejam feitas com certo grau de racionalidade e parcimônia, para não virar uma confusão só, levando muito tempo para consertar.

## 2.18 Problemas de Tecnologia

Todas as organizações utilizam alguma forma de tecnologia para executar suas operações e tarefas. A tecnologia adotada poderá ser tanto tosca e rudimentar como sofisticada. Porém, todas as organizações dependem de um tipo de tecnologia ou de uma matriz de tecnologia para alcançar seus objetivos.

A tecnologia não somente permeia toda atividade empresarial, como participa das atividades humanas, qualquer que seja o setor de atuação. Haja vista que a tecnologia determina a estrutura organizacional. O uso racional da tecnologia passou a ser sinônimo de produzir com eficiência para atingir a eficácia mais rapidamente.

Tecnologia é o conjunto de conhecimentos, técnicas, ferramentas e atividades utilizadas para transformar os recursos organizacionais em produtos. Desde que o homem confeccionou as primeiras ferramentas e armas que lhe possibilitaram controlar a natureza para sua sobrevivência e proteção, até os dias atuais, os desenvolvimentos da tecnologia e da sociedade moderna são duas faces de uma mesma moeda.

De base intuitiva, o progresso técnico avançou para crescente incorporação do empírico e do científico. Na organização moderna, a gerência da tecnologia passou a ser um fator crítico na consecução das atividades empresariais.

A própria manutenção da organização repousa na sua capacidade de fazer escolhas de tecnologia adequadas às atividades que desenvolve, isto é, de tecnologias que assegurem a produção de bens e serviços de qualidade igual, ou melhor do que a concorrência.

A mudança tecnológica é um desafio para as empresas. Impõe-se a necessidade crescente de atualização, se não para manter uma posição de vanguarda, pelo menos para acompanhar de perto as transformações. Em resumo, pode-se dizer que a tecnologia tem a propriedade de determinar a natureza da estrutura e do comportamento organizacionais das empresas. A tecnologia cria incentivos, para levar os empreendedores a melhorarem, cada vez mais, a eficácia, mas sempre dentro dos limites do critério normativo de produzir eficiência.

Quem não investir em tecnologia não melhorará sua produtividade e qualidade, correndo risco de perder mercado. Pesquisa & Desenvolvimento passaram a ser uma preocupação básica da empresa atual. Para tal, precisa de uma política de produção vinculada a uma política tecnológica (capacitação tecnológica).

Do ponto de vista governamental, portanto, não é tarefa de um ministério apenas. A tecnologia determina o nível e o tipo de formação profissional, as habilidades manuais e intelectuais, as capacitações, as aptidões e características de personalidade que as pessoas devem possuir para poderem ser recrutadas, selecionadas e admitidas na empresa.

Nem todas as organizações contam com pessoal categorizado para desenvolver programa de capacitação tecnológica.

A tecnologia adotada será adaptada às suas necessidades e recursos da organização. Dentre a enorme variedade de coações e contingências que o ambiente impõe, a tecnologia aparece como a variável crucial, principalmente, quando as inovações tecnológicas acontecem em outras empresas concorrentes. São comuns alguns autores mencionarem tecnologias de capital intensivo e tecnologias de recurso humano intensivo.

Os problemas de tecnologia não estão, em geral, nela própria, mas, sim, na sua gerência. Sem pretender fazer uma lista exaustiva, relacionada à gestão da tecnologia, é possível apresentar algumas atividades que são básicas, tais como:

Na compra, o gerente de tecnologia está à procura, às vezes, de um produto intangível, escasso ou que dificilmente está em oferta no mercado. A compra requer o conhecimento das tecnologias disponíveis que melhor respondam às necessidades de sua organização. É óbvio que o gerente precisa de conhecimento especializado indispensável para o reconhecimento e escolha do produto adequado para os fins desejados. Outro papel que o gerente deve desempenhar na compra de tecnologia é o de negociador.

Na venda, o gerente de tecnologia busca as características mais marcantes de seu produto, principalmente pelo fato de tratar-se de produto intangível, escasso, produzido através de um processo de alta complexidade e de difícil previsibilidade de resultados. Nesta atividade, os papéis de agente de ligação e negociador são os mais importantes. O vendedor deve informar o que interessa ao cliente, mostrando as vantagens da nova tecnologia para os processos de produção, congruentes aos resultados positivos para a empresa compradora.

Na produção, o gerente de tecnologia se vê diante de processos altamente complexos, de tempo imprevisível, custo indeterminado, uso econômico incerto. O produto desejado não pode ser antecipado, o processo de produção não é definido, mas inventado. Enquanto trabalho criativo, a produção da tecnologia só poderá ocorrer em ambiente de liberdade de ação, no qual o papel do gerente é, em primeiro lugar, alocar recursos para as condições adequadas de trabalho e, em segundo lugar, promover mudanças e fazer adaptações necessárias. No exercício desses papéis, o gerente precisa ser dotado, sobretudo, de capacidade lógico-analítica.

Na implantação, o gerente de tecnologia pode utilizar inovações que sejam criadas pela organização ou compradas de terceiros. Os papéis de líder, agente de ligação e manipulador de distúrbio parecem ser os mais importantes, quando se trata de gerenciar mudanças que afetam o conteúdo do trabalho e, muitas vezes, as relações de poder.

No monitoramento, o gerente de tecnologia faz o acompanhamento do desenvolvimento e/ou da evolução do conhecimento, isto é, a procura de um recurso que pode ou não estar materializado num produto. Obviamente, o papel de monitor assume primazia no exercício dessa atividade, juntamente com os papéis de disseminador e porta-voz. Para este monitoramento, o conhecimento especializado é da maior importância, mas o gerente precisará também de conhecimento humanístico para exercer os papéis de agente de ligação e negociador, muitas vezes, essenciais para ter acesso às fontes de informação relevantes.

No treinamento, o gerente de tecnologia aborda as questões de instruções de recursos humanos (usuários) como decisivas para a competitividade. E aqui, surpreende os técnicos, mesmo em indústrias montadas com máquinas de última geração, tendo em vista que a produtividade nem sempre corresponde ao investimento realizado. A razão é simples: faltam recursos humanos especializados, motivo pelo qual algumas empresas mantêm verdadeiras escolas dentro de suas instalações.

## 2.19 Problemas de Desempenho

Toda atividade ocasiona algum tipo de variação. É importante determinar os limites dentro dos quais essa variação pode ser aceita como normal. Nem toda variação exige correções, mas apenas aquelas que ultrapassam os limites dos padrões e que são denominadas erros ou desvios. O problema do desempenho está entre o desempenho esperado e o desempenho obtido.

Desempenho Esperado – Aquilo que se deseja que um indivíduo, candidato, vendedor, processo, produto, organização, sistema, por exemplo, realize. Assim, é alvo extrapolado para o futuro, isto é, espera-se que ocorra.

Desempenho Obtido – Desempenho que consigna o decorrido, isto é, aquilo que já aconteceu, como um balanço patrimonial, demonstrativo de resultado, receptividade de um produto, qualidade de atendimento, vendas realizadas, relatório de pesquisa, série histórica.

Confrontar o desempenho obtido com o esperado é fundamental para que se possa avaliar o processo aplicado, e não mais cometer os mesmos erros que causam desperdício de esforço, investimento, recurso e tempo. Segundo Chiavenato, a comparação do desempenho busca localizar os erros ou desvios, sobretudo para permitir a predição de outros resultados futuros.

Os empreendedores não julgam apenas a mera capacidade de produzir resultados, mas também estão preocupados com o modo pelo qual os resultados são produzidos e com as implicações nos curto e longo prazos dos métodos utilizados. Embora nem sempre isto seja possível, a avaliação de desempenho por confronto com o padrão deve, idealmente, ser feita numa base futura, de forma que os desvios possam ser descobertos antes de sua ocorrência real e evitados com remédios adequados.

Alguns índices, indicadores e padrões balizam o desempenho da empresa ou do empregado. Como estes são utilizadas por um analista/avaliador que é humano, as conclusões a que se chega é a de que o mesmo introduzirá vícios e virtudes, causando problemas de interpretação pelos demais. Mesmo que medido por uma máquina o desempenho será interpretado por uma pessoa.

Assim, o problema de avaliação do desempenho estará, em função daquele que analisa os dados e seu nível de percepção.

## 2.20 Problemas com Modelos

Este assunto já foi abordado no Capítulo 1.

A título de complementação do assunto, a seguir, abordaremos a construção de modelos:

A construção de modelos só será precisa quando reconhecermos o problema e tivermos ao nosso alcance uma técnica de como resolvê-lo. O perigo é que o analista pode dar um enfoque ao problema que lhe seja conveniente, para poder mais tarde usar as ferramentas que lhes são familiares. Algumas considerações devem ser observadas na construção de modelos:

- O modelo deve poder ser ampliado.
- O modelo deve apresentar uma lógica de construção.
- Em todo e qualquer modelo as saídas são sempre conhecidas.
- Um modelo em que não são conhecidas as entradas é denominado de “caixa preta”.
- É de extrema importância a fidedignidade dos dados trabalhados em um modelo.
- Muitas vezes, vale a pena considerar um modelo, não do ponto de vista da certeza, mas da probabilidade.

- Quanto maior o modelo a ser trabalhado, mais partes se interagem e mais complexo ele se torna.
- Existe dificuldade em dimensionar os limites, as restrições e os recursos de um modelo.

## 2.21 Problemas com Gráficos

Este assunto já foi abordado no Capítulo 1.

# Capítulo 3

# PROBLEMAS ADMINISTRATIVOS e GERENCIAIS

"O progresso tecnológico, ao expandir e diversificar as linhas de produção e distribuição, exige uma ação complementar eficiente da empresa, mormente no que diz respeito ao conhecimento administrativo."

Harold Koontz

## Objetivos do Capítulo

- Mostrar os principais problemas administrativos.
- Mostrar os principais problemas gerenciais.
- Mostrar os principais problemas internos da organização.
- Mostrar os principais problemas externos da organização.

## 3.1 Conceito de Administração

A administração se apresenta como um conjunto de conceitos, princípios, regras, métodos, funções e técnicas isoladas, cujo conhecimento auxilia o dirigente, no alcance dos objetivos da organização, utilizando recursos próprios ou adquiridos.

A palavra administração vem do latim *ad* (direção para) e *minister* (subordinação ou obediência) e significa aquele que realiza uma função abaixo do comando de alguém, isto é, aquele que presta um serviço a outro.

Hoje, a administração é considerada como uma arte, que evolui com a prática. Na verdade, ainda não se tem uma ciência da administração, principalmente, porque não conseguimos uma teoria geral cujo maior obstáculo é o comportamento humano. Oliver Sheldon observou que "até onde a administração se refere a coisas, seus métodos podem ser estabelecidos em termos de princípios científicos".

O que distingue o trabalho de administração dos outros tipos de atividades, executadas no seio de uma organização, é o fato de o mesmo concentrar-se em manter a organização, facilitando atingir seus fins.

Portanto, administrar uma organização é tirar o melhor partido das circunstâncias (externas e internas), de modo a utilizar o mais eficientemente possível os recursos que dispõe para sua sobrevivência. O objeto de estudo da administração é a organização como um sistema composto de subsistemas que interagem entre si e com o ambiente.

Um dos traços mais característicos da nossa moderna sociedade é a preponderância do esforço grupal organizado. Dificilmente a consecução de vários objetivos é buscada através de esforços individuais. Os bens e serviços que satisfazem às nossas necessidades econômicas, por exemplo, são produzidos e distribuídos por unidades empresariais compostas por mais de uma pessoa.

O sucesso e o fracasso de uma organização não é um jogo estatístico. A boa administração é o fator determinante da sobrevivência e sucesso da mesma. A má administração, e não a economia, a concorrência, o fluxo de consumidores ou o azar, é o fator que determina o fracasso.

Nem todos acham que precisamos de administração. Preferem falar de "esforço de equipe".

Naturalmente não compreendem, que mesmo na forma mais rudimentar de atividade em grupo, os participantes têm objetivos, às vezes, diferentes dos objetivos do grupo. Realmente, refletir o processo básico e os princípios da administração diz respeito a todo o grupo, cuja finalidade é obter os melhores resultados possíveis. Isto só se consegue por meio de uma cooperação organizada.

A administração é necessária em todas as organizações modernas. De fato, logo percebemos que ela é até mais necessária em organizações que não são empresas privadas, sejam não lucrativas ou não governamentais. Essas organizações precisam até mais de administração, porque não dispõem da disciplina do resultado financeiro sob a qual a empresa opera. Hoje, a administração é aceita em todos os países, como um importante apêndice da sociedade do conhecimento.

Vale lembrar Jonathan Swift que disse, há duzentos e cinquenta anos: "Quem quer que faça crescer duas folhas de capim onde antes crescia apenas uma, merece mais louvores da humanidade do que qualquer filósofo especulativo ou criador de sistemas metafísicos". Assim, a administração é a ferramenta encarregada de transformar os recursos em bens e serviços. Talvez isso explique o porquê de sua grande aceitação.

O administrador é o elemento dinâmico e vital de qualquer empresa, pois a qualidade e o desempenho de seus administradores são as únicas vantagens efetivas que uma empresa pode ter, dentro de uma economia competitiva. O administrador é aquele que não só dá solução aos problemas da organização (empresa), como também os descobre. Na qualidade de dirigente, empresário, diretor ou gerente, o administrador tem a responsabilidade de atingir objetivos através de sua equipe.

A figura do administrador é imprescindível para a existência, sobrevivência e sucesso das organizações, pois, geralmente, baseia seu trabalho (suas atividades) em função de regras e procedimentos já desenvolvidos e estabelecidos. Quanto aos problemas, o administrador precisa identificar aqueles que merecem sua atenção e os que precisam ser delegados.

A chave do administrador é delegar tarefas a outras pessoas para que lhe sobre mais tempo para poder pensar.

É verdade que o trabalho de um administrador pode ser sistematicamente analisado e classificado. Em outras palavras, existem características profissionais distintas e um aspecto científico na administração. É verdade, também, que a administração de uma empresa não é uma questão de intuição ou de capacidade nata. Os elementos e requisitos de tal atividade podem ser transmitidos a qualquer pessoa com dotes intelectuais humanos normais.

## 3.2 Conceito de Gerência

A gerência é a arte de pensar, decidir, agir, fazer acontecer, prover recursos, atingir objetivos estabelecidos e obter resultados positivos. Resultados que podem ser definidos, previstos, analisados e avaliados, mas que têm de ser alcançados por pessoas dentro de uma interação constante.

A gerência é o exercício de uma atividade que exige mais de uma pessoa para exercê-la, existe em função de um objetivo comum, requer uma ação calculada e racional dos recursos, necessita de cooperação e coordenação entre indivíduos, para evitar superposição ou oposição em suas ações. Você poderá ser gerente de você mesmo, mas não estará exercendo em toda sua plenitude a liderança de uma gerência, pois nesta cabem outras pessoas para poder acontecer.

A palavra gerência (management) tem sido usada como sinônimo de administração, mas, na verdade, apesar de muitas pesquisas, este termo ainda continua um tanto ambíguo. Segundo Motta, pode-se tratar a gerência como algo científico, racional, enfatizando as análises e as relações de causa e efeito, para se prever e antecipar ações de forma mais efetiva. Por outro lado, é preciso aceitar a imprevisibilidade, o ilógico, o intuitivo, o emocional, o espontâneo e o irracional.

As artes de pensar e de julgar que caracterizam os gerentes exigem maior conhecimento. Assim, é recomendado que os mesmos melhorem sua formação intelectual e cultural, aguçando sua mente para inovações, curiosidades e novas perspectivas sobre o futuro. Hoje, essa aquisição de conhecimento é altamente facilitada em função do desenvolvimento da tecnologia da informação.

Para não se perder em meio a uma infinidade de informações, o gerente precisa: ser organizado, sistemático e específico; ter objetivos congruentes; ter uma ação de risco calculado; receber cooperação; saber coordenar e liderar pessoas.

A gerência da empresa atua no nível intermediário da organização. Neste sentido, torna-se imprescindível o conhecimento da natureza humana, já que a empresa é constituída de pessoas que ocupam cargos diferentes em níveis diferentes, realizando tarefas diferentes. Para lidar com tudo isso, o trabalho gerencial se torna muito complexo.

A gerência na empresa é necessária, porque existem atividades que um indivíduo sozinho não consegue realizar. Embora a função gerencial esteja ligada ao nível intermediário da organização, é comum se ler sobre gerências de alto nível, transparecendo que esta palavra gerência está ganhando cada vez mais importância e, via de consequência, galgando o nível estratégico da organização.

A ação gerencial, muitas vezes, é baseada em informações incompletas sobre problemas graves e inéditos. No mundo de hoje, quando se lê relatos de dirigentes, descobre-se que métodos de previsão e planejamento acabam por ser tão valiosos quanto os métodos intuitivos e criativos. As novas habilidades gerenciais têm de ser desenvolvidas dentro de uma perspectiva de simplicidade, com base tanto na arte do julgamento quanto no conhecimento dos fatos.

A moderna Teoria Gerencial tem trilhado o planejamento estratégico, a descentralização e a ação integrada das diversas unidades organizacionais. Ter domínio cognitivo, analítico ou conhecer alternativas de comportamento só faz sentido, na gerência, se esse domínio conduzir a uma ação mais eficaz.

Chiavenato conceitua gerente como sendo aquele executivo que trabalha no nível intermediário da empresa, subordinado aos executivos do nível institucional e dirigindo os supervisores do nível operacional. No nível gerencial, há a necessidade de que os recursos demandados sejam atendidos, obedecendo a padrões esperados de produtividade, principalmente, sendo fornecidos em volume adequado, não ocorrendo escassez e desperdícios.

O gerente precisa alocar recursos no tempo e espaço adequados, ou seja, nem antes e nem depois da sua necessidade, dando segurança de continuidade e progresso.

Atualmente, já se aceita tratar a função gerencial como repleta de dualidades, cujo trabalho se faz de forma fragmentada e intermitente. Assim, se torna difícil uma conceituação precisa, ao contrário do passado, onde achávamos que tudo deveria ser certinho, subtraindo a mudança do ambiente de operação da organização.

A maioria dos gerentes quando questionada sobre o seu trabalho, informa que encontra sempre uma carga inesperada de tarefas, muitas reuniões, interrupções e atividades burocráticas. Tais trabalhos são aleatórios e muito variados, fato que torna seus processos de tomada de decisão descontínuos. Também reclamam que gostariam de ser mais racionais, ter mais tempo para pensar e planejar, mas rendem-se ao imediatismo. Pior, levam trabalho para casa.

## 3.3 Gestão Empresarial

A falta de pessoas preparadas em gestão empresarial é um dos fatores que impede o maior crescimento das pequenas empresas e que dificulta a sua competição com as grandes. Drucker sempre acreditou que a gestão dizia respeito aos recursos humanos, isto é, mais especificamente, de: conhecimentos, capacidades e relacionamentos. O termo gestão vem sendo preferido pelo desgaste das palavras administração e gerência

A expressão mais nobre da administração tem origem no Século XVII, com a institucionalização mais clara do cargo de ministro. O administrador era, assim, o executor das decisões emanadas dos órgãos superiores ou dos parlamentos. A expressão gerência originou-se na área privada para significar a função subordinada àqueles que estão nos conselhos superiores.

Vale lembrar que os termos administração, direção e gerência foram sendo vítimas de ambiguidades e incompreensões. O uso indistinto das expressões administrador e gerente generalizou-se para significar posição de chefia. A palavra administração vem sendo, nos últimos 20 anos, substituída pela palavra gestão, mais como um modismo do que por outra coisa.

Até a década de 1970, a palavra administrador valia mais do que gerente. Gerentes eram considerados os que exerciam funções em pequenos comércios. No entanto, nos bancos, o gerente, como até hoje, é tratado como o todo poderoso da agência bancária e o decisor final de qualquer processo. Hoje, o administrador é uma pessoa que estudou Administração, por meio de um curso de graduação. Já o gerente passou a designar executivos de grandes empresas.

Gestão é da terminologia européia, que não utiliza a palavra gerência. Para os europeus a palavra gestão engloba administração e gerência.

Hoje, a palavra management (gerência) é empregada no setor da gestão privada; a palavra administration (administração) é empregada para a gestão pública. Business administration (administração de negócios) e public management (gerência pública) são outros conceitos utilizados. Embora não tenha mudado o conceito, a alteração do sentido terminológico sempre assinalou a introdução de alguma novidade técnica ou uso diverso de ideias antigas.

Segundo Motta, a palavra gestão é um termo genérico que sugere a ideia de dirigir e decidir.

## 3.4 Problemas Administrativos

Os problemas de administração são, grandemente, complicados pelo fato de os elementos, com que o empreendedor deve lutar, variam constantemente. Ele não pode supor que se mantenham fixos a demanda pelo consumidor, a tecnologia, a produtividade, o custo e o preço dos fatores de produção. Uma mudança em qualquer um desses valores pode exigir ajustamentos importantes da atividade da empresa.

O problema torna-se mais complicado ainda pelo fato de que alguns destes ajustes precisam de um lapso de tempo para ter lugar. Um aumento da demanda, por exemplo, pode requerer um suplemento adicional de máquinas, equipamentos, ferramentas e pessoas. Por essa razão, o empreendedor deve prever as variações futuras.

Muitos são os problemas em administração, portanto, faça você mesmo uma autoavaliação. Você tem problemas, tais como:

Dificuldade em distinguir entre administrar e executar; Resultados insatisfatórios; Apertos frequentes; Objetivos não são definidos claramente; Alta rotação de subordinados; Não ter um substituto treinado; Pouca inovação em métodos e procedimentos de trabalho; Gasta muito tempo em atividades que não são de sua atribuição; Necessidade de supervisão cerrada nos subordinados; Dificuldade em dar ordens; Dificuldade de priorizar as atividades; Inicia uma tarefa sem considerá-la devidamente; Abandona atividades antes de terminá-las; Faz coisas que podem ser delegadas; Não está atualizado com os novos equipamentos; Gasta tempo com antigas áreas de interesse e competência; Faz coisas improdutivas por puro hábito; Mantém um número excessivo de registros; Faz tarefas superpostas a de outra pessoa do seu departamento; Dá demasiada atenção a projetos de baixo rendimento; Dificuldade de ler e prever cenários: Esquiva-se de deveres conhecidos; Permite divagações na reunião em que preside; Permite que a reunião prossiga depois de cumprida a sua finalidade; Faz reuniões, visitas e telefonemas desnecessários; Procura dados triviais depois de receber os principais, por pura vaidade; Está sempre ocupado; Dedica grande parte do seu expediente ao convívio social.

## 3.5 Problemas Gerenciais

As origens dos problemas gerenciais podem ser:

Endógenas: atuação, personalidade, conhecimento, hábito, por exemplo.

Exógenas: ambiente, economia do país, política governamental, crises sociais, mudança de governo, por exemplo.

Toda vez que você estiver diante de uma crise pergunte: O que poderá ser feito para que esta não se repita? Lembre-se de que bombeiros, que estão constantemente ocupados em debelar incêndios, não têm tempo e nem disposição para fazer um trabalho de prevenção. Prevenir é mais fácil e mais barato que remediar, embora muitos executivos paguem preços muito altos pelas crises que geram.

A crença na imprevisibilidade dos acontecimentos numa empresa está ligada ao pseudopragmatismo de querer resolver logo um problema em vez de "perder tempo" e pensar como este poderá ser evitado no futuro. Situações problemáticas, entretanto, exigem uma atuação em duas frentes simultâneas: enfrentar e resolver a crise da melhor maneira possível e tomar medidas preventivas para evitá-la no futuro, atuando sobre suas causas.

O sucesso do gerente não está inteiramente correlacionado ao seu brilhantismo acadêmico. Assim, são necessárias certas habilidades que darão ao mesmo uma eficiência executiva e, obviamente, um ganho de tempo em suas atividades.

O gerente precisa desenvolver a capacidade de interferir intencionalmente nos processos, nos objetivos e nos valores, que regem a filosofia e a política da empresa; alterar táticas de ação, aprender sobre si próprio, sobre sua função e sobre as condições operacionais da organização.

Uma habilidade muito importante para o gerente consiste no conhecimento da arte da negociação, onde ele deve encontrar meios para alterar ou dirigir o comportamento da outra parte. Para tal será preciso persuadir, interessar, motivar, dissuadir ou atemorizar.

## 3.6 Problemas Ambientais

O ambiente é considerado como o espaço que envolve a organização (pessoa, grupo), que depende do estudo deste para sua estabilidade, manutenção e sobrevivência. Ele é todo um contexto que envolve externamente uma organização de forma direta e indireta. É constituído de: pessoas, sistemas, recursos, grupos, famílias e organizações que formam a sociedade.

Alguns autores ainda consideram que existem dois ambientes: externo e interno (a própria organização).

Alguns elementos do ambiente precisam ser analisados, como: limites, oportunidades, convergências, desafios, diversidades, cenários, aspirações e restrições. As organizações precisam mapear o ambiente em que operam para não se perderem.

Dentre os principais problemas ambientais podemos destacar:

**Melhoria Ambiental –** Os problemas, aqui levantados, são relativos ao exterior da organização. A melhoria ambiental pode abrir à indústria, em geral, uma série de mercados dinâmicos e lucrativos, representando gastos que no final se pagarão por si mesmos.

Essa lacuna tem criado diversos nichos de mercado, como a reciclagem de materiais, despoluição do que já está poluído, desenvolvimento de filtros, a fim de evitar contaminação do ambiente, educação das pessoas para a necessidade de preservação dos ecossistemas, desenvolvimento de embalagens biodegradáveis, coleta seletiva de lixo, usinas e biodigestores para aproveitamento de dejetos e materiais diversos.

Os brados, geralmente estridentes, erguidos pelos ambientalistas deram origem a um questionamento que envolve a livre iniciativa, o governo e a sociedade. Perguntas como estas, a seguir, constituem preocupações básicas para todos:

- É possível, em uma sociedade livre, conseguir ao mesmo tempo um alto padrão de riqueza individual e um ambiente limpo?
- O sistema de livre empresa é capaz de fornecer esses elementos propiciadores da melhor qualidade de vida, essa que retrata exigências mais públicas do que particulares?
- A nossa indústria é capaz de satisfazer as exigências referentes ao meio e ainda assim conservar sua capacidade de competição?

Os processos de melhoria ambiental que se fazem necessários e as mudanças institucionais só surgirão se um influente segmento do empresariado agir com vigor e uniformidade em seu próprio interesse, em longo prazo. As iniciativas essenciais precisam provir das mais altas cúpulas das organizações.

Se tomadas em tempo, tais iniciativas podem mostrar-se eficazes. Para isso, porém, precisamos de algumas reformulações básicas no tocante ao modo de encarar o problema ambiental como um todo.

Serão essenciais também regulamentos e leis, em âmbito nacional, que sejam equânimes e postos em vigor, com firmeza, mecanismos de mercado no setor público, desenvolvidos com sensatez e diretrizes fiscais que apóiem a expansão e o padrão de investimento almejado.

Toda nova exigência popular relativa à melhoria do ambiente representa um mercado inexplorado. Mas, desenvolvidos de forma inadequada, eles podem tornar-se sugadores de impostos, pesadelos em forma de regulamentos, caldeirões burocráticos a consumirem os recursos de toda a sociedade e do seu bolso.

**Qualidade Ambiental –** Os problemas tratados, neste item, são relativos ao interior da organização. Desnecessário dizer que o ambiente físico onde se trabalha é extremamente importante, pois em condições adversas, o ser humano tem um rendimento muito baixo, se irritando com facilidade, exacerbando conflitos e baixando a produtividade.

A iluminação, a temperatura, a ventilação, o ruído e a pintura (cores) são os maiores causadores de problemas da qualidade ambiental.

O estudo da fisiologia dos olhos mostra que a acomodação da pupila à claridade do ambiente provoca esforço e fadiga. Pequenas variações provocarão pequenos esforços. Mas, se forem frequentes, acabarão cansando.

Uma iluminação deve ser: necessária e suficiente, uniformemente distribuída e disposta a não ofuscar os olhos.

Experiências feitas na Inglaterra demonstraram que a temperatura de 20º C era a que causava menos acidentes. Embora as condições onde foram feitas essas experiências sejam diferentes das nossas, pois este país é mais frio do que o Brasil, os resultados também valem para nós, no sentido de mostrar a influência da temperatura do ambiente sobre o rendimento e a qualidade do trabalho.

As condições extremas de temperatura sempre afetam a produtividade. Uma temperatura demasiadamente elevada deprime o trabalhador, enquanto que uma temperatura excessivamente baixa, provoca inibição para o trabalho. Em ambos os casos, o organismo é obrigado a gastar energia que não é aproveitada pelo trabalho. Assim, a busca por uma temperatura de conforto deve ser uma meta organizacional.

Fator que não pode ser desprezado, quando se deseja melhorar as condições do ambiente de trabalho, é o ruído. Os ruídos provocam intolerância entre os funcionários. São, ainda, os ruídos responsáveis por grande número de acidentes. Diminuindo-se estes elementos do ambiente de trabalho, de modo que haja certo conforto acústico, evitam-se problemas de relações humanas, de acidentes e de baixa produtividade, por exemplo. O valor da intensidade sonora é dado em decibéis.

O sistema de ventilação terá a função de manter a temperatura do ambiente em torno de 26ºC, proporcionando, assim, maior conforto térmico, bem como a renovação do ar. Esta renovação fará com que o ambiente seja mais arejado, eliminando gases, fumaças, gorduras e vapores.

As condições do ar do ambiente de trabalho devem satisfazer aos seguintes requisitos:

- O recinto deverá ser tão fresco quanto exija o conforto.
- Deverá haver adequada circulação de ar.
- A umidade relativa do ar não deve exceder a 70% e nem ficar aquém dos 25%.
- O ar, ao nível da cabeça, não deverá ser distintamente mais quente do que próximo ao chão, e vice-versa.
- O ar deverá estar isento de odores desagradáveis, de poeiras, de gases tóxicos, de fungos, de ácaros e de bactérias.

As pessoas são, inconscientemente, afetadas pela cor no seu desenvolvimento. Um estudo mostrou que estas pessoas cometem muito poucos erros numa sala cuja cor elas gostam. O mais importante fator a considerar no desenvolvimento do trabalho é o contraste entre o produto e a bancada de fundo. Uma boa cor escolhida reduz o contraste e, por conseguinte, sombras, o que evita a fadiga ocular.

Embora seja difícil determinar com exatidão os efeitos das cores sobre o trabalhador, mesmo porque, muitas vezes, a aplicação das cores vem associada a outras mudanças. O interesse cada vez maior pela aplicação inteligente das cores, em ambientes de trabalho e na pintura dos equipamentos, vem confirmar a sua importância. Os efeitos físicos das cores são aqueles relacionados com a reflexão da luz, porque as cores têm poder diferente de reflexão.

**Conservação e Manejo Ambiental –** O Conselho Mundial para o Desenvolvimento Sustentável investiu no projeto que ajuda as pessoas a criar meios de vida sustentáveis, para si mesmas, e impulsionar ao mesmo tempo a responsabilidade corporativa, buscando satisfazer as necessidades do presente sem comprometer as do futuro, preservando os recursos naturais. Mas, dá para ter desenvolvimento sem perturbar a natureza? Não. O truque não é "preservar", mas sim manejar a natureza, isto é, administrá-la.

Os ecossistemas estão sempre mudando. Como há tanta gente fazendo tanta coisa, a gestão das mudanças tem de ser mais eficiente do que antes. Em muitos casos, o desenvolvimento econômico dependerá dessa gestão, em vez de ser impedido por ela.

Muitos países estão com falta de água, por causa de manejo ambiental errado. Por outro lado, os custos da poluição e do lixo encorajaram as empresas a desenhar produtos com menos impacto ambiental e mais valor agregado.

Muitos estudos mostram que mais gastos em manejo ambiental tornam as empresas e os países mais produtivos, não menos. Máquinas e fábricas limpas, não poluidoras, são sempre mais eficientes e competitivas. Países pobres não podem arcar com vastas burocracias de agentes regulatórios, mas podem efetivamente reduzir os custos da poluição e do desperdício, utilizando, por exemplo, taxas, permissões e licenças ambientais.

## 3.7 Problemas de Documentação

A documentação pode ser considerada como um conjunto de informações relativas a um fato, um problema, uma situação, um plano, um resultado, uma política, uma previsão, uma decisão, uma estratégia, uma estrutura, um projeto, por exemplo. Não se deve jamais perder de vista o fato de que a documentação é a ponte entre os especialistas e os generalistas, e que, por isso, deve ter uma sólida e clara estrutura.

A simples acumulação de cartas, formulários, diagramas e relatórios, de modo algum, transmitirão a terceiros, o sentido e o funcionamento da empresa. Uma empresa que não tenha uma documentação acessível e logicamente organizada terá imensas dificuldades para conhecer o passado e projetar o futuro. Muitas vezes, a documentação passa a ser um fator crítico de sucesso.

Embora a documentação atualizada seja fator primordial, em qualquer fase do desenvolvimento empresarial, ela passa a ser um fator competitivo, quando adentramos na operação e na manutenção de máquinas, equipamentos e sistemas. Não traz resultados positivos para o estudo ouvir aulas, por mais brilhantes que sejam, nem adianta ler livros clássicos e célebres.

Só tem algum valor a documentação que puder estar à disposição em qualquer momento. Portanto, a documentação de tudo o que for julgado relevante e útil, em função do estudo e do trabalho, deve ser arquivada (meios densos, papéis).

A documentação pode ser apresentada sob a forma de: relatórios, manuais, regulamentos, planos, políticas, modelos, gráficos, projetos, cartas, memorandos, mensagens, ordens, circulares, comunicações internas, atas de reunião, contratos, orçamentos, folhas de pagamento, folhas de controle, diagramas, programas, formulários, procedimentos, processos, desenhos, ofícios, discursos, currículos, atestados, editais de concorrência, recomendações, planilhas, tabelas, anexos, instruções, normas, ocorrências, bilhetes, avisos, declarações, convocações, promissórias, duplicatas, notas fiscais, cheques, recibos, boletins, súmulas, telegramas, balancetes, questionários, demonstrativos, balanços...

Os principais problemas de documentação são:

**Apresentação dos Dados –** Dado é qualquer elemento identificado em sua forma bruta, que, por si só, não conduz a uma compreensão de determinado fato ou situação. Acontece que os dados são apresentados seguindo convenções, em função de uma terminologia própria.

Terminologia é o conjunto de vocábulos, sinais e símbolos de um campo de conhecimento, arte ou ciência. Quantas vezes têm-se o desprazer de ler textos em que as unidades de medidas como: metro, hora, minuto, quilômetro, por exemplo, aparecem escritos erradamente.

A terminologia (nomenclatura) assume papel de destaque, tendo em vista a manutenção do diálogo e o entendimento uniforme entre todos os participantes de um projeto. É um investimento de retorno garantido e de máxima valorização, especialmente se essa terminologia for definida de forma padronizada, inteligente e de fácil identificação. Diferente do idioma, ela deve evitar ao máximo os sinônimos, pois, adotando esse princípio, tornará, entre outros benefícios, mais fácil a memorização e a associação com o conceito embutido.

**Normalização Textual –** A normalização textual conduz à simplicidade da comunicação escrita, porque especifica, uniformiza e reduz o tempo de entendimento, à medida que diminui a variabilidade e o desvio. Imagine você, se não houvesse normas para escrever, seria um caos maior do que já existe, tendo em vista as diversas línguas e dialetos.

Para aquele que quer ser um bom escritor, terá de ter noções de gramática e saber o que são: fonemas, ditongos, tritongo, hiato, acentuação tônica, morfologia, pontuação, redundância, descontinuidade de texto, etimologia, flexão da palavra, substantivo, adjetivo, numeral, pronome, verbo, advérbio, preposição, conjunção, interjeição, análise sintática, ortografia e vocabulário.

Redigir um texto é uma técnica que implica domínio de capacidade linguística. Assim, estamos diante de processos intelectuais que envolvem, basicamente, dois momentos: o de formular pensamentos (aquilo que se quer dizer) e o de expressar por escrito (aquilo que se quer registrar formalmente). Fazer uma redação, seja ela de qualquer tipo, não significa apenas a atuação de uma capacidade de escrever de forma correta, mas, sobretudo, a de organizar as ideias sobre determinado assunto.

Como tudo, também escrever é um processo que tem as seguintes etapas: formular a ideia; decidir o assunto; estabelecer o objetivo; delimitar e organizar as ideias; estruturar (escrever) um plano de abordagem; enumerar os itens e subitens; hierarquizar ideias e títulos; elaborar um rascunho; reescrever, rever e polir o texto; configurar página (margens, cabeçalho, rodapé, tamanho do papel, medianiz, margem espelho); escolher a fonte da letra e o estilo adequado para o texto (cada documento tem estilo próprio ou consagrado); implementar (escreva, digite, imprima); leia diversas vezes até achar que o texto traduz suas ideias.

## 3.8 Problemas com Documentos

Documento é o registro material de determinado conhecimento que se possa utilizar para consulta, estudo ou prova. Assim, só se pode avaliar, de forma solidamente estruturada, se temos uma documentação pertinente, quando a mesma ajudar na ação administrativa.

Um documento pode ser considerado como qualquer informação, sob a forma de: textos, imagens, sons, sinais, gravações, pinturas, por exemplo, que fundamenta um determinado estudo. A seguir, os principais documentos e seus possíveis problemas:

**Relatório** – Um relatório é uma apresentação escrita ou oral, para transmitir uma informação a um leitor determinado, sob uma forma completamente imparcial e sob o aspecto mais útil ao leitor, com o propósito de resolver um problema específico. Em essência, um relatório é uma narração descritiva qualitativa e/ou quantitativa de uma determinada situação.

A primeira parte do relatório deve apresentar um sumário de seus pontos altos, para que os destinatários possam ver rapidamente a sua estrutura. O relatório também deve mencionar quaisquer limitações que o estudo possa ter e quaisquer problemas que tenham sido identificados quando da coleta de dados.

Assim, as características de um bom relatório são: ter uma linguagem clara, concisa e objetiva; ser padronizado; conter recomendações e soluções para os problemas; deixar clara a sua finalidade e a sua natureza; usar a melhor técnica disponível no mercado de: exposição, construção e análise; ser feito sob medida para o leitor; ser passível de verificação; não embaraçar a imagem da empresa (organização); ser esclarecedor; seguir uma forma prescrita e obedecer a um plano; ser escrito de maneira formal e impessoal; conter informações úteis e novas; indicar as principais variáveis que ajudarão a solucionar o problema (situação); recolher do mercado modelos semelhantes; definir recursos, custos, orçamentos, benefícios, retorno do investimento e resultado esperado.

O autor do relatório deverá sempre lembrar que este está sendo escrito para o leitor e não para si mesmo ou para especialistas. Ele deverá ter em mente que um relatório é escrito para comunicar e não para impressionar com palavras difíceis ou detalhes técnicos.

Um bom relator deve: possuir a atitude cética da dúvida; possuir imaginação criadora baseada na experiência; compreender a natureza e a função de um relatório; possuir habilidade desenvolvida para a análise, classificação e conceituação; empregar o método mais adequado; compreender o seu leitor e colocá-lo em posição de destaque; possuir o conhecimento da língua.

**Questionário** – Assunto já abordado.

**Formulário** – Embora o assunto já tenha sido abordado, vale acrescentar que para que um formulário seja bem construído e não traga problemas futuros, se faz necessário atentar para as seguintes considerações:

- Todo e qualquer formulário é elaborado com um objetivo previamente estabelecido, devendo funcionar como instrumento em uma atividade.
- Um formulário jamais deve ser criado sem que haja uma rotina que o justifique.
- Depois de aprovado um novo modelo de formulário deve ser, preferencialmente, implantado gradualmente, de modo que possíveis correções possam ser efetuadas, visando sua perfeita adequação aos fins a que se destina.
- Em seu estágio probatório o formulário deve ser utilizado experimentalmente de modo que seu desempenho seja testado, diante das exigências operacionais de quem o usa.

- É sumamente importante nessa fase à contribuição prestada pelos funcionários envolvidos diretamente com o formulário, através de sugestões e/ou críticas.
- Através de uma análise criteriosa o analista certamente introduzirá as modificações necessárias.
- A responsabilidade pelo controle dos formulários deve ser centralizada, para evitar sua proliferação, bem como duplicidade.
- Boa parte do problema dos formulários concentra-se no fato de que muitos deles são utilizados em pequenas quantidades.
- A maioria dos formulários é pouco usado e muitos desses documentos são impressos pelos próprios usuários, com suas máquinas, tendo caráter informal.
- Alguns dirigentes ignoram o fato de que o custo do emprego dos formulários sobe de 20 até 30 vezes o custo de produção dos impressos.
- Deve-se procurar sempre melhorar todos os formulários, sob os aspectos da característica física do texto e da disposição gráfica.
- Um bom formulário deve compactar seu desenho para apenas uma página.

**Gráfico –** Assunto já abordado.

**Manual** – Assunto já abordado.

**Ata de Reunião** – A ata é um registro escrito no qual se relata o que se passou numa reunião, assembleia ou encontro, por exemplo. Também é um documento que encerra uma reunião séria. Toda ata deve ter: local e data; nome dos participantes e entidades que representam; objeto da reunião; assuntos a serem discutidos, destacados em tópicos; responsabilidades; itens abordados (definição do problema, solução de consenso, data de cobrança); prazos de execução; distribuição de cópias para os participantes e assinaturas.

A ata de reunião diz o que, quem, como, quanto e quando vai ser feito algum trabalho. Cada folha deve receber a rubrica de cada participante, bem como uma numeração (1/3; 2/3; 3/3). Como a ata da reunião serve como documento para consulta e controle, é importante que seja bem organizada para evitar problemas futuros.

**Diagrama** – Assunto já abordado.

**Plano** – Embora este assunto já tenha sido abordado, vale lembrar que o plano disciplina o administrador a colocar suas ideias, condições, métodos e conclusões de uma maneira lógica que pode ser seguida por outros.

**Programa** – Assunto já abordado.

**Estatuto** – É um documento que expressa, formalmente, os princípios que regem a organização de um estado, sociedade, associação, clube, condomínio, por exemplo. A constituição é o estatuto fundamental de um país.

Um estatuto é dividido em capítulos, artigos e parágrafos que se referem a: denominação, sede, finalidade, sócios (participantes), objetivos, estrutura organizacional, reuniões, diretoria, conselhos, patrimônio, duração, capital social, participações, cotistas, inversões, lucros, atribuições, deveres, dissolução, liquidação, número de associados, conselho fiscal, conselho administrativo (deliberativo), fundos, reservas, balanço patrimonial, disposições gerais, disposições transitórias.

O maior problema do estatuto é não ser suficientemente completo para resolver dúvidas futuras.

**Regulamento** – Regulamento é um documento normativo que reúne comandos diretos e cursos de ação que devem ser seguidos fielmente. Tais comandos são conhecidos por normas ou regras. Um bom regulamento geralmente responde o que fazer, envolvendo um determinado procedimento, para uma determinada situação ou trabalho.

**Currículo** – O currículo da vida de uma pessoa é na realidade um relatório que aponta de forma resumida a vida de alguém. Ele deve mostrar: Formação Escolar; Formação Paralela; Vida Profissional; Línguas Estrangeiras; Atividades Paralelas; Atividades Atuais; Referências; Dados Pessoais; Data e Assinatura (opcional).

Como o currículo é dirigido a uma pessoa física ou jurídica para uma vaga de emprego, associação ou parceria, é bom que o mesmo não seja "pesado demais" ou "curto demais", isto é, deve atender ao padrão de mercado e para quem ele é encaminhado. Algumas empresas solicitam um currículo reduzido que tem o seguinte formato:

- Dados Pessoais: todos.
- Vida Escolar: três últimos cursos.
- Línguas Estrangeiras: as que fala e/ou escreve.
- Vida Profissional: três últimos cargos.
- Área de Atuação: atual.
- Atividade Paralela: atual.
- Experiência Profissional: a de interesse do destinatário (ano e época).
- Produção Acadêmica: três últimas.
- Pesquisas Realizadas: duas últimas.
- Projetos Implementados: três últimos.
- Referências: três pessoas e meios de comunicação.
- Canal de Comunicação: endereço completo, telefones, e-mail, site.
- Data.
- Assinatura

**Nota:** É comum se utilizar uma folha de rosto para identificar de quem é o currículo e o mesmo ser enviado com uma carta de encaminhamento, devidamente assinada. Modernamente se envia anexo a um e-mail.

**Sinopse** – É uma espécie de relatório que resume as informações relevantes de um projeto (produto). Assim, o maior problema da sinopse é ter uma estrutura organizacional expositiva confusa.

Por esta razão é recomendado que os itens de abordagem sejam, em princípio, os seguintes: Definição do Projeto; Filosofia Orientadora; Objetivo Principal; Objetivos Complementares; Meta Inicial; Público-Alvo; Justificativa; Relevância; Viabilidade; Colaboradores, Momento; Pesquisa; Organização (fases do projeto); Comunicação e Divulgação; Recursos Necessários; Acompanhamento, Autor(s) do Projeto; Resultados Esperados (qualidade e quantidade); Programa Preliminar; Período de Execução; Anexos.

**Proposta** – A proposta reúne os itens de uma sinopse, acrescentando planos, programas, cronogramas, orçamentos, prazos de pagamento, legislação de apoio, sistemas de suporte à decisão, equipe de construção, sistemas de informação e comunicação.

A sequência apresentada deverá abordar, em primeiro lugar, as vantagens do projeto, sempre com foco no futuro. Mais adiante, falar de valores, preços e condições de pagamento. Por fim, deve apresentar quem são os membros da equipe e quais os serviços realizados e para quais organizações.

## 3.9 Problemas com Arquivos

Toda documentação deve ser arquivada, porque a primeira e mais lógica fonte de consulta do passado de uma empresa está nos arquivos da organização. Arquivo é um conjunto de registros afins, colocados de forma ordenada e de fácil acesso. O meio de arquivar tais registros (dados, informações) pode ser: papel, acumulador, disco, fita, disquete, CD, filme.

O ser humano pode guardar informações no cérebro por algum tempo, mas não por todo o tempo. Uma outra observação que se deve fazer é que todos os arquivos têm um caráter provisório (como tudo na vida) já que podem mudar de meio, isto é, serem construídos com tecnologia de última geração.

O registro de tudo que for julgado importante e útil deve ser feito em arquivos, para que possa ser acessado no futuro. O registro é a justaposição de dados selecionados a um mesmo fato, com a finalidade de permitir o processamento, tendo um significado completo e determinado.

Assim, na movimentação de uma conta bancária, por exemplo, veríamos que o registro é constituído de, no mínimo, o número da conta e o valor representativo dessa movimentação. Similarmente, numa movimentação de um estoque de materiais, o registro é composto de, no mínimo, um código e material movimentado em quantidade e valor monetário.

No processamento de dados, é comum a necessidade de se agrupar diversos conjuntos de informações, a fim de facilitar e dar maior velocidade às operações efetuadas sobre esses dados. Surgem então, novos conceitos de registro: O registro físico e o registro lógico. Um exemplo de registro físico é disco e um exemplo de registro lógico é valor.

É comum que o gerente do projeto, dentro do possível, arquive o máximo de dados preliminares para agilizar e ajudar no desenvolvimento e construção do projeto. É importante que todos os participantes procurem entender que não é preciso começar do zero, pois, por mais difícil que possa parecer sobre fontes de consulta para um projeto, é importante que se diga que sempre existem estudos anteriores. É só procurar e ter paciência de pesquisar e guardar documentos que servirão no futuro.

## 3.10 Problemas de Racionalização

Todo esforço que se faz para eliminar a ineficiência e o desperdício é considerado racionalização. Hoje, o caminho da produtividade passa pela racionalização. Infelizmente, as ações desastrosas, ineficientes e mal-orientadas não se apresentam de imediato.

Há, como sempre houve, homens excepcionais que sabem aproveitar as suas energias físicas e mentais, a sua inteligência, o tempo, os materiais, enfim, os recursos que lhes estão ao alcance, e com isso se tornam eficientes, produzindo muito e desperdiçando pouco.

Infelizmente, porém, é maior o número das pessoas pouco eficientes que gastam muito e desperdiçam muito, produzindo pouco.

As causas da pouca eficiência são complexas, algumas relacionadas com a organização e outras com o elemento humano. Ao esforço que se faz, desde há algum tempo, para a compreensão e eliminação dessas causas é que se dá o nome de racionalização.

Atualmente, se confunde a racionalização, com o esforço para a melhoria da produtividade, pois melhorar a produtividade é conseguir o melhor aproveitamento possível dos recursos materiais e humanos da produção, e é exatamente isso que constitui o objetivo da racionalização, desde que surgiu.

A racionalização pode ser encarada como o esforço que se faz no sentido de dar um tratamento científico, e por isso mesmo racional, tanto aos métodos quanto aos processos, isto é, produzir cada vez mais e melhor com custos mínimos. A racionalização é o processo mental básico, presente em todas as fases da organização, constituindo o seu principal instrumento.

Segundo alguns autores, a palavra racionalização é empregada para substituir a expressão "organização científica do trabalho".

A racionalização determinou a padronização do trabalho humano, tornando-o repetitivo e monótono, contrariando a tendência do homem para a diversificação de atividades, trazendo os seguintes problemas: crescente ameaça de desemprego; luta entre o homem e a máquina; aumento de doenças profissionais e neuroses; desajustamentos sociais e luta de classes.

Problemas de racionalização podem acontecer, tendo em vista a diferenciação entre meios e objetivos. A escolha dos meios, entre as várias alternativas possíveis, pode ser submetida a um teste de racionalidade. Uma decisão é sábia se ela escolhe bem os meios que conduzem à realização de determinado objetivo (solução, estratégia, processo, procedimento, plano, projeto, programa, política). Assim, um homem que decide beber água para saciar a sede tomou uma decisão racional.

A grande maioria dos problemas de racionalização está fundamentada nas palavras desperdício, otimização, método e processo. Otimizar, na linguagem administrativa, significa usar os recursos da melhor maneira possível, em função das contingências do momento, do ambiente e do mercado.

## 3.11 Problemas de Desperdício

Taylor dizia: "Vemos e sentimos o desperdício das coisas materiais. Entretanto, as ações desastrosas, ineficientes e mal orientadas dos homens não deixam indícios visíveis e palpáveis. A apreciação delas exige esforço de memória e imaginação. E por isso, ainda que o prejuízo diário daí resultante seja maior que o decorrente do desgaste das coisas materiais, este último nos abala profundamente, enquanto aquele apenas levemente nos impressiona".

Na verdade, fazemos muitas coisas que representam desperdício, mas quase não sentimos o tempo que se perde e os problemas derivados.

Um dos fatores do alto custo da produção, geralmente mal percebido, é o desperdício. Um exame, não muito profundo, revelará que não há atividade sem desperdício. Algumas formas de desperdício são facilmente percebidas, como acontece com o material. Outras são menos notadas, como acontece quando os funcionários gastam mais tempo e realizam mais movimentos do que os realmente necessários para fazer o serviço (Lei de Parkinson).

Toda vez que se consome mais material, tempo, energia e espaço do que realmente seria necessário, se o trabalho fosse realizado racionalmente. Isso que se consome a mais é desperdício e encarece a produção. O desperdício é um fenômeno mundial. A maneira correta de combater qualquer mal é combater as suas causas. Assim, se houver um desejo de combater os desperdícios, é necessário eliminar e conhecer os seus motivos.

Examinando as causas dos desperdícios, verifica-se que algumas podem ser atacadas através de medidas de caráter administrativo, de caráter cultural e de caráter educativo. Várias são as medidas administrativas, pois o corretivo dependerá da causa do desperdício.

As medidas culturais estarão fundamentadas na formação de uma mentalidade, na doutrinação e no treinamento constante. As medidas educativas para minimizar o desperdício podem ser realizadas por meio de: campanhas, cartazes, projeções, filmes, reuniões, palestras, e-mails e prêmios para ideias inovadoras e efetivas.

As principais causas de desperdício são:

**Desperdício de Energia Elétrica –** A utilização de equipamentos sem Selo Procel (menor consumo de energia elétrica) é o maior exemplo desse tipo de desperdício. Um refrigerador não é um simples gabinete de aço com motor. Ele precisa de esforços conjuntos para se tornar um equipamento eficiente e eficaz, isto é, que refrigere muito com menos.

Cada vez mais se verifica que o simples gerenciamento do consumo de eletricidade e a adoção de expedientes corriqueiros, como a substituição de lâmpadas ou o uso mais adequado do ar condicionado, diminuem sensivelmente as despesas. Um plano de performance energética envolve também mudanças na rotina do pessoal da limpeza.

Grande parte do desperdício de energia elétrica é resultado da prevalência dos critérios estéticos em detrimento da funcionalidade.

**Desperdício de Gás –** Muitos gerentes de empresas de alimentos se recusam a investir em um Fogão de Alta Eficiência por causa do preço. Além disso, varias tarefas de cozinha podem ser feitas com equipamentos chamados multifuncionais e combinados. Tudo isso com menos mão de obra e menos consumo de gás, com aumento da produtividade e ambientes mais saudáveis para os funcionários.

**Desperdício de Alimentos –** A perda de alimentos não consumidos em uma indústria de alimentos é enorme. A solução é o sistema de produção antecipada com imediato congelamento avançado que preserva o sabor e a consistência dos alimentos, deixando-os prontos para posterior regeneração, acionada somente no momento da demanda.

A produção em maiores volumes também diminui o custo unitário do produto, melhora a programação das compras, reduz a energia, sob qualquer forma. É muito mais fácil trabalhar com pratos semiprontos do que prepará-los do "zero".

**Desperdício de Material –** A armazenagem bem-feita ajuda a identificar a margem esperada para perdas e refugos. Há uma diferença entre refugos e perdas. Refugos são partes de bens tangíveis rejeitados durante o processo de produção.

Perdas são partes intangíveis não aproveitadas do produto gerado por um projeto. Se a taxa de refugo for alta, mostra que, na empresa, podem estar acontecendo: erros de projeto do produto; falhas no controle de qualidade; falhas no controle da produção; baixo nível de educação; mau uso das funções administrativas, principalmente, a função administrativa organização; armazenagem incorreta; falta de treinamento.

Perdas fazem parte do processo de fabricação, podendo-se minimizá-las, mas não as evitar. Portanto, é necessário que a quantidade disponibilizada para a produção seja a mais exata possível, porque o custo pela perda será incorporado ao custo do produto. Se houver perda anormal, como no caso, por exemplo, de incêndio no almoxarifado, roubo, enchente, os valores correspondentes não devem ser tratados como custo de produção, e sim levados diretamente ao resultado.

As perdas anormais ocorrem de forma involuntária, sendo seu custo absorvido pelos demais produtos.

**Desperdício de Mão de Obra –** A mão de obra é um dos itens mais lembrados na lista de dificuldades de uma empresa, tendo em vista a dificuldade de lidar com o ser humano e por uma legislação trabalhista obsoleta e ultrapassada. São tantos os encargos sociais que vale reduzir a mão de obra, para a sobrevivência do negócio.

Os problemas não são solucionados com mão de obra intensiva, mas com tecnologia intensiva. Hoje, deve-se depender cada vez menos de empregados. Outro aspecto é o ambiente confortável. Os equipamentos obedecem às simples regras da Ergonomia? Há riscos de acidentes de trabalho? O funcionário trabalha com satisfação?

Uma reengenharia dos processos, estruturas e métodos de trabalho pode diminuir o absenteismo, a assiduidade, a impontualidade, a falta de assiduidade, o estresse e a rotação.

**Desperdício do Espaço Físico –** Uma indústria se for pequena demais estrangula a produção. Mas se for grande demais custa caro. A adoção de equipamentos mais modernos, somados à revisão nos processos de fabricação, diminui os espaços ociosos. Alguns equipamentos, se bem aplicados, poupam espaços. Embora sejam mais caros, ao longo dos meses, se mostram mais rentáveis.

**Desperdício de Água –** Atualmente, mais do que nunca, a água se mostra imprescindível para o homem. Porém, o mesmo homem polui, cada vez mais, seu próprio ambiente. Infelizmente, a água é utilizada de forma descontrolada. Hoje, a responsabilidade de algumas empresas para com o ambiente faz parte de sua estratégia.

Para se otimizar o uso da água algumas premissas, a seguir:

- Verifique se a torneia está realmente fechada.
- Ao lavar a louça, use a própria cuba da pia para ajudar na lavagem.
- Tente limitar o banho para no máximo de cinco minutos.
- Feche a torneira enquanto se ensaboa.
- Jamais escove os dentes ou faça a barba com a torneira aberta.
- Sempre use a máquina de lavar em carga máxima.
- O excesso de sabão aumenta o número de enxagues.
- A lavagem de louças, copos, bandejas e talheres consomem uma quantidade enorme de água, que pode ser resolvido com equipamentos corretos.

**Desperdício de Dinheiro –** Na hora de comprar máquinas e equipamentos, avalie tudo, como: especificação, preço, marca, garantia, facilidade de limpeza, mobilidade, por exemplo. Certifique-se de que a manutenção futura seja organizada, tendo acesso, rapidez e confiabilidade. Escolha o equipamento pelo tempo estimado de vida útil, tomando como referência a concorrência.

Lembre-se que bons equipamentos custam caro e possuem um índice de depreciação menor do que os mais baratos.

**Desperdício no Escritório –** Se na fábrica a parada repentina de uma máquina ou a falta de insumos pode causar desperdício, no escritório pode haver descontinuidade devido à perda de informações na passagem entre pessoas e departamentos. O funcionário do escritório tende a achar que o seu trabalho, ao contrário das tarefas de um colega da linha de produção, não está submetido a uma rotina.

O desperdício que existe nos escritórios não é tão óbvio aos olhos dos dirigentes, que não estão habituados a colocar no papel, como, por exemplo, um fluxograma de processo ou de procedimentos. Tais ferramentas detectam desperdícios de tempo, superposição de tarefas, oportunidades de eliminação de processos e procedimentos, combinação de atividades.

## 3.12 Problemas de Reunião

Os maiores problemas de reunião estão no: excesso, planejamento, eficácia, condução, metodologia e ata da reunião.

**Excesso de Reunião** – Segundo C. Northcote Parkinson, "as reuniões são, por definição, uma concessão à organização deficiente, pois uma pessoa ou se reúne ou trabalha, não pode fazer as duas coisas ao mesmo tempo". A frase: "Numa estrutura idealmente planejada não haverá reuniões, cada um saberá aquilo que deve conhecer para fazer seu trabalho". É uma utopia. Mesmo que cada um tenha os recursos para fazer o seu trabalho, ainda, será preciso saber como fazê-lo.

Há reuniões, porque as pessoas que realizam atividades diferentes têm de cooperar para fazer um trabalho específico. Reunimo-nos porque o conhecimento e a experiência necessários para uma situação específica não estão disponíveis numa única cabeça, mas no conhecimento de várias pessoas.

Sempre haverá um número de reuniões maior que o necessário. A organização precisará sempre de tanto trabalho em conjunto, que as tentativas de bem-intencionados cientistas do comportamento para criar oportunidades para a cooperação poderão tornar-se, de algum modo, redundantes.

Se os gerentes de uma empresa ocupam uma parte, razoavelmente grande, de seu tempo em reuniões é sinal seguro de má administração.

**Planejamento da Reunião** – Reuniões fazem parte da vida organizacional e, portanto, devemos aceitá-las. E quando uma reunião for coordenada por você, será preciso planejá-la. Eis algumas sugestões para você pensar antes de convocar uma reunião:

- Não convoque uma reunião se o assunto puder ser resolvido de outra forma.
- Explique o motivo do encontro a todos que vão participar.
- Convide apenas as pessoas necessárias à reunião.
- Cancele a reunião se desaparecer o motivo de sua realização.
- Questione a relevância do encontro e se, realmente, os participantes têm as informações significativas que justifique o evento.

**Eficácia da Reunião** – O fato de reuniões serem necessárias e muito usadas, elas não significam que sejam sempre eficazes. Muitas são mal organizadas e pobremente conduzidas e, portanto, totalmente inúteis. Outro tipo de reunião inútil é aquele em que o líder usa o encontro apenas para confirmar sua decisão e mostrar poder. Depois de ter resolvido, usa a reunião para endossar suas próprias conclusões.

**Condução da Reunião** – As reuniões, se forem dirigidas apropriadamente, podem dar aos participantes a oportunidade de relacionamento e desenvolver uma equipe eficaz. Elas proporcionam uma oportunidade de partilhar as experiências, os pontos de vista, os problemas e as boas soluções.

Conduzidas com propriedade, as reuniões podem servir para vários objetivos de comunicação e administração a um só tempo. Podem manter as pessoas bem-informadas, resolver problemas, revelar atitudes e promover um clima de participação. Você poderá descobrir que tem a possibilidade de aplicar mais princípios de comunicação numa reunião do que em qualquer outra atividade em seu campo.

**Metodologia da Reunião** – Os assuntos tratados nas reuniões devem ter a seriedade própria do momento, isto é, não fazer reuniões para tratar de banalidades e coisas sem sentido prático. Se a reunião permitir conclusões, as mesmas devem ser comunicadas, por cópia da ata de reunião, posteriormente, a todos os participantes. Pode-se pedir o feedback necessário à implementação das soluções (decisões) propostas.

Se a reunião não permitir conclusões, deve o coordenador informar aos participantes que será enviado um relatório com o consenso geral das opiniões, quando, também, serão solicitadas soluções e sugestões a respeito dos problemas tratados, lembrando aos participantes que devem procurar melhorar métodos e processos, a fim de se evitar pontos problemáticos (conflitos não administráveis).

O leitor precisa entender que as reuniões são vitais para uma boa liderança.

As fases principais de uma metodologia que auxiliará a transformar uma reunião em uma atividade agradável podem ser, por exemplo: preparar o ambiente; animar e dirigir a discussão; fazer, vez por outra, um balanço da situação; concluir a reunião; fazer uma ata da reunião.

**Ata da Reunião** – Assunto já abordado.

## 3.13 Problemas do Processamento de Dados

Processar eletronicamente dados é transcrever, copiar, arquivar, recuperar, localizar, calcular e transferir dados num sistema de informação com base no computador. Combinando diversas dessas operações selecionadas, conforme a natureza e o valor de cada dado, é possível construir todos os tipos de informação que se deseja. Para a instalação de um sistema de processamento de dados, deve-se observar:

- O sistema não deverá utilizar uma máquina sem se constatar a necessidade dela.
- O sistema deverá ser suficientemente flexível a fim de se obter o máximo de utilização de cada parte do equipamento.
- O sistema deverá ser tão automático quanto possível, no seu relacionamento com as máquinas.
- O sistema deverá usar as máquinas para tomar tantas decisões quantas forem possíveis.
- O sistema deve ser criado para ajudar o ser humano.

Os maiores problemas em processamento de dados são: o imediatismo das respostas aos problemas que surgem e a velocidade de obsolescência dos equipamentos. Por isto, se faz necessário que a empresa trabalhe com um banco de dados que seja sempre atualizado, em termos de conteúdo e de tecnologia. O processamento de dados compreende os passos necessários para transformar os dados brutos coletados em dados trabalhados que permitirão a realização de análises e interpretações:

Os bancos de dados ajudam a administração da empresa, porque podem identificar consumidores em potencial, segmentar mercados, definir quais consumidores devem receber uma oferta específica, manter consumidores e reativar consumidores perdidos. É muito comum se confundir listagem, mail-listing e banco de dados.

A listagem é um arquivo de nomes, endereços e telefones. O banco de dados contém, além dessas informações, muitas outras, em função da finalidade de sua utilização. É necessário esclarecer que listagem é sinônimo de lista, relação e rol.

Já o mail listing é uma relação de endereços para correspondência a serem feitas por meio dos correios e, geralmente, para atender a uma mala direta.

## 3.14 Problemas de Informação

A informação é vital para se viver o presente e planejar o futuro. A receita de sucesso é ter a informação adequada, relevante e colocada no tempo certo. Toda empresa manipula vários fluxos de informação que afetam a sua administração.

Administrar bem um negócio é administrar seu futuro. E administrar seu futuro é administrar informações. Portanto, pesquisar para a obtenção de dados é fundamental para sobreviver diante de tanta concorrência, em mercados saturados. Os executivos de hoje dependem cada vez mais de informações relevantes, a fim de tomarem decisões de menor risco.

Os mais importantes problemas de informação se encontram nos seguintes fatores:

**Utilização da Informação –** A informação é útil quando permite apoiar e orientar uma ação com segurança, minimizando a margem de erro. Na comunicação, a parte principal é a informação. Se esta não for comunicada pode inviabilizar a tomada de decisão ou a solução de um problema, tornando-se inútil.

**Finalidade da Informação** – A primeira coisa que um executivo deve questionar, para atender o seu mercado consumidor, é qual a finalidade da informação? Será preciso, pois, trabalhar com informações: operacionais (permitem que determinadas operações continuem acontecendo), gerenciais (destinam-se a alimentar o processo decisório) e correntes (destinam-se a mostrar: carteira de pedidos, situação financeira, situação econômica, situação contábil, receita com vendas, faturamento, recursos, processos, atividades, capacidade instalada, ordens de serviço, mercados, pesquisas, tecnologias, materiais, fornecedores, projetos, investimentos, resultados, rentabilidade, patrimônio, orçamento...).

**Falta de Informação** – Aumenta, a cada ano, o número de profissionais desinformados a respeito da empresa em que trabalham. Pesquisas recentes mostram que: 32% dos diretores desconhecem os acionistas e as metas estabelecidas; 42% não estão envolvidos com a definição das prioridades; 38% dos dirigentes estão à margem das decisões; 32% não influenciam nas decisões de investimentos e contratação de pessoas.

**Filtro da Informação** – A capacidade humana para lidar, racionalmente, com grande quantidade de informações simultaneamente é, ao contrário do que imaginamos, muito limitada. O problema do gerente é a explosão (abundância) de informações, dificultando o controle da comunicação. Faz-se necessário filtrar o que é pertinente e relevante do redundante e repetitivo.

A informação passada de um determinado nível hierárquico para outro terá de ser filtrada (triagem) ou sintetizada (condensada). A despeito de todas as filtragens e simplificações, o volume de informações necessário à condução de nossos negócios cresceu muito, mais do que o tamanho do próprio negócio. Desde o ambiente até a ação são necessários diversos filtros para barrar informações indesejáveis

**Distorção da Informação** – À medida que a informação atravessa a hierarquia da organização, ela sofre um processo de abstração, absorção e distorção. Interesses pessoais e organizacionais, condições sociais, psicológicas e econômicas podem conferir à informação uma conotação que não é verdadeiramente aquilo que aparenta ser.

Há muitos modos diferentes de sintetizar e interpretar a informação, porque, por exemplo, duas pessoas não empregarão exatamente as mesmas palavras para descrever um mesmo acontecimento. A distorção da informação pode acontecer por:

- Falha do sistema de comunicação (processamento, manejo e transporte da mensagem).
- Baixo nível de percepção dos indivíduos envolvidos.
- Falta da capacidade de falar, escrever e ouvir.
- Muito ruído, no canal de comunicação, devido a diferenças de personalidade, distorção deliberada (sabotagem) ou falha vinda da empresa prestadora de serviços de telecomunicação.

É importante destacar o meio como uma fonte de distorção da informação. Assim, se o meio for pessoal maior é a distorção e se for eletroeletrônico menor.

**Segurança da Informação** – Com o surgimento da Internet foram necessárias medidas de segurança que, infelizmente, não são invulneráveis. Muitas empresas passaram a acumular bens valiosos na forma de bits, uma espécie de ativo digital que reúne registros de transações, projetos de novos produtos, cadastros de clientes, relatórios financeiros e outras informações sigilosas.

A análise de risco é o ponto de partida para estruturar todo o programa de segurança. É preciso saber o que se quer resguardar e qual a melhor forma de fazer isso. Como nenhum sistema é 100% seguro (não existe risco zero), é preciso determinar as medidas necessárias para que o risco seja minimizado a ponto de ser tolerável e quanto uma empresa está disposta a pagar.

**Valor da Informação** – O valor da informação é dado pela necessidade de seu uso. O usuário deve especificar suas necessidades, determinar as fontes (quando possível), avaliar, decidir e administrar as informações (dados) coletadas.

Segundo Weitzen, "o valor da informação está intimamente ligado à capacidade que ela tem de alterar o estado de conhecimento do usuário". A capacidade do indivíduo de receber informação, de avaliar sua relevância para o papel que ele desempenha no grupo e de interpretá-la é muito limitada. É ingenuidade do mais alto grau supor que, se as pessoas tiverem muitas informações sobre os problemas, elas compreenderão os fatos e haverá mais soluções.

A informação tem um valor que pode ser analisado quando temos respostas às seguintes perguntas: Qual a novidade da informação? A nova informação afetará políticas estabelecidas? A nova informação trará benefícios para a empresa? A informação é comprovadamente verdadeira? Quem está comunicando a nova informação? Existem interesses embutidos? A nova informação está associada ao seu uso (custo/benefício)? A informação contém algum julgamento? A informação pode ter um caráter particular, em função do comunicador?

**Fonte de Informação** – O gerente não completará o processo de especificação das necessidades de informações antes de começar a considerar as fontes de dados. Cada uma das fontes deve ser avaliada quanto à: credibilidade, custo, tempo, acessibilidade, coerência, pertinência, verificação, legalidade.

As fontes de dados (informações) podem ser: publicações, relatórios internos, relatórios de organizações nacionais e internacionais, resultados de pesquisas (mercado, produto, recurso), sistemas de informação, inspeções, experiências, demonstrativos de resultados, previsões, planos, orçamentos, projetos, estudos de risco. Após a seleção das fontes de informação, o usuário deve: classificar, ordenar e arquivar as mesmas, visando sua utilização futura.

Um princípio deve ser seguido: *Aproveitar ao máximo a experiência adquirida de terceiros.*

**Uso da Informação** – A informação é recurso vital que integra, quando devidamente estruturada, os diversos subsistemas da empresa. A informação é tão importante que a ausência da mesma a respeito de um determinado assunto se traduz num grau de incerteza muito grande.

Numa economia de rede a informação passou a ser um produto negociável e muito procurado. Tanto é verdade que surgiram no mercado os intermediários da informação. De modo geral, uma empresa faz uso intensivo da informação. Uma questão, então, se impõe: Até que ponto um componente informativo está se tornando uma parte do produto e qual a intensidade?

Implicações relativas ao uso da informação precisam ser analisadas, porque, quanto maior a intensidade de uso da informação, acontecerá: menores ciclos de vida dos produtos; maiores mudanças das fronteiras de mercado, produto e marca; maior tendência de definir o setor de atuação e a concorrência; mais o poder relativo muda a favor do consumidor; maior o uso de sistemas flexíveis de comunicação e de distribuição.

**Engenharia da Informação** – A engenharia da informação, através da utilização de técnicas similares às da engenharia tradicional, procura tratar as informações necessárias para o funcionamento ótimo do empreendimento. Ela é um conjunto de técnicas e lógicas formais aplicadas a dados, atividades, tecnologias e pessoas, que permite planejar, analisar, projetar, construir e manter sistemas de processamento de dados, de forma integrada e interativa.

A engenharia da informação deve ser utilizada de maneira estratégica para poder mudar rapidamente os objetivos, metas qualitativas e quantitativas, desafios e prazos dos negócios de qualquer empresa. Seus elementos básicos são: dados, atividades, sistemas, processos, recursos, projetos, modelos e metodologias.

**Qualidade da Informação** – Um líder gerencial está constantemente tomando decisões baseado em informações alheias, usando dados adequados e previsíveis. Suas ações serão eficientes quando alcançar um alto grau de sucesso. Deve, portanto, se prevenir com aqueles que usam rótulos e falam como se as pessoas e os objetos fossem idênticos. Aí há perigo!

Tomar decisões envolve coletar dados e compreendê-los. Uma informação produzida, que não seja distribuída com qualidade e a tempo, inviabilizará qualquer projeto. Alguns requisitos dão qualidade à informação, tais como: forma, idade, frequência e significado.

**Usuário da Informação** – O usuário da informação precisa: identificar, definir, conhecer o seu fluxo e especificar o seu propósito. Os usuários da informação podem ser classificados em:

| Função | Visão | Conhecimento | Orientação |
|---|---|---|---|
| Operador | Local | Operações | Processos |
| Supervisor | Ampliada | Sistema | Orçamentos |
| Gerente | Geral | Projeto | Planos e Táticas |
| Diretor | Global | Vago | Estratégias |

**Quadro 3.1:** Usuários da Informação.

Uma pessoa na sua capacidade normal de agregação e interpretação controla um número de informações que varia de cinco a um máximo de nove, simultaneamente.

**Administração da Informação** – A despeito do todos os cuidados com a estruturação das comunicações e interconexões, fluxo e filtragem da informação que transita na empresa, bem como a distribuição das atribuições e tarefas, começa a ser cada vez mais difícil administrar todo esse conjunto de informações.

Acontece que, embora se faça filtragens e simplificações, o volume de informação, necessário à condução de nossos negócios, cresceu exageradamente. E, como já não é mais possível ver e acompanhar cada atividade diretamente, nós temos de confiar e apoiar-nos na informação, mesmo que ela nem sempre tenha a forma mais adequada para as nossas necessidades gerenciais. Não somente ela se apresenta defasada, como também muito desarrumada ou minuciosa. Sem falar nos erros normais de redação e de construção, porque um relatório, por exemplo, passa, às vezes, por diversos funcionários até chegar ao chefe imediato.

**Fluxo da Informação** – Para que uma organização qualquer opere, é necessário que entre as suas várias partes (subsistemas, departamentos, divisões, seções) seja constituído de um adequado fluxo de informações, porque quando o analista se lança ao estudo de tais fluxos, se deparará com os seguintes problemas: Identificar os fluxos existentes e especificar o propósito de cada fluxo.

**Necessidade da Informação** – A necessidade da informação é um problema, cujas principais variáveis são: processo, aplicação, função, objetivo, propósito, desafio, meta, especificação, técnica e método. Portanto, não se deve perguntar a um dirigente quais as informações que ele precisa, mas sim, solicitar deste qual é o processo utilizado na tomada de decisão, na resolução de um problema ou na formulação de uma estratégia, por exemplo.

## 3.15 Problemas de Estratégia

Estratégia é o caminho para uma organização alcançar, preferencial e diferentemente, os objetivos e desafios em um ambiente mutável, cambiante, complexo e altamente competitivo. Imagine você se é possível sobreviver sem uma estratégia sequer. A falta de uma estratégia nos faz lembrar do filósofo Sêneca que dizia: “Não há caminho certo para alguém que não sabe aonde ir”.

Daí surgiu a necessidade de o administrador ter uma visão estratégica, porque é ela que enfatiza o alcance de resultados através de um processo contínuo de antecipar mudanças futuras, tirando vantagens das oportunidades que vão surgindo e corrigindo cursos de ação no longo prazo.

A gestão estratégica se implanta não por introdução de simples técnicas, mas por uma mudança significativa na prática gerencial. Trata-se de uma conquista organizacional que resulta em novas formas de comportamento.

Na perspectiva estratégica, o planejamento deve ser uma função livre de normas rígidas. É uma função inerente ao administrador, cuja eficácia é medida diariamente pela capacidade de decisão em estabelecer prioridades, concentrar recursos e oferecer alternativas. Exige, portanto, conhecimento do ambiente, capacidade adaptativa, flexibilidade estrutural e habilidade em conviver com ambiguidades e mudanças rápidas.

Dentre os principais problemas de estratégia podemos destacar:

**Determinação dos Objetivos** – O objetivo da estratégia precisa adequar recursos à estrutura organizacional. Então, quem determina os objetivos da estratégia deve ser alguém que sempre terá em seu raciocínio uma visão de longo prazo, pois não existem objetivos estratégicos de curto prazo.

**Tática Empregada –** A tática é a ação para corrigir desvios da estratégia implantada. Ela consiste na arte de dispor as tropas (recursos) no campo de batalha (mercado) e de movimentá-las para alcançar objetivos. A tática requer a capacidade de improvisação frente às reações imprevistas, mobilizando recursos disponíveis no nível gerencial.

Segundo Chiavenato, "a tática significa uma mobilização de recursos específicos da organização, em âmbito departamental, visando atingir objetivos de médio prazo". Uma tática define um conjunto de operações. No âmbito militar, uma mobilização de tropa é uma tática dentro de uma estratégia mais ampla, como por exemplo, a interrupção do apoio logístico do exército inimigo. No âmbito gerencial, o orçamento anual ou plano anual de investimentos é um plano tático.

Uma guerra requer uma ou mais estratégias e cada estratégia leva à proliferação de táticas. Assim, o planejamento estratégico requer um longo prazo (maior do que um ano), ao contrário a tática requer curto prazo (máximo de um ano).

**Finalidade da Estratégia** – Diferentemente do problema da determinação dos objetivos, é preciso dizer para que finalidade ela deva ser implantada. Assim, podemos ter estratégia: Básica; Principal; Secundária; Complementar; Alternativa; Competitiva; Concentrada; Cooperativa; Defensiva; Mercadológica; Ponto de Equilíbrio; Gestão; Militar; Geográfica; Reativa.

**Visão Estratégica** – A visão estratégica enfatiza o alcance de resultados através de um processo contínuo de antecipar mudanças futuras, tirando vantagens das oportunidades que vão surgindo e corrigindo cursos de ação no longo prazo. Exige, portanto, conhecimento do ambiente, capacidade adaptativa, flexibilidade estrutural e habilidade em conviver com ambigüidades e mudanças rápidas.

**Formulação de Estratégia** – Cada empresa formulará sua própria estratégia. Mas, é bom lembrar que é preciso responder a algumas questões: Qual é a atual estratégia da empresa? A empresa está tendo dificuldades na execução da atual estratégia? Esta exige maior competência e melhores recursos do que a empresa possui? Quais as possíveis alternativas que existem para a solução do problema da estratégia? Até que ponto as preferências da alta administração limitam as alternativas? Qual a alternativa que oferece a maior vantagem competitiva? Quais novos recursos são necessários?

As respostas a essas questões representam a essência da formulação e implantação de estratégias. Mesmo assim, persiste a dúvida: A nova ferramenta é essencial e de grande necessidade?

A formulação de uma estratégia, para ser implantada, dependerá de que os recursos sejam suficientes, seja redigida de forma clara e concisa, haja na empresa uma visão estratégica em todos os níveis, a nova estratégia faça parte do orçamento da empresa, seja devidamente comunicada e que estratégias setoriais sejam parte da estratégia global.

**Distância entre Estratégia e Operação** – Atingir uma posição estratégica representa uma recompensa na linha evolutiva da carreira, mas guarda em si uma armadilha: o risco de se desprender da operação e cair no isolamento. O preço deste distanciamento aparece na desmotivação dos funcionários, nas queixas de clientes, na relação com consumidores, na reputação da empresa e na cultura organizacional.

## 3.16 Problemas com Índices

O índice é uma medida (relação) idealizada para mostrar a variação, num determinado período de tempo e se este valor oscilou para cima ou para baixo. É possível estabelecer relações do ano em curso com os anos anteriores. Um bem que, em 1995, custava $ 10,00 e, em 2003, passou a custar $ 25,00, diz-se que teve uma variação de:

I = 25,00 / 10,00 = 2,5 = 250%

O valor 2,5 é um índice e o valor 250% é o percentual de variação (ou de desvio).

Os índices de cada empresa variam, consideravelmente, em função do tamanho da empresa, dos serviços prestados, das condições de concessão, do recebimento de créditos, do tipo de clientela, da estrutura organizacional, dos custos, dos métodos e das estratégias, por exemplo. Precisamos de índices que reflitam, especificamente, o tamanho e a idade de nossa empresa, a fim de que possamos, então, concluir pela melhoria, pela otimização de recursos ou aproveitamento da situação.

Também esta forma de abordagem não é infalível, uma vez que o tamanho e a natureza da empresa podem ter-se alterados, no decorrer do tempo. A sujeição automática a um grande número de índices, nunca substitui um bom julgamento. Portanto, saber o que aconteceu no passado dará, ao dirigente, condições de projetar o futuro. Mas, se a empresa não possui séries históricas, devidamente registradas e facilmente acessíveis é pouco provável que o gestor da organização faça milagre.

O índice de inflação, por exemplo, mostra a perda do poder de compra do consumidor. Ele é um índice governamental que afeta a empresa, mas, mesmo não havendo inflação a nível governamental, pode haver inflação para a empresa, quando, por exemplo, a mesma compra de matéria-prima é mais cara do que a aquisição anterior.

Exemplo: O Departamento de Compras informa que quando comprou determinada matéria-prima, fez sob as seguintes condições:

Momento 01: Preço = $ 2,00 e Quantidade = 5.000
Momento 02: Preço = $ 2,24 e Quantidade = 4.600
Momento 03: Preço = $ 2,80 e Quantidade = 4.000

Pede-se determinar qual a inflação do período.

Método de Solução pelo Preço:

2,00 (100%)
2,24 (112%)
2,80 (140%)

Resposta: O índice de inflação em função do preço = (140% / 100%) - 1 = 1,40 - 1,00 = 40%.

Método de Solução pelo Produto (P × Q):

2,00 × 5.000 = 10.000 (100%)
2,24 × 4.600 = 10.340 (103,4%)
2,80 × 4.000 = 11.200 (112%)

Resposta: O índice de inflação, em função do preço vezes quantidade, é igual a 12% (112 - 100).

A inflação refere-se ao aumento de preços na economia. Quando os preços sobem o valor da moeda diminui, isto é, o poder de compra do cidadão estará em função das oscilações do índice de inflação. Os principais fatores responsáveis pela dinâmica do comércio são: crédito e renda. A inflação acende o sinal amarelo para os consumidores, pois encarece o crédito.

Os índices de inflação do governo são medidos por diversos critérios e, por conseguinte, existem diversas fórmulas para o cálculo da inflação. Os índices mais comuns são: INPC (IBGE); IPCA (IBGE); IGP-M (FGV); IGP-DI (FGV): IPC (FIPE); ICV (DIEESE).

## 3.17 Problemas com Indicadores

Os indicadores representam um sistema peculiar de análise e avaliação das empresas. Tal sistema consiste na comparação de dois ou mais elementos, de modo a se obter uma indicação (relação, medida) significativa da situação e, ao mesmo tempo, uma representação sintética da mesma. Um conjunto de indicadores bem estudado permite esclarecer a situação da empresa, através de elementos chaves.

Quando se comparam elementos, pode-se chegar a duas respostas: uma avaliação da proporção existente entre os valores e uma avaliação do desenvolvimento de um valor em relação a outro tomado como base.

Os indicadores obtidos da primeira avaliação são denominados indicadores para a análise da situação empresarial, enquanto os segundos são denominados indicadores para análise da evolução dos ativos. Os primeiros, por serem referentes a um momento especial da vida da empresa, têm um caráter estático. Ao contrário, os indicadores para a análise dos ativos, por causa do fator tempo, tem um caráter dinâmico.

Índices e indicadores são, muitas vezes, tomados como sinônimos por diversos autores. Porém, cada vez mais, estes conceitos se afastam um do outro. O índice tem um foco macroeconômico e o indicador microeconômico. Os principais indicadores de gestão são:

- Indicadores Econômicos – Estão voltados a retratar o resultado de um capital investido num determinado negócio. Estes indicadores se fundamentam no lucro e no prejuízo.
- Indicadores Financeiros – Objetivam mostrar o fluxo de dinheiro que corre na empresa e se ela terá condições de saldar compromissos assumidos.
- Indicadores de Performance – São voltados a retratar o progresso da empresa em busca da melhoria contínua, num determinado período.
- Indicadores de Mão de Obra – Objetivam mostrar, principalmente, o comportamento dos recursos humanos na empresa.
- Indicadores de Vendas – Retratam as relações entre vendedor, consumidor, mercado, comercialização, produto, preço e receita com vendas.
- Indicadores de Produção – São voltados a retratar os principais aspectos da produção, produto e produtividade das máquinas e dos recursos humanos.
- Indicadores de Tempo – Objetivam tratar do tempo de duração e/ou espera de um processo.

Tais indicadores permitem comparar dois ou mais dados, de modo a se obter uma análise significativa da situação. O poder do administrador para analisar a situação de uma empresa é dado pelos seus registros históricos. Uma comparação dessa natureza é importante, pois não se pode esperar que uma empresa apresente indicadores e taxas menores que aqueles medidos de uma amostra de empresas de seu mercado.

Muitos indicadores levam o nome de taxa pela sua resposta em valores percentuais. Da mesma forma que os índices, precisamos de indicadores que reflitam, especificamente, o rumo e o resultado de nossa empresa, a fim de que possamos, então, concluir pela melhoria, pela otimização de recursos ou aproveitamento da situação.

Os problemas dos indicadores de gestão podem advir do próprio analista, isto é, qual ferramenta, padrão, modelo, processo, gráfico ou matriz ele utilizará e qual comportamento, personalidade e características terá para uma análise mais próxima da realidade comum das empresas. Também podem estar por conta da fórmula errada e também por conta de quem faz a análise e a avaliação.

Mas é bom que se diga que os indicadores de gestão são as melhores ferramentas para aferir o desempenho empresarial. Hoje, são todas feitas em computador.

# Capítulo 4

# PROBLEMAS MERCADOLÓGICOS

*"As preocupações da comunidade de ontem são as preocupações do consumidor de hoje e dos acionistas de amanhã."*

Mark Goyder

## Objetivos do Capítulo

- Mostrar que o contexto em que está inserida a empresa é determinante para a aparição de problemas.
- Mostrar que as variáveis: ambiente, mercado, consumo, globalização, governo, comercialização, legislação, competição e concorrência são preponderantes no estudo dos problemas mercadológicos.
- Mostrar que o conhecimento do consumidor é fundamental, para ser aqueles que pretendem ser consumidores.

## 4.1 Conceito de Mercado

Mercado é um lugar organizado, onde as pessoas transacionam preços, quantidades e qualidades de determinados produtos (bens, serviços e ideias). É todo ambiente onde compradores e vendedores de produtos se mantêm em estreito contato uns com outros. Este contato se faz em função das necessidades, desejos e disponibilidades dos consumidores.

Segundo Kotler, "Mercado é o conjunto de todos os compradores reais e potenciais de um produto".

Conhecer o mercado é de fundamental importância. Não basta fazer afirmações infundadas e trilhar caminhos viciados no trivial e no cotidiano. Prever a evolução do mercado ajudará a minimizar o risco do negócio. Duas regras a serem utilizadas: nunca seguir a onda, a não ser que esteja muito seguro do que está fazendo; não imaginar que descobriu uma fórmula mágica para driblar os veteranos do mercado.

O mercado tem como função principal atender a sociedade no que diz respeito ao consumo de produtos e, também, absorver os resultados da atividade empresarial.

Os mercados são importantes à medida que criam novos produtos e processos, porque dão liquidez e mobilidade aos investidores, acelerando as recompensas pelo sucesso. Os economistas usam o termo mercado para se referirem a um grupo de compradores e vendedores que transacionam valores, em torno de um ou mais produtos.

Frequentemente, os empresários usam a expressão mercado para cobrir vários grupos de consumidores. Podem também estender para grupos de não consumidores, tais como: mercado de eleitores, mercado de mão de obra e mercado de doadores, por exemplo.

Todas as economias modernas operam em mercados. Os fabricantes procuram os mercados de recursos, compram e os transformam em bens e serviços, vendendo-os para o mercado de intermediários, que vendem ao mercado consumidor. Os consumidores vendem sua força de trabalho pela qual recebem dinheiro para pagar os bens e serviços que compram.

O governo utiliza as receitas da tributação para comprar produtos, utilizando-os para bem servir a população. Assim, a economia de cada país e do mundo inteiro consiste de complexos conjuntos de mercados interrelacionados e unidos através de um processo de troca.

Resumindo, podemos dizer que mercado são pessoas, pois os lugares só são importantes pelo número de compradores e vendedores que pode reunir, abrigar e dispor. As empresas são compostas de pessoas que trabalham para servir outras pessoas e os preços são ditados pela lei da oferta e da procura.

As atividades praticadas no mercado são:

- Atividades Principais: Comprar; Vender; Trocar.
- Atividades Acessórias: Informar; Padronizar; Comunicar; Armazenar; Suprir; Transportar; Distribuir; Normalizar; Alugar; Financiar; Sistematizar; Solucionar; Avaliar; Medir.

## 4.2 Problemas de Mercado

Os mais relevantes problemas de mercado são:

**Gerência de Mercado –** Os problemas de gerência de mercado estão fundamentados, precisamente, nas políticas e planos de venda e no desenvolvimento de pessoal. Para tal, terá como atribuições:

- Analisar para qual direção vai o mercado e qual o novo produto a oferecer.
- Avaliar oportunidades e planejar o esforço de vendas no logo prazo.
- Estudar e mobilizar meios e recursos; conhecer o volume de vendas e respectivos custos.
- Participar do grupo que define o preço de venda dos produtos.
- Participar da equipe que monta sistemas de informação e comunicação.
- Otimizar a utilização das funções administrativas para ser eficiente, eficaz e efetivo.
- Atualizar informações sobre produtos, mercados, concorrentes e consumidores.
- Orientar a força de vendas na criação de novos consumidores.

**Conhecimento do Mercado –** Os problemas de conhecimento do mercado trarão à baila as análises: da situação, das fontes de recursos, da influência governamental, das inovações (próprias e concorrentes) e das condições ambientais. Análise da situação envolverá as variáveis interdependentes da economia e do mercado (previsão e demanda).

**Demanda e Potencial de Mercado –** Demanda de mercado para um produto é o volume total que seria comprado por um grupo definido de consumidores, numa área geográfica definida, num período de tempo definido, num ambiente determinado.

O potencial de mercado é o limite a que tende a demanda de mercado, à medida que o esforço da empresa tende ao infinito, para determinado ambiente. A demanda da empresa é a participação que a empresa tem na demanda de mercado. As previsões de vendas mostram a demanda esperada de mercado e não a demanda de mercado mais elevada possível. Junto com o conceito de previsão precisam ser colocados outros conceitos, tais como:

Estimativa – É a quantificação da demanda de mercado.
Projeção – É uma previsão perfeitamente calculável.
Predição – É uma previsão baseada numa expectativa.

Assim, os problemas de demanda e potencial de mercado restringem-se a elasticidade (acréscimo e/ou decréscimo) do preço ou da quantidade negociada. Os demais aspectos que envolvem tais problemas podem ser a qualidade do produto, o serviço pós-venda, a marca, a imagem da empresa e a aceitação do produto.

**Tempo de Mercado –** Hoje, é comum se ler a expressão “tempo de mercado” que é o tempo que uma empresa leva para ir da concepção do produto até a sua entrega ao consumidor final.

**Pesquisa de Mercado –** Pesquisa de mercado é a coleta, qualificação e análise de todas as informações sobre problemas relacionados com a transferência e venda de bens e serviços do produtor para o consumidor. A pesquisa de mercado trata de descobrir quais os bens e serviços que o consumidor deseja, como podem ser vendidos e procura medir a aceitação deles junto ao público.

A pesquisa de mercado pode atuar em todas as fases do processo mercadológico, desde a fase de criação do produto até o destino final da embalagem.

A pesquisa de mercado pode ser utilizada ocasionalmente ou regularmente. Muitas vezes a situação determinará a necessidade da pesquisa, porque ela traz vantagens, ajudando a definir áreas de interesse para produtos, localizar nichos de mercado, definir variáveis do processo mercadológico, identificar concorrentes, permitir saber se você é capaz ou não de assumir o empreendimento.

No último século as pesquisas evoluíram das observações diretas e levantamentos elementares até informações colhidas na Internet em computadores de altíssima velocidade.

A grande maioria das informações que se obtém em pesquisa de mercado é consequente do contato direto com as pessoas, quer através de pequenos ou grandes grupos ou através de métodos mecânicos ou eletrônicos. O maior problema da pesquisa de mercado é a representatividade da amostra e do universo estudado.

**Análise de Mercado –** A análise de mercado objetiva estudar: séries históricas, variáveis interdependentes da economia e do mercado, ambientes, demanda e potencial de mercado, volume de vendas, participações no mercado, concorrência, inovações, novos produtos, tendências, ciclo de venda, sazonalidade, estratégias e táticas. O maior problema da análise de mercado está voltado para responder a seguinte dúvida: Por que se analisar algo que está funcionando?

**Entrada no Mercado –** As questões que dão suporte ao empreendedor são aquelas que justificam a entrada de uma empresa em um determinado mercado. Elas podem ser: Qual o tamanho do mercado? O mercado é segmentado? Quais são os principais concorrentes? Quais são os fornecedores? Quais são os principais produtos vendidos? É um mercado novo? É um mercado maduro? É um mercado saturado? Como estão se saindo as empresas do setor? Quais são os canais de distribuição? Que métodos de comunicação com o público são usados? Quais as restrições fiscais? Quais as restrições legais?

**Informalidade no Mercado –** É preciso desmistificar a ideia de que economia informal é problema de camelô. É algo ramificado em diversos setores da sociedade, em que se enquadram juízes, políticos e empresários corruptos. A teia precisa ser desfeita enquanto é possível. Ao mesmo tempo, tem de ampliar a punição, porque a lentidão da justiça estimula a ilegalidade.

Não podemos dar as costas para esses problemas e achar que é assim mesmo. Precisamos nos cobrir de indignação. É como a favela que foi crescendo e todo mundo achando normal, vindo a ser o armazém e o distribuidor de armas e de drogas ilícitas. Da mesma forma, a informalidade é a creche da corrupção. Onde o Estado é omisso a bandidagem cresce.

O problema maior da informalidade no mercado é o nível de comprometimento com a ética dos governantes, cada vez mais corruptos.

## 4.3 Problemas de Globalização

Globalização significa a internacionalização dos negócios e do sistema produtivo e financeiro, fazendo com que o ambiente organizacional se torne imenso, complexo, mutável e incerto, fazendo com que as pessoas vejam o futuro com desconfiança. Paradoxalmente a globalização e os avanços tecnológicos abrem muitas oportunidades em detrimento de empresas consolidadas que não conseguiram promover as mudanças de adequação.

Empresas nascem e morrem. Elas operam num mercado altamente seletivo, onde os mais capacitados vencem. O sucesso de mercado é conquistado pelas empresas mais ajustadas aos imperativos ambiental e tecnológico. Portanto, passa a ser de extrema importância saber "ler" o cenário.

O problema da globalização não é tanto econômico, como pensa a maioria das pessoas, mas sim cultural. Tudo começa pelo comércio e acaba na mudança cultural. Hoje, o Império Americano impõe sua cultura e ciência pelo mundo inteiro, fundamentado no seu poder econômico e num exército de alta tecnologia e muito bem treinado. Em que pesem todos os protestos mundiais contra a globalização, parece que a mesma é inexorável.

A explosão iminente de investimento direto externo é vulnerável a um retrocesso sério na recuperação da economia mundial. Além disso, o fluxo global de capitais ainda é menos impressionante que o esperado, fato que deve servir de alívio àqueles que se opõem à globalização. Isto se explica com a análise dos problemas:

- Grande parte dos investimentos está concentrada no mundo rico.
- Menos de um terço vai para os países em desenvolvimento.
- Os investidores estrangeiros ainda se deparam com barreiras formidáveis de burocracia, que, em muitos casos, os governos não estão dispostos a removê-las, ou não são capazes de fazê-lo rapidamente.

O advento de uma onda vigorosa de investimento direto mostra que a globalização tem uma resistência impressionante diante dos choques políticos e econômicos dos últimos tempos. Isso deve ser motivo de satisfação ou de preocupação?

## 4.4 Problemas de Comercialização

A comercialização, bem como a produção, é vista como um processo que envolve diversas atividades mercadológicas, em várias etapas. A comercialização será sempre considerada como um processo, pois engloba, por exemplo: pesquisa de mercado, desenvolvimento do produto, vendas, comunicação do produto, previsão de vendas, distribuição, determinação do preço de venda, armazenagem, plano de vendas, necessidade e alocação de recursos, treinamento de vendedores, acompanhamento pós-venda...

Mesmo a empresa industrial precisa ter preocupações com as atividades mercadológicas, porque, se não conseguir vender seus produtos, terá problemas de sobrevivência. Todas as atividades comentadas acima são executadas quando do planejamento e da preparação de um programa mercadológico. Numa economia existem dois grandes blocos voltados para os negócios.

A produção cria bens, serviços e ideias e o comércio se ocupa da transferência (movimentação, distribuição, compra, venda) e propriedade dos produtos. O comércio é um conjunto de atividades voltadas para a intermediação entre os fornecedores (agricultura, indústria) e os consumidores.

Os principais problemas, porque passa a comercialização, são relativos a:

**Estrutura da Comercialização –** A estrutura da comercialização sofreu numerosas modificações em duas formas principais: maior integração vertical e maior integração horizontal. A integração vertical tem sido especialmente sentida na comercialização direta. A cadeia de lojas, o supermercado, a loja de departamentos e a superloja aumentam cada vez mais suas compras, assumindo, assim, as funções dos atacadistas.

Por outro lado, o fabricante tem absorvido certas funções atacadistas pela abertura de filiais. Além do mais, tem havido uma tendência para a distribuição seletiva, na qual o fabricante escolhe cuidadosamente os canais atacadistas e varejistas, sendo este um tipo de distribuição exclusiva que tem levado os fabricantes a cuidar da promoção de vendas e da propaganda.

A integração horizontal também se expandiu, como se vê pelo crescente número e volume de vendas dos grupos em cadeia, inclusive supermercados e filiais. Parte deste crescimento se deve ao aparecimento de shoppings, que acompanham o deslocamento da população do centro para os subúrbios.

Como resultado do crescimento da integração horizontal, o volume das vendas em dinheiro vem-se concentrando cada vez mais em menor número de estabelecimentos de venda. Na verdade, mesmo este tipo de concentração vem tornando o varejo cada vez mais uma atividade de grande escala.

**Tipo de Comercialização –** Existem, basicamente, duas maneiras de comercializar: direta e indireta. A comercialização direta ao consumidor diz respeito à distribuição do produtor ao consumidor, sem a participação de intermediários no processo. Se a empresa adotar a comercialização direta, ela deve considerar:

Natureza da Mercadoria – Mercadorias altamente perecíveis devem ser consumidas rapidamente.

Natureza do Produtor – A organização deve ser grande para ser bem-sucedida na comercialização direta.

Natureza do Mercado – O mercado deve ser concentrado. Se for disperso, a despesa da comercialização direta será provavelmente excessiva.

Natureza do Intermediário – Pode o produtor alegar a ineficiência dos intermediários existentes, por se recusarem a manter estoques capazes de servir, convenientemente, aos consumidores, ou por disporem de instalações de armazenamento insatisfatórias.

Natureza do Serviço – Certas mercadorias exigem instalações e serviços complexos.

Natureza do Canal de Distribuição – Os canais estabelecidos podem ser inadequados a certos tipos de mercadoria.

Natureza da Concorrência – Muitos fabricantes preferem negociar diretamente com cadeias de lojas e supermercados.

A comercialização indireta é feita por meio eletrônico. Muitas empresas estão oferecendo seus produtos a consumidores diretamente por meio de suas páginas na rede por um custo de entrega significativamente mais baixo do que a maior parte dos consumidores encontra em seus pontos de varejo local.

A página na Internet serve como uma vitrine eletrônica que deve ter algumas características, tais como: oferecer um menu com opções de busca; mostrar os produtos através de textos e gravuras; dar condições de detalhamento (características), disponibilidade e preço dos produtos; informar sobre novos produtos, relatórios, eventos, treinamento, emprego; facilitar a comunicação dos seus clientes (fornecedores, funcionários e consumidores); facilitar a viabilização do pedido; agilizar o processo de navegação.

O varejo virtual é um segmento dinâmico que exige das empresas novidades constantes como forma de atrair consumidores.

**Política Comercial –** A política comercial ajuda a empresa a decidir sobre que estratégia ou tática adotar, caso não haja venda de um determinado produto, e também como enfrentar a concorrência. Uma boa política comercial ajuda a determinar qual o capital de giro necessário, para levar a empresa a atender o mercado, fazendo com que os recursos humanos da organização tenham uma atitude pró-ativa em relação ao mercado, atendendo-o da melhor maneira possível. Em exportação a política deve estar voltada a atender as exigências do comércio internacional que é exigente, dinâmico e muito competitivo

**Ponto Comercial** – Na escolha do ponto comercial a empresa deve ser criteriosa para definir o endereço do novo negócio. A seguir, algumas observações úteis para o empreendedor comercial:

Público-Alvo – Para conhecer o público a ser atendido é preciso levantar aspectos de demografia, perfil do consumidor (renda, idade, hábito), padrões de consumo, concentrações comerciais e poder da concorrência.

Visibilidade – O local precisa ser visível e identificável, se a empresa precisar colocar uma loja de varejo, na frente da fábrica.

Acesso – A chegada a um estabelecimento comercial, assim como a saída, deve ser facilitada pelas vias de acesso. Se houver muitas dificuldades, o consumidor procurará outro lugar.

Funcionalidade – É um fator que diz respeito especialmente ao projeto de construção. Adaptações em edificações antigas podem sair mais caras do que a montagem de uma loja em local projetado para esse fim.

Tamanho da Área – É indispensável avaliar o local de acordo com o tipo de negócio. Certos empreendimentos exigem grande fachada, outros podem requerer profundidade, outros estacionamentos. Não se pode esquecer também da possibilidade de expansões futuras.

Infraestrutura – Pode parecer prosaico, mas nenhum estabelecimento comercial funciona bem, se não houver disponibilidade de serviços públicos no próprio local, como: energia elétrica, sistema de telefonia, água encanada e potável, esgoto, gás, posto de saúde, hospital, escola, correio, banco, policiamento, transporte e segurança.

Tipo de Solo – Trata-se de critério especialmente importante, quando se vai construir. Os custos de construção podem ser multiplicados, se as fundações toparem com rochas no subsolo ou se precisarem ser muito profundas, pela inconsistência do terreno.

Planejamento Urbano – Devem-se conhecer previamente os planos e projetos de desenvolvimento, ou renovação urbana, que influenciarão o local. A criação, por exemplo, de uma rua de pedestres pode ser uma bênção para alguns e uma desgraça para outros.

Planejamento Viário – O desconhecimento do projeto de construção de um viaduto, ou um anel viário, da inversão de mão de tráfego, da implantação de vias expressas, ou corredores de ônibus, pode inviabilizar o negócio.

Restrições Legais – Ninguém deve escolher um ponto sem estudar antes, em detalhes, as leis de zoneamento da cidade, para evitar alguma surpresa.

Recursos Naturais – Recursos que podem ser utilizados sem precisar de gastos adicionais, tais como: luz natural, ventilação, minerais, vegetação, água, terra.

Potencial de Mercado – O potencial de mercado, como observado, é o limite a que tende a demanda de mercado, à medida que o esforço da empresa tende ao infinito, para determinado ambiente, isto é, a receita máxima com vendas que a empresa, de um determinado setor, pode conseguir num período de tempo.

**Serviços Auxiliares –** As empresas utilizam uma enorme variedade de serviços auxiliares do comércio para as suas operações cotidianas. Estes serviços se encontram no mercado e estão sujeitos às regras da oferta e da procura. Isto significa que, em certas ocasiões, esses serviços auxiliares podem ser oferecidos intensivamente às empresas, por preços competitivos. Em outras, podem se tornar escassos, fazendo com que as empresas passem a procurá-los intensivamente no mercado, competindo, assim, com as demais empresas, tornando os preços menos competitivos.

**Intermediário** – O termo intermediário é usado para referir-se a um negócio independente que ajuda a levar os bens dos produtores para os consumidores finais. Os intermediários prestam vários serviços à medida que os produtos se movimentam através dos canais de distribuição. Mesmo hoje, numa economia de rede, muitos produtores acham vantajoso não venderem seus bens diretamente aos consumidores finais. Os intermediários são classificados em dois grandes grupos:

Intermediários Comerciantes – São aqueles que assumem a propriedade dos bens para revender os mesmos, mais tarde. Os principais intermediários comerciantes são atacadistas (comerciantes entre o produtor e o varejo) e varejistas (comerciantes entre os fornecedores e o consumidor final). Embora usualmente se pense nos comerciantes intermediários como aqueles que possuem lojas, também é exato considerar professores, advogados, contabilistas, médicos, dentistas e consultores como varejistas, porque eles vendem serviços para os consumidores finais.

Intermediários Funcionais – São aqueles que não assumem a propriedade dos bens, tais como corretores, representantes, agentes de vendas que procuram consumidores, podendo negociar por conta dos produtores/proprietários.

Todo produtor procura reunir o grupo de intermediários que melhor satisfaça os objetivos da empresa. Já que os produtores são, a princípio, livres para venderem diretamente aos consumidores finais, deve haver certas vantagens ou necessidades para se usar intermediários, tais como:

- Muitos produtores não possuem os recursos financeiros para eliminação do intermediário.
- O uso de intermediários, geralmente, se explica pela sua eficácia superior no desempenho das tarefas.

As funções principais dos intermediários de vendas são as de reunir as linhas de muitos produtores em um sortimento de interesse potencial para os compradores. Os intermediários ajudam como força de vendas dos produtores.

**Segurança de Pagamento –** Com a expansão do crédito ao consumidor, com boa oferta de recursos, onde a modalidade de pagamento das compras de bens duráveis ficou facilitada, o consumidor se lançou nas compras a prazo, causando um alto grau de comprometimento de sua renda e gerando um endividamento, muitas vezes, difícil de pagar.

A segurança no pagamento de dívidas contraídas pelos consumidores fez com que fosse criado o Serviço de Proteção ao Crédito (SPC). Também outras instituições ajudam na proteção do crédito ao consumidor, informando o número de consultas e taxa de inadimplência. As consultas são um termômetro que reflete o movimento do comércio lojista.

**Liberalismo** – Os países que conseguiram elevar rapidamente seu padrão de vida no decorrer de períodos prolongados pautaram-se pelo liberalismo. O problema do liberalismo comercial é focado em dois aspectos: A desigualdade entre pobres e ricos aumentou e a possibilidade desses pobres saírem da miséria, através do crescimento econômico. Provavelmente, isto é discussão para mais de um século.

**Preço** – Entende-se por preço de qualquer objeto a razão de troca entre esse objeto e qualquer outro. Uma das principais tarefas da Teoria Econômica é explicar porque os bens têm preços e por que alguns bens são caros e outros baratos. Por que é que os bens, serviços, idéias e os fatores de produção têm preços? É porque eles são úteis e escassos em relação aos usos a que se destinam.

O preço de venda de um produto é o preço resultante da soma do custo com um valor para justificar um lucro razoável, a fim de compensar o esforço na produção e comercialização. Este preço é considerado por muitos como preço justo ou natural. Assim, o problema que se estabelece é entre o preço de mercado e o preço justo.

O preço de mercado, ainda que exíguo, se pauta por uma ordem de justiça proveniente do inconsciente da sociedade. Todavia, o preço justo é, na realidade, altamente subjetivo, porque o que é justo para um pode não ser justo para outro.

**Pirataria –** Turbinado pela liberalização dos mercados e por invenções revolucionárias, como computadores, celulares e caixas de correio eletrônico, que implodiram fronteiras, facilitando o transporte de recursos, produtos e pessoas, o comércio ilícito explodiu. Ele representa uma ameaça inédita, pois está distorcendo a economia global.

O crime organizado costuma ser visto como uma praga externa, vinda sobretudo dos trópicos. Tal mentalidade só enxerga uma ponta do mercado, a da oferta, cujos estereótipos clássicos são linhas de montagem asiáticas, traficantes de drogas hispânicos e africanos. Mas na ponta da demanda estão, principalmente, os países ricos, consumidores com imensa avidez para tudo que é produzido ilegalmente.

Para entender o comércio ilícito, é preciso reconhecer que essa não é uma questão de baixo senso de ética e de moralidade, mas de altos lucros que corrompem os seres humanos.

**Protecionismo –** Segundo John Kenneth Galbraith: "O problema do protecionismo é descobrir como conferir-lhe uma respeitabilidade intelectual em face da tese extremamente lógica e teologicamente apaixonada em prol do livre comércio". Nas décadas de 1970 e 1980, a competitividade industrial debilitou sensivelmente o livre comércio.

Renovaram-se os apelos por um maior protecionismo. Com isso veio uma nova política industrial no mundo, um eufemismo para proteger com tarifas, cotas e outras formas de subsídio às industrias dos países desenvolvidos. O protecionismo nos países desenvolvidos continuará a ocorrer e maior ainda no futuro. A ideia inicial era a de que havia necessidade de uma proteção para as indústrias incipientes. Agora, vale para as indústrias senis.

Por outro lado, como enfrentar a concorrência cada vez mais predatória dos demais países? Para enfrentar tal situação a solução foi assumir o controle de tudo, comprando aquilo que for necessário e exercendo um imperialismo sem precedentes na história contemporânea.

## 4.5 Problemas de Consumo

O consumo pode ser considerado como o uso de bens e serviços. Mas, não equivale à simples compra de um produto. Consumir um produto é usar o mesmo até que deixe de atender às necessidades ou que o seu valor tenha sido anulado ou reduzido. O maior problema no consumo é o conflito entre a verdade e o sonho. Consumidor é aquele (indivíduo ou instituição) que compra um produto. Ele não consome coisas, mas os benefícios que espera do produto.

Como criar e conservar um consumidor são muito importantes para o êxito do negócio, é bom que o empresário o veja como o principal objetivo da empresa. Quando um cliente procurar uma empresa, deve-se ter o máximo cuidado em fazer um atendimento de qualidade para que o mesmo possa retornar. Por ser uma pessoa muito importante, o consumidor deve ser o propósito da empresa.

Assim, nunca questionar o consumidor, porque ele tem sempre razão. A satisfação dele proporciona lucro para a empresa. O consumidor final desempenha um duplo papel no mercado. Em primeiro lugar, ele atua como comprador. Em segundo lugar, elabora um estudo crítico daquilo que compra, como, também, dos métodos de comercialização. O consumidor potencial é alguém disposto e habilitado a se engajar em uma troca de valores.

Os mais importantes problemas de consumo são:

**Cultura do Consumo** – Quando falamos que vivemos numa cultura do consumo, é quase inevitável que a constatação seja acompanhada de uma carga negativa. O termo é frequentemente associado a um materialismo banal. Hoje, comprar um carro esportivo de dois lugares ou uma minivan com capacidade para sete passageiros representa uma afirmação sobre o que somos e o que não somos. Isso ajuda a nos diferençar de um vizinho e a nos aproximar de outro.

As características do consumo mudaram ao longo da história, de modo que o consumo foi associado aos seguintes valores: liberdade, razão, progresso, individualidade, alienação e tédio, por exemplo.

**Classe Social** – A classe social e a renda do consumidor são uma preocupação constante da empresa que está de olho no mercado. Dados do IBGE mostram o comportamento de consumo das classes A, B, C e

D, cruzando com raça, renda e demais fatores. Hoje, o poder dos consumidores de baixa renda está no centro da estratégia das maiores companhias do mundo.

**Queixa do Consumidor** – As queixas dos consumidores são muitas, tais como: produto de qualidade inferior; ineficiente serviço pós-venda; baixo nível de qualidade no atendimento; campanhas publicitárias malfeitas; falta de calor humano, devido ao alto grau de automação; produtos não disponíveis, apesar da propaganda; preços elevados; vendas impessoais; peso adulterado; propaganda enganosa; exploração de crianças; falsificação do produto; embalagem enganosa; falta de informações sobre o produto; produtos inseguros; produtos que nada valem; maus serviços; realce na quantidade e não na qualidade; complexidade tecnológica; obsolescência programada; recusa em devolver o dinheiro; altos juros no crediário; falta de concorrência; fraude contra os pobres.

**Poder Aquisitivo do Consumidor** – Se houver uma contínua queda do poder aquisitivo dos consumidores, a empresa deve ser mais agressiva nas operações de venda, a fim de não perder sua fatia de mercado e ter, depois, de recuperá-la com imenso gasto de energia e dinheiro. Assim, a empresa precisará adequar o produto ao público-alvo, melhorar os canais de distribuição, enxugar custos, ofertar produtos com preços competitivos e elaborar orçamentos compatíveis com os objetivos a atingir.

**Movimentação do Consumidor** – As facilidades de locomoção do consumidor fizeram com que o mesmo adquirisse maior grau de observação, quanto a preço, qualidade e características do produto. O consumidor começou a entender que os custos da distribuição são repassados aos preços de venda dos produtos.

O movimento do consumidor tem levantado assuntos que são de grande efeito sobre as atividades mercadológicas. A crescente pressão dos consumidores e o desejo de evitar intervenção legal nas empresas começam a produzir programas na indústria e no comércio para tratar das queixas e educar os consumidores com o estabelecimento de padrões e códigos.

**Motivação do Consumidor** – O vendedor deve ser capaz de motivar o consumidor a atender suas necessidades que podem ser: fisiológicas, sociológicas, psicológicas, afetivas, lúdicas, econômicas, financeiras, de lazer, de segurança, culturais, físicas.

**Julgamento do Consumidor** – Para que as empresas possam manter consumidores se faz necessário abordar o modo como o consumidor julga os produtos que recebe. Os critérios são muitos, pois dependerá do próprio consumidor. Em geral, ele destaca mais os erros do que os acertos. Quer ver suas necessidades atendidas e não está preocupado com os problemas internos da empresa. Esquece todas as mensagens de propaganda depois de uma única grosseria de qualquer funcionário. Julga ter sempre razão. Aumenta suas exigências em razão do preço que pagou ou está pagando. Se satisfeito passa a ser um divulgador do produto, da marca e da empresa.

**Perfil do Consumidor** – Este controle é, na verdade, o cadastro geral dos consumidores (banco de dados), sendo atualizado diariamente. Ele deve conter: nome, endereço real, endereço virtual, telefones, fax, qualificação (RG, CPF, naturalidade, nacionalidade, estado civil, filiação...) do consumidor, classificação do consumidor (média de compras, limite de crédito...).

**Perda do Consumidor** – As empresas precisam prestar muita atenção a sua taxa de consumidores perdidos (T) e tomar providências para reduzir tal taxa a um mínimo aceitável. Por mais que a empresa se esforce, sempre haverá perda de consumidores. Consumidor perdido é aquele que não volta a comprar por um período mínimo de um ano.

A fórmula da taxa de consumidores perdidos durante um determinado período (por exemplo, um ano) pode ser dada por:

T = Consumidores Perdidos / Total de Consumidores Atendidos

Onde:
Consumidores Perdidos = Diferença entre o número de consumidores do ano anterior e o número de consumidores do ano em curso.

Esta taxa não é muito fácil de aferir devido à dificuldade de cadastrar todos os clientes consumidores e controlar quantas vezes eles voltaram a comprar. Para uma fábrica este controle é bastante factível, mas para um grande varejo, onde parte dos consumidores paga em dinheiro é muito difícil.

**Disputa pelo Consumidor –** A disputa pelo consumidor é dura. Os consumidores estão ficando mais educados, espertos, seletivos e difíceis de persuadir. As palavras de ordem são: agilidade, atendimento, flexibilidade e preços baixos. Mas atenção, operar com preços baixos pode ser perigoso. O preço é importante, mas não é tudo.

O departamento de marketing pode fazer apenas uma parte do trabalho empresarial. Para atrair consumidores é preciso mais do que ter preços e agir corretamente, também é preciso ter o produto certo para o público certo. Os seguintes mecanismos de atração de consumidores podem ser resumidos, no seguinte: campanhas promocionais; prêmios e incentivos a consumidores cativos; política para atingir os pequenos intermediários; esforços de venda em marcas fortes; prestação de diversos serviços gratuitos; lançamento de novos produtos; facilidades de crédito ao consumidor; melhores embalagens.

Quando sites gratuitos de busca ajudam o consumidor a fazer uma compra mais inteligente, na realidade o consumidor já forneceu dados importantes ao referido site, quando do seu registro como usuário. Tais dados valem dinheiro, pois a cada busca e compra que fizer o consumidor dará mais informações sobre suas necessidades, desejos e tendências.

**Comportamento do Consumidor –** Pesquisar tendências sobre o comportamento e o hábito do consumidor ficou complicado. Hoje, o consumidor é menos rígido, mais propenso a experimentar novidades, mais educado, esperto e seletivo. São difíceis de persuadir e agem de maneira contraditória. Foi-se o tempo em que era possível dividir a população entre engajados, constantes e alienados. Os consumidores individuais também estão longe do controle dos empresários.

O comportamento de cada indivíduo é afetado por hereditariedade e pelo ambiente em que a pessoa cresceu e no qual vive. Estas forças moldam o comportamento de compra e os distribuidores as levam em consideração antes de tomarem uma decisão de marketing, isto é, um fornecedor não pode controlar tais variáveis, como mudar as tradições culturais, valores e papéis na vida do consumidor. Mas podem monitorá-las e ajustar-se a elas.

Hoje, a tecnologia oferece a cada consumidor diversas ferramentas de pesquisa de mercado, mas também este é muito influenciado pelo bombardeio massivo da propaganda pelos meios de mídia.

Os consumidores de hoje têm um nível educacional mais elevado e estão mais bem informados; costumam ser céticos quanto às mensagens promocionais que não sejam acompanhadas pelo produto propriamente dito. Eles estão também mais ecléticos. Seus comportamentos não se encaixam nos velhos e convenientes esquemas de segmentação socioeconômica.

Há, cada vez mais, consumidores de classes sociais altas que compram produtos de marca própria. Esses consumidores eram os que compravam marcas mais caras. A mudança do comportamento dos consumidores tornará necessária uma transformação notável na função organizacional marketing.

**Papel do Consumidor –** Em muitas facetas do mercado de consumo, os consumidores desempenharão papéis ativos e reativos. Eles se tornarão diretamente envolvidos no projeto e na personalização dos produtos que compram. Assumirão as funções de suporte e de serviço que normalmente são desempenhadas pelas empresas. Por outro lado, há consumidores que não estão nem aí para o mercado, tendo uma atitude passiva para com vendedores. Estes consumidores dão pouco trabalho, mas não ajudam os fornecedores a progredir.

**Lugar do Consumidor** – O consumidor vem sempre em primeiro lugar? Alguns autores discordam deste bordão e acham que o consumidor deve vir em segundo lugar. Cabe o primeiro lugar ao time do negócio, pois não há como agradar consumidores sem contar com funcionários comprometidos com a qualidade e felizes com o trabalho.

Às vezes, os consumidores fazem queixas descabidas ou destratam os elementos da equipe. Ouvir o consumidor é importante, mas não implica aceitar tudo o que vem dele. Pense em oferecer ao consumidor um bom ambiente, atendimento, preço e qualidade que ele agradecerá e com certeza voltará. Faça parecer que ele vem em primeiro lugar, como é a filosofia do marketing personalizado.

**Avaliação do Consumidor** – A avaliação de um produto pelo consumidor requererá um padrão ou um referencial anterior já conhecido. Assim, para um novo produto a avaliação fica comprometida já que não há nenhum conhecimento das novas especificações. O consumidor na realidade avalia um produto mais pelos aspectos subjetivos do que por outra coisa.

Uma avaliação de produto só poderá ter valor se for feita por métodos estatísticos e para um universo significativo de pesquisados.

**Satisfação do Consumidor** – O cliente tem sempre razão? Tem mesmo. Por isso algumas empresas criaram os Comitês de Satisfação dos Consumidores. Eles se reúnem semanalmente para analisar os principais problemas. No marketing moderno, a empresa vai atrás do consumidor para saber o que ele quer, o que acha de certo ou errado nos seus produtos.

Um poderoso instrumento utilizado é a montagem de linhas gratuitas de telefone para acolher sugestões e queixas, além de prestar informações aos consumidores. É o disque 0800 (SAC).

Naturalmente, ao procurar satisfazer os consumidores será preciso que você tenha a seguinte visão:

- Ponha-se no lugar do consumidor (empatia).
- Assegure-se de ter transmitido a todos os funcionários a missão do negócio (treinamento).
- Acompanhe o relacionamento entre os funcionários para sentir se eles realmente se tratam uns aos outros da mesma forma como tratam os consumidores (comportamento).
- Ouça todos da cadeia de distribuição/intermediação (logística).
- Não deixe que a burocracia da empresa se transforme num obstáculo entre o consumidor e a empresa (relações públicas).
- Permaneça acessível ao consumidor depois da venda (serviço pós-venda).

## 4.6 Problemas de Produto

Um produto é tudo aquilo capaz de satisfazer um desejo ou uma necessidade. O mais importante de um produto é o serviço que ele presta. Não é somente o que o engenheiro diz dele, mas, também, o que está implicado por sua concepção, embalagem, distribuição, preço, qualidade e garantia. Ele é a síntese do que o vendedor pretende e o consumidor percebe.

Em rápidas palavras: Produto é algo que as pessoas compram, porque, se não vende, não é produto. Este pode ser um bem, um serviço ou uma ideia.

As pessoas não compram produtos e sim as expectativas de seus benefícios. Em vestuário, não são os vestidos que vendem, mas a moda. O produto é tudo aquilo com que se acha cercado, elaborado, reforçado e que tem o poder de afetar a escolha do consumidor. Se não for fundamentalmente bom ou necessário, mesmo com o mais glorioso esforço de marketing do mundo, estará fadado ao fracasso.

Os principais problemas de produto podem acontecer, em função dos fatores:

**Composto Mercadológico do Produto** – Quanto maior for os componentes mercadológicos de um produto maior será seu preço. Para compor um produto, precisa-se de matérias-primas, insumos, mão de obra, preço, custo, qualidade, comunicação, marca, embalagem, cor, pesquisa, rótulo, garantia, despesas de comercialização e distribuição.

**Valor do Produto** – Há uma preocupação da empresa em saber que valor o consumidor dá a um determinado produto, sendo muito comum se falar na relação custo/benefício.

**Valor Agregado do Produto** – O produto cresce em função de valores que se pode agregar ao mesmo, tais como: maior durabilidade, melhor serviço prestado, maior tempo de garantia, melhor utilização, melhor desempenho, melhor tecnologia de construção. Todo e qualquer valor que se agregue a um produto é traduzido por uma maior confiança do consumidor.

**Valor Percebido do Produto** – É muito comum usar-se de artifícios, que se chamam *apelos*, para fazer com que o consumidor veja o produto de forma aumentada.

**Valor Empresarial do Produto** – A empresa vê o produto sob determinados enfoques, como: Econômico (oferta, demanda, custo); Financeiro (lucro, liquidez, retorno); Operacional (produção, produtividade, tecnologia); Mercado (consumidores, vendas, fatia de mercado).

**Linha de Produtos** – A linha de produtos é constituída por um grupo de produtos diretamente relacionados e que desempenham funções similares. São vendidos aos mesmos grupos de consumidores, comercializados pelos mesmos canais ou vendidos dentro de uma faixa de preço específica.

**Cor do Produto** – A cor chama a atenção do comprador e é uma arma poderosíssima para quem quer exportar, pois cada povo tem suas preferências por cores.

**Ciclo de Vida do Produto** – O ciclo de vida de um produto pode ser muito bem retratado por uma curva que cresce, se mantém e depois entra em declínio. É comum caracterizar o ciclo de vida de um produto em estágios: Introdução (produto é levado ao mercado pela primeira vez); Crescimento (demanda pelo produto aumenta); Maturidade (demanda nivela-se e as vendas são para reposição) e Declínio (produto começa a perder atração para o consumidor e as vendas despencam).

Um problema crucial para os analistas é saber em que estágio de vida se encontra o produto e como antecipar-se às transições entre os estágios. Para tal é necessário questionar: Como e em que medidas podem ser previstos a forma de crescimento e o tempo de duração de cada fase? Como aumentar a vida de um produto?

**Ciclo Mercadológico do Produto** – O ciclo mercadológico é, na realidade, o ciclo operacional de um produto. O estudo do ciclo operacional é muito importante, tendo em vista que, quanto menor este for, maior é o giro do produto e, consequentemente, mais rápido é o retorno do investimento.

**Novo Produto** – Novos produtos englobam: originalidades, modificações importantes, similaridades aos produtos concorrentes e aquisições de linha de produtos. Todas envolvem a incorporação de algo novo no composto do produto.

**Desenvolvimento do Novo Produto** – O desenvolvimento de um novo produto exige o emprego de métodos de pesquisa semelhantes aos usados para melhorar um produto já existente. A maior diferença é que o desenvolvimento de um novo produto envolve maior número de problemas. A pesquisa responde quais propriedades os consumidores julgam ser necessárias ao produto.

**Lançamento do Produto** – Algumas razões levam a empresa a lançar um novo produto, tais como: aproveitamento de uma oportunidade; identificação de novas necessidades do consumidor; necessidade de sobrevivência da empresa face à concorrência; minimização de riscos na produção; possibilidade de aumentar a lucratividade; diluição de custos fixos; melhor utilização de subprodutos; redução do custo com vendas; possibilidade de ter uma vantagem competitiva; diminuição do ciclo operacional; melhor utilização de recursos; queda na demanda; mudanças de estação; desejo de diversificar; pesquisa teste de mercado favorável.

**Retirada do Produto** – Um dos mais complexos problemas do executivo de marketing é decidir quando deve manter ou retirar um produto do mercado. A diversidade de linhas e produtos dificulta o cálculo exato dos custos de cada produto e a identificação da interdependência que existe entre eles. Muitas empresas não conseguem estabelecer com precisão o momento exato de retirar um produto do mercado.

A falta de critérios para manter ou retirar um produto do mercado costuma levar em conta apenas sua contribuição para o lucro, sem considerar o fenômeno de que um produto deficitário pode puxar outros mais lucrativos. Os critérios mais comuns para retirar um produto do mercado são baseados em volume de vendas, geração de lucro e potencial de mercado.

**Viabilidade do Produto** – Um estudo de viabilidade de um produto de produto simula o que acontecerá no futuro a partir de diversos cenários alternativos. Uma das partes mais importantes do estudo de novos produtos é a justificativa econômica do projeto, bem como uma análise de mercado. Esta análise deve levar em consideração uma multiplicidade de fatores que no seu somatório possa efetivamente conduzir o projeto ao mais próximo possível da realidade.

Levantamentos estatísticos servem para identificar oportunidades e restrições. Fornecerem dados para ajudar os gerentes de marketing, produção e finanças, na viabilização do produto.

**Adoção do Produto** – O processo de adoção do produto pelo consumidor começa quando termina a última etapa de desenvolvimento do mesmo. O executivo de marketing precisa entender que as inovações são assimiladas pelo sistema social com o tempo e a adoção, por si só, é uma decisão, por parte do indivíduo, de utilizar o novo produto.

O processo de adoção de um novo produto passa através de uma série de estágios de aceitação pelo consumidor. As pessoas diferem, acentuadamente, em suas propensões a experimentarem novos produtos. A influência pessoal exerce um papel muito grande na adoção de novos produtos.

**Política do Produto –** Política voltada a manter vivo o produto, a marca e a imagem da empresa, através de um re-estudo da embalagem, do desenho, das especificações, das características e do composto mercadológico do produto. Em relação ao tipo de produto, as políticas podem ser de: Simplificação (fabrica uma variedade reduzida de produtos); Diversificação (fornece ao mercado uma linha bastante variada de produtos).

**Risco do Produto –** Os riscos que os produtos possam vir a sofrer são: alteração, adulteração e falsificação. A alteração do produto é o processo natural por que passa a mercadoria ao sofrer as modificações em sua composição, gosto, odor e forma. A adulteração do produto é a forma mentirosa de se comercializar um produto que terá sua composição, propriedade e peso modificados, embora a embalagem mostre dados do produto falsificado. A falsificação do produto ocorre alheia à vontade do fabricante. Ela pode ser provocada por intermediários ou produtores inescrupulosos.

**Codificação do Produto –** No dia 3 de abril de 1973 chegou o código de barras. Barras e números que aparecem em tudo, do detergente a mistura para fazer bolos caseiros. O código de barras fez mais do que acelerar a fila dos caixas para milhões de fregueses e reduzir erros na contabilidade gerencial. Com milhares de novos produtos substituindo, continuamente, os antigos produtos o poder foi transferido para o varejista, que pode manter o controle do estoque, juntamente com suas vendas, sua lucratividade, a hora certa para fazer propaganda, custos, preços, descontos, localização, promoções, fluxo de clientes e outros benefícios.

As leitoras óticas recolhem vastos volumes de dados, que então ajudam seus gerentes a decidirem qual o espaço nas prateleiras a destinar para certos produtos, quando e quanto.

Os dados sobre o varejo se tornam uma arma mais potente, quando analisados por modelos simulatórios que permitem ao analista manipular diferentes variáveis, para determinar o quanto realmente ganham em cada produto. Esses modelos examinam fatores como: qual o espaço ocupado na prateleira por um pacote quadrado, em comparação com um redondo e quais as cores numa embalagem que mais bem funcionam para determinados produtos.

**Extensão de Vida do Produto –** Empresas interessadas em crescimento e lucros continuados devem encarar a extensão de vida do produto como uma atividade estratégica. Para seu próprio bem, a estratégia de sobrevivência do produto deve tentar prever, em certa medida, a probabilidade e a época de acontecimentos competitivos. Mesmo antes de entrar no estágio de desenvolvimento, deve-se ter uma noção da vida do produto, levando em conta as possibilidades de expandir seus usos num futuro próximo.

**Obsolescência do Produto –** Obsolescência é a ação decorrente do aparecimento de novas tecnologias, que reduzem o valor do produto. A taxa de obsolescência é dada pela fórmula:

Taxa de Obsolescência = Produtos Descontinuados / Total de Produtos

Exemplo:
Produtos Descontinuados = 36
Total de Produtos = 180
Taxa de Obsolescência = 36 / 180 = 0,2 = 20%

Análise: O valor acima só poderá ser analisado, se confrontado com padrões de mercado para: produto, setor da economia e público-alvo.

Hoje, a obsolescência é programada e existe sob quatro formas:

Obsolescência Técnica **–** É aquela que resulta, quando se fabrica um produto, num determinado processo já ultrapassado por questão de custo e qualidade.

Obsolescência Adiada **–** É uma situação em que há novas disponibilidades tecnológicas, mas que não são introduzidas enquanto a demanda não declinar e os estoques não se esgotarem.

Obsolescência Física **–** É a que ocorre quando os produtos são feitos para durar apenas um tempo limitado, como é o caso de baterias de automóvel.

Obsolescência de Estilo **–** É a que ocorre quando a aparência física de um produto é modificada para fazer com que os produtos existentes no mercado pareçam desatualizados e/ou fora de moda.

**Pedido de Produto –** A logística de mercado começa com o pedido de um cliente. Hoje, a maioria das empresas está tentando abreviar o ciclo de recepção-atendimento, isto é, o tempo envolvido entre o recebimento de um pedido, checagem do crédito, programação de estoque, produção, despacho do pedido, nota fiscal, remessa da fatura e recebimento do pagamento. Quanto maior for este ciclo, menor será a satisfação do cliente e o lucro da empresa.

A rentabilidade é diretamente proporcional ao giro do estoque. Em um determinado ponto de um sistema de distribuição, são interpretadas as necessidades do membro do canal seguinte. A fluidez com que os produtos correm entre os membros do canal depende muito do sistema de processamento do pedido, que se não for bem gerenciado pode apresentar incorreções de informações. Estes erros mascaram a imagem da empresa.

**Nome do Produto –** O nome de um produto tem que ser curto. Cada vez mais a propaganda é visual, porque a visão domina os demais sentidos. E, além disso, os altos preços da televisão exigem que não se perca muito tempo pronunciando palavras inúteis. Um nome curto é mais fácil de ser lido num cartaz de rua, mais econômico no espaço e no tempo. Também sua percepção e memorização são facilitadas.

## 4.7 Problemas de Embalagem

Para as indústrias a embalagem significa vendas a um número crescente de consumidores, porém embalagem significa sujeira nas ruas e nos parques, problemas cada vez maiores de acúmulo de resíduos sólidos, causando uma ameaça ao ambiente. Não há dúvida de que o público deseja as conveniências práticas das embalagens para uma única pessoa, as garrafas que não precisam ser devolvidas e os alimentos que podem ser consumidos em qualquer lugar.

Garrafas quebradas, caixas de papelão amarrotadas, latas amassadas e embalagens de plástico espalham-se por nossas ruas e lotam os depósitos e incineradores de lixo de nossas prefeituras. Para muita gente, os resíduos de embalagem passaram a representar um perigo, mas para outros meios de vida. Quais são os problemas de embalagem? Como eles se estão organizando? O que está acontecendo com a tecnologia da eliminação e aproveitamento dos resíduos sólidos? O que as empresas estão fazendo para harmonizar os programas referentes à embalagem com objetivos empresariais e os interesses públicos?

Por melhor que seja a impressão causada pelos projetos de educação do público, de reciclagem e de recuperação, eles não chegam a atender às necessidades. É por isso que as pesquisas são muito importantes para resolver os problemas suscitados pelas embalagens depois de seu uso. Informações sobre tecnologia de resíduos sólidos, programas de pesquisas, desenvolvimento de novos materiais, avaliação e programas de assistência técnica podem muito bem orientar os dirigentes das empresas, quando pensarem em novos produtos. Todo produto necessitará de embalagem para protegê-lo e melhorar a sua própria aparência.

A embalagem inclui as atividades que se relacionam a desenhar e produzir o envólucro para um produto. Conquanto, a embalagem de um produto possa parecer que não tem consequência, na realidade ela é tão complexa como qualquer outra parte do pacote de utilidades, e, muitas vezes, determina a diferença entre sucesso ou fracasso do produto. A embalagem é o primeiro contato do consumidor com o produto.

Criar embalagem, que seja resistente, facilite o manuseio, identifique o conteúdo, seja padronizada, tenha instruções para o transporte, possibilite reaproveitamento, defina a personalidade do produto e dê instruções para evitar poluição ambiental, é básico para a marca e a imagem da empresa.

Para as indústrias, a embalagem significa vendas a um número crescente de consumidores, porém ela pode significar sujeira e poluição, problemas cada vez maiores de acúmulo de resíduos sólidos, causando uma ameaça ao ambiente. Não há dúvida de que o público deseja as conveniências práticas das embalagens para uma única pessoa, as garrafas que não precisam ser devolvidas e os alimentos que podem ser consumidos em qualquer lugar.

Algumas empresas de embalagem estão tentando se associar a fabricantes de alimentos e varejistas para fornecer embalagens personalizadas. Isso será mais fácil de conseguir se todas as unidades empresariais, ao longo da cadeia de fornecedores, estabelecerem vínculos entre si, focalizando o consumidor final. A solução de problemas em conjunto, entre fabricantes, transportadores e distribuidores, talvez, produza soluções integradas, oferecendo transporte eficaz, redução de produtos danificados, armazenamento otimizado e risco mínimo.

Os empresários precisam acostumar-se à ideia de que os resíduos de embalagens e outras formas de poluição constituem um problema de saúde pública, como o são as doenças contagiosas, e que o povo, o governo e as empresas precisam ajudar a encontrar soluções.

Além da função de elemento direto de venda, a embalagem pode ter diversos objetivos, tais como:

- Facilitar o manuseio, armazenamento e identificação do produto.
- Maximizar a utilização do equipamento de transporte, fornecendo instruções como transportar.
- Possibilitar novos aproveitamentos.
- Definir a personalidade do produto.

- Facilitar a padronização e proteção do produto.
- Promover a venda do produto.
- Alterar a densidade do produto para conseguir custos logísticos mais favoráveis.
- Facilitar o uso do produto.
- Prover valor de reutilização para o consumidor.

## 4.8 Problemas de Inovação

Embora este assunto já tenha sido abordado, vale acrescentar que a inovação é, hoje, um dos requisitos do mundo dos negócios. Um sem número de livros aponta a administração da inovação como uma das características essenciais para o sucesso no Século XXI.

O raciocínio é que para se distinguir num mercado cada vez mais competitivo, as empresas têm de obter avanços na produtividade, em geral, decorrentes de uma nova forma de fazer as coisas, seja um modo mais eficiente de aproveitar os recursos, seja a entrada em um mercado diferente ou a aposta num produto extraordinário.

A inovação traduz-se como: Algo de melhor vai acontecer. Ajuda-nos, assim, a criar a esperança de dias melhores, a incentivar sonhos e a aceitar mais facilmente as agruras do presente. Por isso é que a inovação, quando proposta, tem aceitação fácil e até desejada por todos. Entretanto, a inovação é alguma coisa específica e coletiva, que altera crenças, hábitos e interesses sedimentados ao longo dos anos.

A inovação refere-se à introdução de uma mudança julgada positiva, benéfica, isto é, constitui-se no uso prático de uma descoberta ou invenção.

Acreditam-se falsamente na criação, no lançamento de novidades, novos produtos, novas embalagens, novos serviços e outras inovações. Mas, apesar das condições atuais de concorrência, está ficando cada vez mais arriscado não inovar. A inovação contínua parece ser a única maneira de se evitar obsolescência da linha de produtos da empresa. Quando introduzir uma inovação no produto?

É bom fazer uma pesquisa prévia para se saber até que ponto será a mesma aceita. Mas antes de ir adiante é bom deixar claro o conceito de inovação: produto verdadeiramente necessário, sem substituto satisfatório; produto modificado; produto imitativo.

Não confundir com invenção que é um produto e/ou uma descoberta que causa uma revolução científica, tecnológica e ambiental. Um bom exemplo é a roda. A inovação contínua promovida pela empresa é uma necessidade dos dias atuais, mas muito perigosa. Nem sempre o caminho da inovação é o mais lucrativo.

Quando introduzir uma inovação no produto? É bom fazer uma pesquisa prévia para saber até que ponto será a mesma aceita. Nenhuma empresa pode se dar ao luxo de ser inovadora tão constantemente quanto é forçada a imitar. A empresa precisa estar atenta ao equilíbrio entre inovar e imitar.

Albert Einstein disse: “Não há maior sinal de loucura do que fazer a mesma coisa repetidamente e esperar resultados diferentes por vez”. A inovação não está restrita às grandes empresas nem às empresas de tecnologia avançada.

A despeito da racionalidade dos relatórios, as inovações nunca acontecerão conforme o planejado, porque ninguém pode planejar com exatidão algo que é realmente novo. Os estágios iniciais da inovação consistem em se tatear na direção de uma visão, contando os progressos por aquilo que pode ser aprendido com os erros.

## 4.9 Problemas de Marca

Marca é um nome, termo, sinal, símbolo, desenho, logotipo ou a combinação dos mesmos, que tem o propósito de identificar um produto, uma imagem ou uma empresa. Pode significar qualidade, atendimento, preço, desempenho, status, garantia, estima, confiança, perpetuidade, atualidade e prestígio. Ela é o instrumento de relacionamento entre a empresa, o mercado, o produto e o consumidor.

Por isso, é um erro considerar a marca um assunto exclusivo do Departamento de Marketing. Um logotipo é aquela parte da marca que pode ser reconhecida, mas não é pronunciável, tais como um símbolo, um desenho, um colorido, letras distintas. Uma grife é uma assinatura registrada como marca.

Os comerciantes identificam e distinguem seus produtos pelo uso de marcas nominais e marcas registradas. Estas marcas se acham entre os bens mais valiosos de uma empresa. Elas podem proporcionar uma propriedade única a um produto que, em si próprio, não seja muito glamuroso, como a marca registrada. Algumas marcas nominais são mais notáveis que as marcas registradas.

Marca registrada refere-se a uma marca que recebeu proteção legal, porque se tornou propriedade exclusiva de uma pessoa (física ou jurídica). Todas as marcas registradas são marcas, mas nem todas as marcas são marcas registradas. Uma marca registrada pode ser tanto um nome ou um desenho.

A palavra Ford é uma marca nominal. Mas quando ela é impressa numa certa forma de letra (grife), torna-se uma marca registrada. Não é preciso que uma marca registrada seja vinculada a um produto, nem tem de ser um nome.

O simples ato de registrar um nome não concede propriedade. Para alegar posse, uma empresa tem de ter um produto com marca registrada, no Instituto Nacional de Propriedade Industrial (INPI). O direito de propriedade é feito por meio de marcas registradas, patentes e dispositivos para ajudar a estabelecer direitos de propriedade.

As patentes são basicamente opções. Estabelecem direitos associados à rentabilidade de uma ideia específica, mas têm de ser aplicadas pelo titular da patente. A logomarca (logotipo) deve dar destaque ao nome da empresa e trazer um desenho que lembre o alimento congelado. Também a cor deve ser tomada em consideração. Os principais problemas de marca a enfrentar são:

**Capital da Marca –** O capital da marca é o ativo que o responsável pelo marketing acumula para garantir a continuidade da satisfação do consumidor e o lucro da empresa. Ele pode ser considerado como reserva de lucro da empresa.

**Importância da Marca –** A importância da marca, no âmbito do consumo, resulta no fato de que a distinção final de um produto se dá pelo valor da marca, ou seja, o que ela é e o que ela representa. A marca traduz, portanto, de forma marcante e decisiva, o valor do uso para o comprador de determinado produto. É, também, o principal recurso do marketing para criar fortes apelos que estabeleçam a melhor relação possível entre o consumidor e o produto.

**Decisão pela Marca –** As decisões sobre marca serão tomadas depois de ter respostas para as seguintes perguntas: Ter ou não ter marca? Usar a sua própria marca? Usar a marca do distribuidor? Manter marcas de família? Usar a marca do varejista? Por que o produtor se apressa em definir marcas, já que a marca claramente envolve um custo? E se a marca do produtor não satisfizer o distribuidor e o consumidor?

Criar e manter o nome de uma marca também é custo fixo.

**Construção da Marca –** A criação de uma marca não se limita a colocar um nome numa etiqueta. As marcas criam um valor perceptível ao consumidor. Por meio de uma marca efetiva, o fabricante promete e entrega ao cliente um valor superior e difícil de equiparar. As marcas, quando bem construídas, têm a capacidade de expressar sentimentos e estabelecer relacionamentos de grau afetivo com os consumidores.

Estar na mente dos consumidores é um dos elementos mais críticos para a formação da marca.

**Valor da Marca –** Embora o valor da marca seja uma força poderosa na tomada de decisão do consumidor, pode ser muito caro mantê-lo. Ele é dado pela clientela, exatamente, como é dado ao produto. Assim, nesta perspectiva, desenvolver este valor é o mesmo que fomentar os relacionamentos entre a marca e seus clientes, bem como seus agentes de influência.

**Lealdade à Marca –** Lealdade à marca é um tema que muito tem desafiado os administradores. Desfrutar de um grupo de consumidores leais à marca é um privilégio que se tem tornado mais escasso nos últimos tempos. O aumento da complexidade dos mercados e a intensificação da competição são fatores que usualmente figuram, em primeiro plano, na lista de justificativas para o declínio dos consumidores leais.

É fato que, por um lado, a proliferação de marcas disponíveis no mercado tem aumentado constantemente, e isso tem proporcionado, por outro lado, o rápido desaparecimento de inúmeras marcas.

**Imagem da Marca –** A boa imagem é um dos objetivos buscados por qualquer empresa. Hoje, como as marcas têm forte influência, é comum usar a propaganda para criar uma boa imagem da marca junto aos consumidores. Assim, a imagem da empresa é uma estratégia interna e externa. Mas, a imagem da marca é para o mercado.

Quando a imagem da empresa é melhorada, com certeza se está criando novos consumidores, que, satisfeitos, divulgam o produto e a marca, aumentando o seu valor. Imagem da marca é a percepção que um indivíduo cria, após uma série de contatos com uma empresa, somada à experiência com seus produtos, tendo como base seus valores e crenças pessoais.

**Desafio da Marca –** O desafio da marca é seu objetivo (qualitativo e/ou quantitativo) de se impor no mercado e de cair no gosto dos consumidores.

**Usuário da Marca** – Novos usuários da Internet tendem a explorar, primeiramente, as páginas de marcas conhecidas. A confiança é um fator fundamental no estímulo de compras via Internet. Reconhecendo o valor da marca, empresas estão criando páginas na rede para cada uma delas.

**Envelhecimento da Marca** – Marcas de sucesso, que parecem não envelhecer, são casos raros. A conquista da liderança, em muitos casos, limita-se a busca por inovação e retarda os movimentos de mudança. Com o tempo, empresa e consumidor se descolam e isso aparece nos resultados. Desta forma, o desafio é conter o processo de envelhecimento da marca.

**Confiança na Marca –** No atual contexto de desconfiança, a marca é suspeita de inconsistência. A confiança cega nas marcas, estimulada pelas campanhas publicitárias, cedeu lugar a uma atitude de comprovação dos reais benefícios de um produto. É óbvio que, por mais forte que seja uma marca e por mais sucesso que faça, terá poucas chances de se manter em evidência, se o produto que a estampa não mantiver a qualidade necessária ao mercado alvo.

Apesar da obviedade, é nisso que várias empresas tropeçam. Colocar um produto de sucesso no mercado e depois vê-lo afundar pode acontecer com qualquer empresa, esteja quem estiver por trás dela, por mais experiente e poderosa que seja.

**Percepção da Marca –** As marcas funcionam para os consumidores como atalhos num mundo cada vez mais complexo e globalizado. Assim, as marcas são percebidas pelos consumidores de diferentes maneiras, função dos meios e recursos que possuam e do ambiente em que vivam.

**Credibilidade da Marca –** Confiar na força da tradição, um conceito que o mercado não perdoa quando nada mais a sustenta. Marca nenhuma tem fôlego para altos vôos se é abandonada à míngua. Permanecer no topo é tão difícil quanto chegar até lá. Há quem pense, num julgamento apressado, que, quando uma empresa estoura em vendas com uma nova marca, é hora de relaxar.

Muitas vezes, o sucesso embriaga as pessoas, tornando-as excessivamente confiantes em suas próprias ideias e refratárias às propostas que impliquem mudanças. Estas são mais necessárias do que em qualquer outro setor, quando se trata de manter a credibilidade de uma marca.

**Substituição da Marca –** A decisão de substituir o nome de uma marca tradicional é muito difícil. Quando as pesquisas apontarem para rejeição e esquecimento dos consumidores da Classe C, vale a substituição.

**Estratégia da Marca** – As estratégias que merecem ser mencionadas, no momento, para marcas são:

- Estratégia de Extensão de Marca (utilização da marca bem-sucedida para lançar produtos de outra categoria).
- Estratégia de Marcas Múltiplas (utilização de duas ou mais marcas aparentemente concorrentes, mas que pertencem a um mesmo fabricante).
- Estratégia de Reposição de Marca (renomeação de uma marca em função da concorrência).
- Estratégia de Parceria (utilização da marca de outra empresa).

**Papel da Marca –** A marca tem um papel de primeiro plano, devendo designar, de maneira rápida e concisa, a razão social, propriedade ou produção. Por isso, ela deve ter uma construção simples, permitindo uma rápida apreensão da mensagem a ser transmitida, e ter características que possibilitem sua reprodução em diversos meios e materiais.

Entretanto, a marca só alcança significado quando adequadamente ligada a contextos gráficos, como: diagramações, cores, fundos de contraste, tipos de letra e formas de desenho, por exemplo.

**Liderança da Marca** – As marcas líderes estão perdendo participação no mercado para produtos populares e baratos. Novas marcas emergem quando há crescimento de mercado, produtos tradicionais vulneráveis ou consumidores insatisfeitos.

O poder de barganhar preços e impor condições numa negociação passou para o lado do varejo.

Reajustar preços para equilibrar queda em volumes não é mais viável. A grande indústria, que já havia feito cortes em seus custos, começou a perder rentabilidade em virtude das crescentes exigências das grandes redes varejistas.

Há marcas que passaram a buscar o pequeno varejo.

**Poder da Marca** – Num momento em que é proclamado o enfraquecimento das marcas, é importante saber que marcas não podem faltar nas prateleiras dos supermercados, por exemplo. Uma marca, quando atinge faturamento equivalente ao de uma grande empresa, consegue penetrar em, praticamente, todas as classes sociais.

## 4.10 Problemas de Concorrência

Em uma sociedade livre, a concorrência não pode ser controlada. Por conseguinte, a gerência da empresa precisa estar alerta em relação às empresas concorrentes e suas atividades. A concorrência está no âmago do sucesso ou do fracasso das empresas, determinando a adequação das atividades que podem contribuir para seu desempenho.

A concorrência não é mais local, porque toda e qualquer empresa precisa se tornar transnacional, considerando as variáveis básicas: Produzir e Vender.

A empresa deve questionar: Por quê? O quê? Para quê? Onde? Quando? A quem? Como? Quanto? Em que qualidade? A que preço vender?

O que sua empresa faz afeta seus concorrentes e aquilo que seus concorrentes fazem afeta aquilo que sua companhia faz e fará. Os produtos, o estabelecimento de preços e muitos outros fatores são influenciados por aquilo que a concorrência faz. Mesmo a empresa líder de mercado não pode ser complacente e deve monitorar aquilo que seus concorrentes estão fazendo até então.

Assim, os problemas de concorrência são, basicamente, originados dos seguintes elementos:

**Concorrentes –** Os concorrentes são empresas que concorrem entre si para: a obtenção dos recursos necessários; a conquista dos mercados; a colocação dos seus bens e serviços. Os concorrentes podem disputar tanto os fornecedores de recursos como os consumidores e os mercados.

A maioria das empresas focaliza seu alvo nos concorrentes mais fracos. Isto exige menores recursos e tempo por cota de participação de mercado. Mas no processo de atacar os concorrentes mais fracos a empresa pode obter pouco em termos de melhoria de capacidade. Ela deve também competir com concorrentes fortes para manter-se atualizada com o estado da arte.

Além disso, mesmo os concorrentes fortes têm algumas fraquezas e a empresa pode provar que é uma concorrente que deve ser respeitada.

Uma empresa beneficia-se de várias maneiras dos concorrentes. Eles proporcionam vários benefícios estratégicos: diminuem o risco antitruste, aumentam a demanda total, ampliam a diferenciação, compartilham o custo de desenvolvimento do mercado e legitimam uma nova tecnologia. Melhoram o poder de barganha com sindicatos de trabalhadores e podem atender a segmentos menos atraentes.

Uma empresa centrada no concorrente é aquela cujos movimentos são, basicamente, ditados pelas ações e reações dos concorrentes. Ela rastreia os movimentos e as participações de mercado dos concorrentes, estabelecendo seu curso de ação. Hoje, as redes sociais ajudam a determinar os fatores básicos a serem considerados.

**Análise da Concorrência** – A análise da concorrência objetiva definir quem são seus maiores concorrentes, quais os produtos (bens, serviços e ideias) que eles oferecem, quais são suas potencialidades e fragilidades. Essa análise pressupõe o conhecimento da atuação passada e presente dos principais concorrentes. Com base nas análises, projeções e simulações, é possível um delineamento preliminar da futura atuação desses concorrentes.

**Concorrência Perfeita** – A concorrência perfeita pressupõe um número grande de vendedores e compradores, em grau tal que a entrada e saída de uma unidade produtora ou consumidora não conduza a uma possível alteração do mercado. Consequência implícita do modelo de concorrência perfeita é que, do ponto de vista de cada empresa, o preço de venda é invariável e fixo em relação às condições estabelecidas pelo equilíbrio geral alcançado. Neste caso, portanto, a adaptação de cada operador não pode vir senão através da fixação do único parâmetro livre: a quantidade.

**Monopólio e Oligopólio** – O monopólio pressupõe a existência de um só produtor frente a um grande número de compradores. Neste caso, o preço é determinado por parte de quem vende, levando-se em conta as características da curva de demanda e, portanto, da quantidade que a tal preço poderá ser vendida. A adaptação pode advir, naturalmente, também mediante a quantidade, em cujo caso o preço é determinado como conseqüência.

O oligopólio acontece quando a oferta é realizada por poucos fornecedores, geralmente grandes empresas, em que a competição tem por base, não a variação dos preços, mas a propaganda, qualidade do produto e diferenciação quantitativa para descontos.

**Estratégia de Concorrência** – Estratégia em que a empresa concorre com outras empresas. A concorrência é acompanhada ou mediada por um terceiro grupo que propõe acordos e contratos. Nesta estratégia o ambiente é parcialmente controlado.

**Controle da Concorrência** – Em uma sociedade livre a concorrência não pode ser controlada. Por conseguinte, a gerência de marketing precisa estar alerta em relação às empresas concorrentes e suas atividades.

## 4.11 Problemas de Competição

Competitividade é a palavra chave que define o sucesso ou o fracasso de qualquer negócio. É uma espécie de adequação do empreendimento ao seu microambiente, consiste no bom atendimento das necessidades dos clientes, na diferenciação desse atendimento em relação aos concorrentes, no bom relacionamento com os fornecedores e também na existência de barreiras à entrada de novos concorrentes no setor.

Preço é a variável básica para a competitividade e resulta, por sua vez, do custo da operação.

O mundo dos negócios é, por natureza, competitivo. Desde sempre as empresas tentam prever os passos dos concorrentes e se antecipar às suas ações. O fato é que a maioria tende a enfatizar muito mais o paradigma da guerra do que o da cooperação. Todo negócio tem de ser rentável. Mas é preciso respeitar o tempo de maturação, ter paciência para colher os frutos e não comer tudo de uma só vez, lembrando que é preciso continuar plantando.

O caminho é adotar a prática de avaliar causa e efeito, fazendo perguntas como: O consumidor está feliz? Por que ele compra meu produto? Onde estão problemas e desvios dos resultados esperados?

A competição se caracteriza pela disputa pelos mesmos recursos de dois ou mais elementos de um: sistema de informação/comunicação, mercado, setor da economia, processo, função organizacional, estrutura, organização, empresa, departamento, projeto.

Na administração competitiva, a atividade mais importante é a obtenção de níveis de produção e produtividade cada vez maiores. É a administração da eficiência. Tal administração se preocupa com a estrutura organizacional e o desenvolvimento de recursos humanos, adequando-os às novas tecnologias.

O administrador competitivo é um indivíduo que absorve mudanças, assume riscos com cautela, resolve problemas através de modelos e políticas conhecidas, é hábil na coordenação, no diagnóstico e no controle de atividades complexas. Não é um aventureiro.

No mundo de hoje, e como sempre, o diferencial competitivo está nas pessoas. Portanto, não devemos ser tolos e confiantes naquilo que estamos fazendo, porque sempre existirá uma pessoa que estará realizando o mesmo do que você, com mais qualidade.

Os cenários dos varejos se apresentam cada vez mais desafiantes e incertos. Ver oportunidades é muito difícil, quando não se tem conhecimento, fruto da leitura, da pesquisa, da análise e do estudo continuado. Por isso, os problemas de competição possuem um contexto e uma abrangência muito maiores do que quando depois da Segunda Revolução Industrial.

Os problemas de competição são originados, basicamente, dos seguintes elementos:

**Leitura do Cenário** – Assunto já abordado.

**Análise do Cenário** – A análise do cenário objetiva produzir futuros desejados, isto é, caracterizar situações futuras que não têm, necessariamente, ligação com situações presentes e passadas. Como o ambiente normalmente apresenta várias hipóteses, é comum a necessidade da construção de cenários para momentos diferentes no futuro.

Além das técnicas, o executivo deve considerar os tipos de cenários, o que pode ser encarado sob alguns aspectos. Um dos aspectos seria a maneira como o cenário representa o fator considerado, de forma abrangente ou de forma específica. Isto é, este pode ser macro ou microcenário.

**Estratégia Competitiva** – A estratégia competitiva é aquela voltada para o desenvolvimento e crescimento dos negócios. Nesta estratégia o ambiente é parcialmente controlado.

**Avaliação da Oportunidade** – A oportunidade é uma espécie de força incontrolável que pode ajudar na consecução dos objetivos. A oportunidade é vista como algo que consolida condições que darão à empresa uma vantagem concreta. Como a oportunidade é um acontecimento que favorece a ação estratégica, o problema está em identificar aquilo que seja uma oportunidade, bem o que seja uma ameaça.

A oportunidade se caracteriza por forças ambientais incontroláveis pela empresa, que podem favorecer o seu planejamento estratégico, ou não.

Uma das características do ambiente instável é que ele potencializa as oportunidades e as ameaças à empresa. É crucial, portanto, que os empresários aprendam a reconhecer os solavancos e a lidar com eles. Uma das atribuições mais importantes do líder, nessas ocasiões, é acertar na definição de um esforço principal, de modo a jogar toda a atenção da empresa na seguinte premissa:

Quando a empresa não está sendo confrontada com ameaças e/ou oportunidades, algo errado está acontecendo.

## 4.12 Problemas de Atendimento

Embora o atendimento tenha sido abordado, vale lembrar que o atendimento é a forma em que a empresa se relaciona com seus clientes, tendo como conteúdo o serviço propriamente dito. O atendimento pode ser feito por maquinas. Que uma empresa deve estar sempre junto a seus clientes parece uma afirmação tão inocente quanto banal.

Surge, então, a pergunta: Por que o cliente é simplesmente ignorado ou considerado uma amolação? Não podemos mais nos dar ao luxo de negligenciar o atendimento, tão estratégico e crucial para sobreviver num mercado globalizado, cada vez mais difícil de atuar.

A peça central dessa estratégia deve ser a conscientização do papel do pessoal que lida com o público responsável pelo atendimento, ferramenta que deve merecer a atenção da empresa. Portanto, os atendentes devem aumentar sua dedicação ao consumidor da empresa.

O fator responsabilidade em que se compra ou se contrata serviços está se tornando uma das principais preocupações do consumidor, seja da indústria, do comércio e da prestação de serviços.

Os principais problemas de atendimento são:

**Papel do Atendimento –** O atender bem continua sendo uma das razões que leva à fidelização do consumidor a quem lhe vende um produto. Em períodos de elevada inflação, o consumidor toma o preço do produto como referência, mas, em baixa inflação, é a qualidade do atendimento que conta.

Muitas vezes, o consumidor não volta a comprar num determinado varejo, mesmo tendo bom preço e boa qualidade nos produtos, por causa de um mau atendimento. Não raro as pessoas acharem que o atendimento falho é um problema da organização, na prática, sabemos que depende muito mais das pessoas do que da própria organização.

Se cada um fizer um esforço para bem atender, quem lucrará com isso são estas pessoas e a própria empresa. É muito comum se achar que atender bem significa “colar” no consumidor. Se não houver uma boa razão para isso, o melhor mesmo é evitar que o consumidor seja importunado.

**Qualidade no Atendimento –** O atendimento de qualidade é um exercício constante de relacionamento humano. Se o atendente não estiver preparado pode causar grandes estragos. O bom atendimento começa com palavras de cortesia, de forma calorosa e empática, dando atenção a quem procura atender as suas necessidades de compra.

Muitos fatores contribuem para um atendimento falho, tais como: pouca concorrência, aumento eventual do poder aquisitivo das pessoas, períodos sazonais, baixo nível de profissionalismo do atendente, aumento do nível de percepção do consumidor, exigências cada vez maiores do consumidor, terceirização feita por empresas sem qualidade assegurada, redução de custos.

É comum ouvir reclamações amargas de atendimento e, nestas ocasiões, observa-se que as pessoas reclamam crentes que as empresas não ligam e que não se interessam em bem servir. O erro talvez esteja em não se ver o grupo que lida com o público como um conjunto que pode valorizar ou jogar fora todo o esforço feito para um atendimento de qualidade.

É bom notar que há uma gradação importante no efeito causado por esta equipe. Ela pode valorizar, aproveitar, atrapalhar ou destruir a imagem da empresa. Tal espírito de equipe deve ser constituído do presidente ao faxineiro e sua preocupação básica deve ser com a imagem da empresa, através de suas: marcas e serviços prestados.

## 4.13 Problemas de Serviço

Serviços são atividades, benefícios ou satisfações oferecidos à venda, ou proporcionados em conexão com as vendas de bens e ideias. Segundo Charles D. Schewe, "embora os bens e serviços procurem satisfazer aos desejos e necessidades dos consumidores, existem algumas diferenças importantes entre estas duas classes de produto, pois há a ideia de que os serviços se apóiam em ações e os bens dependem de objetos materiais".

Serviço é qualquer ato ou desempenho que uma parte possa oferecer a outra e que seja essencialmente intangível e não resulte na propriedade de nada. A abordagem que o proponente faz do serviço, como algo feito por indivíduos e não por máquinas, pode apresentar distorções conceituais. O serviço será considerado como algo residual e será tratado como tarefa puramente humana. Já no serviço mecanizado o ser humano deve se comportar como extensão da máquina.

Mas precisamos enfatizar que estas distinções nem sempre são nítidas. Por exemplo, um restaurante, um supermercado e uma locadora de automóveis podem apoiar-se em uma combinação de bens e serviços para oferecer satisfação.

O ponto importante é que, quando um produto tem mais características de serviço do que de bem econômico, isso pode afetar a maneira como o consumidor percebe e julga o produto. A insatisfação com o serviço gera um problema. É importante, de imediato, determinar sintomas que poderão vir a ajudar na prevenção dos problemas de serviço.

Alguns sintomas podem ser observados:

- O serviço contém desvios de requisitos, especificações, procedimentos e preços?
- O serviço possui recursos para corrigir suas falhas?
- A gerência de serviços fornece padrões de desempenho e treinamento adequados?
- A direção da empresa admite uma parcela de responsabilidade pelo problema causado?

Um serviço é considerado de qualidade quando pode proporcionar confiabilidade, rapidez, segurança, atenção, beleza, atendimento eficiente e informação. Na elaboração de um modelo de qualidade do serviço de comercialização, a empresa deve questionar sobre:

- Como o consumidor chegou até a empresa?
- Com que experiência ele se apresentou?
- O consumidor foi bem atendido?

- Ele se manifestou espontaneamente ou precisou ser induzido a dar uma resposta ao serviço que recebeu?

Cabe também à empresa avaliar o impacto sobre preços, expectativas do consumidor e se há necessidade de criar novidades. Todos os funcionários devem se esforçar para que, já no primeiro contato, o serviço apresente qualidade de atendimento.

Para otimizar o serviço, os atendentes devem ser muito bem treinados, a comunicação deve fluir com facilidade, porque é necessário não só criar, mas, também, manter os consumidores. Os vendedores precisam dominar as informações sobre os produtos que vendem. Além de controlar e avaliar, a empresa deve recompensar os bons funcionários.

## 4.14 Problemas de Varejo

Varejo é o espaço (real ou virtual) onde o consumidor compra um determinado produto. É no varejo que são executadas todas as atividades ligadas à venda ao consumidor final. A ênfase que se vem dando em conhecer melhor o consumidor e como bem atendê-lo parece reforçar a ideia de que já estamos na Era do Consumidor.

Um varejo, ou loja de varejo, é qualquer organização cujo volume de vendas decorre, principalmente, do fornecimento por pequenas quantidades. A empresa que pratica este tipo de venda, seja um fabricante ou atacadista está no segmento de varejo. Não importa como os bens e serviços são apresentados e vendidos, quer pessoalmente, pelo correio, telefone ou na máquina automática. Não importa também onde eles são vendidos, isto é, na loja, na rua, no shopping, na internet, na casa do consumidor.

As vendas do varejo são feitas, principalmente, por unidades, ou pequenos lotes, cabendo ao varejista manter o estoque dos produtos que comercializa, bem como oferecer uma variedade de bens e serviços aos consumidores. Além de vender, o varejo agrega valor aos produtos que negocia. Pois, seus atendentes precisam orientar os consumidores para que estes façam boas compras.

O varejo é um mundo fascinante de formas e opções, que expressam a diversidade do pensamento humano por meio de tipos diferentes de lojas e de uma infinidade de produtos.

Os principais problemas de varejo estão ligados aos seguintes aspectos:

**Vitrine –** Pesquisas indicaram que aproximadamente 75% das vendas são motivadas por produtos expostos na vitrine, daí a importância da mesma, que simplificando a fachada valoriza os produtos. Onde se pratica a arte de vender e persuadir consumidores, uma de suas ferramentas preferidas é a vitrine. Seus acessórios devem ser congruentes ao exposto, em cores, forma e dimensão.

O merchandising visual é a venda sem palavras, com uma exposição objetiva que desperta o interesse dos passantes na rua (avenida, travessa, alameda, corredor). Também é possível se pensar numa vitrine virtual que cubra a propaganda em papel e que promova vendas pela web.

**Site –** Site é o nome que se dá ao endereço eletrônico (ou página) da Internet. A criação de uma página na Internet não é um esforço isolado. A atual velocidade da inovação tecnológica no desenho e a crescente competitividade do meio exigem que os profissionais de marketing avaliem continuamente o valor percebido da página eletrônica. As páginas devem oferecer um conteúdo valioso, em constante mudança, que atrairá novos clientes.

**Arquitetura –** O primeiro elemento arquitetônico que se apresenta aos olhos do consumidor é a fachada da loja, que merece ser tratada com a importância devida. Atualmente, as fachadas das lojas estão se resumindo a enormes panos de vidro, permitindo a visualização total do interior, como se fosse uma continuidade da vitrine.

Em shoppings é uma constante. As portas são amplas, facilitando o acesso dos consumidores, situação que valoriza ainda mais o ambiente da loja. A entrada do varejo tem que ser convidativa, exercendo um fascínio sobre as pessoas, sem oferecer nenhum obstáculo que iniba sua acessibilidade.

Assim, é cada vez mais comum, ter vitrines sem fundo que convidam o consumidor a entrar. Para valorizar e destacar ainda mais os produtos expostos é fundamental tirar partido da iluminação que é, atualmente, uma das características mais importantes na arquitetura da loja.

**Sinalização –** Sinalizar é comunicar. Para alívio das pessoas, os sanitários são sinalizados com os chamados glifos, representando o feminino e o masculino. Sinalizamos nossas ruas com cores convencionais (símbolos) de trânsito, mas isso não é suficiente para promover um bom tráfego na cidade. É preciso que todos sigam os mesmos referenciais e quando isso não ocorre a Teoria da Comunicação entra em colapso. Nas empresas mal sinalizadas a sua "boa" imagem institucional se perde com visitantes confusos. Temos certeza que todos estes alertas deixarão nossos dirigentes muito pensativos, contabilizando prejuízos que a falta de comunicação visual tem causado às suas organizações.

**Iluminação –** Numa loja a quantidade e a qualidade da luz podem realçar o ambiente, aumentando o valor dos produtos expostos, ajudando a faturar mais. Assim, é importante dar valor a um bom projeto de iluminação. As normas disponíveis indicam os níveis de iluminamento satisfatórios para a realização de diferentes tipos de trabalho e de situações no varejo. Em alguns casos, faz parte da regulamentação governamental, cuja atenção o designer precisa estar atento.

A quantidade de luz incidente dentro de um ambiente não deve depender somente do trabalho a ser realizado pelo homem, mas também da interferência dos arredores imediatos, ou seja, a cor do local, o nível de reflexão do mesmo e dos demais objetos ali encontrados. Lojas bem iluminadas vendem mais, a luz estimula os clientes, os funcionários se sentem melhor, os produtos têm cores e formas bem definidas.

É através da iluminação que realçamos os produtos e o ambiente, reforçando o nome, a marca e a imagem da loja. Sua iluminação determina a identidade visual. Sua padronização expressa, de forma estruturada, a imagem que a empresa pretende transmitir ao mundo comercial.

**Arranjo Físico –** A atmosfera da loja é outro elemento disponível no arsenal do varejista. Qualquer loja possui um layout que facilita, ou dificulta, a movimentação de consumidores e funcionários. Uma loja também pode ser suja, charmosa, ostentosa ou sombria.

O arranjo físico deve ser congruente com a sua finalidade. Assim, uma funerária deve ser silenciosa, sombria e calma. Uma discoteca deve ser iluminada, barulhenta, vibrante e festiva. Algumas lojas são deliciosamente perfumadas. Outras projetam ambientes artificiais para combinar estímulos visuais, sonoros, olfativos e tácteis, destinados a atender o público-alvo.

**Automação –** Envoltas no mesmo barco, as empresas se dão conta de que, diante da tempestade, o melhor é remar em bloco e impedir que a embarcação vá a pique. Os acordos de cooperação tecnológica são uma alternativa interessante para a otimização de recursos e investimentos, sem que os parceiros percam sua própria identidade no mercado.

Antes de tomar a decisão de investir em automação, a empresa deve: verificar a idoneidade do fornecedor; checar se a tecnologia a ser fornecida já está ultrapassada; verificar se o equipamento comprado pode agregar novos valores, no futuro; verificar se o fornecedor é capaz de dar treinamento e manutenção; verificar se o equipamento pode ser ampliado com aproveitamento do já existente.

John Diebold, diz que "automação é um meio de análise de organização e de controle de processos de produção, tendo em vista a melhor utilização possível de recursos". A velocidade da transformação do setor de informática, face aos custos decrescentes e pela confluência com as telecomunicações, assume a responsabilidade de uma mudança na estrutura da economia.

A máquina simula parte do mecanismo de pensar do homem, lida com linguagens próximas a dos humanos, gerencia outras máquinas.

Hoje, a automação comercial conta com aplicativos, como por exemplo: Controle de entrega (motoboy); Fechamento de caixa por turno; Controle de convênios; Comanda eletrônica; Pedido remoto na cozinha; Controle de comissão integral ou rateada; Ficha técnica de composição dos produtos; Estoque com controle de perdas; Controle financeiro com plano de contas; Controle de receitas e despesas; Estoque de grade de cor e tamanho; Controle total de vendas e comissão; ABC de produtos, consumidores e funcionários; Imagem dos produtos; Mala direta; Gráficos e relatórios; Contas a pagar; Contas a receber; Etiquetas de produtos; Controle de consignação; Nota fiscal eletrônica; Controle dos preços de atacado e varejo; Multiempresa e multiusuário.

**Tecnologia –** As tecnologias de varejo estão se tornando, criticamente, importantes como ferramentas competitivas. Os varejistas estão usando cada vez mais, tecnologia digital da informação para suas atividades, tais como: custos, pedidos, estoques, previsões de venda, compras, recepção, expedição, vendas, controles contábeis e muitas outras. Eles estão adotando sistemas de: leitura ótica, intercâmbio de dados, leilões eletrônicos, redes de TV, movimentação de recursos.

**Segurança –** A insegurança afeta nosso dia a dia. Tudo isso reduz o movimento nos varejos, ocasionando menos oportunidades de empregos, giro de estoque e menor rentabilidade. Por todo lado que se vá, vemos lojas fechadas, onde antes eram pontos de consumo.

**Ciclo de Vida do Varejo –** Como os produtos e as empresas, os varejos passam por estágios de crescimento e declínio que podem ser descritos como ciclo de vida do varejo. As formas mais antigas de varejo demoraram muitos anos para atingir a maturidade, mas as formas mais novas chegam à maturidade muito mais cedo.

A loja de departamentos demorou 80 anos para atingir a maturidade, enquanto as lojas de fábrica apenas 10 anos. Uma razão para o surgimento de novos tipos de lojas para desafiar os varejos tradicionais é dada pela hipótese conhecida como roda de varejo.

Um número cada vez maior de consumidores utiliza as lojas tradicionais para comparar preços com os demais tipos de varejo e, obviamente, decidir onde comprar. Parece que esta hipótese explica o porquê de tantos tipos de varejo surgindo a cada ano, com suas estratégias e diferenciais de preço, qualidade, atendimento, serviço, ambiente e outros aspectos relevantes a sua sobrevivência no mercado.

**Modelo de Varejo** – O comércio varejista se baseou no estilo americano, só que não considerou as diferenças da realidade socioeconômica dos países. As lojas de conveniência e as lojas de preço baixo são a última moda em termos de pequeno varejo. Também é comum se ver lojas com um estilo de armazém, isto é, como de fosse um depósito com estantes altas.

A loja de conveniência opera num horário especial, sendo que o maior movimento é depois das 22 horas, operando com até 1.200 itens de estoque. No espaço virtual, os modelos de varejo são incomensuráveis e fora de controle.

# Capítulo 5

# PROBLEMAS EMPRESARIAIS

*"O homem de negócios que não possui uma base científica poderá, dentro de certos limites, ser um praticante mais sagaz e mais hábil do que um professor, mas terá que pagar algum dia o preço da estagnação".*

Herbert Simon

## Objetivos do Capítulo

- Mostrar que a dificuldade para resolver problemas empresariais, muitas vezes, está em função do capital intelectual da organização.
- Mostrar que o conhecimento interdisciplinar do gerente ajuda o mesmo a tomar decisões inteligentes, na solução de problemas empresariais.
- Mostrar que a vontade de ser empresário, muitas vezes, fica no sonho, devido às múltiplas dificuldades e adversidades.
- Mostrar que um empreendimento só será viabilizado, se o empreendedor tiver conhecimento pertinente àquilo que pretende realizar.

## 5.1 Conceito de Empresa

Uma empresa não é um fenômeno da natureza e sim uma concessão da sociedade. É uma organização de finalidade econômica. Esta organização elabora e utiliza recursos, meios, métodos e instrumentos para facilitar o seu desenvolvimento e o seu rendimento, assegurando-lhe as melhores condições operacionais.

Produz bens, serviços e ideias, só existindo num grupo social, tendo como objetivo fundamental sua sobrevivência; existe por delegação da sociedade e tem de prestar contas a esta; só se legitima quando funciona como veículo para que as pessoas, que nela trabalhem, se realizem e, quando pode, atende bem seu público-alvo.

Costuma-se ver a empresa por meio de sua estrutura organizacional, cuja finalidade é definir com clareza as responsabilidades e relações funcionais. A empresa seja ela qual for, possui um critério de organização que pode ser por: finalidade, estratégia, objetivo, função, atividade, recurso, área geográfica, clientela, produto.

As empresas são unidades sociais (ou agrupamentos humanos), construídas com a intenção de atingir objetivos específicos. Em última análise, a empresa é todo empreendimento humano que procura reunir e integrar recursos no sentido de se autossustentar e de lucrar, através da produção e comercialização de bens e serviços.

É a lucratividade o estímulo básico capaz de assegurar a livre iniciativa, manter, ou aumentar, o empreendimento. O que faz as empresas diferentes das demais organizações é que as mesmas são orientadas para assumir riscos; dirigidas e reconhecidas como um negócio; geralmente, avaliadas sob um ponto de vista contábil e constituem propriedade de alguém.

A criação de uma empresa está em função da sua missão, isto é, qual a razão (sentido) da sua existência. É também possível perguntar aonde a empresa quer chegar e quais são seus objetivos?

Os objetivos naturais de uma empresa são: satisfazer a sociedade em que está inserida; proporcionar trabalho para as pessoas; aumentar o bem-estar das pessoas que nela trabalham; otimizar a utilização de recursos; agir dentro da ética e da justiça e, é claro, ter lucro.

A empresa consiste de um conjunto de subsistemas em interação, os departamentos, cada qual exercendo uma função específica em proveito do sistema global empresa. Pode-se dizer que a empresa possui duas áreas funcionais:

Área Funcional Fim: Marketing e Produção.

Área Funcional Meio: Finanças, Logística, Contabilidade, Pesquisa, Desenvolvimento, Recursos Humanos, Materiais, Patrimônio, Serviços, Sistemas de Informação, Sistemas de Comunicação, Tecnologia, Segurança.

## 5.2 Empresário

O empresário é peça básica da empresa que, através de seu trabalho, conhecimento e criatividade, manterá a empresa viva e crescente. Todo empresário inteligente colocará a empresa acima de seus interesses pessoais e preconceitos.

Portanto, o empresário, coração da empresa, deve aprender a convivência com o risco, aproveitar situações, adquirir conhecimento das funções administrativas e organizacionais, liderar mais do que chefiar, ser independente e agir com otimismo, não exagerado.

O empresário apoia empreendimentos, cujas virtudes e consequências são, infinitamente, menos previsíveis, menos mensuráveis e menos demonstráveis para a maioria das outras pessoas. Empreender não é coerente com certeza, pois requer fé fortificada por energia, ousadia e sorte.

Os administradores são calculistas cuidadosos de prós e contras, homens que merecem confiança por seu equilíbrio mental. Embora possam ter grande conhecimento, autoconfiança e energia, estes talentos têm pouca probabilidade de aplicar-se a novos empreendimentos, altamente arriscados. Seus talentos, em geral, se aplicam a uma situação existente.

O empresário exerce atividades próximas da audácia. Entende-se que o maior impedimento ao desenvolvimento da empresa (não do empresário) está na incompetência administrativa. A capacidade empresarial é inerente à criação, existência e desenvolvimento do empreendimento. Através dela o empresário concebe projetos alternativos, geralmente, em resposta a: estímulos financeiros, solicitações do mercado, incentivos fiscais e facilidades cambiais.

A carência de conhecimentos de administração entre os empresários que não foram bem-sucedidos pode até não ser claramente admitida, a falta de organização administrativa é a décima razão por eles apontada para seu insucesso, mas vem à tona sem disfarce quando se observam as respostas dos mesmos sobre diferentes procedimentos que adotariam na abertura de uma nova empresa.

Pela ordem eles iriam procurar assistência técnica, levar adiante uma pesquisa de mercado, adquirir conhecimento administrativo e ampliar seus conhecimentos sobre o setor. É comum o empresário apontar, como fatores de sucesso e de fracasso, os seguintes:

**Fatores de Sucesso:** Persistência, boa administração, dedicação do empresário, boa estratégia de vendas, capital próprio, experiência no ramo, mercado favorável, oportunidade do investimento, qualidade do produto, fonte de renda, otimismo, tino empresarial, sorte, criatividade, boa localização, ajuda da família, relação com fornecedores, preços competitivos, riscos calculados e imóvel próprio.

**Fatores de Fracasso:** Recursos financeiros, instabilidade econômica, limitação do mercado, concorrência, problemas pessoais, planos de governo, localização inadequada, inflação, encargos financeiros, desorganização administrativa, custos das matérias-primas, desinteresse, incentivos oficiais, burocracia governamental, tempo, baixa lucratividade, maus pagadores, experiência, mão de obra e mudança de ramo.

A seguir, serão abordados os principais problemas da empresa terá no seu dia a dia.

## 5.3 Problemas de Imagem

Embora a imagem da empresa tenha sido abordada, vale lembrar que para a empresa a imagem é uma ferramenta estratégica, um conjunto de valores positivos, motivadores e duradouros. Estes valores são reforçados ao longo do tempo por meio dos serviços de comunicação.

A imagem da empresa deve ser uma preocupação de todos os seus funcionários, desde o presidente ao faxineiro, que estarão, a todo instante, trabalhando suas marcas, seus bens, seus serviços e suas ideias.

Que deve fazer um empresário para melhorar a imagem de sua empresa? A publicidade era o único recurso para isto, mas "designers" do mundo inteiro começaram a desenvolver técnicas que substituem, com vantagens, a propaganda convencional.

De nada adianta elaborar, por exemplo, um relatório de esmerado acabamento gráfico, mas completamente dissociado dos elementos de identificação da empresa. Assim, um esforço, que pode ter sido grande, não tem resultado à altura, pois a peça encerra-se em si mesma, sem um alcance maior.

A imagem empresarial é um fator determinante, pois o trabalho de coordenação visual beneficia as empresas em dois planos:

Externamente (controla todos os aspectos que possam ser transmitidos por meios visuais das empresas).

Internamente (estabelece um programa de racionalização).

Um dos ramos onde a imagem empresarial pode ter sua importância, devidamente aquilatada, é o dos transportes aéreos. Em nenhuma outra atividade comercial, a oferta de aviões, rapidez, escalas, serviços de bordo e tarifas é tão idêntica.

Neste caso, a empresa deve projetar sobre o público suas características qualitativas, como segurança, confiabilidade, pontualidade, precisão, progresso tecnológico, diversificação de produtos, a fim de destacar-se das demais.

A empresa moderna necessita desses predicados, não somente para seus produtos, mas também para alcançar uma importância no conceito público, que representa a sua finalidade essencial, devendo encontrar um perfil capaz de criar na comunidade uma imagem definida, pois o anonimato não inspira confiança. Os meios e instrumentos de comunicação são fundamentais para construir e fortalecer a imagem de uma empresa/marca/produto.

A fim de melhorar a imagem, a organização utilizará:

- Instrumentos: Publicidade; Propaganda; Promoção; Treinamento; Relações Públicas.
- Meios visuais: Aparência Moderna; Cores Compatíveis; Logomarca Bonita; Arquitetura da Loja; Página Agradável na Internet; Embalagem Apropriada (etiquetas, rótulos, cor e estrutura).
- Serviços: Atendimento na Venda; Atendimento Pós-Venda; Atendimento no Crediário; Sinalização das Mercadorias.

## 5.4 Problemas de Burocracia

A burocracia não constitui problema exclusivo do serviço público, aqui ou no estrangeiro. Na verdade, o fenômeno da burocracia está intimamente associado ao da dimensão. Atingida certa dimensão, toda organização tende a burocratizar-se. É que, com o crescimento, perde-se a dimensão humana.

O contato pessoal cede lugar à comunicação escrita. O homem transforma-se de senhor das decisões em escravo dos regulamentos. A liderança pessoal dissolve-se no texto de manuais de procedimento. A decisão individual e peculiar cede lugar à padronização e à uniformização das decisões (políticas).

A organização perde o calor, a garra, a motivação, o sentido de urgência e a clara consciência de seus objetivos. Torna-se insensível e vagarosa.

Não há dúvida de que a dimensão favorece a burocratização, por força do inevitável processo de despersonificação que dela decorre. Mas a burocratização não se alimenta apenas da dimensão. Tem raízes profundas no próprio comportamento humano e, sobretudo, na tendência à centralização da autoridade.

A concentração do poder decisório nos níveis mais altos da administração de empresa é uma doença crônica do serviço público, que também se observa na empresa privada, muitas vezes como sobrevivência da fase inicial, heróica e pioneira, marcada pela personalidade dos fundadores.

A burocracia apareceu no campo da Administração, a partir da década de 1940, em função da fragilidade das teorias de administração existentes, tendo em vista posições contraditórias e sem possibilidades de uma abordagem global da organização. Por outro lado, havia a necessidade de um modelo organizacional racional capaz de envolver todas as variáveis que dariam solução aos problemas da época.

Entretanto, a burocracia não acompanhou a evolução da sociedade nem a das organizações, tornando-se um obstáculo ao pleno desenvolvimento e progresso atuais. Emergiu, destarte, uma outra perspectiva, popular, emocional, imprecisa, em que a burocracia é considerada como um tipo de organização caracterizada pela paixão à rotina e à não criatividade.

Os problemas de burocracia mais importantes são: a despersonalização do relacionamento; a interiorização das diretrizes; a tomada de decisão não é feita nos níveis inferiores da estrutura organizacional; a exigência de um rígido comportamento humano; o apego a regras e regulamentos; a dificuldade de relações efetivas com consumidores; o sacrifício da flexibilidade à regra; a desconfiança entre os pares; a demora na tomada de decisões e a recusa sistemática de enveredar pela senda do experimento, da criatividade, da descentralização, da inovação, enfim, da renovação organizacional, criando, também, desinteresse, falta de ideias, medo de reação da chefia e descrença nos processos.

A racionalização proposta por esta teoria permitiu as pessoas se eximirem de responsabilidades, pois a organização era montada a não permitir falhas, quando se pensava que todas as situações estariam previstas e solucionadas. Era seguir o manual e pronto.

Apesar das críticas, parece que a burocracia é a melhor das formas de organização social ainda existente. Mas, embora a palavra burocracia seja vista de forma pejorativa, é bom lembrar que ela viabilizou a produção em larga escala, haja vista as fábricas criadas por Henry Ford, na década de 1920.

## 5.5 Problemas de Sociedade

Sociedade é uma organização dinâmica de indivíduos autoconscientes que compartilham objetivos comuns e são capazes de ação conjunta. A sociedade humana é um conjunto de pessoas que vivem em certa faixa de tempo e de espaço, seguindo normas comuns, e que são unidas pelo sentimento de consciência de grupo.

Em sua vida social e política o ser humano precisa de uma sociedade que funcione. Mas o fato de que o homem precise de uma sociedade não significa necessariamente que ele a tenha. Uma massa humana desorganizada não é uma sociedade, mas um grupo de pessoas.

Sociedade e civilização, no mínimo, só são possíveis com a ajuda de algum mecanismo ou regra que gere ordem e acomodação. É aí que entram os costumes, as culturas, as leis, os valores, as filosofias, as religiões, as ideologias.

Sócio é aquele que participa de uma sociedade (organização) da qual espera auferir lucro (social ou financeiro), isto é, algum benefício mesmo que tenha de pagar (investir) para entrar. Os sócios recebem cotas ou ações da sociedade, que representam frações do capital social. Essas cotas passam a integrar o patrimônio do sócio.

As cotas são a contrapartida dos bens de um sócio transferidos à sociedade. Sendo titular de cotas sociais, o sócio mantém, em relação a estas, direitos e obrigações.

Desentendimento com um sócio, quanto à direção dos negócios, bem como as estratégias, táticas, políticas e procedimentos adotados por um sócio na gestão do negócio podem não ser satisfatórios a outro sócio.

O primeiro passo é sentar para conversar, ou seja, discutir as causas do atrito, elaborando as regras do jogo que sejam mutuamente satisfatórias. Se o problema persistir, a sugestão é dividir as atividades em duas diferentes áreas operacionais ou negociar a retirada do sócio ou, ainda, considerar a venda ou dissolução da sociedade.

Os problemas de sociedade mais relevantes que acontecem são:

- Qual deve ser a distribuição de lucros e dividendos, quanto aos prazos, valores e reinvestimentos?
- Como administrar o conflito entre a direção e os sócios, quanto à política sucessiva de investimento e o papel que cada sócio e executivo pode e deve representar?
- A propriedade da sociedade deve estar dissociada do controle?
- A direção da empresa se relaciona mal com os sócios, por falta de transparência?

## 5.6 Problemas com Empregados

Os principais problemas com empregados são relativos a:

**Sindicato:**

- O relacionamento com o sindicato ajuda ou prejudica a empresa?
- Manter funcionários da empresa nos sindicatos ajuda em negociações futuras e aumenta o entrosamento?
- A empresa discute com os sindicatos de patrões e de empregados problemas, tais como: prevenção de acidentes, qualidade de vida, turnover, avaliação de rendimento, aprimoramento de métodos e processos de trabalho e mudanças tecnológicas?

**Empresa:**

- Os dirigentes das empresas oferecem condições que não podem cumprir?
- Os dirigentes esclarecem aos empregados as limitações financeiras e econômicas da empresa?
- Os dirigentes se preocupam com a qualidade de vida dos funcionários?
- Os dirigentes se preocupam com a segurança dos empregados?

**Legislação Trabalhista:**

- Qual o prazo que o empregado tem para entregar o requerimento do seguro-desemprego?
- O empregado aposentado por invalidez pode ter seu contrato de trabalho rescindido?
- Quando o empregado faz jus ao recebimento do salário-família?
- Todo empregado tem direito a horas extras?

- Como deve proceder a empresa quando o dia do vencimento do pagamento da rescisão contratual cair em sábado, domingo ou feriado?
- As férias podem se iniciar em dia não útil?
- A quem compete o pagamento do salário-família quando o empregado está afastado por auxílio-doença?
- Como deve ser calculada a remuneração referente aos primeiros 15 dias de afastamento do empregado por motivo de doença?
- No caso de falecimento de algum parente, o empregado tem direito a se ausentar do trabalho?
- O empregador pode conceder férias ao empregado em dois períodos consecutivos?
- O empregado que vier a ser convocado para a prestação do serviço militar obrigatório fará jus aos avos de 13º salário referente ao período trabalhado?
- A alimentação fornecida ao empregado será considerada salário *in natura*?
- O aviso prévio integra o tempo de serviço para todos os efeitos legais?
- Existe o chamado aviso prévio domiciliar?
- O empregador pode descontar assistência médica, odontológica, seguro e associação de empregados?
- Qual o prazo que o empregador tem para o pagamento das férias?
- Qual são os direitos a que não faz jus o empregado doméstico?
- A rescisão contratual de empregado doméstico precisa ser homologada?
- O empregador pode descontar do empregado quebra de material utilizado para a realização do seu trabalho?
- Quando deve ser iniciada a contagem do aviso prévio?
- O empregado que presta serviço eleitoral tem algum benefício?

**Demissão do Empregado –** A demissão, em geral, para muitos dirigentes causa sofrimento, mas para alguns ter demitido pessoas dá status. No entanto, há muitos profissionais capazes de decidir corajosamente pela necessidade imperiosa da demissão.

Por isso, vão algumas regras de demitir pessoas:

- Seja rápido. Não perca tempo com frases de efeito, tais como: Tudo bem? Como vão as coisas? Lamento muito. Você facilmente achará um novo emprego. Não sei o motivo da sua demissão. Conte comigo!
- Procure entender que o demitido está em estado de choque e que, portanto, não está ouvindo nada do que você diz.
- Chame alguém de Recursos Humanos para mostrar toda a documentação pertinente e os devidos valores a serem pagos.
- Procure ser neutro, sem muito papo, conduzindo o demitido até a porta de sua sala.

**Contratação –** Várias pesquisas revelam que o excesso de regulação legal na área trabalhista contribui para aumentar o desemprego e a informalidade.

## 5.7 Problemas em Família

Os dirigentes de empresas de maior êxito são, muitas vezes, homens que edificaram suas próprias companhias. Não deixa de ser irônico o fato de que seu próprio sucesso, frequentemente, lhe causa e aos membros de sua família problemas pessoais de uma intensidade raramente encontrada pelos administradores profissionais.

Uma empresa da qual participam numerosos membros de uma família, com variadas idades e relações entre si, muitas vezes se desintegra por questões de domínio e sucessão. Os problemas em família mais importantes de serem abordados são:

**Problemas com Herdeiros –** Geralmente, uma empresa familiar terá sérios problemas, quando as decisões da direção são influenciadas por sentimentos e responsabilidades, para com parentes em atividade na empresa. O nepotismo exerce uma influência muito grande e a empresa é administrada mais em honra a uma tradição de família do que por suas próprias necessidades e objetivos.

As dificuldades da empresa de família começam com o fundador, porque, em geral, ele é um empreendedor, não se sente à vontade quando está sendo supervisionado, tem dificuldade em delegar, recusa a se aposentar e precisa demonstrar que é ainda competente, embora queira passar o negócio para um sucessor.

Para o empreendedor, o negócio é essencialmente uma extensão de si mesmo e, sobretudo, um meio de satisfação e realização pessoal. É característico o fato de que aqueles que trabalham para ele são seus instrumentos na modelagem da organização.

As fontes de conflito numa empresa familiar, em geral, são: o filho procura assumir responsabilidades cada vez maiores; o filho se aborrece por ser sempre um menino aos olhos do pai; o pai abriga o sentimento de que o filho jamais será homem bastante para gerir o negócio; o filho anseia pela oportunidade de dirigir a empresa e espera impaciente sua vez de entrar em cena; as concepções administrativas do pai se tornam obsoletas.

Muitas empresas, ao fim da gestão de seus fundadores, se desintegram, são saqueadas ou se fundem, formando outra organização.

A rivalidade entre irmãos na disputa da preferência do pai, que começa na infância, continua na vida adulta e pode atingir e influenciar nas decisões da empresa. A luta pelo poder dentro da família pode atrapalhar o futuro da empresa familiar.

Talvez muitos dos problemas nas empresas de família pudessem ser evitados se os sucessores fizessem uma autoanálise, devendo perguntar a si mesmo por que preferiu (se preferiu) entrar para o negócio da família, tentar mostrar ao pai, de forma gradual, o seu valor como profissional e ser humano, procurar controlar seus sentimentos de rivalidade e frustrações, respeitar a competência do pai que criou um novo negócio, o que não é fácil.

Alguns métodos para solucionar problemas familiares, segundo Renato Bernhoeft, são os seguintes:

- Reunião – Esse processo talvez possibilite aos pais e filhos dar-se conta de que eles não são os únicos a terem esses problemas e obter o apoio daqueles que sofrem a mesma dificuldade.
- Uma Terceira Pessoa – Recorrer a uma pessoa, geralmente ligada à família ou de competência reconhecida por pai e filho, para discutir o problema de forma conjunta e antecipar futuros conflitos com a finalidade de bem administrar a empresa.
- Um Consultor – Há casos raros, geralmente quando o conflito se torna grave, em que o pai e o filho se dispõem a recorrer juntos, ou separadamente, a um profissional. O consultor deve estimular o pai a manifestar seus receios de perder o controle, de não mais ser necessário e de sofrer rejeições. E ao filho a expressar sua preocupação em ser alvo de controle excessivo e em ser tratado como criança.

**Problemas com Parentes** – O conflito suscitado por rivalidades entre familiares e outros parentes têm um efeito cronicamente abrasivo nos diretores da empresa. Esses membros da família precisam enfrentar o impacto causado por tais relações e precisam aprender a conduzi-las não somente em benefício de sua própria saúde emocional, mas para o bem do negócio.

Os problemas do pai e irmãos estendem-se para outros parentes quando eles também passam a participar do negócio. Em algumas famílias, espera-se que todos que queiram entrar para a companhia lá tenham seus lugares. Isto pode ter efeitos arrasadores.

O dirigente máximo de uma empresa familiar sente naturalmente uma enorme responsabilidade pelos destinos da família. Se ele não obtiver lucro, o efeito disso pode significar cortes nos rendimentos da família. Onde houver conflito, ou territórios inadequadamente racionalizados, os membros da família devem ser promovidos a cargos aos quais cabe o estabelecimento de políticas, afastando-se da administração o mais depressa possível. Tal medida reconhece a realidade da propriedade, mas não confunde propriedade com administração.

Em geral, o mais sensato para qualquer empresa de família é passar à administração profissional o mais rapidamente possível. Mais do que os outros, os membros da família precisam ter suas próprias atividades externas nas quais encontrem satisfação igual à que podem ter na empresa.

Caso contrário, não cederão e continuarão a constituir obstáculos para outros. Mais ainda, dificultarão o recrutamento e preparo de jovens com potencial de liderança, os quais, aos se tornarem amadurecidos, perceberão os obstáculos inevitáveis.

**Problemas na Admissão de Parente –** Para evitar problemas posteriores, a admissão de um parente deve ser cuidadosa, pois para se julgar se um parente é ou não adequado é bom observá-lo em outro emprego, durante alguns anos, antes de entrar na empresa. O ponto de partida é fazer com que todos os parentes, principalmente filhos de sócios, comecem a trabalhar fora e só entrem mediante um currículo comprovado.

Mesmo assim, a informalidade que rege as relações entre parentes próximos e a acomodação natural das pessoas que trabalham juntas, há muitos anos, levam a inúmeros problemas de relacionamento.

Transformado em verdadeiro flagelo, o ingresso de novas gerações nos negócios da família pode ser contornado, desde que a empresa proponha rígidas normas de admissão para o herdeiro, como por exemplo: ter curso superior; experiência profissional fora do grupo; capacitação comprovada para abrir "lacunas" na empresa; ser submetido a testes de admissão como para os demais; fazer com que o mesmo viabilize um projeto para uma área problemática da empresa.

**Problemas no Desempenho do Parente –** Desempenho inadequado no trabalho compromete resultados. Muitas das vezes, tais problemas ocorrem por treinamento deficiente, indisciplina, desmotivação e falta de supervisão. Pior, quando o parente foi recentemente promovido e já tem tempo suficiente de empresa para apresentar uma performance compatível ao esperado.

Se os problemas persistirem, são necessárias algumas providências:

- Modificar o cargo, reduzindo tarefas e concentrando a pessoa nas atividades que mais bem sabe fazer. Esta é uma redução que não implica diminuição de cargo para efeito da legislação trabalhista.
- Transferir a pessoa horizontalmente para outro cargo, cujo perfil seja mais compatível com o seu.
- Promover o parente para uma função de staff, não afetando o desempenho do grupo de trabalho.
- Designar um novo chefe para ele, escolhendo uma pessoa que consiga entendimento e melhor desempenho.
- Transferir o parente para uma função menor, informal e periférica, ou para uma função ou local de trabalho que o leve a pedir demissão.
- Obter seu pedido voluntário de demissão.
- Passar o parente para o conselho de administração, ou contratá-lo como consultor autônomo. Às vezes, é preferível pagar para o parente ficar fora.

## 5.8 Problemas de Sucessão

Quando a empresa familiar perde o seu principal líder, é aconselhável:

- Criar um grupo de contingência, com membros da diretoria, do conselho e, eventualmente, consultores externos.
- Indicar rapidamente o sucessor em, no máximo, uma semana.
- Criar uma força-tarefa, com diretores e gerentes, até que o novo dirigente assuma.

- Elaborar um plano de comunicação interna e externa para evitar especulações e garantir a transparência.
- Deixar claro se a pessoa escolhida assumirá definitivamente, ou não, o cargo.

Quanto à sucessão, o líder dominante pode passar seu lugar para outros parentes, mais velhos, que dirigirão a empresa cada um por seu turno. Ele pode até prometer-lhes funções de liderança, particularmente, se tiver de formar uma coalizão para poder ter apoio.

Mas, tanto por razões realísticas como irracionais ele pode muito bem acabar acreditando que ninguém na família tem capacidade de preencher o cargo. Também não pode, entretanto, revelar completamente sua decisão sem provocar um conflito e não pode trazer administrador de fora sem trair seus parentes ou faltar às suas promessas.

Por outro lado, o dirigente teme o que aconteceria se morresse sem designar um sucessor. Pode, também, decidir pela venda da empresa. Mas essa solução é dispendiosa, não somente acarreta a perda do negócio como meio de trabalho, mas também representa a tradição e, inevitavelmente, a dissolução de estreitos vínculos familiares que foram mantidos por meio do negócio.

Todas as organizações precisam preparar os subordinados de maneira sistemática, criando assim a condição básica para a sua própria sobrevivência. Quanto mais competitivas forem as condições do negócio, mais bem trabalhada será a forma de sucessão.

Cuidar do processo sucessório de forma a evitar sobressaltos, sabendo a hora propícia de passar o bastão, faz toda a diferença para a perenidade de uma empresa. Nas organizações familiares, a questão é ainda mais crucial, pois envolve instâncias de poder, propriedade e gestão, mescladas a aspectos afetivos e emocionais.

Lidar com a transitoriedade exige desapego do mandatário para com velhas práticas, bem como determinação e assertividade para enfrentar os percalços no caminho. Um elemento complicador é o fato dos papéis de herdeiro e sucessor nem sempre serem coincidentes, frustrando expectativas.

No entanto, é imprescindível perceber que o processo de sucessão representa um grande desafio, devendo começar, de fato, na educação dos filhos. Tolher iniciativas, definitivamente, não constitui o melhor caminho, por que sufoca o espírito empreendedor.

O momento de iniciar a discussão sucessória coincide com a fase em que os filhos começam a fazer suas opções, sendo importante que cada um busque a realização pessoal.

Ser herdeiro é um direito, tornar-se sucessor demanda competência e exige a conquista da legitimidade. Embora delicada e complexa a sucessão tem de ser tratada com tempo suficiente para o preparo de todos e a busca da solução mais adequada. Não encontrando o sucessor na estrutura familiar, há de se considerar outras alternativas.

A sucessão é um gatilho de mudança, pois o dirigente precisa preocupar-se com seus herdeiros, sócios e empregados.

## 5.9 Problemas de Parceria

O futuro será cada vez mais desafiador para as empresas. As novas práticas de gestão empresarial têm enfatizado os recursos em modelos participativos de administração. Como consequência, as empresas não têm outra alternativa para a sobrevivência, senão através de estratégias que lhes permitam atingir níveis elevados de produtividade, competitividade e excelência. A questão fundamental é que tais empresas começam a perceber que já não é possível ser competitivo atuando isoladamente, isto é, verticalizando todas as etapas de operação do negócio.

A parceria é hoje, reconhecidamente, uma ferramenta de competitividade, porque trás ganhos de produtividade, pois os parceiros ficam engajados num mesmo processo. A ordem é baratear o custo com elevação da produtividade e melhoria da qualidade, dando um serviço de excelência, já que a empresa terceirizada é orientada para isso.

A terceirização tem-se mostrado, entre as diversas estratégias, a que teve o maior sucesso. Mas, em alguns casos a terceirização tem sido aplicada de forma inadequada em muitas empresas. Sobretudo, quando o objetivo não está voltado para a competitividade e sim para a redução de custos.

Um bom exemplo é a redução da folha de pagamento de pessoal das empresas, desativando grande parte da área de serviços gerais. A prestadora de serviços de terceirização necessita dispor de um efetivo de pessoal, formado por profissionais competentes, que atenda a demanda e a expectativa de seus clientes.

A competitividade e a sobrevivência das empresas dependerão cada vez mais da sua capacidade em estabelecer e manter relações de parceria com outras empresas que complementem as suas atividades ou com as quais compartilhem investimentos em tecnologia, infraestrutura de produção e/ou de distribuição, ou em outras operações conjuntas relacionadas ao âmbito do negócio de ambas as parcerias.

O Brasil, a exemplo da Inglaterra, iniciou uma política de parcerias entre o público e o privado (PPP), visando um melhor controle dos orçamentos projetados. Dependendo do objetivo da parceria, esta pode ter as seguintes conotações:

- Na aliança estratégica a parceria é muito difícil, porque está relacionada aos grandes cartéis.
- No associativismo empresarial a dificuldade está no nivelamento por baixo e nas regras estabelecidas nos estatutos da associação.
- Na franquia os mais importantes problemas são: independência limitada, inflexibilidade para estratégias e táticas, submissão na hora do pedido, falta racionalidade na política de expansão.
- Na joint-venture os problemas estão na remessa de lucros, nas restrições de transferências de conhecimento, na legislação do país sede e na legislação do país de origem.
- Na terceirização os principais problemas são: qualificação do terceirizado, expectativas e contratos não cumpridos, indefinição do objetivo (competitividade ou redução de custos) e legislação trabalhista.
- Na parceria em rede o maior problema é criar uma cultura baseada na tecnologia digital da informação.

**Nota:** É recomendado a leitura do livro “Administração para Empreendedores” da mesma Editora, para as parcerias relatadas acima.

## 5.10 Problemas de Governo

Os problemas governamentais surgem devido à ingerência exagerada que o governo tem sobre a iniciativa privada, tais como: tributação muito alta; falta de controle da poluição e desmatamento; juros de crédito elevados; burocracia; insegurança; tratamento igual para pequenos e grandes; regulamentação excessiva; custo pais; corrupção; infra-estrutura; gastos públicos; política fiscal; legalização da empresa em vários órgãos de governo; impedimentos quanto ao horário de funcionamento; políticas de padronização excludentes; contratos de parcerias; estrutura judicial e tantos outros.

Assim, a seguir, serão mostrados alguns aspectos que afetam a vida da empresa e que, via de regra, criam problemas:

**Regulamentação** – Os regulamentos e controles governamentais têm produzido grandes efeitos, porque afeta tanto a compra quanto à venda, já que se trata simplesmente de dois aspectos do mesmo processo. A história das regulamentações, em todo o mundo, revela os seguintes objetivos: manter a concorrência, repelir monopólios e oligopólios, estimular interesse para projetos especiais, cuidar para que a população tenha maior poder de compra, coibir propaganda enganosa, criar mecanismos de defesa do consumidor, proteger a propriedade de marcas e patentes.

As mais importantes regulamentações governamentais são:

- A regulamentação econômica visa normatizar as atividades industriais, comerciais e de serviços; cuidar para que a população tenha maior poder de compra, apresentar medidas "antidumping".
- A regulamentação do comércio afeta tanto a compra quanto a venda, já que se trata simplesmente de dois aspectos do mesmo processo. Esta regulamentação visa a defesa do consumidor, a defesa da verdade na propaganda de um produto, o uso de marcas registradas e as restrições legais de instalações comerciais. Também cuida das barreiras fitossanitárias para produtos importados e das alíquotas de importação.
- A regulamentação da indústria visa segurança no trabalho, insalubridade, condições ambientais de trabalho, perigo de contaminação, melhoria ambiental, poluição, degradação ambiental, higiene, limpeza, embalagem, qualidade do produto, validade de duração, garantia, qualidade de vida do empregado.
- A regulamentação do transporte visa estabelecer controles para tarifas, posse e operação do meio de transporte.
- A regulamentação do armazenamento visa higiene, qualidade, normas de segurança, limpeza, validade do produto, prazo de armazenagem.
- A regulamentação do preço visa não permitir desabastecimento, vigiar a evolução dos preços, questionar os motivos de alta, evitar congelamento dos preços, dar bom exemplo quando do aumento das tarifas públicas, interferir em aumentos abusivos.
- A regulamentação do seguro visa controlar os repasses, a relação preço/valor e o cumprimento dos contratos (forma legal).
- A regulamentação das bolsas visa normalizar as operações nas bolsas de mercadorias e de ações.
- A regulamentação das comunicações visa controlar o abuso da mídia e a transmissão de dados.
- A regulamentação tributária visa o arrocho (controle) fiscal, taxa de juros, alíquota do imposto de renda. Cuida, ainda, das contribuições e impostos sobre produtos, empresas e pessoas físicas.
- A regulamentação monetária visa controlar a inflação, a base monetária, a cotação de uma cesta de moedas, a dívida externa, o déficit público, o depósito compulsório dos bancos, a dívida interna, a balança de pagamentos, os títulos negociados pelo governo, as condições de crédito.

**Legislação Comercial** – A legislação comercial visa proteger: as empresas da concorrência desleal; os consumidores de práticas comerciais injustas; os interesses da sociedade contra o comportamento desenfreado das empresas. Um importante propósito dessa legislação e/ou obrigação é cobrar das empresas os custos sociais gerados por seus produtos ou processos de produção.

Esta legislação restringe as horas de trabalho dos empregados e limita, por exemplo, o horário dos estabelecimentos comerciais. Seria aceitável se, para a sua promulgação, se estudasse devidamente o equilíbrio a estabelecer entre as concessões legítimas a fazer aos empregados e as necessidades, não menos legítimas, da produção e do consumo.

A legislação do comércio eletrônico ainda está sendo definida. Não há consenso sobre assuntos como a natureza dos contratos eletrônicos, a distribuição de material protegido por direitos autorais, a pornografia, a indevida divulgação.

**Legislação Protecionista** – A legislação protecionista, quando sabiamente orientada, consegue realmente proteger e animar a indústria nacional e proteger o consumidor. E, se estes interesses se equilibram, não se trata de uma lei restritiva, porém de uma simples medida econômica sem caráter especial.

As leis protecionistas só podem se dizer restritivas quando das pautas resulta um proibicionismo evidente. São as leis desta ordem que caem dentro do nosso estudo, e é a elas que se aplicam as considerações acima feitas.

O protecionismo é frequentemente excessivo e daí resulta o afastamento do consumidor e um consequente prejuízo para a própria indústria que se pretendeu beneficiar. A indústria protegida gera um caráter parasitário, que a desvitaliza e assim a desprepara para as contingências econômicas do futuro.

**Legislação Ambiental** – A maior parte das vezes, o governo atravanca o crescimento econômico por omissão. Mas há momentos em que a administração pública atrapalha o progresso não pela omissão, mas pela ação. É exatamente isso que está acontecendo no manejo do meio ambiente, em que as autoridades responsáveis pela aprovação dos projetos criam dificuldades em nome de causas nobres.

Hoje, por pressão de grupos verdes, de ONGs e de alguns setores do governo, obras importantes para o crescimento do país estão paralisadas, fazendo com que o Brasil tenha um dos mais baixos índices de concessão de licenças ambientais do mundo. O processo demora, em média, o dobro do que nos Estados Unidos, conhecidos como um país rigoroso até demais na preservação dos seus recursos naturais.

Começar uma obra é uma aventura que tem data de início, mas, graças ao *lobby* ecológico, pode nunca terminar. Outro fator que prejudica a liberação dos investimentos é a atuação excessivamente combativa de alguns procuradores da república.

Entre as nações, a questão ambiental é vista como uma preocupação, mas não como um impeditivo. Então, o problema maior é: Como conciliar crescimento econômico com preservação do ambiente.

**Infraestrutura do País** – Dentre as principais questões para desenvolvimento dos negócios está a infraestrutura. Os gargalos na infraestrutura representam uma ameaça séria ao desenvolvimento. As estradas estão em péssimo estado, os portos estão saturados, faltam silos e armazéns, o frete é caro demais devido à falta de ferrovias e hidrovias.

Há uma série de projetos de investimentos em hidrovias e portos que se encontra em processo de análise no governo, isto é, só no papel.

É comum se ouvir falar na expressão "custo país", porque o custo para se produzir um produto é o somatório dos dispêndios para transformar matérias-primas e insumos em um produto. Mas estes elementos de transformação não estão ao lado da fábrica e muito menos do aeroporto, do porto, da estrada de rodagem, da estrada de ferro ou da hidrovia, isto é, aumentam o custo de fabricação e de distribuição. Sem falar da matriz energética muito dependente da queima de fósseis.

**Corrupção** – Há proporcionalmente quatro vezes mais gente presa nos Estados Unidos do que no Brasil, e não existe nenhuma evidência de que a criminalidade seja quatro vezes maior por lá do que por aqui. Uma das razões que mais contribuem para esse cenário desolador aparece num diagnóstico já antigo.

É a barafunda de um ordenamento jurídico que consegue ser, por seus formalismos inócuos e seus excessos de recursos, célere para punir os pobres e inocentar os ricos. A maioria acha que jamais será punida pela lei eleitoral da forma como pode ser punida pela lei penal.

Quem está no topo da pirâmide têm uma proteção especial. Quem está abaixo não pode nem reclamar do que sofre. Essa deformação resulta da ocupação política de cargos públicos, práticas amplamente disseminadas no país e uma das molas propulsoras da corrupção na administração pública.

É difícil acreditar, mas existe uma explicação para o descalabro, ou seja, o sucateamento do Estado é um poderoso aliado da impunidade.

Com o aparelho estatal fragilizado e apodrecido, a corrupção toma conta. O mesmo é corroído pelas atividades meios em detrimento das atividades fins. Até a terceirização, por exemplo, surgiu como um mecanismo para tornar o Estado mais ágil, acabou também se degenerando. São inúmeros os exemplos de que o desmonte do Estado produz um controle cada vez mais ineficaz de seus recursos.

Uma lei de 1900 mandou que cada ministério instalasse uma comissão para analisar o desvio de conduta de seus servidores. Até hoje, a maioria dos ministérios nada fez sob a alegação de que não tem pessoal qualificado para esta função.

A corrupção é um fenômeno universal de ser aferido, razão pela qual as pesquisas sobre o assunto se limitam a medir a percepção das pessoas, e não o tamanho da roubalheira. Em outras democracias, os réus têm reações distintas da dos brasileiros, que insistem até o fim da vida em dizer que são inocentes, que nada sabiam ou que não existem provas para a sua incriminação.

No Japão, não é incomum o suicídio de político, ou alto funcionário, flagrado em corrupção.

O abismo que separa o que é legal do que a sociedade considera justo pode até ser explicado pela a ideia de que dinheiro público não tem dono. É um círculo vicioso, pois políticos conseguem dinheiro ilegalmente com empresas e depois as beneficiam quando chegam ao poder, com favores escusos e contratos vantajosos.

Dados do Banco Mundial mostram que o ambiente de negócios no Brasil é pior que muitos paises devastados pela miséria e pela guerra.

**Legislação Trabalhista –** Ao criar um novo emprego formal, as empresas têm de arcar com despesas absurdas sobre o salário do empregado. Nenhum dos itens pode ser negociado. As despesas, altas e rígidas, até podem ser eventualmente toleradas pelas grandes corporações, mas são inviáveis para micros e pequenas empresas, que constituem a maioria dos negócios no país.

Na busca por maior eficiência e competitividade, grandes companhias optam por arcar com despesas adicionais. É o caso da previdência privada, dos seguros de saúde e de vida, dos bônus por produtividade. Essa é, porém, uma atitude inimaginável para empresas como uma barbearia, que emprega oito pessoas e vive uma realidade completamente diferente.

A legislação trabalhista, como está formatada, não consegue proteger os trabalhadores e nem a esmagadora maioria das empresas. É isso que gera o desestímulo para empregar e estímulo para contratar na informalidade, reduto da mão de obra nacional não especializada. Quando isso ocorre, todos perdem.

Perde a Previdência Social, que deixa de recolher contribuições sociais de empregados e empregadores. Perde o trabalhador, que fica desprotegido. Perde a empresa, que não investe no treinamento e não ganha em produtividade. Perde a sociedade.

**Políticas Públicas** – O imperativo da modernização, os requisitos de produtividade e a importância dos fatores econômicos e tecnológicos, num mundo em que estes adquirem maior relevância do que as considerações políticas e sociais.

As economias de mercado geram desequilíbrios graves entre a capacidade produtiva e a demanda, cuja correção passa por períodos depressivos. Então, se faz necessária a intervenção do estado, porque tal tipo de economia tem concentrado a riqueza na mão de poucos, agravando a desigualdade entre as pessoas.

Quando o governo passa a ser fator preponderante na distribuição da renda, na tributação e no investimento, praticamente todo administrador deve levar em conta a política fiscal do governo no planejamento estratégico de sua empresa. O papel importante desempenhado por esta política tem significativo impacto em todas as organizações.

Uma boa política pública pode estar pautada em: déficit zero, redução do custeio do Estado, redução do número de cargos de confiança, redução da estrutura organizacional (ministérios, secretarias), melhor remuneração do servidor, transparência, auditoria externa, conselhos de ética, recuperação das malhas rodoferroviárias, racionalização da matriz energética e revolução da educação, por exemplo.

**Parceria Público-Privada** – Tidas como grande alternativa à incapacidade financeira do Estado de investir em infraestrutura, estas parcerias transformaram-se numa espécie de panacéia, tanto no discurso governamental como no dos empresários.

As PPPs são contratos em que o setor privado se torna sócio do Estado no fornecimento de obras e serviços para a população, mediante contrapartidas em recursos públicos. Criadas no início dos anos de 1990, na Inglaterra, nem sempre as PPPs corresponderam às altas expectativas dos países que as adotaram. Em alguns países, por exemplo, tiveram de ser revistas.

Os problemas deste tipo de associação referem-se a divisão dos riscos de maneira eficiente e ao cumprimento fiel dos prazos. Portanto, conhecer a experiência internacional ajuda a evitar erros.

**Estrutura Judicial** – Por que os processos demoram tanto a ser resolvidos? Interposição de recursos ou razões de ordem sentimental? Há casos de briga de condôminos que chegaram a suprema corte do país. As empresas brasileiras utilizam o instituto do recurso, principalmente, para: Reclamações Trabalhistas; Ações Tributárias; Reclamações de Consumidores; Quebra de Contrato; Disputas Societárias; Uso Indevido de Propriedade Intelectual; Concorrência Desleal.

O dinheiro envolvido, seja medido em milhões ou em bilhões, é o custo imediato e palpável das ações. Os riscos de uma briga nos tribunais, porém, vão muito além das perdas financeiras. Envolvem reputação, imagem de marca e, não raro, a própria sobrevivência.

As causas dos conflitos podem variar, mas o desfecho costuma ser quase sempre o mesmo. Feitas as contas, não há grandes ganhadores. Nos curto e médio prazos, todos perdem, principalmente, no que diz respeito à capacidade de se concentrar naquilo que realmente importa – O negócio em si.

A premissa "todos os homens nascem livres e iguais" não era aplicada no Século XIX aos escravos e nem às mulheres. Um século depois, a mesma frase passou a valer para todos nas sentenças da suprema corte, independentemente de raça ou gênero.

O Quadro, a seguir, faz uma comparação entre os parâmetros das supremas cortes dos Estados Unidos e do Brasil.

| Parâmetros | Suprema Corte (EUA) | Suprema Corte (Brasil) |
|---|---|---|
| Atribuições | Julga de forma definitiva os recursos judiciais que envolvem a interpretação da Constituição e das leis federais. | Idem |
| Juizes | 9 | 11 |
| Julgamentos por Ano | 80 | 101.000 |
| Constituição | 7 artigos | 344 artigos |
| Mandato | Vitalício | Aposentadoria compulsória aos 75 anos |
| Forma de Escolha | Indicados pelo presidente da república e confirmados pelo senado. | Idem |
| Salário Mensal | E geral, 50% mais que o Brasil. | - |
| Presidente | Nomeado pelo presidente da república, com mandato vitalício. | Escolhido pelos ministros da corte, com mandato de dois anos e sem direito a reeleição. |

**Quadro 5.1**: Comparação entre Cortes Supremas dos EUA e do Brasil.

**Concordata e Falência** – A cultura jurídica envolvendo a concordata e a falência de empresas estabeleceu uma realidade perversa. As companhias que entram em dificuldade se submetem a uma lei paternalista que, em tese, tenta preservar, em primeiro lugar, o direito dos trabalhadores daquela empresa e em seguida o do Estado, representado pelo Fisco.

A lei que existia determinava que, quando a empresa ia mal e não conseguia pagar nem seus empregados, seus credores, que poderiam ajudá-la, não viam a cor do dinheiro.

Na nova lei, as regras permitem maior segurança para bancos e fornecedores fechar negócios com empresas em dificuldades financeiras. Pela nova lei, fica mais fácil para devedores e credores negociarem saídas para a crise, em conjunto, sem ter de passar pelas enferrujadas, lentas e ineficazes engrenagens do Poder Judiciário.

Assim, para as regras de concordata passam a ser:

- Cria o plano de recuperação judicial em lugar da concordata.
- Aumenta a participação dos credores.
- Oferece maior flexibilidade na renegociação das dívidas.
- Permite que os credores emprestem dinheiro à empresa em dificuldades com a segurança de recebimento.
- Impede credores minoritários de contestar acordos e interromper o processo.

E para as falências:

- Indica os credores antes da venda dos bens.
- Limita as indenizações trabalhistas a 150 salários mínimos.
- Permite a venda de ativos operacionais (como empresas controladas pelo grupo falido), sem que seja necessário interromper seu funcionamento.
- Impede os sócios da empresa falida de reverter o processo (fim da concordata suspensiva).
- Os bancos passam na frente da Receita Federal na ordem de pagamentos.

## 5.11 Problemas de Responsabilidade

Responsabilidade refere-se à obrigação que uma pessoa tem de fazer alguma coisa para outrem. Portanto, esta pessoa deve prestar contas àquela. É um dos termos mais mal compreendidos na administração, pois é usada como significado de dever, atribuição, atividade, tarefa ou autoridade.

Os mais importantes problemas de responsabilidade são:

**Responsabilidade da Diretoria –** No nível de diretoria, a responsabilidade é aquela de definir os rumos gerais dos negócios da organização, a política geral, o índice de retorno desejado dos investimentos, as áreas (mercados) onde irá atuar. É bastante comum neste nível a formação de comitês, onde os vários departamentos devem conjugar esforços no êxito do planejamento e da execução das atividades empresariais.

Muitas são as responsabilidades de um diretor, mas a principal é saber "ler" o ambiente, o mercado, os produtos concorrentes e os novos recursos, isto é, o cenário.

**Responsabilidade da Gerência –** No nível de gerência, a responsabilidade recai, em geral, sobre as alterações de mercado. Os gerentes estarão envolvidos diretamente com as funções administrativas. Eles não devem impor responsabilidades que estejam além da capacidade individual de serem executadas, como também não devem aceitar responsabilidades para as quais não estejam habilitados.

As mais comuns responsabilidades da gerência estão voltadas a dimensionar custos, otimizar recursos, acompanhar resultados, propor mudanças e correções.

**Responsabilidade da Supervisão –** No nível de supervisão, a responsabilidade, na maioria das vezes, está voltada para acompanhar os funcionários que trabalham nas operações da empresa, alocar recursos e dar suporte ao nível gerencial, controlando a qualidade dos produtos e a qualidade da mão de obra.

**Responsabilidade da Função –** No nível da função, a responsabilidade está voltada à realização de tarefas e atividades para a consecução dos objetivos empresariais.

**Responsabilidade da Administração –** Diante de quem a administração da empresa é responsável? De acordo com a lei, a administração deve gerir os negócios no melhor interesse dos sócios (cotistas, acionistas). Aqueles que se opõem acham que a administração deve ter responsabilidade para com a sociedade, os consumidores, os empregados, os fornecedores e os governos. Muitos executivos defendem que ela deve ser responsável para com a empresa e todos os grupos interessados.

Para os economistas o mercado é o grande responsável, porque contra as forças de mercado não há responsabilidade que resista (modelo neoliberal). Por muito tempo, os objetivos políticos e resultados das empresas eram direcionados para o atendimento das exigências de duas partes, que investiam na organização e esperavam retorno do dinheiro investido.

De um lado, o acionista aplica seu capital e aguarda índices de rentabilidade que satisfaçam suas aspirações e que lhe permita desfrutar ou obter o máximo de retorno. De outro, o mercado, que quer, como contrapartida, um produto com qualidade e preço baixo.

**Responsabilidade Social da Empresa –** Está bastante claro que o mito da empresa, fundamentalmente, preocupada com lucro, continua suficientemente livre para tratar das responsabilidades sociais como uma opção extra. Mas, aceitando ou não, a empresa sempre esteve obrigada a adaptar-se às expectativas altamente mutáveis da comunidade.

Faz poucos anos que a utilização de menores nas fábricas era feita sem nenhum escrúpulo ou legislação adequada. Na época era tido como algo muito normal, quando, hoje, isto é inaceitável. O uso abusivo da natureza começa a sofrer restrições. Em síntese, começam as empresas a ser pressionadas a melhor avaliar seus planos futuros, levando em consideração pontos que, no passado, eram deixados de lado.

Por que considerar a responsabilidade social como função da empresa, quando isso pode ser perfeitamente atribuído ao governo? A verdade é que a empresa é uma instituição de caráter muito especial, pois representa uma fonte de riqueza econômica para a comunidade, e como tal ela não poderá ficar isenta deste mister. Isso será cada vez mais acentuado a cada dia que passa.

Embora a responsabilidade social não possa ainda ser caracterizada como um setor autônomo na estrutura organizacional, pode, no entanto, ser implantada como uma área de resultados que exige uma filosofia comum. É importante recomendar que sua vinculação deve estar o mais próximo possível do centro das decisões estratégicas da empresa.

As responsabilidades sociais, seja de uma fábrica, de um hospital ou de uma universidade, podem aparecer em duas áreas. Podem surgir dos impactos sociais causados pela instituição, ou surgir como problemas da própria sociedade. Ambas devem ser consideradas pela administração da empresa moderna.

Segundo Drucker, a finalidade do hospital não é dar emprego a médicos, enfermeiros, cozinheiros, atendentes e faxineiros. É cuidar dos seus pacientes. Mas, para cumprir essa finalidade, precisa de todos eles. E, em nenhum momento, essas pessoas formam uma comunidade de trabalho com suas próprias tarefas e problemas comuns.

É importante frisar que os problemas sociais que acontecem na empresa, nem sempre surgem dela própria. Mas, sim, da sociedade na qual ela está inserida. Uma vez que as instituições só podem existir dentro de um ambiente social, os problemas da sociedade afetam as empresas. São de sua competência, mesmo que a própria comunidade não os enxergue como problemas e resista a qualquer intenção da empresa em resolvê-los.

Uma indústria, uma universidade, um hospital saudável não poderão existir dentro de uma sociedade doente. Uma sociedade saudável é do interesse da direção da organização, mesmo que a causa da enfermidade da sociedade não seja fruto da mesma.

## 5.12 Problemas do Empreendimento

Todo empreendimento procura reunir e integrar recursos no sentido de se autossustentar e de lucrar, através da produção e comercialização de seus bens, serviços e ideias. Como já observado, é a lucratividade o estímulo capaz de assegurar a livre iniciativa e de manter, ou de aumentar, o empreendimento.

Assim, os problemas do empreendimento são:

**Programa Empreendedor** – Para se levar adiante um empreendimento, qualquer que seja o tipo, é preciso e recomendado que seja feito um programa preliminar. Tal programa listará as diversas atividades necessárias à viabilização do negócio.

Quando da montagem do programa, o empreendedor deve ter um comportamento sistemático, organizado e criterioso, colocando as tarefas, se possível, numa ordem cronológica. Esta ordem será mudada ao longo do tempo em função das circunstâncias e prioridades.

O problema do empreendedor, quanto à construção do programa, estará em função do negócio a ser implantado e se será curto ou longo, geral ou detalhado. Tal documento é na realidade uma espécie de metodologia que poderá ter as seguintes fases: Preliminar; Pesquisa; Análise; Definição; Desenvolvimento; Implementação; Implantação; Sustentação.

**Ambiente** – Os empreendedores precisam agir de forma congruente com o ambiente onde habitam, porque correm um risco muito grande de entrarem em dissonância com este ambiente, o que, em geral, é catastrófico para o negócio, isto é, a organização deve dançar conforme a música.

Os desafios que o ambiente trará serão cada vez mais difíceis de serem aceitos e resolvidos, porque exigirão um alto grau de complexidade tecnológica. A visão darwiniana de sobrevivência do mais apto prevalecerá.

**Leitura do Cenário** – Da mesma forma, os investidores precisam saber ler os cenários e buscar alternativas de enquadramento, através de novas estratégias. Quando um empreendedor não consegue mais ler o cenário é porque não deve investir. Toda e qualquer organização possui aspirações, retratadas em objetivos, propósitos e metas. Mas, ela não pode aspirar altos níveis, se não possui recursos para atingi-los.

As restrições causam impactos muito desagradáveis às organizações e são de toda maneira contornadas. Às vezes, as restrições podem revelar oportunidades ainda não visualizadas. Portanto, nem sempre dificuldades, restrições e ameaças devem ser vistas de maneira negativa. Uma das características do ambiente instável é que ele mostra as oportunidades e as ameaças para o empreendedor. Portanto, é crucial voltar os olhos para o ambiente.

**Oportunidade** – Como já observado, a oportunidade é um acontecimento que favorece a ação estratégica, o problema está em identificar aquilo que seja uma oportunidade, bem o que seja uma ameaça. A questão é como aproveitar a oportunidade.

A identificação e aproveitamento de uma oportunidade transcendem o conhecimento comum de um gerente, porque ele precisa ler o cenário (ambiente e mercado) da oportunidade, através de alguns fatores, tais como:

- Uma mudança no “status quo” (interno e externo) da empresa.
- Uma nova necessidade detectada no mercado, diferente em quantidade ou qualidade, provocada ou não por uma mudança.
- A existência de recursos reais ou potenciais da empresa para inovar, atendendo assim às necessidades emergentes.
- Um benefício ou vantagem potencial da empresa que atender a esta nova necessidade.
- Uma motivação que catalise uma ação empreendedora ou uma iniciativa criadora.

**Negócio** – O maior problema de um negócio é a falta de uma definição clara da finalidade pela qual o empreendimento será criado, embora a visão factível de um negócio, qualquer que seja, descreve como um instrumento cujo propósito é criar e manter um consumidor. Isto significa fazer aquelas coisas que levarão o consumidor a desejar continuar fazendo negócios conosco. Se tal não acontecer, o empreendimento não prosperará.

**Setor da Economia –** O empreendimento será enquadrado, em função de suas atividades e produção, num determinado setor da economia, tais como, segundo a Revista Exame, os seguintes: Alimentos; Atacado e Comércio Exterior; Automotivo; Bebidas; Comércio Varejista; Comunicações; Confecções e Têxteis; Construção; Eletroeletrônico; Farmacêutico; Fumo; Higiene, Limpeza e Cosméticos; Material de Construção; Mecânica; Mineração; Papel e Celulose; Plásticos e Borracha; Química e Petroquímica; Serviços de Transporte; Serviços Diversos; Serviços Públicos; Siderurgia e Metalurgia; Tecnologia e Computação e Telecomunicações.

O problema é estabelecer os limites de atuação do empreendimento e definir realmente a qual setor ele pertence.

## 5.13 Problemas do Empreendedor

Samuel P. Newman escreveu, em 1835, que “um bom empreendedor devia ter uma combinação de qualidades raramente encontradas num só indivíduo, pois deve possuir uma incomum intuição para negócios, bem como ser muito bom com números. Deve mostrar perseverança e constância de propósitos”.

Empreendedor é aquele que persegue com vigor novas oportunidades e não considera os recursos de que dispõe, naquele momento. Fato considerado por muitos como temerário. O empreendedor, cada vez mais, combina sua intuição, perspicácia e disposição para o trabalho a uma dose, cada vez maior, de audácia recheada de sofisticação administrativa e mercadológica.

A seguir, os principais princípios do empreendedor:

- Ir para o seu negócio preparado para o pior.
- Contornar qualquer empecilho que objetive interromper seu sonho.
- Desempenhar qualquer função necessária à execução do seu projeto, mesmo que se sinta subutilizado.
- Estar preparado para as dificuldades de encontrar pessoal capacitado a ajudá-lo.
- Seguir a intuição sobre o pessoal que escolher.
- Trabalhar secretamente, tanto quanto puder.
- Apostar numa corrida de negócios, a menos que esteja participando dela.
- Lembrar de que é mais fácil pedir desculpas do que permissão.
- Estar seguro de que suas metas são realistas.
- Honrar as pessoas que lhe dão ou deram apoio.
- Promover e organizar o negócio.
- Dar continuidade àquilo que iniciou.

- Fazer mais do que foi prometido.
- Dedicar-se radicalmente ao empreendimento e não olhar para trás.
- Estar pronto a reorganizar ou liquidar o empreendimento, quando sentir que não possui meios para continuar, porque estará perdendo tempo, esforço e dinheiro (seu e dos outros).

Os mais importantes problemas do empreendedor são entender os seguintes aspectos:

**Perfil Empreendedor** – O empreendedor é peça básica da empresa que, através de seu trabalho, conhecimento e criatividade, mantém a mesma viva e crescente. Todo empreendedor inteligente colocará a empresa acima de seus interesses pessoais e preconceitos. Na sua direção terá dúvidas e problemas. E devido a isso ele se atolará num mar de tarefas burocráticas e não empresariais. A importância está na empresa e não no empresário.

As características que formam o perfil do empreendedor são: capacidade de liderança; envolvimento com o trabalho; experiência profissional; propensão ao risco; competência técnica; visões holística, generalista, estratégica e sistêmica; boa saúde; senso crítico; capacidade de análise; conhecimento muito grande das funções administrativas e organizacionais; estabilidade emocional; rapidez na tomada de decisão; propensão ao trabalho em equipe; disponibilidade financeira com austeridade; dificuldade em desfrutar suas próprias conquistas.

**Capacidade Empresarial** – Assunto já abordado.

**Capacidade Administrativa** – A capacidade administrativa do empreendedor reside na absorção dos objetivos de qualquer empreendimento, bem como atingir tais objetivos através das funções administrativas. Como administrador o empresário responde a racionalização, produtividade, qualidade, estratégia, estrutura, política, tática, sistema, método, custo, venda, estoque e lucro. Para estas respostas ele precisará de persistência e comportamento sistemático.

**Capacidade Empreendedora** – A capacidade empreendedora é aquela voltada para a inovação, a mudança e a criatividade. Ela é capaz de vislumbrar novas oportunidades, iniciar novos negócios e ver "nichos" de mercado.

O termo oportunidade (do latim "op portus" – em frente ao porto) é usado com certa indefinição e amplitude. Tal tipo de capacidade inventa novos fatores de sucesso, detecta necessidades de mercado, provoca mudanças de processos, estruturas, comportamentos, modelos, políticas e procedimentos, por exemplo.

**Capacidade de Comunicação** – O empreendedor precisa ser dotado de meios e recursos de comunicação dos quais não se deve descuidar. Assim, ele deve ter:

- Uma redação correta, objetiva, clara e concisa para expressar o pensamento em ordens, planos, programas, políticas, decisões, estratégias, táticas e relatórios.
- A palavra fluente, a dicção impostada, o estilo sem requintes para se expressar; a cortesia, a educação e a perspectiva na condução dos debates e negociações.
- A utilização de recursos audiovisuais e de outras naturezas que possam expressar melhor o seu pensamento.

**Capacidade de Liderança** – A liderança pode ser definida em termos de uma pluralidade de funções desempenhadas pelos indivíduos ou grupos, como a capacidade (posição ou carisma) de alguém poder influenciar outra pessoa ou grupo no sentido de alcançar determinado objetivo proposto pelo líder. É importante que seja dito que um indivíduo pode liderar um grupo por longo tempo, mas não por todo o tempo.

Muitas das vezes, a situação configura um líder, fruto de um processo de comunicação que ajuda a mudar o comportamento das pessoas. O liderado tem fé e respeito pelo líder. Não é um simples subordinado que recebe ordens. Ele confia e tem orgulho do mesmo.

**Visão Sistêmica –** Assunto já abordado.

**Visão Estratégica –** Assunto já abordado.

**Visão Generalista –** Assunto já abordado

**Visão do Negócio –** Assunto já abordado.

**Visão Holística –** Assunto já abordado.

**Premissas do Empreendedor –** Embora já tenha sido abordado, vale acrescentar as principais premissas do empreendedor:

- O empreendedor precisa jogar toda a energia na operação do negócio, ou seja, primeiro viabilizar a ideia, analisar o projeto/produto e depois estruturar o empreendimento.
- O empreendedor não deve tentar impor nada ao mercado e, sim, identificar possíveis nichos.
- O empreendedor, dentro do possível, deve procurar a originalidade, criatividade e inovação, mesmo quando trilhar um caminho conhecido.
- O empreendedor não deve ter medo de constituir sociedade, porque os sócios ajudam a alavancar a construção de um novo negócio, permitindo dividir responsabilidades e conhecimentos.
- O empreendedor tem de trabalhar muito mais do que um empregado e não ter a pretensão de ficar milionário.
- O empreendedor não tem horário, férias e salários extras, não podendo nem ficar doente.
- O empreendedor de sucesso é um preenchedor de lacunas do mercado.
- O empreendedor deve desempenhar muitos papéis, em função dos diversos compromissos que tem de assumir, sendo, portanto, importante trabalhar em equipe.
- O empreendedor para ter sucesso, baseado numa economia do conhecimento, precisa criar um ambiente próprio e receptivo às suas ideias.
- O empreendedor precisa encontrar fórmulas criativas e compatíveis com sua capacidade de investimento, para se apresentar ao mercado e promover o produto.
- O empreendedor precisa saber se seus objetivos de vida são congruentes com os objetivos do negócio.
- O empreendedor precisa saber trabalhar com as principais ferramentas administrativas.
- O empreendedor deve usar de humildade, se não tiver um bom potencial em todas as funções organizacionais do projeto, pois precisará considerar o conhecimento de terceiros.
- O empreendedor jamais deve ser arrogante, prepotente e cabotino, pois isso o descredencia junto aos investidores.
- O empreendedor deve saber ouvir os mais sábios, os experientes e os membros da equipe.
- O empreendedor quando estiver conversando, não deve só falar do assunto que domina, para não parecer um chato.
- O empreendedor precisa estar comprometido com as metas e propósitos do projeto.

**Fracasso do Empreendedor –** Segundo uma pesquisa da Ernest & Young, os erros fatais apontados de quem fracassa são: Falta de pesquisa e análise; Empréstimo bancário; Sócio errado; Custo fixo descontrolado; Falta de conhecimento da tributação; Negligência com a contabilidade gerencial; Mistura do dinheiro pessoal com o dinheiro da empresa; Perda de qualidade; Excesso de otimismo; Excesso de dívidas; Passivo a descoberto; Crescimento desordenado; Falta de conhecimento do ramo; Carência de conhecimento das funções administrativas; Falta de estabilidade emocional; Falta de reflexão na tomada de decisão; Dificuldade de trabalhar em equipe; Dificuldade na austeridade financeira; Dificuldade em desfrutar suas próprias conquistas.

**Espírito Empresarial –** A riqueza, por si só, não produz utilidade nem individual e muito menos coletiva, na medida em que ela é praticada apenas dentro de uma visão acumulativa e não empreendedora. Além de gerar empregos, pagar tributos e movimentar um mercado cada vez mais incerto, turbulento, mutável e competitivo, o empresário só terá condições de exigir um papel mais comprometido do governo, na proporção direta da sua abertura para uma ação mais associativa e menos individualizada.

**Personalidade do Empreendedor** – Os principais elementos que formam a personalidade do empreendedor são:

- É orientado por metas, sendo autoconfiante e automotivado.
- Tem um horizonte bastante amplo, trabalhando com objetivos de longo prazo.
- Sabe delegar e põe a mão na massa.
- É voltado para o mercado, acompanhando a evolução de seus produtos.
- Assume riscos moderadamente.
- Investe pesado, esperando sucesso, não tendo medo do fracasso.
- Procura fazer dos erros aprendizagem.
- Apoia-se em pessoas e em sua capacidade de liderança.
- É minimamente controlador, acompanhando as coisas no atacado.
- É orientado para a ação.
- Tenta incutir sua visão pessoal do empreendimento nos outros.
- Possui um rol de argumentos favoráveis ao novo negócio.

**Espírito Empreendedor** – O espírito empreendedor não é natural, não é criativo. É trabalho. Como um número substancial de empresas em funcionamento consegue sucesso como empreendedoras, indica que o espírito empresarial e a inovação podem ser conseguidos por qualquer organização.

Assim, como qualquer pessoa inteligente, o empreendedor questiona, a toda hora, os seus procedimentos. Portanto, teste sua capacidade empreendedora respondendo as seguintes perguntas:

- Você ocupa o seu tempo para fazer as coisas tanto melhor quanto para mantê-las?
- Você fica excitado com o que está fazendo?
- Você pensa em novas ideias de negócios constantemente?
- Você consegue visualizar as etapas para concretizar uma nova ideia?
- Você é capaz de manter suas ideias em sigilo?
- Você consegue manter o otimismo mesmo quando algo que você está fazendo parece que vai falhar?
- Você tem mais admiradores do que críticos?
- Você tem uma rede de amigos com a qual pode contar?
- Você consegue superar uma tendência perfeccionista?
- Você abriria mão de um ganho maior em troca de uma oportunidade, mesmo que tenha risco?

## 5.14 Problemas de Capital

Capital é o montante de recursos financeiros a serem investidos em um projeto, isto é, a soma do Capital Realizado mais o Capital a Realizar. Os investidores assumem o risco do Capital Investido, tendo o direito de controle e gerência do projeto e, logicamente, auferirem os benefícios futuros gerados pelo capital aplicado.

Para fazer o capital inicial, recomenda-se a utilização do patrimônio pessoal, resultante de indenizações, alienação de bens, hipotecas de imóveis, poupanças, aplicações, por exemplo. Somente como recurso final, recorrer a dinheiro emprestado. Nesse caso, a taxa de retorno tem de ser calculada com precisão, ela não pode ser inferior à taxa de juros, cobrada pelo mercado, sob pena de condenar o negócio à falência.

A lucratividade não pode estar a baixo da taxa de inflação real somada a taxa de juros de empréstimos.

Um empreendimento precisará de capital financeiro para levar adiante os seus projetos, mas quanto? Qual capital de giro é necessário? Que fonte de capital será? Será por meio de financiamento, empréstimo, leasing ou crédito? Qual a disponibilidade financeira?

Dentre os problemas de capital levantados, os mais graves são: o capital de giro e a disponibilidade financeira (capital próprio).

Quando se quer programar a futura atividade de uma empresa, deve-se tomar em consideração os meios financeiros disponíveis que, muitas vezes, devem ser condicionados aos objetivos do empreendimento, e vice-versa.

O capital próprio é a participação dos proprietários no ativo. Ele não tem data de vencimento. Quando os proprietários investem numa empresa, não há acordo sobre a devolução do seu investimento inicial. Se um proprietário desejar reaver seu investimento, terá que achar outro comprador para sua parte ou liquidar a empresa.

Se o empreendedor vai ou não conseguir seu investimento original intacto, é uma questão que depende de sorte e de sua capacidade de gerenciamento do negócio.

Os capitais de terceiros têm prazos de vencimento. É preciso resgatá-los nas datas especificadas nos contratos realizados entre a empresa e seus credores. Se a dívida não for paga no vencimento, os credores podem penhorar o ativo ou mesmo forçar a liquidação da empresa, dependendo dos termos do contrato firmado.

Teoricamente, uma empresa pode viver muitos anos, sem investir, apenas usando instalações, máquinas e equipamentos que possui. No entanto, ela não sobreviveria um mês sem capital de giro, que são os recursos que mantêm as engrenagens do negócio.

A decisão de reter dinheiro em caixa, não se valendo de bancos, para ser usado como capital de giro significa comprometer o crescimento no longo prazo e ter menos dinheiro para repartir lucros com os sócios.

## 5.15 Problemas de Imobilização

A imobilização é o mesmo que retenção de dinheiro em determinados ativos ou ação de imobilizar capital no longo prazo. São considerados ativos imobilizados os bens e direitos de natureza permanente, destinados à manutenção das atividades da sociedade.

Como é óbvio, o termo imobilizado não diz respeito à falta de mobilidade física dos bens de uma empresa, mas ao fato de que uma parcela dos recursos da sociedade (empresa) foi aplicada em ativo permanente.

A classificação de investimento permanente, ou ativo imobilizado, repousa na sua destinação, de forma que todas as contas relativas às atividades operacionais são classificadas no grupo imobilizado, que a empresa utiliza ou utilizará.

O custo de instalação de uma prensa, por exemplo, compreenderá todos os gastos necessários para ter a prensa funcionando, excluindo o custo financeiro.

É importante esclarecer que a imobilização de capital e o investimento seriam idênticos se todos os bens e serviços fossem pagos à medida que são comprados, e se os pagamentos dos produtos vendidos fossem recebidos, no momento da entrega. Fato muito difícil de acontecer.

A taxa de imobilização é dada pela fórmula:

Taxa de Imobilização = Ativo Permanente / Patrimônio Líquido

Onde:
Ativo Permanente = Investimentos + Ativo Imobilizado + Ativo Diferido

Ativo Imobilizado = Soma dos imóveis, instalações, veículos, móveis, utensílios, marcas, patentes, direitos de publicação, cauções, reserva técnica de estoque.
Ativo Diferido = Aplicações de recursos em despesas (gastos com desenvolvimento de novos projetos) que contribuirão para a formação do resultado de mais de um exercício social.
Exemplo:
Ativo Permanente = $ 11.000,00
Patrimônio Líquido = $ 6.000,00
Taxa de Imobilização = 11.000 / 6.000 = 1,84

Análise:

A taxa de imobilização informa quanto uma empresa conseguiu imobilizar e investir com relação ao capital próprio (patrimônio líquido). No exemplo acima, o ativo permanente é quase o dobro do patrimônio líquido, sendo, portanto, um alto risco, porque ativos imobilizados não têm liquidez imediata. O aumento dos investimentos só se justifica se a empresa apresentar bons resultados. Mesmo assim, é necessário saber ler muito bem o cenário.

## 5.16 Problemas de Investimento

Investimentos são gastos aplicados em bens duráveis, direitos de marca, tecnologias, máquinas e equipamentos, bem como recursos aplicados em participações (empresas coligadas e/ou controladas) e em outras sociedades (direitos de qualquer natureza). É importante assinalar que os investimentos são aplicações, relativamente, permanentes com o objetivo de produzir renda.

Os investimentos empresariais podem ser vistos pela massa de capitais aplicados e pelo tempo da aplicação. Embora o volume de capital seja preponderante em qualquer investimento, o que realmente interessa é quanto tempo vai se levar para ter o dinheiro de volta.

É muito importante que o investidor faça uma análise da conveniência do investimento, bem como se deve comprar ou alugar alguns dos recursos que farão a empresa funcionar, porque os gastos com aluguel podem ser jogados na conta de despesas. Já o imobilizado só pode ser amortizado, em geral, em cinco ou mais anos. Evidentemente, esses benefícios não são os únicos a se considerar, quando se precisa de uma máquina ou equipamento.

Além da disponibilidade de caixa e da conjuntura econômica, fatores como o preço do equipamento desejado e o custo da locação devem ser, obrigatoriamente, pesquisados e analisados. Nesta análise, é importante que o tempo de utilização do ativo deva ser considerado, pois é esta variável que determinará o aluguel ou a compra.

O investimento tem uma relação inversamente proporcional com as taxas de juros de mercado. Se a empresa já dispõe de capital próprio, a taxa de juros representará o quanto à empresa ganharia se, em vez de investir em suas instalações, aplicasse no mercado de capitais.

Se a empresa precisa tomar emprestado, para comprar bens duráveis ou ampliar suas instalações, a taxa de juros de mercado representa para ela o custo do empréstimo. Nas duas situações, quanto maior a taxa de juros de mercado, menores os investimentos.

Problemas de investimento que mais afligem os investidores são:

**Rentabilidade –** A rentabilidade do capital investido deve ser uma preocupação do empreendedor, tendo em vista que este indicador econômico mede a perspectiva de retorno do investimento dos proprietários.

**Risco –** Numa economia dinâmica, livre e competitiva, o risco é inevitável. Desafia constantemente a argúcia dos empreendedores e sua estimativa correta é muito difícil. Expõe o negociante ao perigo de prejuízo financeiro, que pode ser causado por deterioração física, roubo, danificação, perda, alterações de oferta ou procura e oscilações do nível de preços.

Executar projetos é diferente de executar uma rotina já consagrada, visto que se está constantemente enfrentando situações inesperadas e turbulências do ambiente.

Ademais, o que caracteriza o futuro é a incerteza. Os riscos de fracasso rondam, permanentemente, o analista, o empreendedor, o dirigente, o gestor. Deve-se levar em conta que qualquer investimento tem uma expectativa de risco. Mas este deve ser o mais bem calculado possível.

O risco é toda e qualquer possibilidade de uma decisão, política, estratégia, plano ou projeto não dar certo. Assim, se torna importante todo esforço para minimizá-lo.

## 5.17 Problemas de Crédito

Desde os primórdios da civilização humana, as emergências com morte, doença e incêndio, por exemplo, têm exigido do indivíduo maior soma de bens do que ele eventualmente possui, no momento. Daí, a figura do crédito. Os créditos mais comuns, que o mercado utiliza, são: crédito mercantil e crédito ao consumidor.

O crédito pode ser considerado como cessão de mercadoria, serviço ou dinheiro para pagamento futuro. Também é dito que uma pessoa tem crédito pela sua capacidade de levantar empréstimos em instituições financeiras. Tanto que o crediário é um crédito aberto em troca da promessa de reembolso do valor com juros, em prestações iguais pagas dentro dos intervalos especificados.

Os profissionais de crédito avaliam as condições de crédito aos consumidores potenciais, negando ou limitando para consumidores duvidosos. Acham que os vendedores atendem a todos os consumidores, inclusive aqueles que se encontram em situação financeira duvidosa.

Por outro lado, os vendedores acham que zerar os devedores significa perda de venda e lucro. Reclamam que trabalham arduamente para fazer o consumidor e, depois, têm que ouvir: "ele não é bom o suficiente para receber crédito".

Provavelmente, a forma mais comum de financiamento a curto prazo é o denominado crédito comercial ou mercantil. Embora não atinja o montante das outras modalidades de crédito, praticamente, toda empresa, seja individual, sociedade de pessoas ou sociedade anônima, recorre a alguma forma de crédito comercial.

Também podemos definir crédito comercial como sendo o crédito a curto prazo concedido por um fornecedor a um comprador, em decorrência da compra de mercadorias para posterior revenda. Quando não houver o benefício do desconto para pagamento à vista, o crédito mercantil é, frequentemente, uma das mais dispendiosas fontes de fundos.

A utilização de crédito comercial em excesso é, muitas vezes, causa direta de falência. Visto ser mais facilmente obtido do que a maior parte dos outros créditos. Existe a tendência de alavancar uma empresa com crédito mercantil do que com capital próprio.

O aumento da utilização desta modalidade de crédito é inadequado para acompanhar o aumento dos ativos de uma empresa, isto é, as contas se tornam perigosas, fazendo com que os fornecedores suspendam a concessão de novo crédito. Uma situação em que a empresa pode não ter a quem recorrer.

Se nossa situação de liquidez for muito fraca, teremos de procurar os fornecedores que ofereçam prazos mais convenientes.

Uma vez que o crédito comercial está relacionado diretamente com estoques e vendas, há a necessária flexibilização das fontes de capital. Este crédito tem vantagem sobre os demais, em vista dos credores, raramente, exigirem o penhor de nossos ativos. Isso nos coloca em melhor posição para procurar fundos adicionais. Mas, atenção, esta liberdade não é ilimitada.

## 5.18 Problemas de Financiamento

O financiamento é o valor dado a uma pessoa (física ou jurídica) para obtenção de: bens; capitais; instalações, máquinas, equipamentos. Suas duas figuras mais importantes são leasing e alienação fiduciária. Os financiamentos representam empréstimos de financeiras, com prazo de vencimentos superior a um ano.

São compostos de: Principal e Encargos Financeiros.

O principal representa o valor da dívida, o montante recebido como empréstimo. Normalmente, esses financiamentos estão sujeitos a ajustes pela desvalorização da moeda, os quais, dependendo dos termos do contrato de financiamento, podem ser pagos periodicamente (mensais, trimestrais, semestrais, anuais) ou incorporados ao principal, para que seja pago juntamente com este.

Os encargos financeiros são os juros e comissões diversas que a empresa tomadora do empréstimo deve pagar, conforme contrato. Os ajustes pela desvalorização da moeda também representam encargos financeiros.

Ao configurarmos um projeto, devemos, portanto, indicar: as necessidades de recursos, as possíveis fontes de captação e onde serão aplicados tais recursos. Alguns cuidados básicos no financiamento de um empreendimento devem ser seguidos, tais como:

- O custo financeiro é de extrema importância, devendo ser muito bem estudado.
- O custo de cada financiamento deve ser o menor possível, nunca superior ao custo de mercado e bem abaixo da taxa interna de retorno do negócio.
- O prazo de cada financiamento deve ser negociado, em função do fluxo de caixa do empreendimento, isto é, os vencimentos devem coincidir com as disponibilidades de caixa geradas pelo negócio.

As garantias de pagamento devem ser as menores possíveis para não comprometer, excessivamente, a capacidade de obtenção de recursos adicionais. Em casos de emergência, devem ser particularmente evitadas as garantias pessoais do empreendedor. Um grande empreendimento só se torna próspero e viável quando a captação de recursos é criteriosa.

## 5.19 Problemas de Tributação

A carga tributária vitima de forma igualmente perversa as empresas, que pagam impostos, sobretudo, no: faturamento, lucro e folha de pagamento. Quando contrata um funcionário, para cada 100 reais de salário, a empresa precisa recolher 86 reais em tributos.

Entende-se como tributo à prestação monetária compulsória devido ao poder público ou, de forma mais simples, o somatório de impostos mais taxas. O empreendedor deve saber, de antemão, qual a carga tributária a incidir sobre o seu negócio, pois um país, como o Brasil, desanima qualquer investidor. O conselho é se informar sobre impostos e taxas antes de se aventurar num empreendimento.

Assim, ao planejar os impostos observe: o regime jurídico apropriado; as melhores formas de integralizar capital; as melhores alternativas para o financiamento; as melhores maneiras de distribuir lucros; como acelerar ou adiar receitas; quando e como incorrer em despesas; os melhores métodos para aplicar depreciação e valorizar estoque.

Se você não tiver conhecimento das exigências tributárias ou se por qualquer outro motivo deixar de pagar impostos nos prazos e valores corretos, poderá ter sérios transtornos em sua empresa, vários anos mais tarde, porque a cobrança de impostos passados fatalmente será executada em algum momento. Pior ocorre, quando se desconsideram as notificações oficiais, que, se não levadas a sério, podem encerrar sua empresa.

Por menor que seja o negócio, é mais sábio contratar um especialista e fazer um bom planejamento tributário. Entenda-se por isso a adoção de estratégias para minimizar o impacto dos impostos e, assim, aumentar a rentabilidade.

O custo inicial pode até ser alto, mas a economia que pode ser feita é para toda a vida da empresa. Há muitos casos de empreendedores que, ao fazer esse planejamento, perceberam que se mudassem as características de seu produto, ou mesmo a área de atuação, pagariam menos impostos do que se mantivessem o projeto original.

Além disso, as empresas que agem corretamente ainda se vêem obrigadas a custear, na forma de benefícios sociais: plano de saúde, cartão transporte, cartão refeição, seguro de vida, previdência privada, plano de educação, treinamento e reciclagem profissional, programa de saúde dentária, programa de apoio educacional à família e outros benefícios, como colônia de férias. É um duplo pagamento. Um feito ao governo e outro para pagar benefícios que são responsabilidade do estado.

Neste contexto, a interpretação incorreta das normas fiscais, faz com que os empresários e profissionais da área fiscal deixem de aproveitar alguns créditos nas apurações, pois exige muito estudo da legislação, como no caso do cálculo incorreto dos créditos do estoque inicial que, em inúmeras vezes, o empresário deixou de aproveitar os créditos.

Assim, a realização de um planejamento tributário das apurações das contribuições por profissionais especializados, envolvendo o período dos últimos cinco anos, possibilita a regularização do fisco, evitando penalidades por parte da Receita Federal, como serve para a recuperação de créditos, possibilitando a redução da carga tributária.

A seguir, serão dados exemplos de tributação, para mais bem esclarecer o efeito deletério que causam os impostos e contribuições, sobre o preço de venda de um produto:

**Impostos e Contribuições –** Se a receita operacional de uma empresa foi de R$ 108.900,00, em um mês, temos o seguinte quadro:

| Item | Histórico | Índice | Valor |
|---|---|---|---|
| 1 | Receita Operacional | - | 108.900,00 |
| 2 | ICMS | 17,00% | 18.513,00 |
| 3 | PIS | 0,65% | 708,00 |
| 4 | COFINS | 3,00% | 3.267,00 |
| 5 | IPI | 6,50% | 7.078,00 |
| 6 | Impostos a Recolher | 27,15% | 29.566,00 |

**Quadro 5.2:** Impostos e Contribuições.

**Nível de Tributação –** O nível de tributação é dado pela fórmula:

Nível de Tributação = Tributos Pagos / Total do Faturamento

Onde:
Tributos Pagos = Soma dos tributos que incidem nos produtos (bens e serviços) vendidos num determinado período

Exemplo:
Tributos Pagos = $ 500,00
Total do Faturamento = $ 3.000,00
Nível de Tributação = 500,00 / 3.000,00 = 0,166 ≈ 17%

Análise:

O nível de tributação elevado inviabiliza qualquer negócio, levando a empresa a trabalhar na informalidade. A carga tributária no Brasil é alta, pois chega a 38% do PIB. A média dos países em desenvolvimento é da ordem de 20% a 24% do PIB.

## 5.20 Problemas de Desenvolvimento Organizacional

O desenvolvimento é o ato de crescer, aumentar, construir e progredir. Também pode ser considerado como um caminho para criar/aplicar métodos, técnicas, metodologias e regras para melhorar (alavancar): práticas administrativas, práticas sociais, atividades, processos, políticas, soluções, estratégias, táticas, atuações, ações, planos, projetos, modelos, decisões, análises, pesquisas, avaliações.

Durante os últimos anos vêm-se acumulando dados de pesquisa a respeito do desenvolvimento de quase tudo que se possa imaginar. Recentes estudos mostraram aspectos essenciais na elaboração mais ampla de modelos de desenvolvimento. Parte dessas pesquisas está direcionada a minimizar o tempo que se gasta em um projeto de desenvolvimento, qualquer que ele seja.

O desenvolvimento organizacional é todo processo planejado de modificações culturais e estruturais, permanentemente, aplicado a uma organização, visando a institucionalizar uma série de tecnologias sociais, de tal forma que a organização fique habilitada a diagnosticar, planejar e implementar essas modificações com ou sem assistência externa. Este tipo de desenvolvimento reconhece a interação humana como de grande importância.

Para Warren Bennis, o desenvolvimento organizacional é uma estratégia educacional adotada para trazer à tona uma mudança exigida, em função das demandas do ambiente, à qual a organização tenta responder positivamente, fundamentada na experiência e conhecimento do passado.

O objetivo do desenvolvimento organizacional é aplicar o conhecimento da ciência do comportamento à moldagem dos processos de formação de grupos e das relações intergrupais, a fim de assegurar a eficácia organizacional. As organizações precisam criar reações rápidas aos ambientes em transformação e meios eficazes para controlarem os conflitos.

O maior problema de desenvolvimento organizacional é a resistência à mudança que é um fenômeno de facetas múltiplas, provocando atrasos, custos e instabilidades inesperadas no processo de mudança. A resistência manifesta-se ao longo de toda a história de uma mudança. As causas da resistência podem ser encontradas nas reações de indivíduos, por um lado, e nas ações comuns de grupos de indivíduos, por outro.

Os indivíduos resistem às mudanças quando sua posição de poder é ameaçada. Nem todos os administradores, porém, são iguais. Assim, o modo pelo qual administradores irão reagir às mudanças dependerá da força de sua personalidade e de sua flexibilidade pessoal.

Os grupos resistirão a uma mudança na proporção em que ela ameaçar o seu poder, desrespeitar os valores e as normas, basear-se em informação considerada irrelevante, basear-se num modelo de realidade diferente do modelo considerado válido pelo grupo.

## 5.21 Problemas de Desenvolvimento Humano

O desenvolvimento humano é uma área que está adquirindo grande significado, num cenário de rápidas transformações. A empresa não pode se dar ao luxo de deixar que seus empregados fiquem em posição inferior à dos empregados de firmas concorrentes. Tampouco pode o empregado ser complacente, repousando sobre o conforto de um contrato sindical ou no colo de uma gerência afável, abrindo espaço para vir a ser tragado pelo futuro.

A natureza do desenvolvimento humano tem sido obscurecida, porque a confundem com treinamento. Uma pessoa que se desenvolveu é alguém mais maduro e mais sábio. Este desenvolvimento requer tempo, porque um homem pode ser ensinado, mas não aprende necessariamente, isto é, a empresa não pode desenvolver um executivo, mas sim, proporcionar a oportunidade para que o mesmo se desenvolva.

Os recursos humanos apresentam uma incrível aptidão para o desenvolvimento, que é a capacidade de aprender novas habilidades, obter novos conhecimentos e modificar atitudes e comportamentos. Existe uma ampla variedade de meios disponíveis de que as organizações podem lançar mão no sentido de desenvolver seu pessoal.

Mas a questão é: Como aprimorar, capacitar e utilizar meios, recursos e processos para que a pessoa tenha mais qualidade e mesmo consiga se desenvolver, tornando-se melhor diante do grupo de trabalho, do grupo social, da família, da organização e da sociedade?

## 5.22 Problemas de Projeto

Projeto é uma organização de recursos, sistemática, transitória e racionalmente ordenada, que compreende uma sequência de atividades dirigidas à geração de um produto singular, em um tempo dado, permitindo estimar os custos e os benefícios de tal geração. Um projeto pode servir de base para a avaliação de um outro que tenha os mesmos objetivos.

O termo projeto está, hoje, tão generalizado que passou a ter uma infinidade de significados. É utilizado como sinônimo de aspiração e de intenção. Quando aspiramos algo, por exemplo, quando pretendemos conseguir um bom emprego ou quando queremos aprender um idioma dizemos que temos um projeto.

Outros usos da palavra são vagos ou genéricos. Referimo-nos ao nosso projeto de vida e chamamos de projeto a um documento que contenha um inventário de intenções.

Projeto é a ponte entre a análise de um problema e a resolução do mesmo. Assim, pode ser um documento analítico (desenho, esboço) de um empreendimento, relacionando recursos de forma que programas e planos possam ser efetivados com êxito. Diferentemente das funções, que são, mais ou menos, permanentes, os projetos são sempre temporários, sendo montados em torno de uma ação específica de inovação.

Os aspectos a abordar em um projeto são muitos e podem ser econômicos, tecnológicos, financeiros, administrativos, jurídicos e sistêmicos, por exemplo.

O anteprojeto é um esboço preliminar do projeto, como o protótipo é para o produto. Deve ser simples, conciso, objetivo e de orçamento reduzido. O anteprojeto não deve ser confundido com sinopse. O subprojeto refere-se a uma parte do projeto, visto que é comum dividir um projeto em partes menores (método cartesiano) que sejam facilmente gerenciáveis. Os maiores problemas de projeto são derivados de:

**Gerente do Projeto** – O gerente do projeto dá ênfase à integração das tarefas e atividades, em seus aspectos organizacionais e sistêmicos, uma vez que cada área funcional apresenta seus propósitos e objetivos particulares, ocasionando desentendimentos e conflitos.

É um gerente que precisa ter um conhecimento amplo daquilo que se propõe a fazer, bem como avaliar e cruzar informações na busca da realização organizacional. Estas informações são conseguidas com superiores, subordinados, pares, usuários, pacientes, concorrentes, colaboradores e consumidores.

A função do gerente do projeto dentro da organização é bastante controvertida, pois deve atuar junto à alta administração, falando de orçamentos, prazos e estratégias e, junto à equipe do projeto, de tecnologia, desenvolvimento, metodologia e desempenho.

**Apresentação do Projeto** – Um projeto reúne informações de naturezas diversas, objetivando dotar o potencial empreendedor de toda a gama de variáveis, internas e externas, que possibilite a tomada de decisão. Quando do desenvolvimento de um projeto deve-se elaborar um documento, onde é abordado, através de itens ou parágrafos, aquilo que se considera importante, como informações iniciais para a consecução do projeto.

A seguir, são listados os itens principais que um projeto deve apresentar: Folha de Rosto; Registro no Escritório de Direitos Autorais; Apresentação do Projeto; Sumário; Introdução; Concepção; Finalidade; Fundamentação; Pesquisa Preliminar; Dados e Conceitos; Análise Preliminar; Desenvolvimento; Planejamento e Controle; Operacionalização; Produtos; Implementação; Conclusão; Documentação Final; Comunicação; Avaliação; Anexos; Bibliografia; Índice Remissivo.

**Coordenação do Projeto** – Os problemas que o gerente precisa enfrentar para bem coordenar o projeto são: compreensão, complexidade, conhecimento, percepção, criação, abstração, hierarquia, valor, comunicação, custo, produtividade, flexibilidade, segurança, mudança, usuário, implementação, aspectos organizacionais, risco.

**Metodologia do Projeto** – Muitas são as metodologias para se abordar um projeto, mas a mais utilizada é a metodologia estruturada, porque: permite uma abordagem disciplinada de projetos em computador; permite que a forma do problema guie a forma da solução; procura resolver a complexidade, através da segmentação; utiliza ferramentas, especificamente gráficas, de fácil compreensão; oferece um conjunto de estratégias; oferece critérios para avaliar a qualidade de um dado; produz sistemas fáceis de entender, confiáveis, passíveis de longa vida, facilmente desenvolvidos, eficientes e que funcionam.

**Patrocinadores do Projeto** – Os possíveis financiadores e/ou patrocinadores do projeto estarão interessados em saber: a consistência das propostas; as necessidades de negociação; o nível de risco; a viabilidade do projeto; a confiabilidade dos dados; as informações relevantes; os recursos financeiros; os recursos materiais; os recursos físicos; os recursos humanos; os recursos administrativos; os recursos mercadológicos; os recursos de informação; os recursos de comunicação; o cronograma; as autorizações; os contratos; os orçamentos; os custos; os concorrentes; a regulamentação governamental; a documentação; os gráficos e muitos outros aspectos, em função do próprio projeto.

**Viabilidade do Projeto** – Levar uma ideia para o papel, desenvolver e depois implementar a mesma é um caminho difícil e cheio de pedras. A maioria dos seres humanos desiste no meio do caminho e outros logo no início. Para se construir um projeto é preciso ter garra. E, se você trabalha sozinho, muita força de vontade será necessária para enfrentar as dificuldades que serão enormes, em função da ambição do projeto.

Por que o projeto falha? Esta é uma pergunta que persegue todo gerente de projeto que atua na área há muito tempo. Certamente cada um já sentiu o gosto amargo de algum tipo de fracasso. Pesquisas têm comprovado que a ocorrência de fracassos é muito comum e em algumas áreas de negócios os números chegam a assustar.

É muito comum que apenas 20% dos projetos sejam bem-sucedidos.

Dentre as principais causas de fracasso do projeto, podem ser listadas:

- Um concorrente se antecipa a idéia e sai na frente.
- Uma Lei torna o projeto obsoleto ou inviável.
- As metas do projeto não foram claras.
- Houve falta de habilidade gerencial.
- Houve falta de conhecimento dos membros do grupo.
- Não houve apoio e comprometimento da alta administração.
- Projeto inadequado ao mercado.

O sucesso do projeto tem como causas:

- O projeto foi concebido, desenvolvido, realizado e concluído no prazo e no orçamento previstos.
- O projeto atendeu as especificações técnicas e qualidades previstas.
- O consumidor/usuário ficou satisfeito com o produto resultante.
- O produto obtido é usado em sua totalidade.
- A equipe trabalhou com um alto grau de sinergia e contentamento.
- O produto gerado pelo projeto aumentou ou manteve a rentabilidade da empresa.
- O projeto captou mais oportunidades de negócios.

**Risco do Projeto** – Assunto já abordado.

**Análise de Valor** – Assunto já abordado.

## 5.23 Problemas de Contrato

Contrato é um acordo (combinação, ajuste) tácito e escrito entre duas ou mais pessoas para execução de determinada coisa, onde estão assinaladas: condições, cláusulas, responsabilidades, deveres, direitos, prazos e obrigações das partes envolvidas.

Nem sempre um contrato precisa ser escrito, pois no Direito há a expressão – contrato verbal. Mas quando os acordos entre duas partes se tornam de vital interesse para, pelo menos, uma delas, é interessante assinar um contrato legal, cobrindo os pontos principais do acordo.

Da mesma forma, se uma companhia entra em um acordo de compras de longo prazo com um fornecedor importante, tanto ela como o fornecedor, provavelmente, desejarão um contrato por escrito, que registrará o acordo com referência aos preços, quantidades e outras condições.

Entretanto, os contratos escritos raramente cobrem todas as relações entre as partes; são eles suplementados por costumes e subsequentes acordos informais com referência à interpretação. Os contratos de longo prazo raramente antecipam todos os problemas que surgirão, e necessita, ainda, maior precaução para as renegociações, isto é, são necessários aditivos contratuais.

O maior problema com contratos se refere a sua administração, pois administrar um contrato significa tratar desde a proposta inicial, para fornecer um bem ou um serviço, até o término do período de garantia (serviço pós-venda). Para implantação de projetos de longa duração, se impõe um contrato com suas cláusulas para que tudo atenda a um cronograma estabelecido entre as partes.

O grupo gestor do contrato é interdisciplinar (estrutura organizacional matricial), formado por diversos especialistas dos departamentos da empresa, sob a coordenação de um administrador de contratos que é o defensor do cliente no âmbito da empresa e o representante desta junto àquele, compatibilizando os justos interesses de ambos.

## 5.24 Problemas de Remuneração

Item controverso, a remuneração deve ser analisada sob o aspecto legal e motivacional, a fim de atender as necessidades básicas do empregado. Não devemos esquecer que uma política ruim de remuneração pode trazer problemas para a empresa.

O êxito da organização, muitas das vezes, está ligado à forma de remuneração de seus integrantes, principalmente como fator motivador, para que haja eficiência, eficácia e efetividade.

Normalmente a remuneração está ligada ao desempenho, mas isto nem sempre acontece. O problema da remuneração deve levar em consideração os seguintes fatores: questão pessoal, satisfação das necessidades, valores intangíveis, padrões de mercado, avaliação do cargo, política salarial, plano de carreira, remuneração indireta, níveis e diferenças salariais, aumentos por mérito e tempo de casa e planos de incentivos, por exemplo.

Salário é a remuneração do fator de produção mão de obra. Em decorrência da sua complexidade o salário pode ser considerado como um pagamento de um trabalho e uma medida de valor. Para as empresas o salário é, a um só tempo, um custo e um investimento.

O composto salarial envolve: política salarial, capacidade financeira da empresa, desempenho da empresa e do indivíduo, situação do mercado, conjuntura econômica, negociações coletivas, legislação trabalhista. Assim, o salário médio pago pelo mercado para um determinado cargo serve de padrão para medir se há, ou não, uma superavaliação daquilo que está sendo gasto com uma pessoa.

O conceito básico de remuneração, por décadas, foi ancorado no salário fixo. A quantia paga, ao fim de cada mês, sobre a qual incidem encargos previdenciários, tributários e outros tipos de desconto. Tal sistema não acompanha a necessidade de metas e desafios cada vez maiores.

Em média, o padrão de remuneração das empresas em atividade obedece a uma combinação de 40% da remuneração em forma de salário-base, 40% em incentivos de curto prazo, 10% de longo prazo e 10% de benefícios. Já o sistema de remuneração variável por desempenho segue os princípios da meritocracia.

Chegar a um nível ótimo de remuneração que seja justo e motivador não é para qualquer um. É muito difícil, porque sempre haverá pessoas descontentes mesmo que estejam no paraíso. A remuneração pode ser direta ou indireta.

Os tipos de remuneração direta são:

- Fixa – É aquela que iguala o vendedor a um funcionário regular da empresa.
- Variável – É aquela na qual o vendedor recebe um percentual sobre o valor das vendas efetuadas.
- Mista – É aquela que é a soma de uma parte fixa mais uma parte variável.
- Extra – É aquela não programada, de ocorrência eventual e a critério da empresa. Normalmente, é dado um prêmio em dinheiro pelo bom desempenho do vendedor.

A remuneração indireta é aquela voltada a dar benefícios (previstos, ou não, na lei), tais como: colônia de férias, plano de saúde coletivo, seguro em grupo, cesta básica, auxílio refeição, auxílio transporte, plano de complementação da aposentadoria, sala de jogos, cesta de alimentos, auxílio educação, programas culturais.

# Capítulo 6

# PROBLEMAS das FUNÇÕES ORGANIZACIONAIS

*"São poucas as empresas que têm uma ideia nítida de suas respectivas missões e seus administradores não sabem determinar pontos fortes e fracos".*

Peter F. Drucker

## Objetivos do Capítulo

- Mostrar a necessidade de estudar as funções organizacionais.
- Mostrar as principais funções organizacionais e seus mais importantes problemas.
- Mostrar que, qualquer que seja a organização, é preciso que a mesma se estruture em funções para um melhor ordenamento dos negócios.

## 6.1 Funções Organizacionais

Segundo Ansoff, "o surgimento das funções organizacionais ocorreu logo no início da história das organizações do tipo empresa, quando se descobriu que a mesma funciona melhor e mais eficientemente, quando seu trabalho é dividido em unidades organizacionais, especialidades chamadas funções, cada uma delas possuindo uma potencialidade específica".

Os administradores da Dupont fizeram essas subdivisões, no início do Século XX, eles as consideravam um processo de agrupamentos de funções semelhantes (rotineiras).

O estudo das funções organizacionais é imprescindível, considerando que os órgãos e as instituições só devem existir, havendo funções que lhes justifiquem a existência e lhes discipline a ação. Mesmo estudando as funções isoladamente, é necessário considerar que elas agem e interagem de forma global, existindo, sempre, uma ação integradora que busca a sinergia funcional de todo o sistema.

A seguir, a classificação das funções organizacionais:

**Funções Organizacionais Primárias** – As funções organizacionais primárias são funções essenciais à vida e ao desenvolvimento da organização. Englobam as funções e atividades envolvidas diretamente no ciclo de transformação de recursos em produtos e de sua colocação no mercado.

Pertencem a esta categoria as funções:

**Função Econômica** – É a função de produzir bens e serviços e de manter o equilíbrio entre a organização e o ambiente.

**Função Marketing** – É a função relativa à identificação das necessidades de mercado, bem como a colocação de bens, serviços e ideias junto ao público, devendo, ainda, criar e manter consumidores.

**Função Produção** – É a função relativa à transformação das matérias-primas e insumos em produtos a serem colocados no mercado.

**Funções Organizacionais Secundárias** – As funções organizacionais secundárias são funções auxiliares e acessórias que proporcionam os meios para que os recursos sejam operacionalizados e controlados.

Pertencem a esta categoria as funções:

**Função Financeira** – É a função relativa a planejamento, captação e gestão dos recursos financeiros, envolvendo também os registros contábeis das operações realizadas nas empresas e seus respectivos orçamentos.

**Função Logística** – É a função relativa ao suprimento de materiais (máquinas e equipamentos), armazenagem, movimentação e distribuição física de produtos.

**Função Qualidade** – É a função relativa a atender às exigências ou adequações dos clientes da organização. É uma espécie de sistema voltado para conseguir, em primeiro lugar, a satisfação dos consumidores, tendo a participação de todas as áreas e indivíduos e, em segundo lugar, acompanhar as atividades da empresa desde o planejamento até o fim da vida útil do produto vendido.

**Função Pessoal** – É a função relativa ao atendimento dos funcionários, ao planejamento das necessidades de mão de obra, treinamento, política de benefícios e obrigações legais.

**Função Serviço** – É a função relativa ao transporte de pessoas, manutenção e limpeza dos escritórios, documentação, arquivos, patrimônio imobiliário da empresa, serviços jurídicos, segurança e alimentação.

**Função Sistema** – É a função do tratamento da informação (dado) e comunicação, englobando a análise de sistemas, o processamento de dados, os modelos de decisão e os bancos de dados.

**Função Desenvolvimento** – É a função voltada para a pesquisa, criação de novos produtos, aplicação de tecnologia e aquisição de conhecimento (capital intelectual).

**Funções Organizacionais Terciárias –** As funções organizacionais terciárias são as funções sociais que visam manter a satisfação dos participantes da organização, isto é, manter o equilíbrio interno (organização) e externo (sociedade).

Pertencem a esta categoria a função social e a função pública.

Além dessas funções organizacionais, ainda, podemos considerar as seguintes funções: comercial, contábil, custo, venda, material, informática, segurança, manutenção, tecnologia, jurídica.

## 6.2 Problemas de Produção

Produção é um conjunto de atividades, procedimentos, operações e movimentos usados para transformar a natureza em bens e serviços. Uma combinação da engenharia de desenvolvimento de produtos com racionalização de espaço e custo, isto é, uma sucessão de elementos de trabalho aplicada a materiais naturais com a finalidade de atender às necessidades humanas.

A produção tem padrões de custo e de operação, tem grande controle sobre seu ambiente interno, processos de produção, máquinas e empregados. Estes elementos são organizados e dirigidos de maneira a produzirem o máximo de eficiência.

O objetivo da produção é transformar recursos em produtos úteis à sociedade.

Os objetivos complementares da produção são:

- Atender a carteira de pedidos.
- Assegurar a plena utilização da capacidade instalada, reduzindo.
- Aumentar a movimentação de materiais e produtos.
- Desenvolver um banco de dados para aplicações futuras.
- Obter dados sobre os fatores de produção.
- Registrar e acompanhar as atividades executadas.
- Obter informações sobre: andamento da produção, quantidade produzida, refugos, consumo de matérias-primas, insumos, materiais e energia.

- Analisar tempos e movimentos, medindo a produtividade.
- Otimizar o arranjo físico de homens e máquinas.

Erros em produção mais comuns são: considerar custos baixos e alta eficiência como principais objetivos; não encarar processos produtivos na estratégia global da empresa. Tomar a produtividade como a coisa mais importante, sem considerar consumidores, novos mercados, mudanças de hábitos, modismos, novas tecnologias, risco de capital, remuneração do investimento, preços praticados pela concorrência, margens de lucro, economia de escala, terceirização, capacidade instalada, não deve ser a principal prioridade do gerente de produção.

O gerente de produção deve se indagar, todos os dias, sobre: Por que produzir? O que produzir? Como produzir? Quando produzir? Quanto produzir? Com que produzir? Onde produzir? A que custo produzir? Qual deve ser a capacidade instalada? O preço de venda do produto é competitivo?

A produção não é independente das outras funções organizacionais. O administrador da produção é responsável pela produção de bens, na qualidade exigida e a tempo de satisfazer as datas estipuladas para entrega. As quantidades a serem fabricadas serão afetadas pela magnitude da demanda dos produtos.

Os prazos, nos quais devem ser fabricados os produtos, dependerão das exigências de entrega por parte dos elementos da empresa e modificados, se possível, apenas para fabricação em lotes de tamanho econômico.

Geralmente, o Departamento de Produção planeja suas atividades antes do recebimento de pedidos. As razões são muitas: primeiro, é improvável que a data de entrega prometida seja cumprida, porque o tempo necessário para operacionalizar tudo isso excede de muito aquilo que é aceito como razoável; segundo, ainda que isso não aconteça, a empresa que só dá partida a produção, depois do pedido, pode ter problemas com os fornecedores de recursos, abalando sua imagem e acumulando custos excessivos.

Os principais problemas de produção são relativos aos seguintes elementos:

**Fabricação –** A fabricação é vista como sendo uma combinação de engenharia industrial, estudo de tempo, leiaute de fábrica, controle de estoques, análise quantitativa, programação e simulação (ensaio e erro). Um exame das causas básicas de muitos problemas de fabricação parece originar-se da combinação de dois fatores: a sensação de inadaptação e a falta de conscientização.

Daí a necessidade de: delinear o relacionamento entre as operações e as estratégias; chamar a atenção para a existência de limitações específicas no planejamento da produção; sugerir uma nova forma de se visualizar a fabricação.

Para a maioria dos dirigentes, prevalece o ponto de vista de que uma fábrica com equipamentos razoavelmente modernos, métodos e processos atualizados, grupos de trabalho cooperativo, sistema de informações e uma gerência esclarecida será uma boa fábrica que funcionará eficientemente. A fabricação é parte do conceito estratégico, que relaciona o potencial de recursos da empresa às oportunidades do mercado.

É comum uma indústria ser sinônimo de uma empresa de fabricação, tanto que a palavra indústria é, muitas vezes, confundida como fábrica. Na realidade a indústria é uma empresa que fabrica (monta) um grande número de produtos (acabados, semiacabados), a partir de itens de materiais ou partes componentes. Pouquíssimos países foram bem-sucedidos sem uma adequada política industrial.

É muito difícil criar uma que funcione, mas é impossível ter sucesso sem nenhuma. Política industrial isolada não existe. Ela é fruto de uma política econômica, envolvendo a definição e a orientação dos instrumentos de intervenção proporcionados pelas empresas, institutos de pesquisa, universidades e governos.

**Local de Produção –** Quanto ao local de produção é importante observar os aspectos:

Topografia – A localização no pavimento térreo deve, sempre que possível, ser a melhor opção, de forma a proporcionar fácil acesso externo para abastecimento, iluminação natural e ótimas condições de ventilação. Na impossibilidade da localização no andar térreo, sugere-se a instalação de elevadores de carga.

As instalações e suas áreas circundantes devem facilitar as operações de manutenção e limpeza. Dentre outras condições favoráveis, a localização térrea facilita o acesso de fornecedores, remoção de lixo, redução nos custos de manutenção dos dutos de água, vapor e energia.

Tudo é mais fácil para a observação de vazamentos. Se possível, a fábrica deve ser construída em blocos, garantindo maior iluminação e ventilação, por exemplo. O movimento do Sol deve ser levado em consideração.

Entorno da Fábrica – A construção ou locação da fábrica deve ser em áreas onde os arredores sejam pavimentados e não ofereçam riscos às condições gerais de higiene e limpeza, ou seja, em áreas livres de infestações de mosca, mosquitos, roedores. O entorno deve permitir livre acesso, direto e independente, isto é, não comum a outros usos.

Configuração Geométrica – A forma mais indicada é a retangular, desde que o comprimento não exceda mais de 1,5 a 2 vezes a largura. Esta forma propicia melhor disposição dos equipamentos e tem a vantagem de evitar: caminhadas supérfluas, conflitos de circulação e outros problemas de arranjo físico mal feito.

**Gerente de Produção –** O gerente de produção encontrará problemas nas responsabilidades de:

Planejamento – No planejamento, o gerente deve se preocupar com projetos de produtos, processos de produção, seleção de equipamentos, sistemas de informação, programas de treinamento, decisão sobre novas tecnologias, materiais, localização da fábrica, arranjos físicos, sistemas operacionais, políticas de fabricação.

Controle – No controle, o gerente deve se preocupar com estoque, qualidade, custo, produtividade, sistema de avaliação, carteira de pedidos, planilhas, gráficos, controlgramas, curvas para análise de resultados, tempo de resposta, encargos sociais.

Direção – Na direção, o gerente deve observar: mudanças excessivas nos produtos (modelos e estilos); rendimento baixo das máquinas e equipamentos; redução nas linhas de produção e linhas de expectativa; tempo residual excessivo; baixa produtividade; resposta irreal sobre pedido do cliente; pedidos de afogadilho; altos custos em algumas linhas; pedidos excessivos nas categorias de urgente e especial; cancelamento de pedidos, em função do prazo; padrões de qualidade abaixo dos do mercado; diversificação fora de condições de atendimento; atraso tecnológico em relação à concorrência; conflitos com as demais funções organizacionais.

**Capacidade Instalada –** A capacidade instalada de uma fábrica corresponde aos equipamentos e máquinas que a mesma utiliza na manufatura de seus produtos. Se uma fábrica produz, no máximo, 5.000 produtos, diz-se que este valor corresponde a 100% da capacidade instalada.

Em geral, a fábrica utiliza apenas 70 a 80% da capacidade máxima instalada. A análise da capacidade instalada objetiva determinar qual a capacidade em máquinas, equipamentos e instalações deve ter o projeto para que o produto atenda as exigências do mercado.

**Capacidade Ociosa –** A capacidade ociosa é considerada como máquinas e equipamentos que não estão sendo utilizados por falta de pedidos dos clientes, por estarem com defeitos ou por estarem na manutenção. Se a taxa de inatividade permanece alta por muito tempo, isto demonstra uma grande ociosidade e que, talvez, a fábrica não precise de tantas máquinas.

É aconselhável alienar algumas máquinas velhas, isto é, fazer dinheiro e aplicar o mesmo em fundos de renda fixa. Uma taxa de inatividade máxima deve ser da ordem de 10%.

**Alternativas de Produção –** Em cada área de decisão da produção, a empresa precisa reconhecer as alternativas e ficar envolvida nos projetos de produção. Assim, o verdadeiro ponto crucial do problema parece ser como assegurar que o processo contínuo de tomar decisões não fique isolado dos fatos competitivos do ambiente.

Um exemplo que diz respeito a instalação de equipamentos pode ser:

a) Envergadura do Processo: Fazer ou comprar?
b) Tamanho da Fábrica: Uma grande fábrica ou várias menores?
c) Localização da Fábrica: Localizar junto aos mercados ou junto às matérias-primas?
d) Investimento: Investir em imóveis, equipamentos, estoques ou pesquisas?
e) Tecnologia: Equipamentos de uso geral ou de uso especializado?

**Padronização –** Padrão é uma unidade de medida (ou modelo) adotada e aceita comumente como critério para avaliação de desempenho. Os padrões representam o desempenho desejado e estão sempre relacionados com o resultado que se deseja alcançar.

A padronização é, portanto, a aplicação de padrões com a finalidade de uma uniformização e redução de custo. Ela ajuda a resolver problemas quanto à quantidade, qualidade e variabilidade de produtos. Facilita ou mesmo permite a produção em massa, pela repetição de operações com os mesmos materiais e mesmas ferramentas.

Proporciona economia de materiais, equipamentos, tempo, energia e espaço; permite o intercâmbio de peças e órgãos de máquinas de um lugar para outro. Diminui a variedade de coisas que têm a mesma utilidade ou finalidade e facilita o treinamento.

A determinação de padrões para produtos visa dois aspectos básicos:

- Aspecto Quantitativo: tamanho, peso (bruto e líquido), portabilidade, temperatura, pressão, resistência do material.
- Aspecto Qualitativo: cor, cheiro, gosto, sabor, aparência, validade para consumo, grau de amadurecimento.

**Diversificação –** Na busca do crescimento, muitos se lançam nas diversas direções, exibindo um ecletismo nem sempre verdadeiro e quase sempre fatal. O exemplo vale também para empresas e países. Se número de braços significasse força o polvo reinaria absoluto. O pato é uma ave que nada, voa, anda e canta, mas faz tudo de forma desajeitada.

Por experiência própria e pela análise de muitos casos, sabe-se que somente é possível diversificar e crescer com segurança dentro de um leque limitado de vocações. No mundo empresarial moderno, o conhecimento enciclopédico é, historicamente, uma inconsistente colcha de retalhos, salvo raríssimas exceções.

Poucos conseguirão, ao mesmo tempo, fabricar calcinhas e parafusos com igual competência. Pode-se tentar, mas o resultado estará muito próximo do obtido por um professor de literatura que leciona educação física. Então, “cada macaco no seu galho” também na atividade empresarial.

Apesar dos riscos inerentes à diversificação inadequada, o contingente daqueles que continua insistindo nessa prática é muito grande. Perigosamente, desperdiçam preciosos recursos, indispensáveis ao fortalecimento da cadeia de produtos que têm sob domínio e podem aprimorar. Esquecem que uma empresa também precisa especializar-se, formar uma cultura própria, adquirir uma tradição num determinado campo do conhecimento.

**Produtividade –** Produtividade é a relação mensurável entre produtos e fatores de produção, ou seja, entre resultados obtidos e esforços para obtê-los. É, portanto, medida através da relação entre quantidades físicas. Num sentido geral, a produtividade é quantidade produzida por unidade de gasto.

Suponhamos que uma empresa, em um ano, aumentou suas vendas reais em 40%, sem qualquer aumento no pessoal da fábrica e da administração, diz-se que houve um aumento de produtividade.

A luta pela produtividade é uma constante, desde que não comprometa a qualidade. A produtividade será maior quando a unidade de gasto é menor. É muito comum observar, através de séries históricas, as variações da produtividade para constatar se o aumento de recursos correspondeu ao mesmo aumento da produtividade, o que nem sempre acontece.

Não é produzindo mais que se tem um indicador de produtividade maior. Existem diversas variáveis a serem consideradas, e uma delas, por exemplo, é o custo.

Um dos grandes responsáveis pela baixa produtividade é o processo de trabalho complicado, com movimentos excessivos e cansativos. É comum fazermos muito mais movimentos, mais esforços e usarmos mais materiais do que realmente seriam necessários, às vezes, para fazer um simples trabalho.

A melhoria da produtividade é conseguida pelo melhor aproveitamento do tempo, dos recursos, da capacidade dos homens e das máquinas. O mais importante é que haja um desejo e um esforço constante para melhorar. Tudo o que fazemos, certamente, poderá ser feito de maneira melhor, pois a perfeição é inatingível.

A produtividade pode ser melhorada:

- Diminuindo-se os gastos e mantendo-se a produção.
- Aumentando-se a produção e mantendo-se os gastos.
- Aumentando-se a produção e os gastos, sendo o percentual de aumento da produção maior do que o dos gastos.
- Conservando-se a produção e os gastos, mas obtendo-se produtos de melhor qualidade, com maior rapidez.

As maiores dificuldades e obstáculos que impedem a melhoria do nível de produtividade são, por exemplo:

- Desperdício de material e má utilização de máquinas, ferramentas e equipamentos.
- Máquina cara utilizada para tarefas aquém de sua possibilidade.

Um número elevado de acidentes, relações humanas conflitantes, qualidade do produto abaixo do padrão de mercado, elevado número de refugos e frequentes necessidades de repetições, também, são sinais de baixa produtividade.

O índice de produtividade é dado pela fórmula:

Produtividade = Unidade de Produto / Unidade de Gasto

Onde:

Unidade de Gasto pode ser: matéria-prima, mão de obra, tempo de produção, número de máquinas, capital investido, área ocupada, recursos aplicados, gasto de produção.

Exemplo:
Uma fábrica produz 200 peças / dia a um custo de $ 25,00 / peça.
Gasto Total de Produção = 200 × 25,00 = $ 5.000,00
Número de empregados = 200

Produtividade, em função da produção = 200 / 5.000 = 0,04
Produtividade, em função do número de empregados = 200 / 100 = 2

Análise:

Isto quer dizer que cada operário produz 2 peças por dia, e que cada peça corresponde a 4% do gasto de produção.

**Automação** – Embora este assunto já tenha sido tratado, é bom lembrar que equipamentos automatizados podem cuidar das funções de observação, memorização e decisão. A automação pode se definida, em um sentido mais amplo, como qualquer forma de equipamento que realiza um programa ou sequência de operações preestabelecidas, no mesmo tempo que mede e corrige seu desempenho real em relação ao programado.

Tradicionalmente, a automação da empresa, especialmente pequena e média, começava pela área contábil. Hoje, empregam as máquinas para integrar suas diversas áreas. Envoltas no mesmo barco, as empresas se dão conta de que, diante da tempestade, o melhor é remar em bloco e impedir que a embarcação vá a pique.

Os acordos de cooperação tecnológica são uma alternativa interessante para a otimização de recursos e investimentos, sem que os parceiros percam sua própria identidade no mercado. Mas, antes de tomar a decisão de investir em automação, a empresa deve verificar:

- A idoneidade do fornecedor da tecnologia é assegurada?
- A tecnologia a ser fornecida já está ultrapassada?
- O equipamento comprado pode agregar novas tecnologias, no futuro?
- O fornecedor é capaz de dar treinamento e manutenção?
- O equipamento pode ser ampliado com aproveitamento do já existente?

As principais observações da automação são: maior volume de produção; diminuição dos custos; melhor qualidade dos produtos; maior produtividade; menores salários; desemprego; jornada de trabalho reduzida; mais tempo de lazer; necessidade de um grau mais elevado de formação profissional, intelectual e cultural.

## 6.3 Problemas de Marketing

Os principais problemas de marketing foram abordados quando do estudo dos Problemas Mercadológicos (Capítulo 4).

Entretanto, vale assinalar os principais conflitos (assunto já abordado) de marketing com os outros seguimentos da empresa. A seguir, os principais conflitos de marketing:

| Pesquisa & Desenvolvimento | Marketing |
|---|---|
| Pesquisa Básica | Pesquisa Aplicada |
| Qualidade Intrínseca | Qualidade Percebida |
| Características Funcionais | Características para Vendas |

**Quadro 6.1:** Conflito Marketing X Pesquisa & Desenvolvimento

| Engenharia | Marketing |
|---|---|
| Projetos Demorados | Projetos Rápidos |
| Poucos Modelos | Muitos Modelos |
| Padronização | Personalização |

**Quadro 6.2:** Conflito Marketing X Engenharia

| Compras | Marketing |
|---|---|
| Leque Pequeno de Produtos | Ampla Linha de Produtos |
| Preço do Material | Qualidade do Material |
| Estoque Mínimo | Grande Estoque |
| Compras Regulares | Compra Contingencial |

**Quadro 6.3**: Conflito Marketing X Compras

| Produção | Marketing |
|---|---|
| Poucas Mudanças de Modelos | Mudanças Frequentes |
| Facilidades de Fabricação | Aparência e Estética |
| Controle de Qualidade | Qualidade Total |

**Quadro 6.4**: Conflito Marketing X Produção

| Finanças | Marketing |
|---|---|
| Orçamentos Fixos | Orçamentos Flexíveis |
| Racionalidade para Despesas | Despesas Intuitivas |
| Preço para Dar Lucro | Preço para o Mercado |
| Condições de Pagamento Padronizadas | Prazos e Descontos Especiais |
| Nenhum Risco de Crédito | Algum Risco |
| Cadastro Completo | Cadastro Resumido |
| Rigor nas Cobranças | Cobrança Amena |

**Quadro 6.5**: Conflito Marketing X Finanças

## 6.4 Problemas de Custo

Custo é o gasto (desembolso) relativo à produção de um bem ou serviço. Conhecer custos é condição básica para tocar qualquer negócio. Os custos devem refletir a empresa, que os apura para:

- Atender as exigências legais quanto à apuração e à avaliação dos resultados de suas atividades.
- Tomar a decisão mais realística.
- Ajudar nos controles contábeis, financeiros e econômicos.
- Adequar-se às novas realidades ambientais.
- Fornecer dados para os sistemas de apoio gerencial.

A necessidade de dados analíticos concernentes aos custos de produção resulta de vários motivos. Os mais conhecidos e importantes são os seguintes:

- Determinação do preço de venda e do valor do estoque.
- Controle da eficiência de utilização dos fatores produtivos.
- Determinação da conveniência do processo de produção e da composição do produto.
- Utilização da capacidade instalada, em função do volume de produção.
- Análise da conveniência de utilização de meios (tecnologias) mais sofisticados.
- Cálculo dos lotes econômicos de aquisição ou produção.
- Decisão entre comprar ou produzir.

Os principais problemas de custo são:

**Definição do Tipo de Custo –** Como, muitas vezes, é difícil classificar o tipo de custo, a seguir, os principais conceitos de custo:

Custo Fixo – É aquele decorrente da estrutura produtiva instalada na empresa, que independe da quantidade que venha a ser produzida, dentro do limite da capacidade instalada. O custo fixo deve ser uma preocupação do empreendedor iniciante, que sempre aposta na sorte, esquecendo que este custo existe independente de haver ou não produção, como, por exemplo: Água e Esgoto; Força e Luz; Telefones; Honorários; Extintor de Incêndio (carga); Mão de Obra Indireta; Despesas Indiretas; Amortizações; Material de Escritório; Pró-Labore; Taxa de Alvará; Correios; Treinamento; Propaganda; Encargos Sociais; Taxa de Incêndio; Aluguel de Ativos; Seguros; IPTU; Material de Higiene e Limpeza; Manutenções Diversas; Depreciação; Segurança; Despesas Financeiras.

Custo Variável – Custo que oscila diretamente com o volume de bens e serviços produzidos. É custo diretamente ligado à produção. Se uma fábrica não produz, o seu custo variável é zero. Exemplos de custos variáveis são: Mão de obra direta, matéria-prima, insumo, gasto de energia com produção, manutenção da fábrica, fretes, embalagens, combustível, despesas de comercialização

Custo Total – Consiste na soma dos custos fixos mais os custos variáveis, para qualquer nível de produção.

Custo Médio – É o custo unitário, em um determinado nível de produção, igual ao custo total dividido pelo total de unidades produzidas.

Custo do Comprador – É igual ao preço de venda do fornecedor (custo + carga tributária).

Custo Direto – É igual a soma de matéria-prima mais mão de obra direta.

Custo Indireto – Soma de mão de obra indireta mais aluguel, mais seguros, mais impostos, mais taxas, mais depreciação.

Custo Indireto de Fabricação (CIF) – Custo relativo à manufatura de um produto, exceto materiais diretos e mão de obra direta. Esses custos incluem materiais indiretos, mão de obra indireta e outras despesas de manufatura, como: depreciações, suprimentos, utilidades públicas, manutenções, seguros e impostos.

Custo Administrativo – Custo associado com a gestão geral de uma organização que não pode ser atribuído à comercialização e a produção.

Custo Ambiental – Somatório dos custos que são incorridos por causa da existência, ou possível existência, de má qualidade ambiental, ou ainda, gastos com a preservação do ambiente onde a organização opera.

Custo País – Custo da dificuldade em trazer recursos de fora para dentro da fábrica, função da infraestrutura deficiente do país. O mesmo raciocínio se aplica no caso da importação e exportação.

Custo da Qualidade – Custo incorrido por causa da existência de falhas nos produtos, por não estarem em conformidade com suas especificações. Este custo está associado aos defeitos encontrados antes da transferência do produto ao consumidor. Tais defeitos podem causar: sucata, desperdício, retrabalho, reinspeção, perda de tempo, novo teste.

Custo de Oportunidade – A transferência dos fatores de produção de um bem A para produzir um bem B implica um custo de oportunidade que é igual ao sacrifício de se deixar de produzir parte do bem A para se produzir mais do bem B. O custo de oportunidade também é conhecido como a diferença entre a melhor alternativa (máxima contribuição de lucro) e a alternativa possível (uso de recursos limitados ou utilização para um propósito particular).

Custo de Produção – É todo gasto na transformação de matéria-prima, insumo e mão de obra direta, acrescido do custo indireto de fabricação.

Custo de Aquisição – É o valor pelo qual um ativo imobilizado (fixo) é registrado na contabilidade de uma empresa. Esse custo pode ser tanto aquele pago pelo ativo, quanto o de fabricação ou de construção do mesmo.

Custo de Manutenção – Gasto para manter em bom estado (condições ambientais e operacionais) estoques, viaturas, produtos, materiais, máquinas, equipamentos. Tal custo se resume a compra de materiais para serem consumidos nos trabalhos de manutenção, conservação e embelezamento.

Custo de Transporte – Somatório de despesas relativas à racionalização de rotas das frotas, otimização de espaços de estocagem, através de estudos de modularização para cargas e fracionamento das mesmas, e de depósitos que venham a ser o lugar geométrico (ponto equidistante) de pequenos centros de distribuição.

Custo Marginal – O custo marginal é o custo adicional requerido para aumentar a produção em uma unidade.

Custo do Produto – Somatório dos dispêndios para se obter um produto (custo unitário do produto).

Custo do Controle – Despesas relativas à implantação de um determinado controle. Um administrador pode deixar-se absorver tão profundamente pelos controles que venha a gastar mais do que poderia valer a descoberta de um erro. O processo pode resultar em custos além de qualquer eventual benefício.

Custo de Mercadoria Vendida – Custo de mercadoria vendida é igual ao somatório do estoque inicial mais compras, mais despesas, menos estoque final. Considerando-se que no início do período temos uma determinada quantidade em estoque, como no final, e que também podem ocorrer compras.

O valor da quantidade de mercadoria vendida é dado pela fórmula:

$Qv = Ei + C - Ef$

Onde:
Qv = Quantidade de mercadoria vendida
Ei = Estoque inicial
C = Compras do período
Ef = Estoque final

Custo Real – Custo real é o custo resultante da soma algébrica do custo estimado de um projeto com o custo de sua implantação. O custo real também pode ser o valor aproximado e aceitável do verdadeiro custo de produção de um produto.

Custo Previsto – Custo determinado através de estudos preliminares de estimativas. Os custos previstos ou estimados permitem uma rápida noção do custo e serve de referencial de comparação com os custos efetivos.

Custo Padrão – Valor estabelecido, em laboratório, segundo um determinado conjunto de variáveis. É um tipo especial de custo estimado, obtido por meio de padrões de eficiência e produtividade. Diferentemente dos custos estimados, os custos padrões são valores estabelecidos em relação às condições e situações de pura normalidade. A comparação do custo apurado no campo com o determinado em laboratório permite uma análise mais profunda das alterações que se fazem necessárias para uma melhor adequação à realidade do mercado.

Custo de Mão de Obra – A natureza direta do custo é bastante óbvia para as faturas de matérias-primas, mas há diferenças internacionais no tratamento da mão de obra. Isso ocorre devido às diferentes práticas regulamentares. A princípio, os custos diretos de mão de obra são para horas gastas.

Custo do Pedido – Somatório dos custos para pedir material, pagar salários do pessoal envolvido, receber e inspecionar material (produto), comunicar, processar arquivos e banco de dados, manter produtos em estoque (armazenamento).

**Cálculo do Custo Unitário –** O custo unitário do produto é o somatório dos dispêndios, para transformar recursos em um bem ou serviço, dividido pelo total de unidades produzidas.

O custo final de um produto dependerá, fundamentalmente, da quantidade produzida, como mostra o Quadro, a seguir:

| Produto: | | |
|---|---|---|
| Quantidade Produzida (Q): 500 | | |
| Período: | | |
| Nº | Itens | Valor |
| 1 | Matérias-Primas | 5.000,00 |
| 2 | Insumos | 1.000,00 |
| 3 | Embalagens | 2.000,00 |
| 4 | Mão de obra direta | 2.500,00 |
| 5 | Encargos sociais | 2.875,00 |
| 6 | Custo variável (1 + 2 + 3 + 4 + 5) | 13.375,00 |
| 7 | Custo fixo (rateio) | 600,00 |
| 8 | Custo de fabricação | 1.200,00 |
| 9 | Custo de comercialização | 800,00 |
| 10 | Despesas financeiras | 600,00 |
| 11 | Despesas diferidas do projeto | 0,00 |
| 12 | Custo total (6 + 7 + 8 + 9 + 10 + 11) | 16.575,00 |
| 13 | Custo unitário (12/Q) | 33,15 |

**Quadro 6.6:** Controle do Custo Unitário do Produto.

**Redução do Custo –** Devido à escassez, as empresas precisarão ficar, cada vez mais, atentas na elaboração de programas, planos e políticas que minimizem custos. Assim, se faz necessário uma atenção para:

- A racionalização de energia e água não pode comprometer a qualidade de bens e serviços.
- A reciclagem de materiais deve ser incentivada, desde que não comprometa o visual e a saúde pública.
- O monitoramento ambiental para rejeitos industriais deve ser pensado, quando do desenvolvimento do produto.
- O aproveitamento de embalagens deve ser uma prática da chamada logística reversa.

**Economia de Escala –** A economia de escala segue duas linhas de pensamento. A primeira, trata do aumento da produção de forma controlada e de acordo com a Lei dos Rendimentos Decrescentes, pois não adianta aumentar a produção, indefinidamente, para que o custo do produto atinja um patamar que ajude a solapar a concorrência, pois existe um limite para isso.

Tudo o que se sabe é que há mais probabilidade de variarem os rendimentos do que de permanecerem constantes. Sabemos que a divisão do trabalho, muitas vezes, permite conduzir a produção mais eficientemente, quando o seu volume se torna muito grande. Mas, também, sabemos que, num determinado ponto do volume de produção, os custos crescem novamente.

A segunda linha, também chamada de integração vertical, observa que o aumento da produção deve estar em função da otimização dos processos ao longo da fabricação.

**Rateio do Custo Fixo –** Rateio é o acréscimo que se soma ao custo unitário do produto, em função dos diversos custos indiretos (custo fixo), segundo critérios diferenciados, isto é, baseados em: matéria-prima, aluguel, produção, horas, mão de obra, imposto e área ocupada, por exemplo. Se uma indústria opera em regime de produção única, todas as despesas são destinadas a produzir um único produto.

Assim, fica fácil achar o custo do produto, bastando, para isso, dividir o total de despesas pela quantidade produzida. Se a empresa fabrica diversos produtos é necessário ratear (distribuir) os custos fixos sobre estes produtos. Os pagamentos de aluguel, impostos e mão de obra indireta, por exemplo, precisam ser rateados sobre os custos diretos dos produtos.

Os critérios para ratear custos indiretos sobre os produtos são muitos e dependem de cada processo. Os custos indiretos são amortizados aos produtos, em função de uma base de rateio. Essa base de rateio deve guardar uma relação próxima entre o custo indireto e o objeto de custeio, evitando causar distorções no resultado final.

No custo de energia elétrica, o rateio pode ser feito proporcionalmente às horas de máquinas em funcionamento, considerando que o consumo de energia tenha uma relação de causa e efeito muito próxima dessas horas. A base de rateio do custo fixo de determinado produto é dada pela fórmula:

Base de Rateio do Custo Fixo = Gastos Indiretos / Gastos Diretos

Exemplo:
Gastos Diretos = $ 130.000,00
Gastos Indiretos = $ 26.000,00
Base de Rateio do Custo Fixo = 26.000 / 130.000 = 0,20 = 20%

Análise:

No caso acima, a parcela relativa ao custo fixo que cabe na composição do custo unitário do produto corresponde a 20% do custo fixo total, tendo em vista que o rateio foi feito, em função de uma relação. O cálculo da base de rateio pode ser tomado, em função de: mão de obra, matéria-prima, insumo, luz e força, combustível, transporte, área, salário, horas trabalhadas, horas/máquina, ou ainda, em função da média de todos os rateios das variáveis apontadas acima.

A seguir, estão alguns critérios de rateio, normalmente, utilizados nas empresas:

| Despesas/Custos | Critérios de Rateio |
|---|---|
| Aluguel | Proporcional à área. |
| Mão de obra | Proporcional à quantidade produzida de cada produto. |
| Manutenção de máquinas | Proporcional ao número de horas/ano por máquina. |
| Impostos e taxas | Proporcional ao faturamento de cada produto. |
| Sistema de climatização | Proporcional ao volume. |
| Manutenção e limpeza | Proporcional à área. |
| Segurança | Proporcional à área. |
| Seguro contra incêndio | Proporcional à área. |
| Seguro de máquinas | Proporcional ao investimento. |
| Depreciação | Proporcional ao investimento. |
| Salários | Proporcional ao número de empregados. |
| Alimentação | Proporcional ao número de empregados |
| Transporte de pessoas | Proporcional ao número de empregados |
| Saúde e seguro de vida | Proporcional ao número de empregados. |

**Quadro 6.7:** Critérios de Rateio.

**Depreciação** – A depreciação é a diminuição do valor real de um bem, devido à exaustão, uso, desgaste e obsolescência, num determinado período de tempo. A depreciação nada mais é que um valor retirado do valor nominal de compra de um bem ao longo dos anos. Normalmente, o período de 5 anos é o mais considerado para bens industriais, pois se acredita que estes bens, em cinco anos, já estarão obsoletos e totalmente exauridos.

A taxa de depreciação é dada pela fórmula:

Taxa de Depreciação = Valor de Mercado / (Valor de Compra - Depreciação Acumulada)

Onde:
Valor de Mercado = Valor dado em função do equilíbrio entre a oferta e a procura
Valor de Compra = Soma do preço pago, gasto com tempo e gasto de energia física e psíquica
Depreciação Acumulada = Soma das depreciações ao longo dos anos

Exemplo:
Veículo comprado no ano 2000 = $ 50.000,00
Depreciação/Ano = 20% do valor de compra
Período = 3 anos
Depreciação Acumulada = (0,20 × 50.000) 3 = $ 30.000,00
Valor de Mercado = $ 25.000,00
Taxa de Depreciação = 25.000 / (50.000 - 30.000) = 25.000 / 20.000 = 1,25

Análise:

Embora o veículo esteja com um valor depreciado de $ 20.000,00 (50.000,00 - 30.000,00), é possível encontrar alguém que o compre por $ 25.000,00, ou seja, 25% a mais que teoricamente deveria ter. Então, se a taxa de depreciação for maior que a unidade, isso indica que o veículo foi muito bem conservado ou existe escassez do mesmo no mercado.

A depreciação é um custo fixo, calculado com base em uma taxa anual, como, por exemplo: Prédios e Construções (4%); Veículos (20%); Ônibus (25%); Móveis e Utensílios (10%); Máquinas e Equipamentos (10%); Ferramentas (20%).

**Ponto de Equilíbrio** – O ponto de equilíbrio é conhecido como o ponto onde as receitas se igualam às despesas e que, portanto, o lucro é zero. O ponto de equilíbrio, onde a receita se iguala às despesas (custos), é um indicador que sinaliza se a empresa tem condições de competir no mercado já que o preço de venda do produto é dado pelo mercado.

A fórmula do ponto de equilíbrio se chega da seguinte maneira:

$R = CT + L$
$R = CF + CV + L$
$R = Pv \times Q$
$CV = Cv \times Q$

Então: $Pv \times Q = CF + Cv \times Q + L$

Se o lucro é zero, vem:

$Pv \times Q = CF + Cv \times Q$
$Pv \times Q - Cv \times Q = CF$
$Q (Pv - Cv) = CF$

A quantidade no ponto de equilíbrio (lucro zero) é:

$QE = CF / (Pv - Cv)$

Onde:
R = Receita
CT = Custo Total = CF + CV
CF = Custo Fixo Total (ou rateio do custo fixo se o estudo for feito para um produto em particular).
CV = Custo Variável Total
Pv = Preço de Venda Unitário
Cv = Custo Variável Unitário
L = Lucro
Q = Quantidade Vendida
QE = Quantidade de Equilíbrio
Pv - Cv = Margem de Contribuição
R - CV = Margem de Contribuição Total

Exemplo:
Custo Fixo = $ 100.000,00
Preço de Venda do Produto (Pv) = $ 50,00
Custo Variável Unitário do Produto (Cv) = $ 30,00
Margem de Contribuição (Pv - Cv) = 50,00 - 30,00 = $ 20,00
Quantidade de Equilíbrio = $ 100.000 / $ 20 = 5.000

Análise:

No ponto de equilíbrio não há lucro nem prejuízo. No exemplo acima, a empresa precisa produzir a quantidade de 5.000 produtos para chegar ao ponto de equilíbrio. O fator que mais pesa no cálculo do ponto de equilíbrio é o custo fixo. O preço de venda adotado pela empresa estará dentro do intervalo (preço mínimo – preço máximo) que o mercado pode pagar. Se o produto da empresa é melhor em qualidade do que o produto concorrente, então é possível aumentar o preço de venda, fazendo com que a margem de contribuição seja maior.

A margem de contribuição indica a importância do produto na formação do lucro e no pagamento dos custos fixos, permitindo consultas rápidas e comparações com os preços de mercado. A seguir, algumas observações sobre a margem de contribuição:

- A margem de contribuição terá de ser sempre positiva.
- Considerar custos fixos constantes (para determinado período).
- Quanto maior a margem de contribuição menor é a quantidade a produzir para se chegar ao equilíbrio.
- Quanto menor a margem de contribuição maior é a quantidade a produzir para se chegar ao equilíbrio.
- É através da margem de contribuição que se verifica se a empresa tem condições para entrar no mercado e ser competitiva.
- Quando a empresa trabalha com muitos produtos, é comum ratear a parcela do custo fixo que cabe a cada produto, em função da sua contribuição percentual na receita com vendas.

**Lote Econômico –** A administração da empresa deve se preocupar em seguir caminhos que levem a empresa efetivamente à lucratividade. O planejamento deve ser otimizado no sentido de se conseguir custos mínimos e lotes de produção, economicamente, viáveis, isto é, determinar o ótimo a produzir e vender. Lote econômico é a dimensão do lote a produzir, cujo custo total é mínimo.

Como existem importantes diferenças de custo entre as várias dimensões de lote de produção, uma análise deverá ser levada em conta, cujo propósito é determinar aquela dimensão que minimiza o custo total. Esta é a dimensão ótima a produzir.

É comum a aplicação sistemática de um modelo matemático, com a finalidade de encontrar a quantidade por lote para cada tipo de item a produzir, para o qual se quer ter custo mínimo. O método tabular é utilizado na solução de um problema onde existem várias alternativas a produzir.

A seguir, um exemplo do cálculo do lote econômico a produzir para um pequeno conjunto de valores viáveis, como por exemplo: 100, 200, 400, 600, 800, 1.200. A dimensão econômica do lote deverá ser determinada a partir dos seguintes dados:

D = Dimensão por ano = 2.400 unidades
A = Custo por ordem de serviço = 12,00
C = Custo por unidade produzida = 1,00
d = Demanda mínima = 10 unidades/dia
m = Demanda máxima = 50 unidades/dia
I = Percentual de encargos financeiros que gravam o estoque (seguro, armazenagem, custo do capital, obsolescência, deterioração) = 20%/ano

| Fatores de Custo | | Fórmula | Q | Q | Q | Q | Q | Q |
|---|---|---|---|---|---|---|---|---|
| | | | 100 | 200 | 400 | 600 | 800 | 1.200 |
| Número de Ordens por Ano | N | D/Q | 24 | 12 | 6 | 4 | 3 | 2 |
| Custo Total de Preparação | CTP | N x A (1) | 288 | 144 | 72 | 48 | 36 | 12 |
| Custo Direto Total | CDT | C x N x Q (2) | 2.400 | 2.400 | 2.400 | 2.400 | 2.400 | 2.400 |
| Custo Total Manutenção de Estoque | CTME | (Q/2) (1 - d/m) CI (3) | 8 | 16 | 32 | 48 | 64 | 192 |
| Custo Total | CT | (1) + (2) + (3) | 2.696 | 2.560 | 2.504 | 2.496 | 2.500 | 2.604 |
| Custo Unitário | Cu | CT / CDT | 1,123 | 1,067 | 1,043 | 1,040 | 1,042 | 1,085 |

**Quadro 6.8:** Lote Econômico.

Para maior esclarecimento, a seguir, está sendo feito o cálculo para CTME para uma quantidade igual a 100 unidades:

CTME = 100/2 (1 - 10/50) 1 x 0,20 = 50 (1 - 1/5) 0,20
CTME = 50 (4/5) 0,20 = 40 x 0,20 = 8

**Observações:**

- A linha de custo direto total é de 2.400,00 para todos os valores de Q (quantidade).
- Dada a hipótese de que os custos diretos são constantes por unidade, esse custo é independente do tamanho do lote e, portanto, não possui influência nos diferenciais de custo entre alternativas.
- O custo total mínimo é de 2.496,00 para uma quantidade de 600 unidades (Lote Econômico).
- Para a quantidade de 600 unidades o custo total de preparação (CTP) é igual ao custo total de manutenção de estoque (CTME).

## 6.5 Problemas de Custeio

Os principais problemas de custeio estão na escolha do sistema a ser adotado. Os sistemas de custeio referem-se às formas como os custos são registrados e transferidos internamente na empresa. De forma similar aos custos, os sistemas de custeio também podem receber diferentes classificações:

**Custeio por Atividade –** Sistema de custeio voltado para as atividades que emprega o custo dessas atividades como base de apropriação dos custos a outros objetos de custo. Este sistema rastreia, primeiramente, os custos para as atividades e depois os custos para objetos de custos.

**Custeio por Ordem de Serviço –** Sistema de custeio em que o custo de um produto é obtido pela apropriação dos custos a uma unidade isolada, grupo ou lote de um produto, isto é, usa o custeio por ordem de serviço para atribuir os custos dos materiais de produção.

**Custeio por Processo –** Sistema de custeio no qual o custo de um produto é obtido pela distribuição dos custos por grandes quantidades de unidades semelhantes (iguais). Os custos unitários são calculados com base na média. Este sistema é utilizado para produção em massa.

**Custeio por Apropriação –** Sistema onde os custos são calculados à medida que o processo de fabricação avança, desde a matéria-prima até a entrega ao consumidor final. No sistema de custeio por apropriação, temos:

Custo Total = Custo Fixo + Despesas + Custo Variável

Custo Variável = Mão de Obra Direta + Matéria-Prima Direta

**Custeio por Consumo –** Sistema para determinar o custo de um produto baseado no preço que os consumidores estão dispostos a pagar. Também é conhecido como custeio alvo e custeio direcionado pelo preço. Alguns autores consideram que este sistema tem como objetivo a redução sistemática do custo do produto por todo seu ciclo de vida.

**Custeio Standard –** Sistema onde o custo é determinado em laboratório (ensaio e erro). É o custeio baseado na Ficha Técnica. Qualquer diferença acentuada entre o custo efetivo e o custo presumido significa que algo anormal está ocorrendo.

**Custeio por Absorção –** Sistema de custeio em que todos os custos de fabricação, variáveis e fixos, são levados em conta para a avaliação dos estoques. Tal sistema consiste em atribuir aos produtos fabricados todos os custos de produção, quer de forma direta ou indireta (rateios).

Todos os custos, sejam eles fixos ou variáveis, são absorvidos pelos produtos. É o sistema utilizado para custear os estoques e determinar o custo de produtos vendidos.

O custeio por absorção retrata onde os custos e as despesas influem no resultado de uma empresa, deixando claro o "peso" que as despesas operacionais têm no resultado da fabricação e comercialização de um determinado produto.

No sistema de custeio por absorção, as principais variáveis são:

- Resultado Líquido = Resultado Bruto - Despesas Operacionais
- Resultado Bruto = Receitas com Vendas - Custo de Produção
- Custo de Produção = Custo Variável Direta + Custo Variável Indireto + Rateio do Custo Fixo

## 6.6 Problemas de Vendas

A mais clássica definição de venda foi formulada pela Associação Americana de Marketing e diz que: "Venda é o processo pessoal, ou impessoal, de assistir e/ou persuadir um comprador potencial a adquirir um bem ou serviço, ou reagir, favoravelmente, a uma ideia que tenha significado comercial para o vendedor".

Ela é a ação que precede a transferência de propriedade, ou utilização, de um bem ou serviço, representando uma atividade útil, necessária, difícil e desafiante, porque o vendedor tem a oportunidade de cumprir uma operação completa com início, meio e fim, refletindo responsabilidade e maturidade.

Vender é uma atividade que permite a quem vende uma autoavaliação diária do seu trabalho. Também testa a autorrealização, porque o sucesso depende do próprio vendedor. A atividade mercadológica vender se fundamenta no pressuposto de que os consumidores não comprarão os produtos, a menos que sejam estimulados para tal.

Quaisquer que sejam as mudanças que ocorram no social, econômico, político e ambiental de um país, as vendas permanecem notavelmente inalteradas em seus objetivos básicos: gerar receitas, criar consumidores cativos e desenvolver novas tecnologias de suporte.

Resumindo, vender é a forma de comunicação dirigida, personalizada, persuasiva, interativa e eficaz, realizada por meio do contato pessoal entre um vendedor e um comprador.

A arte de vender foi muito negligenciada nos últimos anos, porque a função vendas foi engolida pela função marketing. Infelizmente, a palavra marketing deixa as pessoas cristalizadas e se tornou, para incautos, a chave do sucesso. Mas, nenhuma empresa, por maior e magnífica que seja, pode prescindir do Setor de Vendas.

No final do dia, é o faturamento que conta; dá ânimo para enfrentar o dia seguinte.

Dentre os problemas de vendas, podemos destacar:

**Localização do Consumidor –** Existem muitas maneiras de buscar indícios de consumidores potenciais. Obviamente, que a pesquisa de mercado é o melhor dos meios. Esta pesquisa procura obter informações sobre: os consumidores dos produtos que a empresa pretende colocar no mercado; onde estão localizados; em que quantidades compram; seus hábitos, seu poder aquisitivo e seu perfil socioeconômico.

**Tipos de Consumidor –** Existe todo tipo de consumidor. Assim, conhecer o tipo de consumidor facilitará o trabalho de vender. A seguir, alguns exemplos:

**Consumidor Final –** Assunto já abordado.

**Consumidor Potencial –** como já abordado, o consumidor potencial é alguém disposto e habilitado a se engajar em uma troca de valores. Não se pode vender um produto a menos que se encontre um comprador. Por isso, a prospecção de localizar e classificar consumidores potenciais é o primeiro passo no processo de venda.

Os vendedores de sucesso são aqueles motivados à acumulação de fatos e informações úteis na aproximação e apelo aos consumidores em perspectiva, que variam de pessoa a pessoa.

**Consumidor Consciente –** O mundo dos negócios vem se preocupando cada vez mais com uma figura, em muitos aspectos, ainda insondável: O consumidor consciente. O problema, porém, é definir exatamente quem é ele, como pensa e age na hora de escolher entre um e outro bem ou serviço.

Segundo pesquisas, os consumidores conscientes adotam os seguintes comportamentos: 93% pedem nota fiscal quando fazem compras; 90% leem os rótulos das embalagens atentamente antes de comprar: 89% escrevem no verso de folhas já utilizadas; 79% separam o lixo para reciclagem; 72% compram produtos orgânicos, há menos de seis meses; 59% já recorreram a órgãos de defesa do consumidor; 42% deixam de comprar um produto para punir o fabricante; 26% deixam o carro em casa pelo menos uma vez na semana.

**Consumidor Atento –** É o tipo mais fácil de se vender. Para ele não se pode desculpar a perda de uma venda.

**Consumidor Apático –** Você terá que ser cuidadoso e dar informações concisas e absolutamente corretas sobre as mercadorias e condições gerais de venda.

**Consumidor Vaidoso –** É um tanto fácil de ser atendido, contanto que você saiba que ele é vaidoso e atenda à sua vaidade.

**Consumidor Nervoso –** Aqui entra uma boa dose de simpatia e paciência do vendedor que o reconheceu. Uma vez conquistada a sua confiança, se transforma em um consumidor cativo.

**Consumidor Orgulhoso –** O orgulhoso, quando tratado com respeito e consideração (aparentemente especial), transforma-se e sente-se importante, passando a comprar tudo aquilo que se lhe queira vender.

**Consumidor Indiferente –** O trabalho é procurar descobrir o que realmente deseja. Não se iluda com esse tipo de consumidor, porque mesmo aparentando desinteresse, no fundo ele deseja crescer psicologicamente e ele o faz comprando.

**Consumidor Taciturno –** Tratar esse tipo com calma e paciência. Deve-se tomar uma atitude de confiança e entusiasmo para equilibrar a personalidade do consumidor que é oposta, daí procurar ajudá-lo a comprar.

**Consumidor Despreocupado –** Atenda bem esse tipo de consumidor, oferecendo-lhe cadeira e deixando-o bem à vontade. Não seja, pois, apressado, dê atenção e prepare seu futuro consumidor, mesmo perdendo um pouquinho do seu tempo.

**Consumidor Cativo –** Aquele que compra constantemente na mesma loja (freguês).

**Consumidor Malcriado –** Tome um grande cuidado para não se irritar ou zangar-se com ele. Deixe que ele brigue sozinho. Procure ser cordato, peça desculpas e lembre-se: o cliente é aquele que paga o seu salário. Não confunda tipo malcriado com o abusivo e impertinente. Neste caso, convém chamar o gerente.

**Consumidor Globalizado –** Usuário da Internet que atua no varejo virtual, tende a explorar primeiramente as páginas de marcas conhecidas, devido à confiança e credibilidade adquiridas no varejo real. Não critique economia de rede e sistemas automatizados, porque este consumidor achará que você é cafona.

**Consumidor Hostil –** Consumidor sobrecarregado, atira para todo lado; não ataca apenas o produto, mas também a empresa, porque ele pensa que a vida é matar ou morrer. Brigar o faz se sentir vivo. A pior abordagem do vendedor é deixar-se intimidar. O vendedor deve se posicionar a favor do consumidor hostil, dando a ele espaço e não esquecer de chamá-lo pelo nome. Usando algumas técnicas de venda, este consumidor deixa de ser hostil e passa a ser cativo.

**Consumidor Reclamão –** É aquele que reclama de tudo e de todos. Põe o vendedor na defensiva em poucos segundos. O vendedor deve ouvi-lo com atenção e parafrasear sua reclamação, concordando com aquilo que faz sentido.

**Consumidor Silencioso –** Este consumidor é conciso, breve, sucinto, difícil de decifrar. Evita riscos e mantém-se imperturbável em sua estratégia de compra e negociação. O vendedor não deve interromper o seu silêncio, deve ser calmo na sua apresentação ao consumidor. Se o consumidor ainda continuar sem se manifestar, a melhor coisa é marcar outro dia, em um ambiente favorável e informal.

**Consumidor Sabichão –** Aquele que julga saber muito. É cabotino e se julga um especialista em qualquer coisa. O vendedor deve se ater aos fatos, utilizando muita objetividade e solicitando ajuda ao sabichão para o processo de venda.

**Consumidor Procrastinador –** Aquele que não consegue chegar a uma decisão. O vendedor deve ajudá-lo a resolver seus problemas. Procure saber que tipo de atitude (decisão, solução) o mesmo tomou para resolver problemas semelhantes.

**Consumidor Sofisticado –** É um consumidor chave nos processos de experimentação e de avaliação de um novo produto.

**Consumidor Interativo** – Aquele que interage com o fabricante ou prestador de serviços. O consumidor não contribui apenas com dinheiro, mas também com informações e ideias. Um dia, os consumidores terão total interatividade com produtores, fornecedores e distribuidores.

**Pré-Venda** – Antes de ser feito contato com compradores prospectivos, o vendedor precisa preparar-se apropriadamente. Isto significa que ele deve estar bem versado nas técnicas de vender e estar informado sobre os produtos que estão sendo colocados à venda. Mas, a informação, que sempre é facilmente obtida, pode ser muito importante, para se evitar começar com o pé esquerdo.

**Apresentação do Produto** – Armado de dados, o vendedor está pronto para fazer contato. O primeiro passo, é obter atenção para aquilo que quer vender. Um aperto de mão é de praxe. Depois o vendedor precisa dar uma explicação que ajude o comprador em perspectiva a compreender que o produto pode lhe ser bastante útil.

A dramatização, bem como um bom visual, tem demonstrado resultados positivos. O uso de projeções, figuras, amostras, modelos, demonstrações e testes são fundamentais. É a fase em que o vendedor procura posicionar imagem, marca, utilidade, vantagem e pontos fortes em relação ao mercado.

**Objeções** – A maioria dos vendedores não sabe como tratar objeções, isto é, as razões para não comprar. As objeções nada têm a ver com realizar vendas, mas muito com o estilo do vendedor, que carece de uma argumentação convincente e persuasiva.

**Pós-Venda** – O trabalho do vendedor não fica completo depois de efetuada uma venda. São necessárias ações complementares que garantam a satisfação plena do consumidor. Muitas vezes, as negociações precisam ser reajustadas para que haja uma melhor combinação de fatores.

É comum o consumidor (usuário ou paciente) necessitar de instruções adicionais para uso do produto, tendo em vista que os manuais nem sempre são, suficientemente, claros. O vendedor arguto procura fazer amizade por meio de atos sinceros e sutis.

Dar indicações de novos negócios para os clientes, trazer novas ideias para lucro, ajudar a obter pessoal capaz, mostrar interesse pelo negócio do comprador. Todos estes movimentos podem trazer bons dividendos.

**Devolução de Mercadoria** – Ação em que o comprador devolve ao vendedor as mercadorias que comprou, em função de defeitos, qualidade do produto, especificações fora do padrão contratado, prazos de entrega fora do estabelecido, valores não contratados, atendimento deficiente.

Uma preocupação em vendas é com a devolução de mercadorias, porque retrata uma imagem ruim perante o mercado. Também abala o moral da empresa, propiciando um clima organizacional desfavorável à qualidade total, fato altamente desmotivante para o espírito de corpo dos funcionários.

**Cancelamento de Pedido** – Sempre haverá cancelamento de pedidos. Mas uma taxa de cancelamentos acima de 5% deve começar a preocupar a empresa. Procurar verificar se Vendas não está dando prazos incompatíveis com a capacidade de entrega da empresa.

**Força de Vendas** – Conjunto de pessoas envolvidas diretamente com vendas. Seus problemas estão pautados em: atribuição de responsabilidade; atividades dos vendedores; recrutamento, seleção e treinamento; política de remuneração, incentivo e recompensas; comportamento do vendedor.

Um rápido questionamento, a seguir, fará você entender o que, geralmente, acontece em vendas:

- Os vendedores tendem a promover produtos não lucrativos?
- Datas de entrega irreais são prometidas?
- Pouco esforço é desenvolvido para promover os artigos que se encontram encalhados?
- O vendedor reluta mudar a política de preços?

- São efetuadas verificações regulares para se saber quais os produtos que devem ser colocados em promoção?
- Pouco caso na avaliação de custos?
- Alguns vendedores são mais bem tratados do que outros?

**Carteira de Pedidos –** A carteira de pedidos é um controle que dá uma visão clara se a empresa tem capacidade para atender ao mercado, e, também, ajuda a observar como está sendo feito o atendimento dos pedidos de sua carteira. As vendas representam um elemento significativo para avaliação do êxito empresarial. Mas não basta apenas vender, é necessário atender os pedidos colocados em carteira.

**Taxa de Turnover –** A taxa de turnover, ou taxa de rotatividade de empregados, mostra a movimentação (entra e sai) de pessoal numa organização. Uma taxa de turnover elevada pode significar má administração da empresa ou um mercado de atuação desfavorável, onde os recursos humanos são difíceis e instáveis, como em mercados que exigem muita criatividade. Por outro lado, um dos motivos de um turnover elevado é a constante contratação de pessoal de fora da empresa.

A taxa de turnover é dada pela fórmula:

$T = |Q1 - Q2| / Q1$

Onde:
Q1 = Quantidade inicial (momento do registro) de empregados.
Q2 = Quantidade final de empregados de Q1 que ainda estão trabalhando.
|Q1 - Q2| = Valor absoluto da diferença (Q1 - Q2).

Exemplo:
Q1 = 200
Q2 = 150
$T = |200 - 150| / 200 = 50 / 200 = 0{,}25 = 25\%$

A rotatividade de pessoal expressa a relação percentual entre os desligamentos e o número médio de funcionários que compõem o quadro de pessoal, considerando um determinado período de tempo, que pode ser mensal ou anual. Este índice não deve ser zero e nem muito elevado. A variação da taxa de rotatividade está diretamente relacionada à cultura e ao clima da organização.

**Quantidade de Vendedores –** A empresa contrata vendedores, em função de necessidades imediatas, considerando dois aspectos fundamentais: Número de Visitas e Turnover.

A seguir, estão sendo colocados os dois principais métodos de como calcular a quantidade de vendedores, bem como suas fórmulas, exemplos e análises:

A) O número de vendedores, em função das visitas, é dado pela fórmula:

$N = (T \times V) / P$

Onde:
N = Número de vendedores
T = Total de clientes
V = Número de visitas ao cliente por ano
P = Número de visitas por ano por vendedor

Exemplo:
Número de clientes = 1.000
Número de visitas anuais por cliente = 6
Número de visitas/ano por vendedor = 200

N = (1.000 × 6) / 200 = 30

Análise: A empresa deve manter uma média de 30 vendedores, durante o ano, para atingir seus objetivos de venda, levando em consideração o número de visitas traçado pela estratégia de relacionamento com o cliente. Não esquecer que um novo vendedor não trará, de antemão, mais vendas.

B) O número de vendedores, em função do turnover, é dado pela fórmula:

N = (V / P) (1 + T)

Onde:
N = Número de vendedores
V = Volume de vendas previsto
P = Média de vendas por vendedor
T = Taxa de turnover de vendedores

Exemplo:
Volume de Vendas Previsto = $ 1.000,00
Produtividade Média / Vendedor = $ 100,00
Taxa de Turnover = 40%

N = (1.000 ÷ 100) (1 + 0,40) = 10 × 1,40 = 14

Análise: A taxa de turnover determinará a quantidade de vendedores para atender as metas de venda da empresa. Se a taxa de turnover de vendedores for elevada, será necessário reunir a equipe para saber se o problema está no: produto, preço, mercado, empresa, distribuidor, consumidor e/ou vendedor.

**Faturamento** – O controle do faturamento serve para acompanhar o desempenho da equipe de vendas e se a mesma está cumprindo as metas estabelecidas. É um controle que aponta o desvio.

| **Controle do Faturamento** | | | | | |
|---|---|---|---|---|---|
| N | Data | Valor | Valor Acumulado | Média | Desvio (%) |
| 1 | 01.07.00 | 1.000,00 | 1.000,00 | 1.000,00 | zero |
| 2 | 02.07.00 | 800,00 | 1.800,00 | 900,00 | - 11,10 |
| 3 | 03.07.00 | 1.200,00 | 3.000,00 | 1.000,00 | + 20,00 |
| 4 | 04.07.00 | 900,00 | 3.900,00 | 975,00 | - 7,70 |
| 5 | 07.07.00 | 800,00 | 4.700,00 | 940,00 | - 14,90 |
| 6 | 08.07.00 | 1.100,00 | 5.800,00 | 967,00 | + 13,80 |
| 7 | 09.07.00 | 500,00 | 6.300,00 | 900,00 | - 44,40 |
| 8 | 10.07.00 | 1.100,00 | 7.400,00 | 925,00 | + 18,19 |

**Quadro 6.9**: Controle do Faturamento.

Também é possível acompanhar o faturamento de equilíbrio, que é dado pela fórmula:
FE = Pv x QE = Pv [CF / (Pv - Cv)]

A seguir, um exemplo:

Custo fixo total = 90.000,00
Custo variável total = 50.000,00
Faturamento = 200.000,00
Custo total = 90.000,00 x 50.000,00 = 140.000,00
Margem total = 200.000,00 - 50.000,00 = 150.000,00
Faturamento de equilíbrio = (90.000 / 150.000) x 200.000,00 = 120.000,00

## 6.7 Problemas de Preço

Embora o preço de venda de um produto já tenha sido abordado anteriormente, é importante observar quem tal preço é igual a soma do custo total de fabricação do produto mais uma margem de lucro. O lucro por produto pode ser predeterminado através de uma taxa (ou percentual) de marcação do próprio custo unitário ou do preço de venda.

Logo, a variável que realmente interessa é o custo do produto. Num mercado competitivo o custo tem uma preponderância muito grande, porém influenciará muito mais nos resultados (lucros). Nem sempre o preço que o mercado está disposto a pagar por um produto está correlacionado com o seu custo.

Os principais problemas de preço estão nos seguintes pontos:

**Determinação do Preço –** O preço de um produto pode estar baseado no custo, qualidade, mercado, competição, concorrência, área de venda e lucro. Quando da determinação do preço do produto, a empresa deve considerar o consumidor, porque este toma o preço como referencial de valor.

É comum o consumidor fazer comparações de preço entre concorrentes. Na maioria das vezes, o comprador está mais inclinado a comparar preços do que outras características do produto. Determinar o preço de um produto é localizar um ponto entre o custo e o valor subjetivo do produto para o consumidor. O custo, sem dúvida, é o ponto de partida, mas esta consideração tem a desvantagem de não considerar o consumidor e o mercado.

**Cálculo do Preço de Venda –** Para estabelecer o preço de venda de determinado produto, você não precisa conhecer matemática com profundidade ou ser especialista em administração financeira. Basta saber levantar os custos e fazer algumas operações simples. Muitos produtores recorrem a uma fórmula para chegarem a seu preço de venda.

É uma prática comum para eliminar a responsabilidade de quem estabelece o preço de venda. Estas fórmulas são usadas na esperança de que o preço final seja suficiente para cobrir todos os gastos e ainda deixar algum lucro. O problema dessa abordagem é a não consideração se o mercado pagará, ou não, tal preço.

A fórmula do preço unitário de venda é baseada na equação do lucro, que é a seguinte:

$L = R - D$
$L = V - CT = PvQ - (CV + CF)$
$PvQ = L + CV + CF$
$Pv = (L + CV + CF) / Q$
$Pv = (L / Q) + (CV + CF) / Q$
$Pv = (L / Q) + CT / Q$

$Pv = Lu + Cu$

Onde:
L = Lucro
R = Receita com Vendas
D = Despesas
CT = Custo total (CF + CV)
V = Vendas
Pv = Preço de venda unitário
Q = Quantidade vendida
Cv = Custo variável unitário
CF = Custo fixo total
Cu = Custo unitário do produto
Lu = Lucro unitário do produto

CV = Custo variável total

A seguir, um método prático para calcular o preço de venda de um produto:

01 – Elaborar uma planilha para auxiliar o cálculo do custo.
02 – Determinar a quantidade de matéria-prima e outros materiais (insumos) utilizados para produzir uma unidade ou lote de cada produto.
03 – Determinar o número de horas de mão de obra direta necessárias para produzir uma unidade ou lote.
04 – Levantar os custos fixos mensais e critérios de rateio sobre os produtos.
05 – Levantar encargos sociais por folha de pagamento.
06 – Levantar custos de comercialização.
07 – Estabelecer margem de lucro.
08 – Calcular o preço de venda.

**Markup –** O método do cálculo do preço de venda mais elementar é acrescentar um markup (margem de lucro, margem de comercialização, taxa de marcagem) ao custo do produto. O preço de markup permanece popular por várias razões: os vendedores têm mais certeza do custo do que da previsão de demanda; os preços tendem a ser similares ao longo do tempo; muita gente considera este método como mais justo.

A taxa de marcagem é um valor tomado, percentualmente, em relação ao custo ou em relação ao próprio preço de venda.

Em função do custo, a fórmula do preço de venda é:

Pv = Cu + xCu = Cu (1 + x)
Pv = Cu (1 + x)

Onde:
Pv = Preço de venda do produto
Cu = Custo de fabricação do produto
x = Fator percentual de markup

Exemplo:
Custo do Produto = $ 200,00
Markup em função do custo = 50%
Pv = 200,00 (1 + 0,50) = 200 × 1,5 = $ 300,00

Em função do preço de venda, a fórmula do preço de venda é:

Pv = Cu + xPv
Pv - xPv = Cu
Pv (1 - x) = Cu        Pv = Cu / (1- x)

Exemplo:
Custo do Produto = $300,00
Markup em função do preço de venda = 30%
Pv = 300,00 / (1 - 0,30) = 300 / 0,70 = $ 428,00

Análise: O markup adotado será em função da política de preço da empresa e da concorrência. Conhecido o markup, é fácil montar uma tabela para os preços de venda. Usar o markup, em função do preço de venda, facilita muito o varejo quando este está promovendo descontos e dando comissões aos vendedores. O markup deve cobrir a taxa de inflação interna quanto à taxa de inflação do governo, bem como o lucro possível.

A seguir, um exemplo mais bem elaborado do Pv, cujo markup está em função do preço de venda:

Custo de Fabricação do Produto = 1,85

Aplicando-se as margens, vêm:

| Margens | Taxa | Absoluto | Acumulado |
|---|---|---|---|
| Custo de Distribuição | 20% | 0,20 | 0,20 |
| Mão de Obra Indireta | 5% | 0,05 | 0,25 |
| Despesas de Comercialização | 5% | 0,05 | 0,30 |
| Rateio Energia/Manutenção | 25% | 0,02 | 0,32 |
| Tributação | 5% | 0,05 | 0,37 |
| Lucro | 30% | 0,30 | 0,67 |

**Quadro 6.10:** Margens de Comercialização.

Preço de Venda:

Pv = Cu / (1 - x%Pv)
Pv = 1,85 / (1 - 0,67) = 1,85 / 0,33
Pv = 5,61

Custo de Fabricação do Produto = Matérias-Primas + Insumos + Mão de Obra Direta + Embalagem

**Flutuação do Preço –** Há poucos preços fixos na economia, porque os preços flutuam segundo: área geográfica, época da ocorrência, canal de distribuição, oferta, procura, condições econômicas, ciclo de prosperidade, natureza do produto (perecíveis, não padronizados), dimensão da área de comercialização.

**Influência no Preço** – A influência que os preços sofrem é fundamental nas ações do governo e do mercado. O governo atua nos preços através de tarifas, tributações, incentivos e facilidades fiscais. O mercado atua nos preços através de: concorrência, hábito, costume, moda, propaganda, promoção.

## 6.8 Problemas de Lucro

O lucro é a diferença entre as receitas com vendas de uma empresa e as suas despesas. É comum se ter expectativa de lucro em qualquer transação comercial que se faça, pois sem lucro é impossível uma empresa investir em novas tecnologias, criar novos postos de trabalho e treinar seus recursos humanos, por exemplo. A evolução do lucro durante sucessivos exercícios leva a concluir que a organização vai bem ou mal. Neste caso, o lucro é mais uma ferramenta de referência do que de expectativa.

Lucro não é uma designação ampla nem prescritiva do objetivo da empresa. É meramente o resultado ou a decorrência da atividade nos negócios. Não diz nada sobre o que essas atividades deverão ser. Dizer-se que um negócio existe para dar lucro aos seus proprietários não oferece prescrição acerca de como conseguir isso, não é um guia de como essa ação deve ser para acomodar exigências, conflitos e mudanças.

Os mais importantes problemas de lucro são:

**Transparência do Resultado –** Uma vez por ano, todos os anos, a empresa deve apurar o resultado do exercício que se encerra. Apurado o resultado do exercício, devemos somá-lo aos resultados anteriores para se chegar a um resultado acumulado, que aparece no balanço patrimonial.

A demonstração de lucros (ou prejuízos) nada mais é do que a exposição do que ocorreu na empresa, sob o aspecto econômico e financeiro. Apurado o lucro de um período, após todas as deduções legais e contratuais, a administração pode propor sua retenção ou distribuição aos sócios. Esta última, se malfeita, pode provocar a descapitalização e falência.

**Destinação do Lucro –** A distribuição de lucros, portanto, é uma das formas da empresa remunerar o capital investido. O problema com que se defronta o empreendedor é o conflito entre a responsabilidade social e o lucro da empresa, porque há um pensamento completamente divergente entre empresários e pessoas do povo, pois estas acham que a empresa é para dar emprego e os empresários que é para dar lucro.

Mas, é preciso parar de dizer que a empresa só tem responsabilidade social para com a sociedade. Sem lucro a empresa fecha, não reinveste, não avança tecnologicamente, não cria novos produtos, não capacita, profissionalmente as pessoas e não desenvolve: novos mercados, novos produtos e novos postos de trabalho.

**Reservas –** As reservas representam a separação de parcelas provenientes de ganhos, com o objetivo de preservar o patrimônio líquido de uma sociedade de negócios. Se uma empresa distribuísse entre seus proprietários todos os ganhos que auferisse, em breve, provavelmente, estaria com uma posição bastante desfavorável.

Portanto, ao invés de distribuir todos os seus ganhos, a empresa deve reservar uma parte dos mesmos para que possa se prevenir de dificuldades futuras. Na prática as reservas são provenientes dos lucros. Mas, é preciso fazer diferença entre o lucro contábil e o dinheiro existente, pois muitos acreditam que o lucro deve ser representado por dinheiro em caixa e bancos. Porém, é possível que o lucro esteja na aplicação do dinheiro em ativos (imóveis, ações, patentes, marcas, participações).

**Maximização do Lucro –** A falta de uma visão estratégica leva o dirigente, inevitavelmente, a incapacidade de otimizar recursos, meios e processos para obter uma maximização do lucro e, consequentemente, uma redução do custo e do tempo gasto. A maximização dos lucros envolve simultaneamente o aumento das receitas e a diminuição dos custos.

Assim, logicamente, qualquer decisão empresarial capaz de baixar os custos sem baixar as receitas ou aumentar as receitas sem aumentar os custos produzirá um aumento dos lucros. O valor máximo do lucro ocorre, quando a receita marginal se iguala ao custo marginal da última unidade produzida.

Se a situação do mercado é tal que seja indiferente produzir e vender o produto A ou B, escolher-se-á o produto que oferecer uma margem de contribuição maior. Se a utilização está próxima da saturação dever-se-á empregar o critério do máximo aproveitamento dos meios disponíveis. Os modelos de otimização do lucro se fundamentam, basicamente, em três métodos: Matemático, Gráfico e Algébrico. A seguir, são colocados dois exemplos de estudo de otimização do lucro em um modelo matemático, onde são escolhidos fatores vinculantes, como: produção/hora e matéria-prima.

Exemplo para o fator Volume de Produção/Hora:

| Nº | Itens | Produto A | Produto B |
|---|---|---|---|
| 1 | Preço de venda | 70,00 | 56,00 |
| 2 | Custo variável unitário | 52,00 | 42,00 |
| 3 | Margem de contribuição (1 - 2) | 18,00 | 14,00 |
| 4 | Custo fixo unitário | 10,00 | 7,00 |
| 5 | Lucro unitário (3 - 4) | 8,00 | 7,00 |
| 6 | Valor da produção/hora | 20,00 | 30,00 |
| 7 | Lucro/hora (5 x 6) | 160,00 | 210,00 |
| 8 | Contribuição marginal/hora (3 x 6) | 360,00 | 420,00 |

**Quadro 6.11:** Otimização do Lucro, em Função Produção/Hora.

Resposta: Embora o produto A tenha uma margem de contribuição maior, a contribuição do produto B, em função da produção/hora, é maior. Logo, o produto B deverá ter prioridade em produção e venda.

Exemplo para o fator Matéria-Prima (MP):

| Produtos | Pv | Cvu | MC | MP (kg) | Contribuição da MP | % |
|---|---|---|---|---|---|---|
| A | 4,00 | 2,00 | 2,00 | 1,00 | 2,00 | 18 |
| B | 5,00 | 3,00 | 2,00 | 0,60 | 3,33 | 30 |
| C | 8,00 | 5,00 | 3,00 | 1,00 | 3,00 | 27 |
| D | 6,00 | 2,00 | 4,00 | 3,00 | 1,33 | 12 |
| E | 10,00 | 5,00 | 5,00 | 4,00 | 1,25 | 13 |
| | | | | | 10,91 | 100 |

**Quadro 6.12:** Otimização do Lucro, em Função da Matéria-Prima.

Resposta: Embora o produto E tenha a maior margem de contribuição, a contribuição do produto B, em função da matéria-prima, é maior.

## 6.9 Problemas de Finanças

Finanças são a aplicação de uma série de princípios econômicos e financeiros, para maximizar a riqueza ou o valor total de um negócio. Atualmente, os administradores financeiros dispõem de muitas ferramentas sofisticadas para solucionar difíceis problemas empresariais.

O horizonte das finanças recai sobre as formas de orçar com eficácia os recursos escassos e investir os capitais nos ativos que apresentem o melhor balanceamento entre o risco e o retorno do investimento. O conhecimento de finanças não deve se restringir aos tesoureiros, controladores e planejadores financeiros. Em qualquer empresa, se contabilistas, estatísticos e profissionais de marketing possuírem uma avaliação e um entendimento dos princípios de finanças, poderão participar mais efetivamente do processo decisório dos projetos.

Os problemas financeiros, basicamente, estão voltados para o fluxo de dinheiro que corre na empresa e se ela terá condições de saldar compromissos assumidos (liquidez). Assim, é preciso ter presente a noção de conta, que é o registro de uma transação que envolve valores, devendo ter um nome, para caracterizar se a mesma é do ativo ou do passivo.

Quais as origens dos problemas de finanças? Tais problemas podem ter, a princípio, sua origem: no sistema de informações; na obtenção do capital; no controle de caixa; no indicador de gestão utilizado; no planejamento financeiro; no ciclo financeiro; no orçamento.

A seguir, abordaremos os mais importantes problemas financeiros:

**Saldo de Caixa –** O saldo ou diferença é o resultado do confronto entre os totais de débitos e de créditos levados a uma conta corrente. Este saldo, como é óbvio, poderá ser nulo, positivo ou negativo. Para proteger-se contra as variações dos ritmos das entradas e saídas de caixa, o gerente financeiro precisará ter sempre à mão um controle do fluxo de caixa. Precisa estar apto a pagar suas contas no vencimento e aplicar saldos de caixa disponíveis e não compromissados.

**Fluxo de Caixa –** Entende-se por caixa o controle diário onde são registradas todas as transações, em dinheiro, da empresa. O controle do fluxo de caixa sempre foi de extrema importância. Muitos empreendimentos são inviabilizados pela falta de cuidado com tal controle.

Fazer controle diário do que entra e sai na empresa é fundamental, porque evita a falta de dinheiro para tocar o negócio, proporciona condições do que fazer com as sobras de caixa, adquire-se conhecimento da série histórica das entradas e saídas, dá condições de se fazer projeções no curto prazo.

**Planejamento Financeiro –** Um plano financeiro, durante um determinado período, envolve certas previsões do panorama econômico. Se houver uma expectativa do aumento do nível das atividades econômicas, isto pode significar que também crescerão nossas necessidades de ativo, bem como de fundos com os quais possamos financiar estas aquisições.

Uma vez que os juros sobre os fundos tomados por empréstimos constituem despesa dedutível para cálculo de impostos, os aumentos das alíquotas de imposto tornam mais desejável o capital de terceiros em relação a outros tipos de fundos, do ponto de vista do lucro.

**Ciclo Financeiro –** Um problema que precisa ser levado em conta é o estudo do ciclo financeiro de uma empresa. Quando estudamos o ciclo mercadológico, constatamos que o mesmo é composto das seguintes fases: planejamento da produção e da venda, período de vendas, compra de matéria-prima e insumo, produção, pagamento a fornecedores, distribuição e recebíveis. Tais fases se superpõem, em função dos períodos de tempo preestabelecidos e/ou aprazados.

Assim, o problema é o tamanho do período do ciclo financeiro, que inicia desde o momento que se começa a pagar fornecedores até o recebimento da última conta a receber, relativa a este ciclo operacional.

O estudo do ciclo financeiro mostrará o período a descoberto da empresa e a inadimplência.

Planejamento<br>
//////////////////////<br>
Período de Vendas<br>
//////////////////////////////////<br>
Compra M. P. Insumos<br>
////////////////////////////////////<br>
Fornecedores<br>
////////////////////////////////<br>
Produção<br>
////////////////////////////////////////////////<br>
Distribuição<br>
////////////////////////////////////////////////////////<br>
Contas a Receber<br>
//////////////////////////////////////////////////////////<br>
Ciclo Financeiro<br>
//////////////////////////////////////////////////////////////

Ciclo Operacional<br>
////////////////////////////////////////////////////////////////////////////////////////////////////

**Figura 6.1:** Ciclos Operacional e Financeiro.

**Orçamento –** Orçamento é um plano que especifica as receitas e os gastos, antecipadamente, em um dado período. Previsões e orçamentos não podem ser considerados como sinônimos. Uma previsão é uma tentativa de determinação de futuros eventos. Orçamento é, ao contrário, a manifestação de uma vontade tendente a orientar os eventos futuros na direção mais oportuna.

Os orçamentos podem ser: Operacionais; Financeiros; Fixos (para um só volume de produção) e flexíveis (para vários volumes de produção).

A elaboração de orçamentos pode ser usada para determinar se cursos de ação particulares apresentam boa relação custo/qualidade/preço/lucro. Uma eficiente contabilidade de custos é condição básica para a correta aplicação de um sistema de controle orçamentário. É importante que o orçamento seja congruente com os objetivos da empresa.

Por que o orçamento é um problema? Primeiro, porque ele é caro para as organizações. Executar o processo orçamentário não significa apenas traçar um plano. Envolve também executá-lo e fazer acompanhamentos, o que se traduz em esforço, tempo e recursos. Segundo, porque o orçamento agrega pouco valor e é mais uma ferramenta para controlar o comportamento do que ajudar uma empresa a ser mais competitiva. Terceiro, porque o orçamento vem acompanhado de defeitos funcionais graves.

O orçamento não dá uma visão realista do futuro, só mostra um desejo de programar a organização para um determinado período, o que não é possível, quando o cenário é mutante.

## 6.10 Problemas de Logística

Em todo e qualquer processo de comercialização, a logística assume um caráter, muitas vezes, mais importante do que a própria produção, pois seu estudo envolve o produto (características, padrões, embalagens), os intermediários (custo, propriedade, transporte, distribuição) e a armazenagem (obsolescência, guarda, movimentação, classificação).

A logística não tem o mesmo significado para todas as empresas. A logística é entendida como o controle do rápido movimento dos recursos organizacionais, que devem ser colocados nos tempos e locais ótimos. Na realidade é um modelo que estabelece medidas de controle, por meio de esquemas que buscam custos mínimos de um sistema de distribuição física.

A logística estuda como a administração pode prover melhor nível de rentabilidade nos serviços de distribuição aos consumidores, através de planejamento, organização e controle efetivos, para as atividades de movimentação e armazenamento, que visam facilitar o fluxo de produtos.

Na realidade, é um modelo que estabelece medidas de controle, por meio de esquemas que buscam custos mínimos de um sistema de distribuição física. O problema da logística é diminuir o hiato entre a produção e a demanda de modo que os consumidores tenham bens e serviços quando e onde quiserem, nas condições físicas que desejarem. Mas, é preciso estar atento aos custos associados a estas ações.

Os principais problemas de logística estão nos seguintes aspectos:

**Distribuição Física –** O movimento do produto do fabricante até o consumidor final chama-se distribuição física do produto. Este serviço envolve um planejamento meticuloso, cujo fator principal é o custo do transporte. Este planejamento considera: a utilidade de lugar (em geral os consumidores não gostam de ir longe ou de se esforçarem muito para obter produtos) e a utilidade de tempo (elemento tempo conta como se fosse "dinheiro").

Um sistema de distribuição física consiste de um conjunto de decisão sobre: o volume negociado, a localização do destinatário (consumidor), a armazenagem (tamanho e risco), o meio de transporte do produto, a manutenção de estoque, a comunicação dentro da rede de distribuição, a maneira como o produto é embalado e as políticas (preço, frete, estoque).

Um dos princípios da distribuição moderna exige que o fabricante não passe a ignorar seu produto tão logo este tenha passado de suas mãos para agentes, atacadistas e varejistas. A distribuição bem-feita estimula a demanda.

Muitas empresas declaram que seu objetivo de distribuição é o de levar as mercadorias certas para os lugares certos, nos momentos certos e pelo menor custo. Mas nenhum sistema de distribuição física pode, simultaneamente, maximizar o serviço ao consumidor e minimizar o custo de distribuição.

**Serviço de Distribuição** – O serviço de distribuição representa um dos benefícios mais importantes que uma empresa pode oferecer aos clientes. Este, na ótica do comprador, deve ter determinadas características, tais como: rapidez no atendimento dos pedidos; disposição do fornecedor em atender as necessidades urgentes; cuidado com a entrega da mercadoria; compromisso de trazer de volta bens defeituosos e repô-los imediatamente; várias alternativas de embarque.

O serviço de distribuição pode ser feito pelo produtor ou entregue a uma empresa intermediária. A maximização do serviço de distribuição implica políticas de grandes estoques, transportes com custos adicionais e muitos armazéns, todos aumentando o custo de distribuição. A minimização dos custos de distribuição implica políticas de transporte rápido e barato, estoques baixos e poucos armazéns.

**Canal de Distribuição** – O canal de distribuição é a rota (caminho) seguida pelo direito à posse de um produto à medida que ele se movimenta do produtor para o consumidor/usuário final. A escolha deste canal levará em conta os seguintes fatores de distribuição:

Fatores Corporativos – Eficiência, eficácia, efetividade, velocidade de resposta, comunicação, tecnologia, tempo, custo, lucro, sistema, informação, padronização, codificação, rastreamento.

Fatores Operacionais – São os seguintes:

- Natureza do Produto (modelo, vida útil, valor, aspectos mecânicos, inovações).
- Natureza do Mercado (hábitos dos consumidores, preços, volumes, objetivos, concorrentes).
- Natureza do Intermediário (assistência, armazenagem, serviços, estoques, embalamento, compras, cooperação).
- Natureza do Consumo (bens de consumo, bens industriais, bens de emergência, bens de manutenção, suprimentos).
- Natureza do Transporte (rodoviário, marítimo, ferroviário, aéreo, intermodal, duto, esteira, multimodal, contêiner, misto).

**Alternativas de Canal** – Na avaliação das principais alternativas de canal, são levados em consideração os critérios: econômico, financeiro, contábil, de satisfação e de adaptação. Depois que a empresa escolheu o canal ela deve procurar mantê-lo no melhor nível de qualidade possível. Assim, ela deve motivar e avaliar periodicamente o canal, ajudar em sua dinâmica e promover mudanças quando sentir desvios do padrão estabelecido.

**Plano de Distribuição** – O ponto de partida do plano de distribuição é que sempre haverá um canal para atingir um mercado por mais difícil que ele seja. Um plano de distribuição sempre fará parte do plano de marketing, mas em muitas empresas a distribuição é tão importante que há também um plano de distribuição, no plano estratégico da organização. Os melhores planos de distribuição podem fracassar se o canal de distribuição não tiver um bom suporte de um sistema de informações.

**Custo do Transporte** – O custo do transporte é o somatório das despesas relativas à racionalização de rotas das frotas, otimização de espaços de estocagem, através de estudos de modularização para cargas e fracionamento das mesmas, e de depósitos que venham a ser o lugar geométrico de pequenos centros de distribuição.

Quando se discute logística, a primeira ideia é a modalidade de transporte, o uso indiscriminado dos portos secos, centros de distribuição de cargas, significando agilidade e rapidez no atendimento. Nos países desenvolvidos, os portos, em especial, são lugares de trânsito e não de armazenagem, como ocorre no Brasil.

**Meio de Transporte** – A maioria das empresas está perfeitamente equipada com modernos serviços de transportes que são organizados para atender a intensa demanda dos setores de produção e serviço. O êxito de uma empresa depende, em grande parte, dos meios rápidos que possui, não só para buscar a matéria-prima, como também para entrega dos produtos aos consumidores. Quando se faz a distribuição utiliza-se um meio de transporte.

A utilidade do transporte é maximizada, quando as mercadorias são alocadas nos lugares de maior demanda na maior velocidade possível. A eficiência do transporte é determinada por padrões, tais como:

- Conformidade com as exigências de carga normal e máxima.
- Adequação dos terminais de transporte para vendedor e comprador.
- Manuseio cuidadoso das mercadorias em movimento.
- Tempo mínimo de transporte.
- Relação adequada do custo do transporte com o valor da mercadoria.

**Gerência da Distribuição –** Cabe a esta gerência a administração dos canais de distribuição, da armazenagem, do custo do transporte, do local de entrega e do atendimento da carteira de pedidos, por exemplo. Tarefa difícil de ser executada, porque precisará trabalhar conflitos entre: vendedores, fornecedores, intermediários, distribuidores, varejistas e consumidores.

**Armazenagem** – A armazenagem é definida como uma função da distribuição e que envolve o tempo de espera e guarda, até que o produto seja movimentado para seu destino. A transferência de bens do produtor ao consumidor exige grande manuseio físico. Os produtos acabados (ou semiacabados) precisam ser armazenados, tanto no estabelecimento do produtor como no do distribuidor ou do intermediário.

O sistema de armazéns pode pertencer ao fabricante, aos seus distribuidores ou a ambos. As empresas que abastecem uma grande variedade de distribuidores, de grandes redes de varejo a pequenas lojas, precisam ter muitos armazéns e uma frota diversificada.

Todas as empresas querem ter estoques suficientes de produtos acabados disponíveis para satisfazer a procura dos consumidores, mas isso tem de ser contrabalançado pelo custo de manutenção de estoques. A despesa de armazenagem está aumentando em virtude de os compradores tenderem a fazer pequenos pedidos com maior frequência e os fabricantes tenderem a expandir a amplitude e a profundidade de suas linhas.

Em muitos casos, os custos de armazenagem, manuseio e transporte chegam de 30% a 35% do faturamento.

**Movimentação de Materiais** – A continuidade do abastecimento de materiais depende da estocagem e da sua entrega. Essa operação de levar os materiais do almoxarifado aos postos de trabalho, de um posto a outro e de levar ao depósito os produtos prontos, bem como remover as sobras e detritos surgidos durante a produção, dá-se o nome de movimentação de materiais. O transporte interno pode causar prejuízos à empresa, quando os meios de movimentação são insuficientes, estão malconservados, oferecendo perigo, são vagarosos ou inadequados. Para ser eficiente, o transporte interno deve possuir certas características, tais como:

- Oferecer rapidez, dando um fluxo contínuo ao abastecimento e à retirada de materiais. Essa rapidez, naturalmente, está condicionada ao ritmo de trabalho.
- Possuir capacidade de carga compatível com o volume a transportar, bem como com o peso, a distância que será percorrida e as vias que serão utilizadas.
- Oferecer segurança ao material que é transportado ao equipamento e ao pessoal.
- Flexibilizar a utilização, servindo a vários tipos de carga, no caso de grande diversidade dos materiais por transportar.
- Apresentar economia de operação e manutenção.

**Just-in-Time –** O just-in-time é um sistema operacional que busca o ajustamento ótimo entre consumidores, empresa e fornecedores, eliminando ou reduzindo ao mínimo toda a ociosidade de recursos, custos de estocagem e comprometimento do capital de giro em qualquer material ou componente que não seja imediatamente usado. A regra fundamental, portanto, é obter ou produzir algo somente quando for necessário.

Não há dúvida de que a rentabilidade dos recursos se torna maior, se o executivo lança mão deles apenas quando absolutamente necessários. Não pagar pelo armazenamento, pelo controle do estoque, pela conservação e guarda, pelas perdas e extravios, pela obsolescência inesperada e por tantos acontecimentos e prejuízos, que a estocagem costuma provocar, são de fundamental importância. Para não falar na preservação ambiental e na sobrevivência das reservas naturais.

**Nível de Estoque** – É o somatório de matérias-primas, insumos, produtos acabados e semiacabados. O valor do estoque é um valioso item (conta) do ativo circulante, porque mostra o giro de cada produto (material) e o quanto o produto participa no valor total do estoque. O sistema de controle de estoque é uma necessidade de decidir quais os níveis de estoque que podem ser economicamente mantidos. Tal sistema é utilizado para controlar: inspeção, recebimento, movimentação, alienação de ativos, inventário, distribuição e armazenagem.

**Gerência do Estoque –** A gerência do estoque é uma atividade cara, porque acarreta custos de: espaço para armazenamento, seguro, manuseio e obsolescência. Estes custos podem ser diminuídos pela redução do tamanho do estoque, mas, então, corre-se o risco de perder vendas por indisponibilidade de produtos. É preciso equilibrar o custo do estoque com o custo de vendas perdidas.

Em geral, o gerente de estoque topará com os seguintes problemas:

- Alto grau de heterogeneidade dos materiais e estoque.
- Estoques de matérias-primas excessivos em algumas linhas e não suficientes em outras.
- Controle não eficiente de produtos acabados em estoques, com baixa movimentação do depósito.
- Falta de produtos de venda rápida.
- Danificação, deterioração e outras perdas no estoque.
- Fornecedores inadequados e falta de peças de reposição mantém máquinas ociosas ou ineficientes.
- Perda de vendas por ausência do produto no inventário, sendo que mais tarde constata-se a sua existência no estoque.
- Dispersão da responsabilidade pelos estoques.
- Não existe dados sobre produção, vendas e estoques para efetuar decisões inteligentes.
- Dados sobre produção, vendas e estoques não estão atualizados de modo a colaborarem para efetivação de uma decisão rápida.

**Movimentação de Carga** – Multimodalidade, logística e just-in-time são conceitos já incorporados ao vocabulário dos empresários e usuários de transportes. A integração dos modais permitirá uma maior racionalização operacional e redução dos custos.

A intermodalidade e/ou multimodalidade combina e integra mais de um modo de transporte, se não chega a ser vista como uma panacéia, ela representa pelo menos uma forma de aumentar a eficiência e a eficácia da movimentação de carga. Então por que um número tão reduzido de empresas pratica inovações na movimentação de cargas?

Hoje, já se utiliza o pátio e não o depósito (centro de distribuição) para transferir (movimentar) cargas de um modal para outro. É bom sempre lembrar que o modal pode ser rodoviário, ferroviário, marítimo, aéreo, duto, hidroviário, esteira rolante.

## 6.11 Problemas de Compras

Comprar resume-se em trocar um ativo por outro. Em geral, o fator de troca é o dinheiro. A compra feita por consumidor é fácil de entender. Mas, quando a compra é feita por uma empresa, se torna mais difícil. Seus principais elementos estão baseados nos seguintes aspectos: o processo decisório de compra, a situação econômica e a modalidade da compra.

As principais figuras desse processo são: pessoa que sugere a ideia de comprar (iniciador da compra); pessoa que abaliza a decisão de comprar (influenciador da compra); pessoa que decide o que, como, quanto e quando comprar (decisor da compra); pessoa que autoriza a compra (autorizador da compra); pessoa que realiza a compra (comprador); pessoa que vai dispor da compra (usuário, consumidor, paciente).

A modalidade de compra deve se fundamentar nas condições de negociação, como: preço justo; produto de qualidade, garantia de entrega, cumprimento de prazo, quantidade versus desconto, crédito, forma de pagamento e local de entrega. O cargo de comprador exercido numa empresa deve ser preenchido por uma pessoa com total conhecimento do mercado de recursos, porque as compras, muitas vezes, são maiores que as metade dos custos da empresa.

Apesar de todo avanço tecnológico que vivemos, o comprador de hoje não possui tempo para aprender alguma coisa sobre os materiais que está adquirindo ou sobre novas especificações e processos, tendo em vista ser tudo muito rápido, fazendo com que a obsolescência chegue, às vezes, em poucos meses. Também não possui condições para julgar o valor exato do produto.

O comprador industrial não pode estar indiferente quanto às matérias-primas e insumos que sua empresa necessita. Ele não deve ter preferências de fornecedor, pois tal atitude, além de comprometer seu desempenho, pode ser considerada como venal.

O grau em que comprador industrial será competente em produzir lucros para sua empresa dependerá de seu conhecimento, capacidade analítica e habilidade de negociar. Ele precisa estar totalmente informado sobre fornecedores, vendedores, concorrentes, produtos, condições de prazo e de pagamento. Terá de possuir o domínio intelectual dos modelos formais de avaliação de custos e dos setores da economia.

Os principais problemas de compras se encontram nos seguintes elementos:

**Requisição de Compra –** É um formulário emitido para aquisição de item faltante no almoxarifado, depósito ou armazém. Esta requisição constitui um processo administrativo interno, além de servir de instrumento para controlar produtos dos depósitos e fornecer subsídios para avaliação do consumo. Caso sejam necessárias informações sobre o custo diário, o formulário deve conter uma coluna relativa a preços de compra.

**Processamento do Pedido de Compra –** Sua importância deriva do fato de ser uma atividade que inicia a movimentação do produto. Os custos de processamento dos pedidos para um fabricante consistem em custos de preparação do pedido e custos operacionais. Se os custos de preparação forem muito baixos, o fabricante poderá produzir com frequência o produto, pois o custo de fabricação é, razoavelmente, constante e igual aos custos operacionais.

No entanto, se os custos de preparação forem altos, o fabricante poderá reduzir o custo unitário médio, produzindo um grande lote e mantendo um maior estoque.

**Modalidade de Compra –** A compra tem duas modalidades básicas que são: Compra Centralizada e Compra Descentralizada. Diz-se que a compra é centralizada, porque cabe a um centro (escritório) de compras selecionar o fornecedor, por meio de um banco de dados que mostra os seguintes atributos dos fornecedores: preço, reputação, confiabilidade, flexibilidade, responsabilidade e pagamento, por exemplo.

O órgão de compras identifica as necessidades dos departamentos e passa a comprar de maneira centralizada. Com isso, a empresa passa a ter maior poder de compra, tendo ganhos substanciais. A compra descentralizada se vale da delegação de decidir a alguns funcionários o poder de comprar pequenos itens. A empresa distribui cartões codificados para limites de valores, tempo de uso e locais de compra.

**Escolha do Fornecedor –** Quanto ao critério de escolher um ou outro fornecedor, são priorizadas as questões como: preço, condições de pagamento, prazo de entrega, localização, volume de itens, por exemplo. A seguir, um questionamento básico sobre o perfil do fornecedor:

- Qual é a qualidade da linha de produtos do fornecedor?
- Qual é a relação de preço/qualidade/atendimento da linha de produtos do fornecedor?
- O fornecedor oferece ajuda promocional, financeira e de consultoria?
- Qual é a amplitude do sortimento da linha de produtos do fornecedor?
- Qual o tempo total de espera para recebimento dos pedidos?
- O fornecedor tem políticas de: entrega, crédito e devolução, que são satisfatórias?

**Guarda do Material –** Cada empresa possui um órgão especializado no recebimento, guarda, controle e distribuição de materiais e de mercadorias. Assim, é importante conceituar almoxarifado e depósito.

Almoxarifado é o nome dado a um local onde estão guardados: utilidades, materiais, ferramentas, componentes, equipamentos que a empresa comprou para serem consumidos em suas operações.

Depósito é o local onde estão guardados os produtos acabados que o varejo vai vender. Chamamos de item de estoque todo e qualquer material guardado para utilização futura. É preciso prever, com certa antecipação, a movimentação dos materiais (itens) de uma empresa, isto é, aquilo que entra e aquilo que sai. A isto chamamos de rotação de estoque, que é fluxo de entrada e saída de um determinado item, seja no almoxarifado ou no depósito.

**Lista de Compras –** A lista de compra é uma planilha para controlar: a quantidade necessária a comprar, o valor pago por item, o valor total da compra, a entrada de material no estoque da empresa, o nome do comprador, a data da aquisição, o percentual de desvio (inflação ou deflação) apurado no período, o valor do débito no caixa ou no controle de contas a pagar.

## 6.12 Problemas de Qualidade

A qualidade é um conjunto de propriedades e características de um produto (processo, técnica, método), que lhe fornece a capacidade de satisfazer as necessidades explícitas e implícitas do ser humano. Pode-se dizer mesmo que, hoje, a maioria dos conceitos e orientações empresariais está direcionada para a satisfação do mercado consumidor. E com a qualidade não poderia ser diferente, pois, ao lado do preço e do atendimento, constitui o elemento fundamental na decisão de comprar do consumidor.

A função organizacional qualidade é o conjunto de atividades, através das quais atingimos a adequação ao uso, não importando em que parte da organização essas atividades são executadas. Ela deve se tornar uma operação bem disciplinada, que transmita o espírito do processo de melhoria contínua da qualidade.

Isto significa que a qualidade não se limitará às operações, ou às atividades manufatureiras, mas também auxiliará as outras funções organizacionais para a instalação de um sistema de controle, de modo a nunca ser surpreendido pela falta de qualidade. Isto situa a função da qualidade numa postura, primordialmente educacional, uma vez que ajuda os outros a fazerem o que já desejavam fazer.

Qualidade significa a adequação a padrões e especificações previamente definidos. Quando essas exigências não são atendidas, a qualidade se torna ambígua e a aceitação ou rejeição do produto passa a ser discutida. Os padrões devem se relacionar com o tempo, material, desempenho, resistência ou qualquer característica quantificada.

Quando os padrões quantificados estão ausentes, a qualidade torna-se uma questão de opinião e não é controlável, sob um ponto de vista científico.

Os principais problemas de qualidade estão nos seguintes elementos:

**Finalidade da Qualidade –** É ingênuo supor que qualidade é apenas uma questão de fazer melhor, cortar defeitos ou se esforçar mais. Tudo isso pode resultar em nada, se não houver um esforço coordenado e dirigido para alcançar os clientes. Qualidade é uma opção racional de quem reconhece no cliente a importância da função e da sobrevivência do negócio.

**Nível de Qualidade –** No nível de qualidade a produzir a empresa deve estar atenta ao mercado que vai atuar (público-alvo) para saber se o produto deve ter um nível de qualidade que seja compatível com a renda do consumidor. A empresa deve observar que o que chama mais atenção no produto são duas bandeiras: o preço e o visual.

**Melhoria da Qualidade –** A melhoria da qualidade transfere o desperdício de recursos para a produção de um bom produto e uma melhor prestação de serviços. O resultado é uma reação em cadeia, isto é, custos mais baixos, melhor posição competitiva, pessoas mais felizes no trabalho e mais empregos.

**Padrão de Qualidade –** O padrão de qualidade é estabelecido, normalmente, com base nos resultados obtidos pela pesquisa de mercado, com relação ao projeto, forma, material, durabilidade, custo e demais características do produto. A fim de atender ao uso que lhe é destinado, o padrão de qualidade é definido pelas especificações do projeto. Estas podem incluir: materiais, componentes, ingredientes, processos de fabricação, ensaios (critérios de rejeição), uso do produto (métodos e limites), características do produto, desenhos, amostras.

**Regularidade da Qualidade –** Qualidade significa minimização da variabilidade de meios de fabricação. Um produto tem qualidade, quando atende às especificações preestabelecidas. Qualidade também é sinônimo de regularidade nos processos de produção, de demanda e de preço.

**Custo da Qualidade –** São todas as despesas decorrentes de se fazer as coisas erradas o que inclui os esforços para corrigir os pedidos dos vendedores, os procedimentos de implementação das ordens de serviços, como também, para repetir a tarefa, pagar a garantia e outras alegações.

**Planejamento da Qualidade –** Historicamente o planejamento da qualidade era feito por pessoas cuja responsabilidade se estendia a examinar folgas e tolerâncias, desvios de custo e segurança das máquinas para evitar acidentes. Hoje, o planejamento da qualidade desenvolve instrumentos de treinamento para responsabilidades, processos, metodologias, estruturas, desvios, acidentes e avaliações, por exemplo.

**Programa da Qualidade –** Um programa da qualidade, aplicado em todos os níveis organizacionais, estende-se desde a fase de geração e implementação do sistema, ou técnica adotada, até a sua completa aceitação pelos envolvidos. Esta aceitação manifesta-se pela motivação demonstrada e pelos resultados alcançados.

## 6.13 Problemas de Segurança do Trabalho

A segurança pode ser conceituada como um estado, ou condição daquele ou daquilo, que se pode confiar. É impossível aos cidadãos, ou a qualquer segmento da coletividade, viverem dentro do alto índice de violência (insegurança), estampado diariamente pela mídia.

Um problema de segurança é que não podemos, realmente, avaliar o valor de um braço, de uma perna ou de uma vida. Embora este valor seja considerado por muitos como de grande valor, não é assim que a maioria das pessoas pensa. Por esta razão, os projetos de máquinas e equipamentos precisam apresentar um nível de segurança razoável para o operador.

Em certos casos, as pessoas são suscetíveis a danos, quando a fonte de perturbação ultrapassa a capacidade de sua própria proteção sensorial, como nos casos de gases inodoros e radiações nocivas a saúde.

Infelizmente, muitos problemas de segurança surgem por causa de preguiça, desleixo ou incompetência. A propensão a acidentes tem sido alvo de demorados estudos nas áreas de produção e distribuição. Embora a alma humana seja forte, o corpo é fraco.

Os consumidores, usuários e pacientes querem segurança, bem como um controle de qualidade que alerte para condições perigosas. A situação ideal é aquela em que todos os riscos são considerados. Isso é pouco provável, já que os riscos são analisados por sistemas humanos.

A segurança do trabalho é um conjunto de medidas técnicas, educacionais, instrucionais, médicas e psicológicas empregadas para prevenir acidentes, roubos e incêndios. As normas de segurança são colocadas na cabeça das pessoas através de treinamento (cursos, palestras, seminários).

Os serviços de segurança têm a finalidade de estabelecer normas e procedimentos, pondo em prática os recursos possíveis para conseguir a prevenção de acidentes e controlar os resultados obtidos. Do ponto de vista da administração de recursos humanos, a segurança dos empregados constitui uma das principais bases para a preservação da força de trabalho.

Tal segurança tem três áreas principais de atividade, a saber: Prevenção de Acidentes; Prevenção de Roubos e Prevenção de Incêndios.

Uma política de prevenção de acidentes começa pela conscientização do que seja um acidente, seus efeitos e os problemas que causa. Acidente é um ato não premeditado do qual resulta dano considerável. As principais causas de acidentes são: máquina ou equipamento sem proteção; condições físicas ou mecânicas inseguras; instalações sem qualidade de uso; batidas, tombos, escorregões, choques; vestuário inadequado; serviço de manutenção irregular; conversa, distração, fumo e bebida; desconhecimento das normas e regras de segurança.

Uma política de prevenção de roubos geralmente inclui: controle de entrada e saída de pessoal; controle de entrada e saída de veículos; estacionamento fora da área da empresa; ronda pelos terrenos da mesma e pelo seu interior; registro de máquinas, equipamentos e ferramentas; controles contábeis.

Uma política de prevenção de incêndios pode ser praticada desde que as pessoas saibam o que provoca o incêndio e como fazer para a sua extinção. O fogo que provoca um incêndio é uma reação química onde os seguintes elementos devem estar presentes: combustível (sólido, líquido ou gasoso), comburente (geralmente o oxigênio da atmosfera) e catalizador (a temperatura).

A extinção de um incêndio pode ser feita por meio dos seguintes princípios: Remoção ou isolamento (neutralização do combustível); Abafamento (neutralização do comburente); Resfriamento (neutralização da temperatura).

## 6.14 Problemas com Acidentes de Trabalho

O acidente de trabalho pode provocar lesão corporal, perturbação funcional, perda ou redução dos movimentos e até mesmo morte. Excetuando-se os empregados domésticos, os demais trabalhadores com vínculo empregatício, avulsos, especiais e os médicos residentes são alcançados pelos benefícios relativos ao acidente de trabalho.

Acidentes de trabalho não se restringem apenas às ocorrências havidas no ambiente de trabalho, pois envolvem: imprudência, negligência ou imperícia de terceiros; casos fortuitos ou de força maior; doenças profissionais originadas por esforço repetitivo; contaminação; todas as situações em que o empregado estiver no exercício do trabalho.

Um acidente pode acontecer por uma questão de segundos ou de milímetros. Então a causa de um acidente sem importância pode ser, também, a causa de um acidente grave. Um acidente é função de um fato ou acontecimento, que teve uma ou algumas causas. Sendo um mal que atinge a pessoa, a organização, a família do acidentado e a sociedade, todo esforço deve ser feito para se prevenir acidentes.

Embora seja responsabilidade de todos, há aqueles que tem maior grau de responsabilidade. É recomendado que a empresa faça treinamentos de prevenção de acidentes, pois, só assim, poderá ter a certeza do dever cumprido, quanto às regras de segurança.

Os acidentes profissionais são um sério problema de produção, pelas dificuldades que causam dentro da empresa, e um grave problema social, pelo número de pessoas mutiladas ou inválidas e de famílias desamparadas. Um acidente sempre traz uma série de consequências, tais como: interrupção do trabalho, máquina parada, abandono do posto de trabalho, tarefa deficiente, transtorno de substituição, investigação do acidente, rendimento baixo, aumento no custo de produção.

Entre um acidente "sem importância" e um acidente grave, a diferença pode ter sido questão de segundos ou de milímetros. A causa de um acidente sem ferimentos poderá ser a causa de um acidente futuro mais grave. Também as perdas de tempo e os estragos de materiais devem ser considerados. Os acidentes de trabalho são causados por condições perigosas, ferramentas impróprias e atos de indisciplina.

Toda pessoa que tenha um corte ou ferimento na pele não deve continuar a fazer o trabalho anterior e não pode entrar em contato com utensílios e ferramentas, enquanto o ferimento não for completamente coberto e protegido por uma bandagem à prova de água, firmemente fixada, e de cor viva.

Para evitar acidentes é preciso: desenvolver condições seguras, fazendo a análise dos riscos do trabalho; treinar as pessoas para que trabalhem corretamente; obter a participação de todos no programa de prevenção; fazer reuniões a respeito deste assunto; estabelecer um manual de regras de segurança.

A ABNT (Associação Brasileira de Normas Técnicas) estabelece que o custo direto do acidente é o total das despesas decorrentes das obrigações para com os empregados expostos aos riscos inerentes ao exercício do trabalho, como as despesas com assistência médica e hospitalar aos acidentados e suas respectivas indenizações. Em geral, estas despesas são cobertas pelas companhias de seguro.

O custo indireto do acidente do trabalho, segundo a ABNT, envolve todas as despesas de fabricação, despesas gerais, lucros cessantes e demais fatores cuja incidência varia conforme a indústria. O custo indireto representa quatro vezes o custo direto do acidente no trabalho.

Não se deve confundir o órgão de segurança da empresa com a CIPA (Comissão Interna de Prevenção de Acidentes). A CIPA é uma imposição legal da CLT (Consolidação das Leis do Trabalho).

A taxa de acidentados é dada pela fórmula:

Taxa de Acidentados = Empregados Acidentados / Total de Empregados

Exemplo:
Empregados Acidentados = 15
Total de Empregados = 300
Taxa de Acidentados = 15 / 300 = 0,05 = 5%

Análise: Uma taxa de acidentados alta indica falta de preocupação da empresa em treinar seus funcionários. Para trabalhar com segurança nas máquinas, é conveniente o uso de: cartazes, reuniões, treinamentos, equipamentos e acessórios. A taxa de acidentes é ótima quando é igual a zero. Acidentes frequentes podem levar ao fechamento da empresa, em função de altas indenizações em causas trabalhistas.

## 6.15 Problemas de Manutenção

A manutenção é tudo o que se faz para serem conservados os equipamentos em serviço durante o maior prazo possível e com o máximo de rendimento, isto é, uma atividade desenvolvida para manter as instalações em condições, que irão mais bem apoiar as metas da organização.

Assuntos de segurança, boa qualidade dos produtos, estabilidade dos empregos e até a sobrevivência da empresa e da própria economia, indicam que as atividades de manutenção devem ser suscetíveis a um leque bastante extenso de objetivos, para manter a organização, operando durante um longo tempo.

É comum pensar que manutenção diz respeito a máquinas e equipamentos, esquecendo-se que o conceito de manutenção é muito mais abrangente do que isso, haja vista a manutenção do próprio corpo humano.

Equipamentos (máquinas, ferramentas, instrumentos, aparelhos, dispositivos) que não possam ser usados por não oferecer condições mínimas de utilização, ou que estejam sendo utilizados precariamente, acarretam uma série de problemas à empresa, tais como: operários e máquinas parados; atraso na entrega das encomendas; sobrecarga de outras máquinas e operadores; necessidade de comprar ou tomar emprestado algum equipamento; terceirização dos serviços; elevado refugo; má qualidade do produto; baixa produtividade; acidentes; descontentamentos.

São os seguintes os tipos de manutenção:

Manutenção Corretiva – Troca ou recondiciona, o mais rápido possível, equipamentos que sofreram desgaste de qualquer natureza.

Manutenção Periódica – Feita para manter o equipamento em bom estado de funcionamento, incluindo, por exemplo: a lubrificação de motores, máquinas e equipamentos; a pintura de tubulações, em períodos preestabelecidos.

Manutenção Preventiva – Típica dos aviões e equipamentos de segurança, nascida das necessidades da guerra, com base estatística que considera o desgaste pelo uso, fadiga e outros fatores, para que esses limites não sejam alcançados.

Uma série de medidas pode proporcionar uma boa manutenção preventiva, tais como: inspeção periódica do equipamento; comunicação imediata dos problemas; limpeza e lubrificação; revisões e pequenos reparos; proteções contra oxidação e apodrecimento; substituições de acessórios com data de validade vencida; estudo das instruções de uso; aprovisionamento de peças sobressalentes; treinamento do usuário.

A seguir, as principais premissas da manutenção:

- A última coisa que se deve fazer é esperar que o equipamento quebre, para depois pensar na manutenção.
- Todos os equipamentos, pequenos ou grandes, seguem a tendência de desgaste e com o tempo o valor dos mesmos diminui (depreciação) e o custo com manutenção aumenta.
- O controle estatístico é fundamental para a manutenção, pois ele é um serviço de alto nível.
- A manutenção deverá ser a menor possível, e, para isso, dependerá da qualidade dos equipamentos e do nível técnico do operador.
- A análise dos custos de manutenção deve sempre ser feita para cada caso particular.
- O risco de um equipamento parar será maior, quanto mais sofisticado for o mesmo.
- As intervenções às cegas podem causar mais demora, maior custo ou danos em equipamentos, por causa da pressa e da incompetência de não ter políticas de manutenção adequadas.

O pessoal da manutenção deve atender aos seguintes requisitos:

- Dispor de um conhecimento perfeito do equipamento.
- Ter em estoque todas as peças e acessórios prontos para serem utilizados.
- Haver adquirido, com base na experiência passada, a preocupação de treinar toda a equipe, a fim de minimizar o tempo gasto.
- Fazer um estudo minucioso do trabalho a executar.

A manutenção não só deve se preocupar com máquinas e equipamentos, mas também com edifícios, móveis, utensílios, instalações, encanamentos de água e esgoto, condutos de força e luz, que devem ser sempre mantidos em perfeitas condições de utilização e em bom estado de conservação. Quando os custos de manutenção de qualquer equipamento, mesmo já depreciado, chegar a 40% do seu valor de mercado, é mais conveniente comprar um novo, que, ainda, terá um período de garantia.

É necessário encarar a manutenção tão seriamente como qualquer área produtiva, porque é muito claro que sem uma boa manutenção não pode haver produção eficiente, eficaz e efetiva. Um levantamento sobre alguns ramos industriais mostrou que a qualidade da mão de obra empregada em manutenção não é a de primeira ordem. Também a quantidade empregada deixa a desejar.

A fórmula que determina o tempo (T) da vida econômica útil de uma máquina é dada pela Lei de Kelvin, cuja expressão é:

$$T = (I/N) + C + NR$$

Onde:
I = Investimento total
N = Número de anos de vida útil
C = Custo constante de operação na base de uma utilização normal
R = Incremento anual dos custos de manutenção

Como queremos que este custo T seja mínimo, em relação ao tempo de uso da máquina, devemos derivar a expressão da Lei de Kelvin, em relação a N e igualar a expressão a zero. Então, vem:

$$N = \sqrt{I / R}$$

Exemplo:
Um lote de máquinas custou R$ 100.000,00. O aumento anual de manutenção deste grupo de máquinas é de R$ 4.000,00. Qual será a vida útil dessas máquinas?

Solução:
Aplicando-se ao exemplo dado, vem:

$$N = \sqrt{100.000 / 4.000} = \sqrt{25} = 5 \text{ anos}$$

Conclusão: Após 5 anos de atividades, os custos totais de operação serão crescentes, sendo mais conveniente a compra de novos equipamentos.

## 6.16 Problemas de Contabilidade

Suponhamos que você vá ao banco e efetue um depósito em seu próprio nome. Sendo correntista do banco, você terá uma conta própria. O que significa dizer que o valor depositado vai ser anotado em um registro, destinado a demonstrar todas as suas transações com o banco, chamado conta. Uma conta deve indicar também se é do ativo, passivo ou patrimônio líquido.

Para cada possível ponto de origem de recursos e para cada possível ponto de destinação de recursos, a empresa abre uma conta, ou seja, um registro individualizado que vai recebendo acréscimos e deduções à medida que as transações vão ocorrendo.

Assim, podemos conceituar conta como sendo o registro de uma transação que envolve valores. Se o registro mostra a liquidez da transação é comum ser chamada de conta corrente, tendo um nome específico. O saldo de conta, ou diferença, é o resultado do confronto entre os totais de débito e de crédito levados a esta. Este saldo, como é óbvio, poderá ser nulo, devedor ou credor.

Cada conta deve corresponder a uma única natureza de relação entre a transação e o titular (nome) da conta.

As contas utilizadas na empresa nada mais são do que valores de lançamento, função das operações que nela se realizam. Assim, quando vendemos mercadorias à vista movimentamos duas contas: Caixa (entrada) e Estoque (saída). Tal sistema leva o nome de "Partidas Dobradas", porque sempre que há um débito, há um crédito, e vice-versa.

Os controles são necessários, porque, constantemente, surgem problemas de contabilidade, desviando a empresa dos seus objetivos.

Contabilidade é o setor da empresa onde são registradas as contas que ocorrem na movimentação diária dos valores que entram e saem. A importância da contabilidade está em guardar os valores passados e presentes, ajudando na previsão do futuro.

A mentalidade de que a contabilidade só serve para atender a legislação governamental precisa mudar. Contabilidade é essencial. Se bem-feita, ela registra todo o passado, aponta caminhos no presente e projeta o futuro da empresa. Com números confiáveis, sabe-se quanto faturou, qual é o custo da operação, a margem de lucro, a despesa financeira, entre outras inúmeras informações, que são a base da análise gerencial.

As atribuições do contabilista (contador), além da escrituração, são preparar as guias de recolhimento de impostos e taxas. Sem um contabilista habilidoso você poderá se ver em maus lençóis. O sistema de informações de contabilidade se fundamenta nos seguintes subsistemas:

Contabilidade Gerencial – Subsistema que enfatiza os conceitos e os procedimentos contábeis, porque são relevantes à preparação de relatórios para os usuários internos e externos. Num sentido mais amplo, está voltado, única e exclusivamente, para a administração da empresa, procurando suprir informações que se encaixem de maneira válida e efetiva no modelo decisório do dirigente.

Esta contabilidade também se vale, em suas aplicações, de outros campos do conhecimento não circunscritos à contabilidade. Atinge e aproveita conceitos da administração da produção, da administração de vendas, bem como da administração financeira, campo mais amplo, no qual toda a contabilidade da organização se situa.

Contabilidade Geral – Subsistema que se vale, em suas aplicações, de outros campos do conhecimento não circunscritos à contabilidade. Atinge e aproveita conceitos da administração da produção e da administração de vendas, bem como da administração financeira, campo mais amplo, no qual toda a contabilidade da organização se situa.

Contabilidade de Custos – Subsistema construído para atingir os seguintes objetivos: determinação do lucro, controle das operações e tomada de decisões. Para que estes objetivos sejam atingidos, as empresas se valem dos métodos de custeio estruturados, alimentados por informações de todas as áreas. As fontes de informação devem prezar pela qualidade, sob pena de os resultados não atingirem os objetivos

A contabilidade de custos se aproveita do princípio contábil de que um registro a débito de uma determinada conta pode ser desdobrado em diversas subcontas, no mesmo tempo que pode se transferir, metodologicamente, de uma conta para outra.

As transferências de uma conta para outra acontecem nas diversas fases de produção. Portanto, a contabilidade de custos também pode ser definida como um sistema contábil de processos de transferências de valores para uma conta única, relativa ao final da produção.

A contabilidade de custos não é apenas utilizada em fábricas, mas também em empresas de serviços. Os consumos, à medida que se realizam, são levados a débito das contas usualmente utilizadas pela empresa. Ela também auxilia na solução de problemas relacionados à:

- Redução dos custos dos insumos.
- Controles das operações e atividades.
- Redução de desperdícios de materiais e de tempo ocioso.
- Elaboração de orçamento.
- Determinação do preço de venda.
- Contribuição de cada produto ou linha de produtos para o lucro da empresa.
- Preço mínimo de determinado produto em situações especiais.
- Nível mínimo de atividade em que o negócio passa a ser viável.

**Contabilidade Financeira:** Sistema contábil que se preocupa com a preparação de relatórios financeiros para mostrar, aos seus clientes, a liquidez da organização.

**Contabilidade Fiscal:** Sistema contábil que se ocupa da manutenção da documentação para fins tributários.

**Contabilidade Gerencial:** Assunto já abordado.

**Contabilidade Social:** Sistema que se preocupa com a definição e quantificação dos principais agregados macroeconômicos, como produto interno bruto, balança de pagamentos, consumo global, investimentos, por exemplo.

# Capítulo 7
# PROBLEMAS das FUNÇÕES ADMINISTRATIVAS

*"Quem quer que faça crescer duas folhas de capim onde antes crescia apenas uma, merece mais louvores da humanidade do que qualquer filósofo especulativo ou criador de sistemas metafísicos".*

Jonathan Swift

## Objetivos do Capítulo

- Mostrar que o processo administrativo nada mais é do que a aplicação das funções administrativas, para atingir objetivos desejados.
- Mostrar as principais funções administrativas, seus conceitos e problemas.
- Mostrar a dificuldade de estabelecer quais são os reais limites de cada função administrativa.
- Mostrar que, na solução do problema, acontecem problemas derivados.

## 7.1 Funções Administrativas

O termo função é utilizado por diversas ciências, o que dificulta a assimilação precisa de seu conceito. Função é o esforço disciplinado de um órgão, no sentido de realizar uma atividade útil à vida e ao desenvolvimento do organismo.

O conceito de função transmite a ideia de ação e de dinâmica. Impõe a existência de um componente ou de uma base estrutural que sirva de suporte para o aprimoramento da gestão de recursos. Em administração este componente se chama cargo (conjunto de funções).

Cabe ao administrador exercer as funções administrativas e questionar sobre: objetivos, técnicas, métodos, recursos, ferramentas, procedimentos, processos, políticas, planos, a fim de que a empresa cumpra a sua missão.

Muitas são as funções administrativas, tais como: planejar, dirigir, controlar, organizar, coordenar, delegar, comandar, decidir, comunicar, analisar, avaliar, estruturar, construir, implementar, melhorar, motivar, negociar, recrutar, selecionar, padronizar, prever, procurar, implantar, reformular, ajustar, relatar, acompanhar, mudar, treinar, solucionar...

Qualquer um que se propõe a usar efetivamente o tempo na solução de problemas terá de conhecer as funções administrativas. Tais funções são exercidas por pessoas que trabalham os recursos organizacionais para atingir objetivos predeterminados. Mas, como elas exercerão estas funções, ficará por conta da ação administrativa que, por sua vez, se fará por conta de métodos, princípios, teorias, técnicas, modelos e recursos.

A ação administrativa, para ser efetiva, envolverá as funções administrativas, sob a forma de um processo. Quando as mais importantes funções administrativas são agrupadas, diz-se que este conjunto forma o processo administrativo.

A seguir, está sendo colocado um diagrama das funções administrativas (Figura 7.1) e como são interligadas e quais suas dependências de informações para sua execução. Algumas funções dão suporte a outras, como são também derivadas.

O empreendedor deve dispor de tempo para estudar as teorias e tipos de administração, bem como o que faz o administrador. Em absoluto, não é perda de tempo e, sim, um ganho extraordinário.

## 7.2 Problemas de Planejamento

Nenhuma organização sobrevive no mundo atual a menos que planeje o futuro. O gênio que gerencia por palpite, intuição, sentimento ou experiência é um oportunista. O sucesso advém menos da inspiração do que do cuidadoso planejamento da criação de oportunidades.

Planejamento é uma função administrativa que capacita a empresa a decidir qual é o melhor uso de seus recursos para atingir objetivos propostos. Se os recursos empresariais são insuficientes, cabe ao administrador planejar e apontar as necessidades. É a primeira e a mais importante função administrativa por ser ela a base para as demais funções.

Planejar significa determinar: o que precisa ser feito e que se espera; por quem e quando cumprir atribuições; como, quanto e quando assumir responsabilidades. O planejamento disciplina a pessoa a colocar suas ideias, recursos, métodos e decisões de uma maneira lógica, racional e inteligente, levando a mesma a não perder tempo e a minimizar problemas futuros.

**Figura 7.1:** Diagrama das Funções Administrativas.

O processo de planejamento envolve uma análise completa das potencialidades, oportunidades, fragilidades e limitações, no que diz respeito a: ambiente, recurso, objetivo, produto, processo, mercado e público-alvo.

O planejamento não diz respeito a decisões futuras, mas às implicações futuras de decisões presentes. Planejar é desenvolver planos. No planejamento o leitor deve: definir objetivos; preparar programas, estratégias, políticas, estruturas, procedimentos e planos; desenvolver sistemas de informação e comunicação; adotar padrões de qualidade; dimensionar recursos para que as demais funções administrativas sejam exercidas com efetividade.

Os principais problemas de planejamento se situam nos seguintes elementos:

**Flexibilidade do Planejamento –** É fácil estar ocupado, difícil é ser eficaz. Uma crítica a respeito do planejamento está em função da sua sistemática e rigidez, não permitindo liberdade para as inovações e soluções de contingência. Enganam-se os que assim pensam, porque, hoje, a flexibilidade é a ferramenta mais utilizada no planejamento estratégico.

**Resistência ao Planejamento –** Um grande número de indivíduos resiste à ideia de planejar sua vida e seu tempo. Planejar significa traçar uma rota que poderá ser reformulada e ajustada para se alcançar determinado(s) resultado(s).

Como dizia Sêneca: "Não há vento favorável para quem não sabe para onde quer ir". As pessoas que usam o seu tempo apenas para atividades, sem pensar nos objetivos que pretendem alcançar, estarão, provavelmente, desperdiçando boa parte dele.

Bons administradores precisam saber o que lhes aguarda na próxima semana, no próximo mês, até mesmo no próximo ano. Assim, vale a pena fazer uma pausa para planejar o futuro, pensar, refletir e enxergar além dos problemas imediatos.

**Objetivo –** Embora o conceito de objetivo já tenha sido esclarecido, é importante observar que o planejamento a ser feito dependerá dos objetivos pretendidos pelos dirigentes da organização, a fim de cumprir a missão para a qual foi criada.

**Objeto de Estudo** – É o objeto de estudo do planejamento que viabilizará, ou não, o mesmo. Assim como, por exemplo, a administração sempre teve como objeto de estudo a organização, utilizando todos os instrumentos, recursos, processos, possíveis e pertinentes a esta ação.

O planejamento só será crível se o objeto de estudo for tangível e não uma abstração impossível de ser construída.

**Tipo de Planejamento** – Uma questão transcendental para o administrador é o tipo de planejamento que utilizará. Assim, terá de questionar: Quanto à informação? Quanto ao objetivo? Quanto à organização? Quanto ao tempo? Quanto aos recursos? Quanto ao nível institucional? Quanto ao nível hierárquico? Quanto à função organizacional? Quanto à função administrativa? Quanto à metodologia? Quanto ao processo? Quanto ao modelo?

**Tempo de Planejamento –** O tempo é cada vez mais um recurso escasso, inelástico, não estocável, mas ele não é importante apenas como recurso. O efeito que seu uso provoca em nós também é fundamental. Pressa, ansiedade e frustração provocam má qualidade de produtos, relações e resultados.

De todos os recursos ao alcance de um indivíduo, o tempo é o mais pessoal e o mais comumente desperdiçado. Aquele que se propõe a usá-lo de forma efetiva e inteligente terá de conhecer profundamente as funções administrativas.

Assim, podemos considerar que tempo é recurso, cujo significado é intrínseco a cada indivíduo.

**Recursos para Planejamento –** Assunto já abordado.

**Planejador –** Algumas considerações de caráter geral podem ser feitas acerca do planejador, como por exemplo:

- Saber ser um bom político.

- Trabalhar com estimativas menos imprecisas possíveis.
- Considerar o horizonte temporal do planejamento (objetivos de curto e longo prazos).
- Integrar ambiente, empresa, estratégia, estrutura, recursos, mercados, produtos e consumidores.
- Ter crédito junto à equipe, quanto aos modelos e ferramentas que irá adotar.
- Ter a máxima certeza (o menor risco) da decisão que irá tomar.
- Avaliar as causas de resultados insatisfatórios.
- Visualizar amplitude, abrangência e limites do planejamento.
- Saber liderar a equipe.
- Possuir certa dose de pessimismo.
- Não esquecer que os outros membros da equipe também pensam.

**Características do Planejador –** É importante, também, que o planejador tenha certas características, tais como:

- Ter capacidade de reflexão, criatividade, inovação e realização.
- Usar de intuição, inteligência e racionalidade.
- Possuir habilidade de relacionamento.
- Ter experiência, perseverança e objetividade.
- Saber exercer autoridade com responsabilidade e democracia.
- Buscar na equipe cooperação.
- Saber coordenar, persuadir e comunicar.
- Levar em consideração as características mutuamente excludentes do planejamento (complexidade vs simplicidade; qualidade vs quantidade; preço vs valor; formal vs informal; estratégia vs tática; confidencial vs público; global vs setorial; curto prazo vs longo prazo).

**Metodologia do Planejamento –** A metodologia do planejamento é de extrema importância, porque servirá de guia para o desenvolvimento de um planejamento adequado. Tal metodologia não deve ser abandonada de imediato se algo não for certo. É preciso ter a inteligência de mudar, caso esteja fora de ordem para a sua abordagem, pois uma etapa só é iniciada após a conclusão da anterior.

As etapas básicas de uma metodologia para elaboração de um planejamento são descritas a seguir:

a) Analise o ambiental (ler cenário), identificando oportunidades e ameaças.
b) Defina a missão da empresa (finalidade do negócio).
c) Faça um diagnóstico estratégico (definir problemas de responsabilidade da empresa).
d) Determine os objetivos básicos (um a três) e complementares (dois a quatro).
e) Determine quais recursos serão necessários, bem como as informações.
f) Formule as alternativas e modelos, pela análise do fluxo de decisões.
g) Estude a relação custo/qualidade/preço/lucro, escolhendo a estratégia do negócio.
h) Estude as vantagens, desvantagens, pontos fortes e pontos fracos.
i) Desenvolva planos estratégicos, táticos e operacionais.
j) Monte a estrutura organizacional e sistemas de informação e de comunicação.
k) Defina os instrumentos prescritivos, quantitativos e qualitativos.
l) Defina os padrões de desempenho compatíveis com os objetivos.
m) Estabeleça os meios para controle, avaliação e feedback.
n) Implemente o planejamento (plano), corrigindo desvios.

**Processo de Planejamento –** Não há nenhuma maneira universalmente correta de elaborar um planejamento. Cada um tem o seu esquema favorito para implementar o planejamento, reconhecendo que o processo de redigir o plano é que é fundamental. Mas o planejador também sabe que uma uniformidade no feitio de qualquer plano torna tal processo mais fácil, para todos os envolvidos, seja o autor, o revisor ou o analista.

Se o processo de planejamento for bem elaborado todos chegarão a uma compreensão do significado do vocabulário utilizado e a comunicação fluirá melhor.

**Implementação do Plano –** Após a comunicação do plano é chegada a hora de passar à ação. Por implementação entende-se a transposição do plano, ainda em papel, para o campo e seu funcionamento. Implementação significa "fazer acontecer" aquilo que foi delineado no plano. Ela representa o caminho entre a decisão e a execução.

Existem pontos comuns à maioria das implementações, pelo que é possível estabelecer uma série de questões, tais como: Que estrutura organizacional montar? Como treinar as pessoas envolvidas? Haverá a necessidade de contratação de mão de obra? Há disponibilidade dos recursos previstos? Que testes serão executados? Como o novo sistema funcionará?

## 7.3 Problemas de Direção

Direção é a função administrativa que faz cumprir aquilo que foi planejado, isto é, implementa os planos empresariais, orientando e conduzindo recursos para alcançar (ou superar) os objetivos da organização. A função direção dinamiza a ação administrativa, sendo considerada como um processo de relacionamento (comunicação e liderança) com subordinados, pares e superiores.

Na direção, o administrador deve se preocupar com a formação de sua equipe, cuidando para que as pessoas sejam escolhidas por seus méritos e conhecimentos.

Quando alguém fala sobre a direção da empresa, está na realidade fazendo uma abstração, porque a direção é exercida por pessoas. Se as pessoas estão trabalhando em conjunto sem dificuldade, não é realmente importante saber quem é responsável por qual tarefa ou providência. Mas, se sair algo errado, torna-se então importante conhecer a posição orgânica do indivíduo que deve arcar com a responsabilidade.

Como é o presidente da empresa que arca com a responsabilidade final, seu critério deve prevalecer sobre os demais. Assim, quanto maior é a autoridade, maior a responsabilidade.

Um bom dirigente deve ter um alto nível de impulso, energia e tenacidade. Também, deve ter: bastante confiança para assumir riscos; lealdade para com todos; rigor e controle com o dinheiro para que este gere mais dinheiro; vontade de simplificar; capacidade de fazer as pessoas trabalharem sob seu comando; capacidade de admitir enganos e alta dose para prever mudanças.

Todas as qualidades de um bom dirigente podem ser adquiridas, desenvolvidas, melhoradas e aplicadas.

Os problemas de direção se fundamentam nos elementos:

**Orientação do Trabalho** – A orientação e sentido que o dirigente dá ao trabalho pode não ser a do verdadeiro administrador e sim de um executor. Como há muita confusão entre administrar, dirigir e executar cabe alguns esclarecimentos a respeito.

Dirigir é colocar outras pessoas para executar o trabalho a ser feito. Não que o dirigente não trabalhe, pois é preciso que ele pense e não se envolva até o pescoço, trabalhando o tempo todo, sem saber como dar ordens e delegar tarefas.

As razões pelas quais os dirigentes trabalham mais do que administram são muitas. Algumas podem ser citadas:

- O dirigente se sobressaiu na empresa mais como executor do que como administrador.
- O dirigente acredita que cabe a ele toda a responsabilidade de execução, pois considera seu trabalho muito importante.
- O dirigente pode ter tido um treinamento deficiente, ou ainda pior, nenhum treinamento.
- O dirigente não possui habilidades conceituais para fazer distinções entre administrar e executar.

- O dirigente é empregado de um empresário voltado integralmente para o trabalho, pois este acha estudar e pensar uma perda de tempo.

**Ferramentas de Direção** – As ferramentas de direção mais utilizadas são: motivação, influência, manipulação, ordem, envolvimento, compromisso, remuneração, estímulo, interação, integração, incentivo, recompensa, persuasão, coação, relacionamento, cooperação, participação, adaptação, mudança, treinamento, dinâmica de grupo, administração de conflito, feedback, delegação, disciplina, expectativa, moral, método, flexibilidade, conhecimento, informação, modelo, objetividade, gráfico, documentação, arquivo, reunião, por exemplo.

**Normas de Direção –** Quando desrespeitamos as normas estamos criando problemas. A norma é um conjunto de comandos diretos e cursos de ação que devem ser seguidos fielmente. A norma também é conhecida por regra que envolve um procedimento.

A norma especifica aquilo que uma pessoa deve e/ou pode fazer. A diferença entre princípio e regra é que o primeiro é uma verdade fundamental, genérica, que serve de base à segunda. As regras, como já observado, nada mais são do que verdades específicas ou restritas, possuindo, geralmente, exceções. O leitor não deve esquecer que não existe verdade absoluta.

**Função do Dirigente** – Qual é a função essencial de um dirigente de empresa? Dedicar-se à obtenção dos melhores resultados possíveis, com os recursos corretamente utilizados e disponíveis. O dirigente deve estar sempre de olho nas oportunidades do ambiente, como também ter consciência de suas limitações, bem como da empresa em que trabalha.

Os dirigentes dedicam a maior parte, senão a totalidade, de seu tempo à análise de desempenho, tomada de decisão, apreciação de custos, determinação de preços, execução de planos e programas, preocupação com a qualidade, assistência aos consumidores, seleção de pessoal, entrevistas, relatórios, manutenção e ajustamento do sistema, treinamento de seus recursos humanos, socialização do novo subordinado, desenvolvimento de uma equipe de alto desempenho, aconselhamento (dar e receber), coordenação, liderança, delegação, compromisso e, inevitavelmente, resolver problemas.

Embora existam os mais diversos tipos de homens que podem desempenhar e efetivamente desempenham o cargo de dirigente numa empresa, a qualidade que todos devem possuir é a disposição de arriscar sua reputação e seu emprego ao tomarem decisões, qualidade difícil de ser encontrada.

**Conduta do Dirigente –** A conduta de um dirigente se fundamenta em dois aspectos básicos:

- Socialização – É a função voltada a apresentar o novo funcionário à sua equipe de trabalho, com a finalidade de mostrar ao mesmo a cultura organizacional da empresa, regras e procedimentos.
- Aconselhamento – É a função do dirigente voltada a discutir com um subordinado a maneira de como melhorar o seu trabalho (eficiência, eficácia e efetividade). Também pode ser a ajuda na solução de um problema ou numa tomada de decisão.

**Estilo de Direção** – O estilo de um homem, no exercício da função direção, é em grande parte determinado por sua formação e personalidade. O engenheiro é mais preciso e formal do que um homem com formação no setor de vendas.

O vendedor será agressivo e, por natureza, será também sensível às sugestões dos outros, pois aqueles que sabem persuadir podem ser persuadidos. De todas as características da direção a qualidade do risco criativo é a mais ameaçada pelos abusos dos sistemas modernos de administração.

O rumo que toma a presidência de uma empresa pode depender tanto da situação encontrada quanto da personalidade do dirigente. Alguns comportamentos de direção podem ser:

- Independente – O comportamento independente limita a capacidade de estabelecer relações pessoais e interfere no sucesso em tarefas cooperativas.

- Confiante – O comportamento confiante leva a um apoio social saudável e a relações seguras. Está relacionado ao autocontrole e é característico de indivíduos que administram bem o estresse.
- Dependente – O comportamento dependente interfere na capacidade do dirigente de usar seus pontos fortes e limita a capacidade de fazer sua parte em uma equipe (time).
- Empreendedor – O comportamento empreendedor é orientado para um horizonte mais amplo (metas de longo prazo). Sua visão é voltada para o mercado e seu controle é para acompanhar objetivos no atacado. É essencialmente orientado para a ação.
- Conservador – O comportamento conservador é orientado para metas de curto prazo. Sua visão é voltada para dentro da organização. Evita riscos, postergando o reconhecimento de falhas. Seu comportamento é fundamentado em sistemas, normas, princípios e políticas, mantendo controle para tudo e todos.

Ninguém pode ter apenas um tipo de comportamento. Em geral, o dirigente apresenta traços das categorias anteriormente mencionadas. Porém, uma delas é predominante.

**Capacidade Gerencial –** Assunto já abordado.

**Senso Crítico –** Assunto já abordado.

**Especialização –** Esta qualidade do administrador se refere às peculiaridades técnicas, métodos e conhecimentos de atividades particulares (especializações).

**Senso Comum –** Assunto já abordado.

**Delegação –** De todas as ferramentas à disposição do executivo, a delegação é uma das mais eficazes para a administração adequada da organização, pois implica o crescimento pessoal e profissional de quem delega e de quem recebe a delegação. Toda organização está cheia de pessoas que “vivem” seu trabalho, indo correndo e se afobando de um lado para outro, sem tempo para o almoço, sem tempo de conversar, dia após dia, semana após semana, mês após mês. Esse grande envolvimento pessoal sugere um estilo de administração mais eficaz, isto é, a habilidade de delegar tarefas?

Delegação é a transferência de determinado nível de autoridade de um chefe para seu subordinado, criando a correspondente responsabilidade pela execução da tarefa delegada. Delegar é transferir para outros órgãos atribuições específicas de um órgão maior ou central, objetivando aliviá-lo da carga de trabalho. Também ajuda a mais bem planejar e decidir.

Quando os chefes concentram atribuições demasiadas e não conseguem resolver todos os problemas que pretendem, ocorre um congestionamento administrativo nos níveis superiores e uma verdadeira paralisação de atividades nos níveis inferiores.

Segundo Andrew Carnegie, “o segredo do sucesso não consiste em fazer você mesmo seu próprio trabalho, mas em descobrir ou reconhecer o homem talhado para fazê-lo”. A capacidade de crescimento de uma empresa está diretamente vinculada à eficiência com que seus diretores delegam a sua autoridade, fazendo uma delegação efetiva e funcional.

A chave da delegação é delegar pelos resultados que você espera. A inclinação humana normal, porém, é delegar por atividades ou deveres. Pedir a um funcionário que faça certas coisas, fazer uma longa lista de deveres que você deseja sejam cumpridos por ele. Até ter definido os resultados esperados de alguém, você não completou uma delegação.

Quando delega autoridade, você dá ao indivíduo o direito de agir ao modo dele. Se insistir em que trabalhe como você, poderá cercear o entusiasmo que ele sente e seus sentimentos de realização. A moderna delegação não consiste apenas em conseguir que outros nos ajudem em nossos trabalhos, mas em lhes dar também a autoridade e a liberdade de executar, errar e ousar.

Um dos problemas mais comuns é a relutância, por parte dos dirigentes, em dar poder de decisão aos escalões inferiores da organização. Outrossim, o excesso também não é bom, porque pode virar uma casa sem dono. A delegação, quando bem trabalhada, pode ajudar a organização a progredir.

**Programação do Trabalho –** Assunto já abordado.

**Capacidade de Generalizar –** Pode haver uma necessidade, mas não um mercado, ou pode haver um mercado, mas não um número suficiente de consumidores para fazerem com que as coisas aconteçam. A lição é bastante clara: *O homem generaliza para tornar a vida mais tolerável e mesmo possível.*

Do contrário, cada um dos problemas com que se defronta requereria que ele começasse tudo de novo, a partir do zero. Cada geração teria de aprender desde cedo, por si só, tudo quanto precisa saber para sua sobrevivência e progresso. Tal estilo seria desastroso e isso teria impedido o primata de descer das árvores.

**Capacidade Perceptiva –** Embora o assunto já tenha sido abordado, vale acrescentar que a percepção pode ser definida, aproximadamente, como o conhecimento que um indivíduo possui sobre o ambiente em que vive. A percepção é experiência e conhecimento acumulados. A percepção humana pode ser detectada pelos sentidos.

Como a percepção de uma pessoa vem através dos sentidos, é possível que haja uma distorção da realidade comum aos demais indivíduos, porque a percepção é intrínseca ao indivíduo. Duas pessoas, A e B, que não se conhecem e que se encontram num mesmo lugar, percebem os objetos da mesma maneira? Não, porque na dinâmica mental de A e B as informações são diferentes, isto é, A e B percebem o ambiente de forma diferenciada.

A comunicação só é possível quando transmissor e receptor utilizam repertórios comuns.

## 7.4 Problemas de Controle

Embora se tenha feito uma pequena abordagem de controle, este estudo requer um maior conhecimento. Controle é a função administrativa que verifica e compara os resultados alcançados com aquilo que foi estabelecido no planejamento (resultados esperados). Controlar é verificar se o plano foi executado, aferindo resultados para saber se estes estão além ou aquém do esperado. É possível, assim, determinar, também, se os objetivos foram superestimados ou subestimados.

Não existe a mais remota possibilidade de sucesso em um sistema que não incorpore um determinado número de controles capaz de assegurar a exatidão das informações que chegam e saem do sistema.

Segundo Russel Ackoff, "controlar um processo em execução é fazer medições e avaliações da eficiência do mesmo, comparar o resultado com padrões previamente estabelecidos, determinar o desvio e fazer a correção necessária". Basicamente, os principais objetivos do controle são:

- Identificar problemas, falhas e erros (desvios), comprovando a veracidade dos informes e relatórios.
- Prevenir fraudes e, em casos de ocorrência das mesmas, possibilitar seu descobrimento, o mais rapidamente possível, determinando sua extensão.
- Localizar erros e desperdícios, promovendo ao mesmo tempo a uniformidade e a correção, ao registrarem-se as operações.
- Estimular a eficiência e a eficácia para que os resultados fiquem próximos do planejado.
- Verificar se as estratégias (decisões, táticas, políticas) são congruentes com os objetivos pretendidos.
- Corrigir ou reforçar o desempenho apresentado.
- Informar sobre a necessidade de alteração no modo de desenvolvimento das funções administrativas.
- Informar se os recursos estão sendo utilizados de forma otimizada (melhor utilização possível).

Os principais problemas de controle são fundamentados nos seguintes elementos:

**Características do Controle –** Um sistema de controle tem várias características. Mas, a principal é não deixar que erros (desvios, distorções, desperdícios e perdas) sejam cometidos outras vezes, porque, além do tempo perdido, também se perde energia e dinheiro. Nada mais irritante do que ter de fazer outra vez uma coisa malfeita.

**Tomada de Decisão –** Em geral, o problema maior do controle se encontra na tomada de decisão que efetivamente será medida e avaliada, em termos da história do processo e de seu último resultado. As questões não são simples, porque exigem o equilíbrio de dois fatores: a vantagem de permitir que o sistema opere de modo um tanto desregulado e o dimensionamento do custo do controle.

**Resultado –** O controle envolve a comparação entre o planejado e o resultado obtido. Contudo, quando o resultado não é o esperado, nem sempre a causa está no funcionamento do sistema. Pode estar em quem o planejou ou naquele que não sabe ler os desvios, isto é, não sabe operá-lo.

**Relevância do Controle –** Quando uma empresa se expande e as suas operações assumem aspectos sempre mais complexos, aumenta a necessidade de dispor de dados significativos e sintéticos da situação. O volume de dados a elaborar e a complexidade representam um obstáculo difícil de superar. Em síntese, o controle determinará o grau de relevância, confiabilidade, segurança e responsabilidade das informações geradas pelo próprio sistema.

**Sistema de Controle –** Um sistema de controle é um sistema racional, isto é, a ação de controle é baseada em procedimentos lógicos e inteligentes. Estas regras podem ou não cobrir todos os aspectos de um dado problema.

O propósito de um sistema de controle é determinar se a atuação de uma empresa se acha de acordo com os objetivos do planejamento. A possibilidade de erros de planejamento também exige um fluxo constante de entrada de informações relativas a fatores circunstanciais.

Situações não cobertas por políticas são designadas como exceções e são resolvidas pelo consenso entre os dirigentes. Para situações normais, basicamente, aplicamos regras, manuais, procedimentos, políticas, estratégias, táticas e modelos conhecidos.

**Processo de Controle** – O processo de controle se realiza nas seguintes etapas: estabelecimentos de padrões, mensuração, comparação e correção.

**Realimentação** – A realimentação é fundamental num sistema de controle, porque fornece dados para uma nova tomada de decisão, caso seja necessária. Por outro lado, ela ajuda a incrementar a criatividade e a inovação. O uso exagerado da realimentação (feedback) caracteriza um mau planejamento.

**Automação do Controle –** Embora já tenhamos abordado este assunto, vale observar que a automação leva necessariamente ao controle, que envolve decisão. Além disso, não é algo casual, porque, consequentemente, é preciso achar um equilíbrio entre o custo da automação (eficiência), os resultados (eficácia) e velocidade de resposta (efetividade).

Se planejarmos a orientação de uma nave de maneira arbitrária ela não chegará ao seu destino, precisará de um aparelho de controle, demandando, com isso, mais energia e mais problemas além dos já existentes. Como equilibrar vantagens e desvantagens? Estas e muitas outras questões semelhantes representam as verdadeiras dificuldades na automação de uma empresa, dificuldades frequentemente omitidas.

**Índice de Desvio** – O índice de desvio é a diferença entre um valor tomado de uma série numérica dividido pela média desta série menos a unidade, sendo dado pela fórmula:

Desvio = (Valor / Média da Série) - 1

Exemplo: Tomem-se os valores vendidos por uma empresa (em milhares de reais):

| N | Período de Tempo | Valor | Valor Acumulado | Média | Desvio (%) |
|---|---|---|---|---|---|
| 1 | Janeiro | 100,00 | 100,00 | 100,00 | 0,00 |
| 2 | Fevereiro | 120,00 | 220,00 | 110,00 | + 9,00 |
| 3 | Março | 150,00 | 370,00 | 123,30 | + 21,65 |
| 4 | Abril | 110,00 | 480,00 | 120,00 | - 8,30 |
| 5 | Maio | 130,00 | 610,00 | 122,00 | + 6,55 |
| 6 | Junho | 200,00 | 810,00 | 135,00 | + 48,15 |

**Quadro 7.1:** Índices de Desvio.

*Onde:*
N = Número de avaliações
Período de Tempo = Dia, Quinzena, Mês, Ano.
Valor = Quantidade, Dinheiro, Tempo.
Valor Acumulado = Soma dos valores lançados
Média = Valor Acumulado / Número de Avaliações
Desvio do mês de março = (150,00 / 123,30) - 1 = 1,2165 - 1 = 0,2165 = 21,65%

Análise:

O índice de desvio serve para controlar o comportamento da empresa para qualquer indicador que seja. No mês de abril o desvio apresentou um resultado negativo e no mês de junho mostrou um desvio bastante elevado. Este índice é tão importante que determina sintomas de mudança, sazonalidade, decisões acertadas, decisões erradas, bem como estratégias, táticas e políticas apropriadas ou não.

**Custo do Controle** – O problema do controle é medir resultados que serão comparados aos planejados. Então, cabe a pergunta: Pode-se controlar um sistema sem seu completo entendimento? A resposta é não. Por outro lado, é muito difícil ter um conhecimento completo da situação.

Segundo Harold Koontz, "quanto mais as abordagens e técnicas de controle detectarem as causas dos desvios mais eficientes serão esses controles". O princípio da eficiência é, particularmente, importante ao controle, porque as técnicas acabam se tornando complexas, dispendiosas e trabalhosas.

Um administrador pode deixar-se absorver tão profundamente pelos controles que venha a gastar mais do que poderia valer a descoberta de um erro. O processo pode resultar em custos além de qualquer eventual benefício. Controles orçamentários pormenorizados amarram as mãos do administrador, controles complexos tolhem a criatividade e controles de compras que atrasam as entregas e custa mais daquilo que foi comprado são exemplos de controles ineficientes e ineficazes.

**Tipo de Controle** – O problema está na falta de conhecimento do administrador em qualificar o tipo de controle que está lidando. A seguir, os mais importantes:

- **Controles de Produção**: controle de qualidade da matéria-prima, controle da qualidade do produto, controle do tempo de produção, controle do estoque.
- **Controles de Vendas:** controle do faturamento, controle do perfil do consumidor, controle de vendas por vendedor, controle de conta corrente do consumidor, controle da carteira de pedidos por cliente, controle geral da carteira de pedidos, controle da taxa de clientela, controle da movimentação de vendedores, controle de devolução de mercadorias.
- **Controles Financeiros**: controle do fluxo de caixa, controle orçamentário, controle de resultado.
- **Controles Contábeis:** controle de caixa, controle de contas a receber por cliente, controle geral de contas a receber, controle de contas a pagar, controle de faturas a pagar por fornecedor, controle de patrimônio, controle do capital investido.

- **Controles Hierárquicos:** controle operacional, controle gerencial, controle institucional.

**Excesso de Controle** – A palavra excesso já denota uma anomalia. Existem pessoas que perdem muito tempo fazendo controle de controles. Exagerando na quantidade, você corre o risco de se perder. O excesso de controle, além de atrapalhar, é sugador de tempo.

Não há controle perfeito. E, desta forma, o que se quer é um controle que seja o mais conveniente possível. Não deve a empresa se posicionar nos extremos, isto é, nenhum controle ou controle exagerado.O grau de controle mais conveniente possível de tal sistema acontece quando o custo total deste sistema é mínimo, considerando que o custo total do controle é igual a soma do custo do próprio sistema de controle mais o custo quando não há controle.

**Gráfico de Controle –** Assunto abordado quando do estudo de Curva (Capitulo 1).

**Controlador** – Obviamente que o controlador para evitar erros, além de conhecer tudo que foi dito acima, deve se valer de algumas premissas para que seu trabalho seja efetivo, tais como:

- O controle deve ser exercido pelo responsável da execução do plano, projeto, programa, reunião.
- Quanto mais elevado é o nível hierárquico da pessoa menor será a necessidade de controles diretos.
- Quanto mais os controles se destinam a refletir o lugar na estrutura organizacional, em que repousa a responsabilidade pela ação, mais eles facilitarão a correção dos desvios.
- O controlador deve concentrar-se em oportunidades, não considerando desvios insignificantes para evitar perda de tempo.
- Todo e qualquer controle deve mostrar o desempenho atual e cumulativo, devendo estar integrado ao sistema organizacional.
- Quem controla deve apresentar relatórios facilmente interpretados, comunicados e distribuídos economicamente.

## 7.5 Problemas de Coordenação

Segundo Fayol, "a coordenação é a reunião, unificação e harmonização de esforços para a efetividade das atividades organizacionais". Muitos administradores não consideram a coordenação como parte separada e distinta de sua responsabilidade administrativa.

Acreditam, no entanto, que se melhorarem sua coordenação estarão ajudando sua organização a funcionar mais como um todo (sistema) do que como várias partes isoladas. A coordenação ajuda a fazer ajustamentos de processos, supervisão e padrões.

Segundo David Hampton, "uma organização não é um conjunto de departamentos independentes e com objetivos específicos. Para que exista um desempenho bem-sucedido, as organizações necessitam ter uma coordenação efetiva das contribuições das unidades específicas".

As organizações eficazes necessitam de dois requisitos diferentes e por vezes conflitantes: a especialização e a coordenação. Uma abordagem razoável para prover a coordenação interdepartamental necessária para qualquer empresa, deve levar em conta os seguintes problemas de coordenação:

- Onde é necessária a coordenação?
- Em que grau ela é necessária?
- Quais são os meios que podem facilitar a coordenação?
- Quais são os mecanismos para cada situação?

A falta de coordenação entre os vários processos comuns de uma organização acaba duplicando um número enorme de atividades. A mesma informação é computada repetidas vezes e em diferentes sistemas, os mesmos formulários são preenchidos e expedidos incontáveis vezes, as mesmas inspeções e certificações se repetem.

No momento em que todas essas atividades e dados passam de uma empresa para outra, é comum a ocorrência de erros, inconsistências e confusões, o que só aumenta o volume de trabalho.

Muitas autoridades consideram a coordenação como uma função separada do administrador. Parece mais certo, entretanto, considerar a coordenação como essência da arte de administrar, pois a realização da harmonia do esforço individual no sentido da obtenção dos objetivos de grupo é um dos propósitos da administração.

Cada função do administrador é um exercício de coordenação. Para uma boa coordenação é necessário ajudar a integração. Também, encorajar a cooperação e o relacionamento, e assegurar a adaptação às mudanças.

A melhor coordenação ocorre quando os indivíduos veem de que forma seus trabalhos contribuem para os objetivos dominantes da empresa. Um bom exemplo de aplicação prática de coordenação está na condução de uma reunião, que adquire maior sinergia quanto mais coordenada for.

## 7.6 Problemas de Delegação

Embora este assunto já tenho sido visto, é bom acrescentar que o domínio da arte da delegação, assim como o domínio de qualquer forma de arte, exige paciência e esforço honesto.

Ao praticar a arte da delegação você está se libertando de tarefas que podem ser feitas por outra pessoa, concentrando sua energia disponível naquilo que nenhuma outra pessoa pode assumir ou fazer melhor do que você, dando aos que trabalham com você a oportunidade de se desenvolverem e aprenderem a suportar parte da carga de trabalho, liberando mais tempo disponível para desenvolver suas habilidades administrativas e pensar em ideias inovadoras que conservarão sua empresa à frente da concorrência.

A delegação permite liberar sua mente de detalhes que podem atrapalhar sua visão geral das condições de trabalho e descobrir quem pode ser confiável para se encarregar de determinada tarefa. Isto será útil, tanto no caso de fazer planos como no de tomar decisões.

A delegação é vista como um processo pelo qual administradores superiores e subordinados de uma organização identificam em conjunto suas metas, definem as principais áreas de responsabilidades de cada indivíduo, em termos dos resultados dele esperados, e usam essas medidas como guias para operar a organização e avaliar a contribuição de cada um de seus membros.

Para a solução de problemas de delegação você precisa conhecer:

**Premissas da Delegação –** Algumas premissas importantes sobre delegação são:

- O dirigente que delega não deve mais se imiscuir nas tarefas delegadas.
- O delegado deve sentir que participa não só da autoridade e liberdade na execução da tarefa, mas na decisão.
- O dirigente precisa correr um risco calculado, sem o qual não desenvolve a capacidade executiva do subordinado.
- O delegado deve ser assistido e acompanhado no processo de delegação.
- A autoridade deve ser delegada até um certo ponto e na medida necessária.
- A autoridade deve ser proporcional ao nível de responsabilidade do cargo.
- A responsabilidade não pode ser delegada.
- A clareza na delegação é fundamental, com designação precisa, entendida e aceita.

- Os conceitos de delegação e descentralização acham-se tão ligados que são inaplicáveis separadamente.
- O esforço do delegado no cumprimento da tarefa deve ser recompensado.
- A delegação deve seguir um ritmo compatível ao delegado.

**Processo de Delegação** – A delegação de tarefas é um processo que passa pelas seguintes etapas: verificar se a política da empresa aborda a abrangência, suficiência e necessidade; definir e distribuir tarefas; estabelecer metas, autoridade e responsabilidades; comunicar com clareza as atividades delegadas; estabelecer sistemas de controle.

**Vantagens da Delegação** – Dentre as inúmeras vantagens da delegação, destacam-se as seguintes:

- Permite coordenar trabalhos mais complexos e de abrangência maior.
- Permite maior produtividade da equipe, porque é fator de motivação.
- Permite amplitude de controle mais adequada.
- Libera os chefes para suas tarefas prioritárias, economizando tempo.
- Exige melhor planejamento e programação da atividade.
- Permite melhor aproveitamento de recursos.
- Proporciona maior segurança para a empresa, pois existem subordinados treinados.
- Canaliza e organiza as forças e as aptidões dos indivíduos, criando um clima propício às iniciativas pessoais.

**Desvantagens da Delegação** – As desvantagens da delegação podem ocorrer quando não há tempo suficiente para a preparação, falta competência ao dirigente, falta instrumentos de controle, não há certeza da competência do delegado, são incompletas as informações sobre as tarefas a serem delegadas, corre-se o risco do desvio de recursos por irresponsabilidade do delegado.

**Controle da Delegação** – O sistema de controle precisa que se saiba se o trabalho foi feito e quais seus resultados e se surgiu algum problema ou alguma complicação, se surgiram novos métodos e ideias, se o funcionário se acha capaz de tornar a fazer um trabalho semelhante. Tal sistema permite avaliar efeitos de curto e longo prazos.

**Sucesso na Delegação –** Uma delegação bem-sucedida pode ser conseguida se os procedimentos (técnicas) forem os seguintes:

- Delegar a tarefa de forma inteira, sem subdivisões.
- Delegar à pessoa mais qualificada para a tarefa.
- Evitar desrespeitar a autoridade depois que a deu.
- Examinar o desempenho e encorajar pessoas a tomarem decisões.
- Definir o trabalho para os subordinados para que estes recebam o máximo de desafios e oportunidades.
- Inspirar seu pessoal com a vontade de atingir as metas e suplantá-las.
- Usar plenamente a capacidade e as habilidades do delegado.
- Proporcionar sistemas de informação adequados.
- Examinar as reações, encorajar a cooperação e defender o delegado.

**Responsabilidade na Delegação –** A autoridade delegada expressa o grau de liberdade que um superior concede a um subordinado para agir em sua unidade de organização ou numa fase de um processo. A delegação de autoridade é ainda menos exata, limitando-se às vezes a afirmar que o subordinado está autorizado a levar a termo os deveres determinados. Como os próprios deveres não estão bem definidos, o subordinado terá dificuldade em interpretar sua autoridade para fazer qualquer coisa.

Se um executivo delega autoridade a outro, ele não se tornará eficaz apenas por isso. Ele precisa manter seus subordinados responsáveis pelas delegações feitas. E os subordinados em si precisam não evitar as responsabilidades para as quais aceitaram autoridade.

As obrigações estipuladas para os subordinados devem ser enunciadas tão precisamente quanto os direitos e privilégios, e a cobertura deve ser a mesma como no caso de autoridade. A delegação pode ser completa ou limitada (de acordo com manuais, regras e políticas).

Responsabilidade e autoridade devem guardar um certo equilíbrio.

**Questionamento na Delegação –** O questionamento proposto, a seguir, responde ao executivo se ele é capaz de delegar e se há necessidade para tal:

- Você tem um substituto designado?
- Quando você se ausenta, a produtividade do grupo cai?
- Você assume tarefas que não lhe competem?
- Você transfere tarefas que não gosta de executar?
- Você se julga mais competente e rápido do que seus subordinados?
- Quando você transfere a solução de um problema, nunca mais cobra a respeito?
- Você ao delegar, sempre o faz de tal forma que o subordinado não volta para discutir a decisão?
- Você se considera um perfeccionista?
- Você sempre busca conseguir resultado através de seus subordinados ou você mesmo prefere fazer?
- Você sempre que delega atribuições, delega também poder de decisão sobre elas?
- Você nunca se impacienta quando procurado por seus subordinados para esclarecer dúvidas?
- Você sempre que delega estabelece o que fazer e nunca como fazer?
- Você sempre busca o comprometimento do subordinado, definindo com ele prazos e limites da delegação?
- Você sempre se coloca à disposição para dirimir eventuais dúvidas?
- Você sempre tem tempo para treinar subordinados?

**Grau de Delegação –** É pouco sensato esquematizar um grupo de deveres e autoridade para um gerente inexperiente. Esta precisa de tempo para se desenvolver. Consequentemente, sua autoridade deve expandir-se paulatinamente, à medida que o superior inspeciona, instrui e põe à prova o subordinado, mediante atribuições sob supervisão relativamente estreita e, à medida que as capacidades do subordinado aumentem.

Então, o superior deve relaxar a supervisão, permitindo que o subordinado ande com as próprias pernas. Como o grau de delegação será em função da capacidade do delegado, a mesma irá variar conforme a performance do indivíduo.

Diversos subordinados estarão, via de regra, em estágios diferentes de desenvolvimento, determinando desse modo um alto jogo de cintura do superior.

## 7.7 Problemas de Organização

Segundo Henri Dutton, "a função administrativa organização é a arte de empregar eficientemente todos os recursos disponíveis, a fim de alcançar determinado objetivo". No sentido mais simples, organizar é preparar uma empresa para funcionar.

A função administrativa organização é uma função que se estabeleceu para aconselhar a introdução de novos métodos e processos que reduzam os custos sem impor um esforço insuportável ou causar danos reais à estrutura social da organização.

Na função administrativa organização é preciso: identificar, ordenar e agrupar, logicamente, as atividades; estabelecer uma estrutura; delinear e escalonar as linhas de relações de trabalho; preencher cargos, estabelecendo qualificações; reunir recursos necessários e/ou disponíveis para obter resultados (alcançar objetivos) predeterminados pelo planejamento.

O objetivo principal da organização é dar apoio às demais funções, no sentido de simplificar, melhorar, minimizar custo, otimizar a utilização de recursos organizacionais voltados ao desenvolvimento de processos, atividades e tarefas.

Os principais problemas de organização são:

**Racionalização –** Assunto já abordado.

**Desperdício –** Assunto já abordado.

**Profissional de Organização** – Embora a função administrativa organização não constitua necessariamente privilégio de um determinado grupo de especialistas, normalmente, é recomendável recorrer a profissionais, por não estarem contaminados pelo sistema (empresa) a ser analisado.

Também por possuírem o lastro de conhecimento técnico e a experiência necessária à resolução de problemas organizacionais; por visualizarem o sistema como um todo e identificarem com mais facilidade a interação entre os diversos subsistemas.

Estes profissionais devem ter espírito crítico e analítico, agir dentro do senso comum, ter como filosofia de trabalho eficiência, eficácia e efetividade, agir como agentes de mudança.

As funções dos profissionais de organização, basicamente, são:

- Estudar um determinado problema e fazer recomendações ao seu dirigente imediatamente superior (ou contratante).
- Reformular estruturas organizacionais, procurando, através de uma distribuição racional das atividades, facilitar sua coordenação e desenvolvimento.
- Aumentar a eficácia dos serviços e diminuir os esforços, através da racionalização das rotinas de trabalho, enfatizando a simplificação de processos e a eliminação de controles desnecessários.
- Redistribuir o poder decisório, estimulando a iniciativa e o senso de responsabilidade dos escalões hierárquicos inferiores, através da descentralização, atribuindo aos escalões superiores a missão básica de estabelecer políticas e estratégias.
- Difundir as técnicas de organização, de modo a possibilitar um esforço permanente de aumento da produtividade.
- Estimular a adoção de estilos de gestão mais eficientes que contribuam para aperfeiçoar a filosofia gerencial da organização, através do estudo do comportamento humano.
- Atuar sobre as pessoas que compõem as estruturas, procurando alterar atitudes e comportamentos, de modo que elas possam se adaptar às mudanças e se conscientizar da necessidade de revitalização e desenvolvimento de respostas rápidas e inovadoras.
- Programar, implementar e acompanhar a implantação de novas tecnologias organizacionais, avaliando periodicamente seu desempenho.

Para exercer a função administrativa organização, o profissional de organização deve possuir certas habilidades: na coleta e análise de dados, no desenvolvimento de sistemas que funcionem bem e barato, na visão holística da organização, na capacidade de planejar, no alto grau de conhecimento da tecnologia da informação, na intensa capacidade de observação, na concentração e concisão, na capacidade interdisciplinar, sabendo liderar e integrar informações e pessoas.

**Organização Pessoal –** Ser organizado significa que seus sistemas, modelos e planos de negócios são tão bem-feitos que outros podem se encarregar do trabalho sem perder nenhum detalhe. Os negócios não permitem a manutenção de pessoas que se tornam indispensáveis por falta de organização e de planejamento.

A chave para ser organizado não está nas anotações, mas na autodisciplina. Administradores desorganizados ficam atrasados ou perdem negócios, porque deixam que o trabalho se avolume até o último minuto, sem planejar as interrupções.

Existem emergências na maioria das empresas, mas a chave para continuar organizado é nunca se desviar por muito tempo do plano (programação, projeto, programa, cronograma).

Algumas regras são importantes para que seja um indivíduo organizado:

- Ponha sempre as coisas no lugar certo ao terminar de usar.
- Deixe sua mesa vazia e em ordem ao sair do escritório para almoço e à noite.
- Mantenha a área de trabalho limpa.
- Só os que lidam com material delicado devem trancar suas gavetas e armários.
- Todos os empregados devem ter uma parte da mesa de trabalho reservada para seu uso pessoal e essa pode ser trancada.

**Planejamento Diário –** Se você se organizou pessoalmente, está pronto para fazer parte de um sistema organizado. A fórmula para um efetivo plano de metas é trabalhar nelas todos os dias. O planejamento diário e a organização de metas vão ajudar a eliminar as perdas de tempo. As metas mantêm todo o sistema apontado na direção da ação necessária, para que seus negócios transcorram com sucesso.

Eis algumas sugestões: reserve dez minutos todos os dias para organizar uma lista do que deve fazer; qualquer item que possa ser delegado deve ser tirado da lista; não tente guardar nada de memória; organize as tarefas de acordo com a prioridade.

Ao organizar a lista do que fazer evite colocar uma quantidade de itens além da sua capacidade de trabalho; certifique-se de reservar pelo menos três horas, a cada semana de trabalho, para exercícios físicos; determine o início e o fim da atividade a ser analisada; registre os passos do trabalho no próprio local em que ele é feito; solicite ajuda de todos os interessados no trabalho a ser realizado; use símbolos para facilitar a análise; faça, sempre que possível, um fluxograma, gráfico, diagrama, algoritmo, planilha.

Faça as seguintes perguntas a cada passo: Por que é necessário? Como e onde deve ser feito? Quando deve ser feito? Quem está em melhores condições de fazê-lo? Qual é o melhor modo de fazê-lo?

Use as perguntas, tentando ideias novas e não procurando apenas respostas explicativas; elimine, simplifique e redisponha passos desnecessários de um processo; debata suas ideias com outros; experimente se possível; evite a síndrome do inacabado; termine tudo que for possível e necessário; tenha capacidade de visualizar a você mesmo, atingindo metas e vendo a tarefa terminada.

É comum algum administrador dizer: Posso parecer confuso, mas sei exatamente onde tudo está e o que devo fazer, mesmo que ninguém mais saiba. Isto é uma falácia, pois, parodiando Sêneca (grande orador e senador romano): Não basta ser organizado, é preciso parecer organizado.

**Organização do Trabalho –** Assunto abordado, quando estudamos Problemas no Trabalho.

**Organograma –** O desenho organizacional retrata a configuração estrutural da organização (empresa) e o seu funcionamento. Este desenho recebe o nome de organograma, que é um modelo esquemático representativo da divisão do trabalho desenvolvido pela organização. É um arranjo de figuras e linhas que mostram as diversas conexões existentes.

Em um organograma está representada a correlação de poder, seja de um projeto ou de uma empresa. A configuração mostrada é estática, isto é, permanece a mesma no decurso das atividades. O organograma oferece uma visão verticalizada das atividades, à medida que desdobra funções em outras funções menores. É útil ter-se uma configuração clara da estrutura organizacional, para que se possam efetuar os frequentes ajustes que se fizerem necessários.

Portanto, ao planejar o desenho deve-se levar em conta as especializações, as limitações da autoridade funcional, as vias hierárquicas existentes, as linhas de subordinação e vinculação, os problemas de comunicação, as decisões conjunturais, os recursos disponíveis, por exemplo.

A estrutura organizacional assemelha-se a um edifício, que, quanto mais complexa for, precisará de um plano muito bem feito. O fato de uma organização possuir organograma não significa necessariamente que ela seja suficientemente organizada. O organograma não é um fim em si mesmo, mas um meio de ajudar o funcionário a visualizar o posicionamento e as relações existentes entre os subsistemas de um sistema maior.

Os organogramas devem refletir o mais possível a realidade da organização. Se não o fizerem com toda fidelidade poderão distorcer a compreensão e gerar decisões errôneas por parte daqueles que confiam nos gráficos. Quando o desenho organizacional não está adequado às necessidades da organização, são frequentes as reorganizações e reestruturações que causam desconforto e insegurança.

**Estrutura Organizacional –** Embora já tenhamos abordado a estrutura organizacional, é bom lembrar que desenvolver uma estrutura e uma estratégia, na organização, compatíveis com a conjuntura econômica sempre foi a maior preocupação dos administradores de empresa.
Uma estrutura errada resulta fatalmente em um desempenho desastroso, gera conflitos e frustrações, focaliza questões irrelevantes e transforma coisas insignificantes em obstáculos.

**Utilização do Equipamento** – A má utilização da máquina, equipamento ou ferramenta leva a empresa: a executar trabalhos impróprios, aumentando o custo de fabricação e o número de acidentes; a desentendimentos, a má qualidade do produto e um número grande de refugos; a necessidade de retrabalho, causando grande prejuízo à empresa.

**Tempos e Movimentos –** Tempos e movimentos é uma subfunção da função administrativa organização, onde se determina, de maneira racional, o método de realização de um determinado trabalho, em função do tempo de execução. A história e desenvolvimento do planejamento de métodos e processos racionais para a execução de uma tarefa são, em princípio, tão antigos quanto o próprio homem, pois o ser humano sempre se dedicou a eliminar ou diminuir o esforço desnecessário na execução de qualquer trabalho.

O estudo dos tempos e movimentos além de permitir a racionalização dos métodos de trabalho e a fixação do tempo padrão para a execução de uma tarefa, trouxe ainda outras vantagens, tais como:

- Eliminou os movimentos inúteis.
- Tornou mais racionais a seleção e treinamento de pessoal.
- Melhorou a produtividade.
- Distribuiu uniformemente o trabalho.
- Passou a pagar melhores salários, em função da produção.
- Enxugou custos.
- Adaptou melhor o homem a sua tarefa.
- Eliminou desperdícios.
- Estabeleceu normas detalhadas.

Os principais objetivos de tempos e movimentos são:

- Reelaboração da tarefa para fazer com que os movimentos sejam mais simples e mais rápidos.
- Desenvolvimento de padrões mais eficientes de movimento, para os trabalhadores, de modo que possam fazer o trabalho mais rapidamente e com menos fadiga.
- Estabelecimento de padrões para que certas tarefas sejam usadas como base d determinação de escalas de pagamento e como critérios de avaliação dos funcionários.
- Desenvolvimento de uma descrição completa de tarefas, para ajudar no processo de recrutamento e seleção de novos funcionários, orientação e treinamento dos mesmos.

**Arranjo Físico –** O arranjo físico do posto de trabalho consiste em determinar um lugar para cada coisa, de modo que nesse lugar possa ser utilizado de maneira mais eficiente, e em fazer com que cada coisa ocupe, realmente, o seu lugar.

Os fluxos de trabalho, sua ordem e movimentação; as máquinas e equipamentos; o volume de trabalho; o recebimento e a expedição de materiais e produtos; os almoxarifados e os sanitários influem com sua disposição racional, no rendimento geral dos serviços e na boa apresentação do ambiente de trabalho.

Os objetivos do arranjo físico são:

- Atender ao fluxo do trabalho, de modo que haja uma circulação normal, permitindo caminhos curtos e seguros, facilitando a movimentação geral.
- Facilitar o trânsito de pessoas, máquinas e materiais.
- Receber iluminação adequada.
- Proporcionar temperatura agradável, boa circulação de ar e baixo nível de ruídos.
- Facilitar a supervisão, a limpeza e a conservação.
- Facilitar o acesso a dispositivos de segurança, em caso de acidentes.
- Proporcionar um fluxo de comunicação eficiente.
- Proporcionar a melhor utilização da área disponível.
- Tornar o fluxo de trabalho eficiente.
- Proporcionar facilidade de coordenação.
- Proporcionar redução da fadiga.
- Proporcionar situação favorável ao cliente e ao visitante.
- Assegurar economia nas operações.
- Facilitar a otimização dos recursos existentes.
- Permitir facilidades para futuras expansões.
- Permitir controles qualitativo e quantitativo da produção.
- Propiciar conforto e segurança aos funcionários.
- Dar flexibilidade em caso de modificações.
- Otimizar as condições de trabalho do pessoal nas diversas unidades.
- Racionalizar os fluxos de fabricação e de processos.
- Aproveitar todos o espaço útil e disponível.
- Minimizar a movimentação de pessoas, produtos, materiais e documentos.

Basicamente, existem dois tipos de disposição do fluxo de trabalho:

**Disposição por Processo** – Neste tipo de disposição, os pontos de trabalho são agrupados de acordo com o processo que realizam. Os materiais em processo de fabricação têm que percorrer todas as seções onde se realizam as operações necessárias à obtenção do produto.

**Disposição por Produto –** Neste tipo de disposição, os pontos de trabalho são colocados de acordo com a sequencia das fases de trabalho para a fabricação de um produto.

Estes dois tipos de disposição, entretanto, são gerais, e em muitos casos devem sofrer alterações ou adaptações para que os equipamentos sejam aproveitados na forma mais econômica possível. Para se evitar máquinas paradas ou ociosas, enquanto outras estão sobrecarregadas, deve-se fazer um arranjo que, além de atender as exigências do trabalho, também combine a capacidade das máquinas e aproveite melhor o espaço existente.

Não se faz um bom arranjo físico sem planejamento.

Assim, é importante que o dirigente leve em consideração alguns princípios de organização:

**Princípio da Economia de Movimento –** Um arranjo físico (lay-out) ótimo tende a encurtar a distância entre os funcionários e as ferramentas (equipamentos e máquinas) nas diversas operações de produção de bens e serviços.

**Princípio do Fluxo Progressivo –** Quanto mais contínuo for o movimento entre uma operação e a subsequente, sem paradas, voltas ou cruzamentos, tanto para homens quanto para os equipamentos, mais correto estará o arranjo físico.

**Princípio da Flexibilidade –** Quanto mais flexível for o lay-out, com o fim de proporcionar rearranjos econômicos, mais úteis ele será para a empresa.

**Princípio da Integração –** A integração entre os diversos fatores indispensáveis a um bom arranjo físico, deve ter preferência.

**Princípio da Orientação** – Um bom arranjo físico deve escolher um lugar para o equipamento, de modo que a sua localização seja orientada para facilitar o processo produtivo.

**Princípio da Localização** – Quanto mais bem definido for o local de ferramentas, máquinas e materiais mais bem será a sequência de movimentos e a utilização de controles.

**Princípio da Percepção Visual** – A boa iluminação é o primeiro requisito para a percepção visual satisfatória. A altura do local de trabalho deve proporcionar a visão de todo o processo, quer esteja o funcionário em pé ou sentado.

**Princípio da Estética** – Quando se pode combinar as exigências técnicas com as estéticas, de modo que o ambiente tenha uma disposição harmônica e agradável, isso deve ser feito.

De acordo com H. T. Moore, alguns pontos devem ser observados no desenvolvimento de um arranjo físico, tais como:

- Estudar o programa de produção, fazendo uma relação dos materiais e partes que integrarão o produto.
- Relacionar as operações necessárias nos diferentes processos.
- Programar as operações da unidade organizacional de produção.
- Decidir sobre a desejada capacidade da produção.
- Selecionar recursos e facilidades necessárias para produzir as variedades e quantidades necessárias.
- Determinar o intervalo de tempo, porventura, existente entre sucessivas operações.
- Estabelecer as necessidades de espaço.
- Reservar o espaço necessário em cada unidade organizacional.

A seguir, vale mostrar a necessidade de se fazer um questionamento voltado a desenvolver um projeto de arranjo físico. Tal questionamento pode ser:

- O que queremos?
- Como aproveitar melhor o espaço disponível?
- Como facilitar a circulação?
- Como proporcionar aos funcionários melhor qualidade ambiental?
- Como maximizar a capacidade instalada?
- Como introduzir sistemas automatizados?
- Qual é a sequência das fases de trabalho?
- Quais são os espaços necessários à movimentação de material e trânsito de pessoas?
- Qual a frequência de utilização de cada equipamento?
- Quais são os níveis de iluminamento necessários a cada posto de trabalho?
- Quais os equipamentos que produzem calor (forno, tubulação) ou ruído (máquina)?

- Quais os trabalhos que exigem silêncio ou precisam evitar trepidação, poeira, umidade?
- Quais as dimensões dos materiais, máquinas e equipamentos utilizados?
- Quais as soluções reais?
- Quais as soluções possíveis?
- Quais as soluções vantajosas?
- A disposição será feita por processo produtivo?
- A disposição será feita por produto?
- A disposição será mista?
- O arranjo físico usará técnicas próprias ou empíricas?
- Haverá necessidade de desenhos, plantas, gabaritos, miniaturas ou maquetes?

**Área do Posto de Trabalho –** Determinar a área total necessária à implantação de novas máquinas em um determinado lugar da fábrica poderá vir a ser um problema, se você não souber como fazê-lo. Uma metodologia aplicada a uma implantação de um novo arranjo físico pode ser, por exemplo:

a) Calcular a área do posto de trabalho.
b) Confeccionar a planta baixa do espaço a ser ocupado.
c) Distribuir racionalmente o espaço.
d) Determinar a quantidade e a natureza dos móveis, máquinas e equipamentos a serem utilizados.
e) Confeccionar as respectivas miniaturas.
f) Demarcar a extensão e a localização das instalações dos recursos primários (água, esgoto, energia elétrica, gás, telefone).
g) Submeter a distribuição física proposta à aprovação dos usuários.
h) Implementar novo arranjo, caso seja necessário.

Para calcular a área do posto de trabalho temos a seguinte fórmula:

St = Se + Sg + Sc

Onde:
St = área total
Se = área estática
Sg = área de gravitação
Sc = área de circulação

Como:
Sg = n × Se
Sc = K (Se + Sg)

Onde:
n = número de lados utilizados do equipamento
K = fator de segurança.

Normalmente é utilizada a seguinte tabela para o fator de segurança.

| Local de Trabalho | Fator K |
|---|---|
| Grande indústria funcionando sem ponte rolante. | 2,0 a 3,0 |
| Indústria de pequeno porte sem ponte. | 1,0 a 2,0 |
| Indústria de porte médio com transporte aéreo (ponte). | 0,5 a 1,0 |
| Indústria altamente mecanizada. | 0,2 a 0,3 |

Substituindo-se na fórmula geral, vem:

St = Se + nSe + K (Se + Sg) = Se + nSe + KSe + Kn Se
St = Se (1 + n + K + nK)

Se K = 1, vem: St = Se (1 + n + 1 + n) = 2Se + 2nSe
St = 2 (Se + Sg)

A seguir, um exemplo de como calcular a área total necessária do posto de trabalho. Determinar a área total necessária para a colocação de alguns equipamentos numa cozinha industrial, sendo dados:

| Equipamento | Se (m2) | N | Sg |
|---|---|---|---|
| Fogão Industrial | 3,00 | 1 | 3,00 |
| Câmara Frigorífica | 4,00 | 1 | 4,00 |
| Geladeira | 3,00 | 1 | 3,00 |
| Bancada | 3,50 | 1 | 10,50 |

Solução:

Se o valor de K = 1,8 e St = Se (1 + n + K + nK), vem:

| Equipamento | Se | n | Se (1 + n + K + nK) | St |
|---|---|---|---|---|
| Fogão Industrial | 3,00 | 1 | 3,00 (1 + 1 + 1,8 + 1 × 1,8) | 16,80 |
| Câmara Frigorífica | 4,00 | 1 | 4,00 (1 + 2 + 1,8 + 1 × 1,8) | 22,40 |
| Geladeira | 3,00 | 1 | 3,00 (1 + 3 + 1,8 + 1 × 1,8) | 16,80 |
| Bancada | 3,50 | 3 | 3,50 (1 + 2 + 1,8 + 3 × 1,8) | 39,20 |
| Total | | | | 95,20 |

Resposta: 95,20 $m^2$

## 7.8 Problemas de Padronização

Embora este assunto já tenha sido abordado, é sempre bom lembrar que com a Administração Científica, a padronização passou a ser uma preocupação constante na obtenção da eficiência. A padronização é, portanto, a aplicação de padrões com a finalidade de uma uniformização e redução de custo. A padronização conduz à simplificação dos processos à medida que a uniformidade reduz a variabilidade e o desvio.

A padronização (normalização) ajuda a resolver problemas quanto a: quantidade, qualidade e variabilidade de produtos; facilita ou mesmo permite a produção em massa, pela repetição de operações com os mesmos materiais e mesmas ferramentas; proporciona economia de materiais, equipamentos, tempo, energia e espaço; permite o intercâmbio de peças e órgãos de máquinas de um lugar para outro; diminui a variedade de coisas que têm a mesma utilidade ou finalidade e facilita o treinamento.

Por se estar acostumado, muitas vezes não se percebe a quantidade enorme de coisas padronizadas que estão à disposição. Quando queima uma lâmpada em casa, é suficiente ir a uma loja que vende lâmpadas, de qualquer marca, com a potência que desejamos, sem nenhum embaraço.

Os pinos dos cabos elétricos de qualquer aparelho casam em todas as tomadas de nossa casa, e, quando se vai para outra casa, não é preciso levar as tomadas. Quando quebra uma peça do automóvel ou de qualquer máquina ou aparelho, o procedimento é semelhante.

Em linhas gerais, o processo de padronização se realiza através das seguintes fases:

Simplificação – Esta fase consiste em reduzir a variedade ou diversidade, tanto de produtos quanto de materiais ou serviços. Também para processos, atividades, tarefas e movimentos.

Especificação – Esta fase consiste em fazer uma descrição detalhada das características e propriedades de bens e serviços. Muitas vezes a especificação depende de ensaios em laboratórios.

Adoção do Padrão – Esta fase consiste em adotar um padrão, podendo implicar substituições de recursos, treinamento e reorganização da empresa.

A normalização pode ser da empresa, entre grupos de empresas, nacional e internacional. Como organismos que fazem padronização podem ser citados:

- International System Organization (ISO) – Um organismo internacional.
- American Standards Association (ASA) – Um organismo americano.
- Associação Brasileira de Normas Técnicas (ABNT) – Um organismo brasileiro.

Os padrões podem ser físicos e representar quantidades de produtos, unidades de serviço, homens/hora, velocidade, volume de rejeições ou podem ser formulados em termos monetários tais como custos, rendas ou investimentos; ou ainda podem ser expressos em quaisquer outros termos que medem o desempenho.

Os padrões se expressam, em geral, por unidades específicas, mas isto nem sempre é possível. Como estabelecer padrões de lealdade e moral, se são aspectos altamente subjetivos?

Os problemas de padronização, em geral, são:

**Padronização do Produto –** A padronização do produto é a ação de determinar limites (especificações) para os produtos com o intuito de atender melhor o mercado.

A padronização do produto oferece inúmeras vantagens, como, por exemplo: facilita o processo de compra e venda; minimiza custo e risco de manuseio; oferece proteção ao comprador; facilita a distribuição, o armazenamento e o financiamento.

O controle dos padrões é realizado por fabricantes, intermediários, consumidores, governo, laboratórios e bolsa de mercadorias. Como é muito comum haver confusão entre padrão e protótipo, segue o conceito de protótipo.

**Protótipo –** É uma versão funcional de um determinado produto, produto este que não dispõe de todas as suas características, que estarão presentes em sua versão final.

**Padronização do Desempenho –** Os padrões de desempenho são difíceis de se estabelecer porque estão sempre sendo superados. O desempenho pode ser da empresa ou do pessoal (indivíduo ou grupo) da mesma.

Os padrões de desempenho da empresa estão baseados em: índices de gestão, índices econômicos, índices financeiros, índices de performance, índices de mão-de-obra, índices de vendas, índices de produção, índices de tempo, planos, modelos, políticas, procedimentos. Os padrões de desempenho das pessoas estão baseados em funções a desempenhar, nível intelectual, habilidades (de toda sorte), nível cultural, força de trabalho, empenho, dedicação, lealdade, nível de qualidade do trabalho executado, comportamento diante do grupo, ambição, conhecimento.

A Figura 7.2 mostra a importância do padrão no processo de avaliação de desempenho.

**Padronização do Tempo –** Os padrões de tempo na empresa são aqueles que atribuem valores para o tempo gasto na execução de uma tarefa, fabricação de um produto (bem ou serviço), estocagem, rendimento, permanência do empregado no cargo e na empresa, processamento do pedido, reposição de material.

**Padronização do Custo –** Os padrões de custo na empresa são aqueles que atribuem valores monetários aos custos de operação, tais como: mão-de-obra por unidade produzida, matéria-prima por unidade produzida, estocagem, máquina/hora, processamento do pedido, requisição de material, custo fixo, custo variável, custo de produção. A relação custo/benefício está sempre presente neste tipo de estudo.

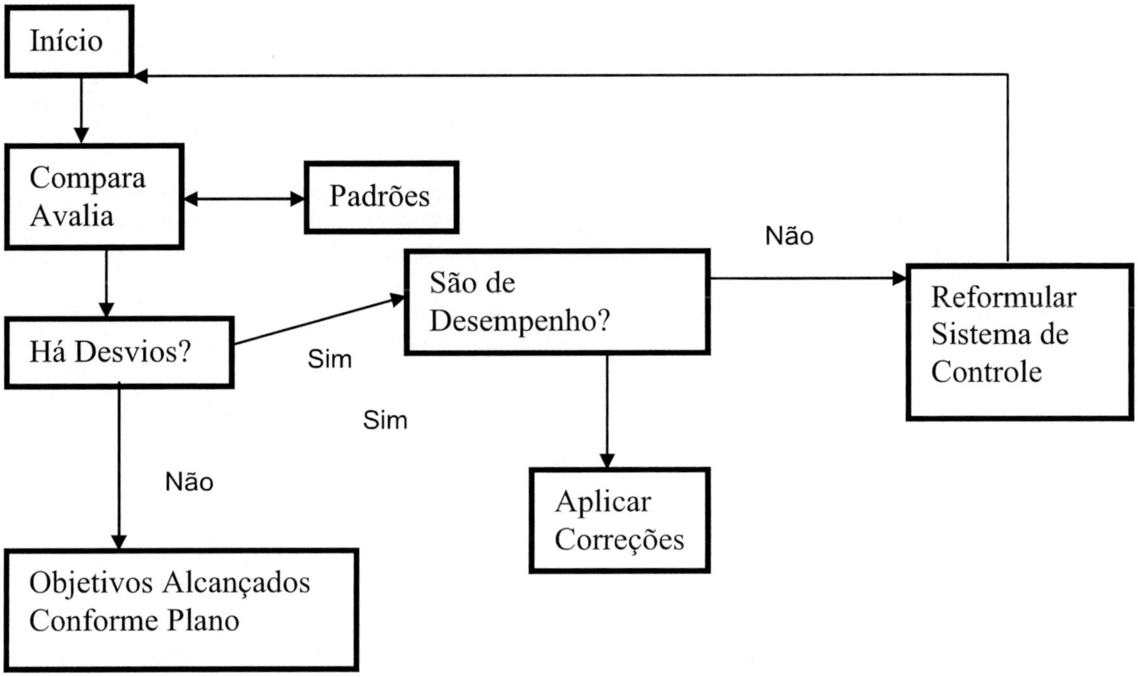


**Figura 7.2**: Modelo de Avaliação de Desempenho.

## 7.9 Problemas de Estruturação

Embora a estrutura já tenha sido abordada, vale algumas observações em virtude de ser este assunto bastante importante. Etimologicamente falando, estrutura vem do termo "struere" que significa construir. A estrutura é o conjunto integrado de elementos suportes que formam o arcabouço sobre o qual repousam as demais partes componentes de um organismo e que se relacionam no tempo e no espaço.

A estruturação é, portanto, a elaboração da estrutura que irá constituir a base da organização. Os objetivos da estruturação são muitos. Porém, os mais importantes são os seguintes:

- Criar organizações racionais que tenham o dimensionamento adequado à estratégia e aos recursos.
- Permitir que se crie uma rede de comunicação eficiente.
- Repartir a carga de trabalho entre as diversas especializações.
- Definir níveis e linhas de autoridade e subordinação de forma harmoniosa.
- Ter um mínimo de dispêndio para o seu desempenho.
- Reduzir a quantidade de níveis hierárquicos e a proliferação de órgãos de assessoria e linha.

A estrutura (desenho da organização) é a forma que ela tomou para integrar seus recursos e atender estratégias. A estratégia é o plano (planejamento, programa) de alocação dos recursos disponíveis ou necessários para uma demanda antecipada.

Segundo Lévy-Strauss, "a estrutura é uma construção abstrata de modelos para representar a realidade empírica".

Segundo Gurwitch e Radcliff-Brow, "a estrutura é o conjunto de relações sociais num determinado momento".

Segundo Karl Marx, "a estrutura é constituída de partes que se deslocam, se diferenciam e, de uma forma dialética, ganham autonomia umas sobre as outras, mantendo a integração e a totalidade sem fazer soma ou reunião entre si".

Segundo Max Weber, "a estrutura é um conjunto que se constitui, se organiza e se altera, e os seus elementos têm uma certa função sob uma certa relação, o que impede o tipo ideal de estrutura de retratar fiel e integradamente a diversidade e variação do fenômeno real que ocorre nas organizações".

A organização é estabelecida para fazer alguma coisa (produzir algo) de maneira a atender a sua missão. A estrutura organizacional é o arcabouço de responsabilidades, autoridades e comunicações de indivíduos em cada unidade organizacional, da tarefa mais simples até a mais importante.

A estrutura organizacional é a rede através da qual as atividades administrativas fluem para atingir os objetivos, metas ou desafios. As organizações jovens e em desenvolvimento estão especialmente sujeitas, muitas vezes, à reestruturação. Mas mesmo as empresas grandes e maduras sofrem uma reestruturação a cada dois anos pelo menos.

Desenvolver uma estrutura e uma estratégia, na organização, compatíveis com a conjuntura econômica sempre foi a maior preocupação dos administradores de empresa. Uma estrutura errada resulta fatalmente em um desempenho desastroso, gera conflitos e frustrações, focaliza questões irrelevantes e transforma coisas insignificantes em obstáculos.

É muito difícil projetar a sequência perfeita de um método para a elaboração racional de estruturas, pois a complexidade do trabalho exige diversas adaptações. Na elaboração de uma estrutura organizacional devem ser considerados os seguintes fatores:

| | |
|---|---|
| Fatores Condicionantes | Missão, objetivos, metas, estratégias, táticas, ambientes, mercados, políticas, recursos, decisões, desenhos. |
| Fatores de Trabalho | Operações, processos, atividades, tarefas, cargos, funções, responsabilidades, autoridades, problemas. |
| Fatores Críticos | Tipo de organização, relacionamentos, hierarquia, poder, concorrência, qualidade, produtos, gerência, território, consumidores. |
| Fatores Sistêmicos | Informação, comunicação, controle, avaliação, desempenho. |

**Quadro 7.2:** Elaboração da Estrutura Organizacional.

No começo do Século XX, as organizações não tinham muitos problemas, o importante era produzir. A partir da década de 70, começou a ficar clara a diferença entre a teoria da organização e a prática na organização. Pressões para uma organização mais liberal que desse condições às realizações pessoais começaram a pipocar. Mas nos anos 80 elas também necessitaram ter boas respostas mercadológicas, ser estrategistas habilidosas, atentas ao ambiente sociopolítico e capazes de responder a mudanças frequentes dos desafios.

A instabilidade econômica, a rapidez das mudanças tecnológicas e a irresponsabilidade das elites governantes geraram um grau de incerteza muito grande, fazendo com que o administrador assumisse o desafio de gerenciar e inovar a organização para simplesmente sobreviver.

Cada estrutura de organização tem certas especificações que nada têm a ver com o propósito da estrutura, mas são partes integrantes da mesma. Um corpo humano pode ser descrito como tendo certas características, o mesmo pode ser dito de uma organização. Corpos humanos têm braços e pernas, mãos e pés, todos relacionados entre si. Igualmente, organizações são estruturas para satisfazer as seguintes necessidades:

- Clareza, simplicidade, economia de esforços e manutenção.
- Direção de visão para o produto e não para o processo.

- Facilidade em administrar conflitos e atingir resultados positivos.
- Compreensão de cada indivíduo quanto a sua própria tarefa, bem como a da organização como um todo.
- Tomada de decisão que focalize as questões certas e que seja orientada para a ação e execução no mais baixo nível possível de administração.
- Estabilidade, em oposição à rigidez, para sobreviver à agitação.
- Flexibilidade para compensar a incerteza; inovações (abertura para novas ideias) e atendimento do mercado.

Tais necessidades exigem que uma organização seja capaz de produzir dentro de si os líderes de amanhã, ajudando cada pessoa a desenvolver-se continuamente.

Em sua obra clássica *Estratégia e Estrutura*, Alfred Chandler faz a conhecida afirmação: "A estrutura decorre da estratégia". O pensamento organizacional moderno complementou e ampliou para: Dadas certas empresas, estratégias e recursos são impensadas estruturas condicionadas à estratégia. Mais importante, talvez, hoje, em um número crescente de casos é encarar que a estrutura é a própria estratégia.

Cada organização tem uma estrutura organizacional adequada a sua missão, aos seus objetivos, tamanho, ambiente, recursos, operações, decisões, estratégias, políticas, relações com o mercado, região, público-alvo, linhas de autoridade, responsabilidade e poder.

Assim, o arquiteto da organização tem, atualmente, a sua disposição os seguintes tipos de estrutura organizacional: linear, funcional, mista, colegiada, para rotina, para inovação, para resultados, por produto, por território, por cliente, por matrizes, por equipes, de rede, holística e multiestrutura. Os problemas de estruturação são baseados na escolha da estrutura adotar.

A seguir, exemplos de estrutura:

**Estrutura Linear –** Este sistema é baseado na organização dos antigos exércitos, estruturados em torno de chefes excepcionais. A palavra linear significa que existem linhas diretas e únicas de autoridade e responsabilidade.

As principais características são: aspecto piramidal, centralização das decisões, só existe uma autoridade máxima, os chefes delegam poucas atribuições, disciplina rígida, precisão de jurisdição, limitação de responsabilidade, facilidades de funcionamento e comando, maior economia para pequenas organizações e rapidez de ação.

Mas, também, exagera a importância dos chefes, sobrecarrega a alta direção, não favorece a especialização, dificulta a cooperação, cria dificuldade em formar chefes com visão global e aumenta a burocracia. Na estrutura organizacional de linha a autoridade desce numa linha direta do superior ao subordinado, até ao nível operativo, com cada executivo tendo jurisdição e responsabilidade pelo desempenho de todas as atividades necessárias para atingir seus objetivos.

**Estrutura Funcional –** A estrutura funcional resultou do trabalho crítico feito por Taylor à estrutura linear. Ele partiu do raciocínio de que o operário devia ser sempre assistido e comandado por agentes especializados.

As principais características são: decisões descentralizadas, separação entre planejamento e execução, utilização do princípio da especialização, facilidade de treinamento, linhas de comunicação diretas, para cada função existe uma chefia, não necessita de elemento humano excepcional, aumenta o controle indireto, diminui o custo da fiscalização, facilita o aproveitamento de aptidões e diminui a projeção individual.

Embora aplicável nas grandes empresas, devido à economia, há a resistência dos subalternos à cooperação, tendência para a quebra de disciplina, diminuição do moral do grupo, perda da visão global, tendência para diminuir a rapidez de ação, dificuldade de apurar responsabilidades, custo inicial de implantação mais elevado e dificuldades de implementação.

Na estrutura funcional um indivíduo pode ter de prestar contas a vários superiores, cada qual exercendo sua autoridade especializada na tarefa. As aptidões de trabalho destinam-se a ser estáticas. O produto é resultado de etapas anteriormente vencidas gradualmente.

**Estrutura Mista –** A estrutura mista (linha-assessoria) segue as características básicas da estrutura linear distinguindo-se desta pela existência de órgãos de assessoria com a exclusiva função de aconselhamento ao executivo, ao qual se acham ligados. Pela sua grande flexibilidade de funcionamento, essa estrutura é largamente empregada nas empresas de médio e grande portes.

As principais características são: predominam as bases da estrutura linear, mantém um corpo de assessores técnicos, mantém o princípio da hierarquia, institui a consulta técnica, utiliza a especialização, conserva o princípio da autoridade, facilita o funcionamento, limita a responsabilidade dos chefes, flexibiliza e facilita o comando, diminui o custo da especialização e mantém uma reserva de chefes.

As dificuldades de relacionamento existem porque os funcionários procuram agradar os chefes, tendo como consequência o conflito entre assessoria e linha. A assessoria técnica tende à displicência, o espírito de iniciativa diminui e os subordinados custam a assimilar a política da empresa, retardando o processo decisório.

Na organização mista o tipo de organização representa uma combinação favorável dos tipos de organização linear e funcional. Não obstante, conselhos especializados e assistência da assessoria se acham disponíveis para qualquer unidade da organização que os necessite.

**Estrutura Colegiada –** A estrutura colegiada, em face da importância das decisões tomadas nas organizações de grande porte, fez declinar a chefia única, aparecendo em seu lugar uma chefia colegiada, a qual apresenta uma pluralidade de membros dividindo as responsabilidades e tendo como atribuições decisões de grande monta.

As principais características são: baseia-se na pluralidade de diretores, limita a arrogância dos líderes, oferece oportunidade a interessados, é usada nos períodos de transição, serve para estágio probatório dos chefes. Desenvolvimento e aplicação da crítica construtiva, ponderação e cautela nas decisões, formação do espírito de equipe, estudo minucioso dos planos e normas, preparação de chefes com visão global, continuidade de orientação e ação política são qualidades desta estrutura.

Em compensação, necessita de um presidente excepcional; há perda de tempo nas decisões; há tendências para transigir, acomodar e deturpar os objetivos. Também debilita e tira a iniciativa do comando e absorve o tempo útil de numerosos elementos.

**Estrutura para Rotinas –** A estrutura voltada para rotinas é aquela construída para atender ações e processos repetitivos. As principais características são:

Atividades muito bem definidas, melhores divisões do trabalho, alto grau de especialização nas tarefas, departamentalização pelos critérios tradicionais, comunicação direta, coordenação é feita pelo nível superior, sistema de autoridade forte e constante, maior centralização da autoridade, maior formalização através de manuais, atividades repetitivas, problemas mais previsíveis, soluções mais padronizadas, tecnologia conhecida, menor grau de incerteza, maior facilidade de controle, orientação para prazos mais curtos, alto grau de clareza, quantidade e qualidade estão bem determinadas, prazos são conhecidos, objetivos mais estáveis, ambiente previsível, poucas mudanças, fator humano pouco criativo e muita resistência à mudança.

**Estrutura para Inovação –** A estrutura voltada para inovação é aquela construída para atender a criação de novos produtos, reelaboração de processos, melhor uso da tecnologia, racionalização e minimização de custos.

As principais características são: pouca definição de atividades e atribuições, baixo grau de especialização nas tarefas, departamentalização com critérios inovadores, comunicação a mais aberta possível, sistema de autoridade na base da liderança, maior descentralização da autoridade, clima favorável para novas ideias, atividades não repetitivas, problemas menos previsíveis, tecnologia parcialmente desconhecida, maior grau de incerteza, maior dificuldade de controle, orientação para prazos longos, alto grau de indefinição, incerteza quanto ao produto final, menos estáveis ao longo do tempo, mudanças frequentes e resistência à rotina.

**Estrutura para Resultados –** Cada vez mais se observa que as empresas estão voltadas para a busca de resultados efetivos. Esta situação está relacionada a vários aspectos, tais como: as constantes mutações ambientais, as ações dos concorrentes atuais e potenciais, a forma de remuneração dos funcionários, a busca de novos desafios e uma filosofia empreendedora.

De maneira geral, pode-se afirmar que, à medida que se aumenta o nível de diversificação da empresa, fica mais difícil estabelecer as suas estratégias e, portanto, é necessário criar unidades estratégicas de negócios. A estrutura para resultados é descentralizada, onde cada uma destas unidades age como um negócio distinto, com lucro próprio e responsabilidade por prejuízos.

Cada uma das unidades estratégicas de negócios deve ser desmembrada, para facilitar a sua administração, em nível de produto ou grupo de produtos. Na estrutura para resultados o enfoque é dado, principalmente, além dos resultados, aos seguintes itens: relações, informações, comunicação e sistemas.

É um modelo baseado em unidades autônomas que trabalham juntas, organizadas e informadas para atender necessidades do mercado, contingências ambientais, aparentemente sem muita lógica na sua ação.

**Estrutura por Produto-** A estrutura organizacional por produto divide as unidades com base nos produtos (projetos e programas).

As principais características são:

- Ter melhor histórico de cumprimento de cronogramas e controle de custo.
- Fixar responsabilidades nos gerentes (o gerente é avaliado pelo sucesso).
- Requerer a cooperação e comunicação entre vários grupos que contribuem para o desenvolvimento do produto (cooperação centrada no produto).
- Oferecer vantagens quando se trata de lidar com ambientes instáveis.
- Concentrar esforços combinados (flexibilidade para reagir às condições em transformação).

Os subordinados sentem-se inseguros, apresentam menor lealdade, podem não concentrar a especialização técnica do melhor modo e a especialidade funcional pode ser enfraquecida.

Segundo Hampton, "a organização por produto, tal como a organização funcional, tem os seus prós e contras. Sempre que as circunstâncias forem relativamente dinâmicas e quando houver maior razão para enfatizar os aspectos empresariais em detrimento da excelência técnica do produto, a estrutura por produto será superior".

**Estrutura por Território –** A estrutura organizacional territorial divide as unidades com base em elementos geográficos. Quando a estratégia e as circunstâncias indicam que o sucesso depende particularmente de um ajustamento às condições locais, a organização territorial apresenta vantagens importantes.

No geral, sempre que as condições locais ou regionais variam, a concepção da organização com base territorial pode ajudar a tirar partido dessas variações regionais. As organizações comerciais, diferentemente das manufaturas, acham as organizações territoriais particularmente atraentes.

**Estrutura por Cliente –** A estrutura organizacional por cliente divide a organização em unidades dispostas a servir a um cliente (consumidor) diferente. O velho ditado "o cliente tem sempre razão" poderá não ser verdadeiro, mas reflete um fato de importância fundamental: o cliente é fator-chave em qualquer negócio. Sem ele não há negócio.

A satisfação do consumidor torna-se tanto mais crítica para a organização quanto maior for a percentagem de faturamento que se origina deste. Uma estrutura por cliente pode, sob tais circunstâncias, influenciar o comportamento dos gerentes e dos funcionários, dentro da organização, no sentido de satisfazer as necessidades dos consumidores em detrimento das próprias.

A estrutura por cliente ajuda a adquirir conhecimentos necessários para que a organização preste um melhor atendimento, traduzindo-se em vantagem competitiva.

**Estrutura por Processo –** A estrutura organizacional por processo é utilizada quando a organização tem um peso muito grande no nível operacional (chão de fábrica). A implantação desta estrutura está em função da disposição de máquinas, equipamentos, materiais, instalações, arranjos físicos (layout).

A estrutura por processo é orientada para a ação e não para a hierarquia. Cada funcionário é um elo de uma cadeia de trabalho para produzir um bem ou serviço, cujo maior beneficiário é o consumidor. Este tipo de estrutura se submete ao imperativo tecnológico, porque sempre haverá uma nova tecnologia para melhorar o processo (menor custo, maior qualidade, maior produtividade, melhor preço de venda e maior lucro).

**Estrutura Matricial –** Como os tipos tradicionais de estrutura organizacional não respondiam satisfatoriamente à execução de determinados projetos, devido às constantes mudanças ambientais, surgiu a estrutura matricial. Se as décadas de 50 e 60 presenciaram uma mudança da estrutura funcional para outra de produtos, a década de 70 viu um acentuado aumento nos esforços para combinar tanto uma como outra estrutura em uma nova forma.

As responsabilidades pela execução do projeto ficavam distribuídas entre os diversos órgãos da empresa, não havendo um único responsável, o que tornava a coordenação mais complexa e a resposta ao cliente mais lenta. Era preciso criar uma nova estrutura que atendesse às atividades realizadas em função de contratos, de projetos específicos e não de produtos padronizados em alta escala.

Assim, estrutura organizacional matricial é a superposição de uma ou mais estruturas numa estrutura já existente com objetivo próprio e específico. O resultado disso é que os empregados são designados para um departamento funcional básico e, ao mesmo tempo, são indicados para trabalhar em um determinado produto (projeto) ou para um determinado cliente.

Na estrutura matricial são criados grupos de trabalho, bastante reduzidos, para desenvolverem projetos específicos. Os elementos destes grupos são pessoas das diversas unidades da organização que se reúnem num determinado tempo a fim de cumprirem determinada missão.

O gerente do projeto terá sua autoridade e responsabilidade, respondendo pela conclusão do mesmo, sendo considerados: especificações, tempo, custo, recursos, qualidade e quantidade, determinadas no contrato. Uma vez terminado o projeto, esse pessoal retorna aos órgãos de origem para receber novas atribuições, inclusive o gerente, que fica à disposição da chefia superior.

As principais características da estrutura matricial são: utilização mais racional dos recursos; aumento da eficiência; resposta rápida às pressões ambientais; melhora a capacidade de comunicação; atua de forma provisória e temporária; satisfaz a especialização e a coordenação; traz inovação e flexibilidade. Por outro lado, viola a unidade de comando; introduz conflitos em função da duplicidade de supervisão; impõe uma nova cultura organizacional e um comportamento diferente.

Trabalhar em uma estrutura matricial não é tão seguro e confortável quanto numa estrutura tradicional, pois se atua em um ambiente caracterizado por mudanças contínuas.

A estrutura matricial é válida para projetos de grande magnitude (fabricação de produto especial, mudança do local de uma fábrica, compra de uma empresa, colocação de um novo produto no mercado) nos quais haja algo fora da rotina e do normal. É válida, também, quando for grande o grau de interdependência entre as tarefas necessárias ao esforço comum (muitas atividades diferentes têm de ser postas em comum, umas afetando as outras).

Esta estrutura desenvolve grupos de apoio, tais como:

Grupo Funcional – Grupo dedicado ao apoio tecnológico, basicamente em atividades de engenharia, marketing e finanças.

Administração do Projeto – Conjunto de gerentes que se responsabilizam por projetos, de acordo com recursos específicos de tempo, capital, espaço e tecnologia.

Administração de Rotinas – Grupo dedicado ao apoio burocrático, especificamente às atividades de pessoal, processamento de dados, suprimentos, sistemas de informação e comunicação.

Pesquisa e Desenvolvimento – Grupo dedicado a manter os gerentes em dia com a nova tecnologia. Constitui uma fonte de informações integradas.

Cada projeto tem sua célula de trabalho (força-tarefa) que executa suas operações como unidades de linha, recebendo apoio funcional das várias especializações da organização. A força-tarefa é um grupo heterogêneo e provisório, constituído de especialistas de áreas diferentes para executar uma tarefa complexa, difícil e transitória.

Segundo Ansoff, “a estrutura matricial só deve ser implantada quando a organização necessitar de padrões complexos de respostas”.

**Estrutura por Equipes –** A partir da década de 90, as organizações passaram a delegar recursos, autoridade e responsabilidade em todos os níveis, através da criação de “times”, cuja finalidade é dar maior flexibilidade, interação e competitividade. Esta estrutura organizacional é uma mistura de estrutura matricial com estrutura mista. Agora o gerente do projeto é conhecido como líder.

As equipes são eminentemente funcionais, podendo ser provisórias ou permanentes (assessorias especializadas em determinados assuntos). As suas características principais são: relacionamento grupal mais intenso; redução das barreiras departamentais; decisões rápidas não atreladas à alta administração; respostas rápidas às necessidades dos consumidores; tempo gasto em reuniões é exagerado; risco da falta de identidade e de controle da administração central; a equipe pode perder a noção de corporativismo.

**Estrutura de Rede –** A estrutura organizacional em rede (network) foi a alternativa do final do Século XX, para enfrentar a economia de rede, originada da Era da Informação, com tecnologia digital da informação conectando, por meios eletrônicos, tudo a todos. A organização transfere funções, áreas e processos a organizações menores que são coordenadas por uma organização ainda menor, mas muito poderosa financeira e intelectualmente.

Segundo Chiavenato, as organizações multinacionais adotam a estrutura organizacional em rede para poder deitar raízes mundo afora. Hoje, um automóvel é multinacional. As principais características são: competitividade em escala global; preço e qualidade imbatíveis; flexibilização da força de trabalho; a produção é otimizada por estar perto das fontes de recursos; risco da perda de controle; segurança pode ser abalada devido à comunicação ser feita pela Internet; potencial de falha e risco aumenta; não há como medir a lealdade dos empregados.

**Estrutura Holística –** Na estrutura holística a organização assume uma concepção global, sem limites. O termo holístico, do grego “holos”, totalidade, refere-se a uma compreensão da realidade em função de totalidades integradas cujas propriedades não podem ser reduzidas a unidades menores. Ao aceitar tal concepção a organização deve reconhecer que cada funcionário deve ter dentro de si toda a instituição, ele deve ter introjetado os valores, as práticas, as estratégias, as políticas, as normas da organização.

Este tipo de estrutura organizacional dispensa chefias intermediárias, pois os controles comportamentais são minimizados devido à aludida integração. A estrutura holística deve ser considerada mais como uma visão holística dos negócios do que como uma estrutura organizacional.

**Multiestrutura –** Segundo Ansoff, "desde o começo da organização moderna tem havido empresas de multiestrutura, feitas de unidades cujas estruturas não foram forçadas a um único modelo". Uma multiestrutura antiga é a companhia holding, que possui participações acionárias em diversas empresas e não exerce controle direto algum sobre a forma pela qual as subsidiárias são estruturadas.

Uma multiestrutura mais recente é o conglomerado, que surgiu na década de 50. Um conglomerado consiste tipicamente numa série de subsidiárias de propriedade total da matriz. A administração central da matriz exerce controle financeiro sobre as subsidiárias e lhes oferece assistência. Não controla as estratégias, mas o controle financeiro é centralizado. Os orçamentos são independentes.

A abordagem multiestrutura da organização será cada vez mais utilizada no futuro, tendo em vista, principalmente, a turbulência ambiental e o avanço da tecnologia digital da informação. Não existe estrutura organizacional livre de risco. Uma estrutura que é a melhor solução para uma organização pode ser apenas uma entre várias alternativas igualmente más para outra e claramente errada para uma terceira.

Numa análise rápida, deve-se entender que a estrutura deve integrar aquilo que for estratégico, tático e operacional.

## 7.10 Problemas de Decisão

Decidir é escolher entre várias alternativas de cursos futuros de ação, porque se não há alternativas não há escolha. É fazer uma apreciação sobre uma linha de conduta a ser adotada. Tomar decisões implica dispor inteligentemente de recursos físicos, materiais, humanos, financeiros, mercadológicos, administrativos, sistêmicos e tecnológicos, de maneira a otimizá-los na consecução dos objetivos.

Se você tem conhecimento e experiência pertinentes, provavelmente, escolherá os melhores caminhos, se não os tem tomará más decisões. Em suma, você é vítima da sua própria formação.

A natureza deste processo possui muitas facetas e modifica-se continuamente. A tomada de decisão está intimamente relacionada à solução de problema, mas deve-se fazer uma distinção entre as duas coisas. Enquanto esta trata da busca e resposta, aquela se compromete com uma alternativa específica de solução.

A Teoria da Probabilidade, desenvolvida por matemáticos e estatísticos, tem sido útil na solução de alguns problemas de decisão. Baseia-se no pressuposto de que um grande número de acontecimentos passados pode ser usado para predizer acontecimentos semelhantes no futuro. Mas, esta teoria não pode determinar qual a casa que será destruída pelo incêndio ou quem irá morrer.

As técnicas estatísticas fornecem uma base para previsão de ocorrências, tais como: o número de avarias de máquinas, desvios no controle de qualidade, substituição de empregados, devoluções de mercadorias.

O professor George Katona estabeleceu uma distinção entre decisões propriamente ditas e decisões de rotina. As decisões de rotina envolvem a aplicação de princípios familiares a uma situação dada. Por outro lado, as decisões propriamente ditas exigem a formulação de novos paradigmas. Assim, o problema fundamental da decisão corporativa é o equilíbrio entre desejável e possível.

A solução de cada problema é dada pelo que os analistas denominam análise marginal, isto é, cada ajustamento que se faz é avaliado, em função da razão entre receita e custo. Para a empresa sobreviver, é necessário que, no longo prazo, a receita supere a despesa.

Os principais problemas da decisão estão em:

**Dificuldade de Decidir –** Embora já se tenha abordado este assunto, é bom lembrar que ao decidir, sua mente agirá de sorte a procurar a mais adequada solução para o problema. Da mesma forma, quando tomamos decisões autocorretivas, estamos buscando parâmetros familiares, baseados na experiência e conhecimento acumulados, ao longo dos anos, como num processo contínuo de realimentação.

Como não é fácil decidir, você precisa estar bem servido de informações relevantes e pertinentes, porque, quanto mais dados forem obtidos, menor é o tempo disponível para sua análise e uso eficaz. Qualquer que seja o tamanho do problema será necessário ter um sistema de informações como suporte da decisão.

**Ética na Decisão –** Os problemas éticos da tomada de decisão são, de certa forma, minorados pelo fato de que as instituições ocupam, geralmente, uma posição intermediária na cadeia de meios e objetivos. Até certo ponto, o problema é de adaptação a um sistema de valores impostos pelas condições ambientais.

Como uma empresa reage à demanda do consumidor e aos preços do mercado, seria incorreto dizer que os executivos não estão envolvidos, de modo significativo, na decisão a respeito desses valores.

As empresas e outras organizações limitam, frequentemente, a gama de escolha posta à disposição do consumidor e desempenham um papel positivo no estabelecimento de valores por meio de propaganda e outras técnicas de comunicação. O fato de que o consumidor reage de modo positivo, não prova necessariamente que a ação é correta. Outras alternativas poderiam ter sido melhores do ponto de vista do bem-estar do consumidor e do lucro empresarial.

**Tomador de Decisão** – A tomada de decisão é algo que surge de um processo social contínuo e composto de numerosas pequenas ações, executado por pessoas diferentes, em momentos diversos. Uma equipe de planejamento pode ser muito útil, mas somente se for integrada por dirigentes ativos, de forma que haja livre comunicação e interação.

As decisões são efetivamente tomadas por pessoas que depois serão responsabilizadas pelos resultados alcançados.

O tomador final da decisão pode permitir, aos seus subordinados, maior liberdade e poder, se existirem as seguintes condições nos subordinados: necessidade de independência; disposição para assumir responsabilidades; tolerância para ambiguidades; interesse no problema a resolver; identificação dos objetivos e metas da organização; conhecimento e experiência para tratar do problema; paciência para o momento certo.

A seguir, são colocadas algumas premissas na tomada de decisão:

- É bastante conveniente ter um sistema de informações de apoio à tomada de decisão.
- Com o aumento de informações, a necessidade de pensar se intensifica.
- Quanto mais necessários forem os elementos de decisão, mais suas consequências restritivas devem ser compensadas por um estilo mais liberal de agir.
- Quando não há alternativas para alcançar um objetivo, não existe o problema da decisão.
- Parte da função administrativa decisão consiste em auxiliar e encorajar o desenvolvimento de meios para a obtenção de um bom resultado.
- Uma escolha entre muitas alternativas é, provavelmente, melhor do que a realizada entre poucas.
- Na tomada de decisão é preciso escolher, dentre as alternativas, as que realmente são relevantes.
- O propósito da criação de alternativas é permitir que os objetivos da empresa sejam alcançados da melhor forma possível, sendo necessário avaliar a extensão de uma decisão e quem ela afeta.

- A natureza das decisões demonstra que você precisa aprender "como", mais do que "o que" pensar, porque é isso que impulsiona a tomada de decisão.
- A experiência prévia de quem toma a decisão pode não ser guia adequado.
- Quem toma a decisão pode não ter tempo suficiente para planejar os passos necessários à implementação, porque talvez haja um fator de grande risco com resultados imprevisíveis.
- A tomada de decisão que ultrapassa um determinado tamanho não pode ser entendida sem primeiro reconhecer que se trata de um processo de cooperação.
- O processo de tomar decisões é de aproximações sucessivas e de refinamento constante, onde a marcha do tempo é essencial.
- Cada nível da hierarquia recebe certa parcela de responsabilidade na decisão global.
- Ao perseguir seus próprios interesses particulares, os dirigentes são levados a tomar decisões que promovem o bem-estar de toda a empresa.
- Os seres humanos tomam decisões, independentemente, de sua posição dentro da organização.
- Numa situação não estruturada o tomador de decisão deve fornecer julgamento e avaliação, bem como suas percepções para a definição do problema.
- Numa situação muito estruturada, grande parte do processo de tomada de decisão, se não todo, pode ser automatizado.
- O subsistema de controle estará sempre presente na tomada de decisão.

**Percepção do Decisor** – A teoria da decisão afirma que as pessoas tomam decisões, em função do seu nível de percepção. É muito comum o administrador basear sua tomada de decisão em modelos, técnicas, métodos, inferências estatísticas, estudos de amostras e cálculo de probabilidade. As amostras devem ser escolhidas de modo a serem representativas do universo pesquisado.

Os gerentes tomam um grande número de decisões, sob uma ampla diversidade de circunstâncias. Aqueles que não podem discernir entre o importante, o urgente e o que não tem pressa, estão fadados a gastar tempo e energia preciosos em problemas errados e decisões desnecessárias.

**Processo Decisório** – Uma boa maneira para poder começar a entender o processo de tomada de decisão é fazer uma abordagem idealizada e totalmente racional do problema, comparando o ideal com o real. O processo de decisão não deve ser considerado como um sistema mecânico com diferenciações e relações precisas. Interações sociais informais ou não planejadas entre os administradores são parte integral do sistema de decisões.

As interações podem facilitar ou impedir o processo de decisão, mas elas não podem ser eliminadas das organizações.

As pessoas agem como se os problemas empresariais fossem resolvidos por um único cérebro. As decisões têm um caráter descentralizado na sua essência, já que ninguém poderá sozinho controlar as decisões em todos os níveis de uma organização. Para decidir qual o caminho a tomar para a solução de um problema empresarial, normalmente, deve-se agir com maturidade, objetividade e método.

**Risco na Decisão** – O elemento de risco está presente, em certo grau, em todas as decisões administrativas. O involuntário e o imprevisível podem reduzir lucros ou causar prejuízos financeiros, que podem ser reduzidos ao mínimo ou evitados com planejamento e análise apropriados.

Somente com uma análise de risco pode-se criar a atmosfera de redução da incerteza. Portanto, reprimir a incerteza é evitar conhecer que tipos de fatores externos incidirão e, possivelmente, continuarão a influenciar a organização. Decidir no escuro é um ato de grande risco, mesmo que o ambiente nos forneça algum grau de certeza.

## 7.11 Problemas de Comando

Comandar é uma função administrativa relacionada com aquele que planeja e depois dirige a execução daquilo que foi planejado. É uma função muito comum nas forças armadas e que, hoje, vem fazendo parte do conjunto de habilidades do administrador, tendo em vista que o mercado é considerado um campo de batalha.

Os principais problemas de comando estão nos seguintes elementos:

**Amplitude de Comando** – A amplitude de comando, também denominada amplitude de controle, refere-se ao número de subordinados que um chefe pode supervisionar pessoalmente, de maneira efetiva e adequada. De acordo com o conceito de unidade de comando, cada subordinado reporta-se apenas a um superior. É um conceito simples, mas nem sempre fácil de ser seguido na prática.

Um gerente de vendas, um contabilista, um gerente de produção precisam trabalhar juntos para obter resultados positivos, mesmo se reportando as diferentes chefias.

Por outro lado, gerentes de lojas de uma cadeia, localizados em cidades diferentes, não têm de trabalharem juntos e, por isso, qualquer número deles, teoricamente, é possível para se reportarem a um vice-presidente regional. Não há dúvidas de que quanto maior for o número de pessoas que tenham de trabalhar juntas, tanto maior será o tempo gasto com interação do que em trabalho real. Uma grande organização cria força, usando prodigamente o tempo do gerente.

Em toda organização é importante decidir quantos subordinados um dirigente pode comandar. Mas a questão é: Qual o número ideal de subordinados? As opiniões a respeito do número ótimo de subordinados, que deve ficar sob as ordens de um mesmo chefe, variam segundo os autores, podendo esse número ir de três até sete.

Há uma diferença considerável entre amplitude de controle sobre empregados ao nível de operação que aos níveis intermediário e estratégico.

Quando os contatos interpessoais ocorrem ao nível operativo, normalmente eles não requerem coordenação frequente por um supervisor, pois são, geralmente, transformados em rotinas. As atividades administrativas dos gerentes acima do primeiro nível de supervisão são mais complexas.

A amplitude eficaz tende a limitar-se a um número menor de subordinados. A complexidade dos deveres tende a aumentar à medida que uma pessoa sobe na organização.

A Teoria de Graicunas declara que: “À medida que o número de subordinados cresce numa progressão aritmética, as relações resultantes tendem a aumentar geometricamente”. Um dos elementos de maior importância que entra no estudo da amplitude (esfera) de comando (controle) é a comunicação entre o dirigente e o subordinado.

A esfera de controle é inversamente proporcional ao número de níveis hierárquicos da organização. Assim, para um grande número de níveis hierárquicos, menor será a esfera de controle, e vice-versa. Graicunas (1933) considerou que as relações chefe-subordinado são: relações individuais diretas, relações diretas de grupos e relações cruzadas.

O exemplo, a seguir, ilustrará a teoria. Sendo: n = número de relações e N = número de subordinados e se N = 5, então:

Relações Individuais Diretas: $n = N$ $n = 5$

Relações Diretas de Grupos:

$n = N (2^N/2 - 1)$ $n = 5 (2^5/2 - 1) = 5 (32/2 - 1) = 5 (16 -1)$

$n = 5 \times 15 = 75$

Relações Cruzadas:

$n = N\,(2^N/2 + N - 1)$ $\quad n = 5\,(32/2 + 5 - 1) = 5\,(16 + 5 - 1) = 100$

Dá para perceber como é difícil comandar muitas pessoas. Haja disposição e racionalização do tempo.

**Coordenação –** Embora já tenhamos abordado este assunto é bom lembrar que coordenar é cuidar da integração das funções administrativas para que aconteça o mínimo de conflito e as relações se desenvolvam com suavidade e aceitação.

A falta de coordenação entre os vários processos comuns de uma organização acaba duplicando um número enorme de atividades. A mesma informação é computada repetidas vezes e em diferentes sistemas, os mesmos formulários são preenchidos e expedidos incontáveis vezes, as mesmas inspeções e certificações se repetem.

No momento em que todas essas atividades e dados passam de uma empresa para outra, é comum a ocorrência de erros, inconsistências e confusões, o que só aumenta o volume de trabalho e perda de tempo.

**Liderança** – Embora já tenhamos abordado o conceito de liderança, é importante observar que ela é o processo em que uma pessoa é capaz, por suas características individuais, de aprender as necessidades do grupo e exprimi-las de forma válida e efetiva, obtendo o engajamento e implementação dos trabalhos necessários ao alcance dos objetivos, das metas, dos propósitos e dos desafios.

O fenômeno liderança é muito estudado, porque é relevante para a função administrativa direção, em todos os níveis hierárquicos da organização.

Um bom dirigente deve ser um líder, mas nem sempre a recíproca é verdadeira, haja vista que líderes políticos quando guindados a uma posição administrativa se transformam em verdadeiros desastres. Diretores e gerentes, em função do cargo que ocupam, possuem autoridade e poder delegados pela alta administração, isto é, uma espécie de capital ativo que será maior ou menor se souber ser um líder.

Mas, é bom que se diga que muitos dirigentes exercem pouca ou nenhuma liderança, porque os subordinados, premidos pela necessidade do emprego (trabalho), se submetem às suas ordens.

Grande parte da literatura sobre técnicas de liderança trata de problemas relativamente simples das relações entre superior e subordinado. Os estudos de liderança tratam, sobretudo, da liderança em grupos informais e dos problemas de supervisão direta. Estes estudos criaram uma base para o desenvolvimento de técnicas aperfeiçoadas.

Contudo, os problemas de liderança em hierarquias complexas podem se diferenciar em aspectos importantes dos encontrados em estruturas mais simples. As limitações impostas pelo sistema hierárquico podem forçar o líder a se afastar daquilo que, de outra forma, seria considerado como técnica adequada de liderança.

A liderança num sistema hierárquico formal é uma questão de manipular os instrumentos organizacionais, que permitem que se mantenha a autoridade. As qualidades de liderança puramente pessoais são importantes, mas nem sempre são as principais.

O dirigente líder precisará:

- Respeitar o ser humano e crer nas suas possibilidades, que são imensas.
- Confiar no grupo mais que em si próprio;

- Evitar críticas a qualquer pessoa em público, procurando sempre elogiar, diante do grupo, os aspectos positivos de cada um.
- Estar sempre dando o exemplo, em vez de ficar criticando a todo o tempo.
- Evitar dar ordens, procurando a coordenação entre as partes.
- Dar a cada um o seu lugar, levando em consideração os seus gostos, interesses e aptidões.
- Evitar passar por cima dos subordinados, mesmo pensando que faria melhor.
- Consultar os membros do grupo, antes de tomar uma resolução importante que envolva interesses comuns.
- Antes de agir, explicar aos membros do grupo o que fazer e por que vai fazer.
- Evitar tomar parte nas discussões, quando presidir uma reunião.

A seguir, são colocadas algumas premissas de liderança:

- Situações críticas são um teste e uma oportunidade para a liderança.
- Carisma não é condição necessária à liderança, porém ajuda muito.
- A postura firme na defesa de ideias é fundamental à boa liderança.
- Argumentos superficiais e pouco elaborados só funcionam com subordinados ignorantes.
- Um líder acadêmico nem sempre é um líder empresarial.
- O líder atual precisará cada vez mais de uma inteligência analítica.
- O líder, em função de liderados altamente esclarecidos, precisará ser honesto e transparente.
- É falsa a ideia de que o verdadeiro líder precisará ser falante, piadista, competitivo e agressivo.
- A sobrevivência do dirigente numa organização estará por conta de um esforço para alcançar a liderança do grupo.

**Autoridade** – É algo que é dado à pessoa pelo meio em que ela vive e que, portanto, pode ser revogado sob determinadas circunstâncias. Autoridade é o poder legal ou legítimo que dá o direito de agir e comandar pessoas. Significa o poder de dar ordens e esperar obediência.

Uma pessoa, geralmente, está ligada à posição ocupada formalmente na organização, isto é, direito para fazer alguma coisa. Ela pode ter o direito de tomar decisões ou simplesmente o direito de desempenhar um trabalho para a qual foi designada. Embora, numa estrutura matricial, o princípio da autoridade não seja mais aplicável, normalmente nenhuma outra alternativa tem sido proposta.

A autoridade representa o poder institucionalizado e é legítima quando o poder é visto como um direito. Ela está implícita no conceito de poder. É o poder legal e socialmente aceito, pois deve ser alocado, em função da posição e não da pessoa. É aceita pelos subordinados, flui para baixo, através de uma estrutura hierarquizada.

O ponto de partida para coordenar as organizações é estabelecer uma hierarquia de autoridade que indique quais posições são responsáveis por atividades e relações de subordinação ou de relação que devem existir. Uma hierarquia de autoridade é formada para canalizar a direção da atividade dos empregados e a sua interação. Para se projetar uma hierarquia de autoridade deve-se levar em consideração a cadeia de comando. Os mais comuns tipos de autoridade são:

Autoridade Tradicional – Refere-se aos direitos que são transmitidos de pai para filho, por herança ou por tradição.

Autoridade Carismática – Refere-se aos direitos baseados nas qualidades pessoais excepcionais de um líder. Em geral, tal autoridade tem vida curta.

Autoridade Legal – Refere-se aos direitos auferidos por alguém, em função da lei.

Autoridade Racional – Refere-se aos direitos adquiridos por concurso e/ou mérito.

Autoridade Formal – Refere-se aos direitos que são delegados por um superior hierárquico.

Autoridade Informal – Refere-se a uma espécie de autoridade adquirida por meio de relações informais entre as pessoas da organização. Este tipo de autoridade pode ser desenvolvido e cultivado por alguém que seja líder.

Autoridade Organizacional – Refere-se aos direitos que um executivo tem em conexão com a unidade de organização que ele encabeça. O direito deve discriminar sua relação ao seu superior, a seus subordinados e a outros departamentos com os quais ele tem contato.

Autoridade Normativa – Refere-se aos direitos assegurados a um executivo por uma norma preestabelecida.

Quando uma organização cresce, os problemas relacionados com autoridade e responsabilidade aumentam de importância.

**Chefia e Liderança** – Os dirigentes de empresas precisam compreender que cargos e funções envolvem dois aspectos distintos e complementares: Chefia e Liderança. A chefia está vinculada à autoridade e aos aspectos organizacionais e normativos exigidos pelo processo administrativo. A liderança está vinculada à confiança que o gerente inspira nos seus subordinados, e vice-versa.

Quando o clima de liderança inexiste, a autoridade do gerente degenera em autoritarismo, o comportamento dos subordinados deixa de ter estímulos para motivações superiores e passa para a alienação, quando não para a anomia. Nesse clima, os chefes se transformam em feitores do trabalho, mas estão longe de ser líderes de pessoas.

**Habilidade Executiva** – O sucesso do administrador não está inteiramente correlacionado ao seu brilhantismo acadêmico. A habilidade executiva é o somatório do poder formal, poder informal, tradição, competência, inteligência, cultura, conhecimento e sabedoria. Assim, o administrador precisará de certas habilidades, para que possa executar com presteza a ação gerencial.

As principais habilidades são: técnica, conceitual, humana, cognitiva, analítica, executiva, psicológica, política, tecnológica, comunicativa (falar, ouvir, ler, escrever) e de negociação.

**Poder** – É a capacidade de agir e de produzir efeitos sobre indivíduos ou grupos. Portanto, não é um ser, mas uma relação que se estabelece pela comunicação. Quanto maior o poder (formal ou informal), maior a influência na comunicação. Mais ainda, é um conjunto de relações, por meio das quais os indivíduos e/ou grupos interferem nas atividades de outros.

O poder pode ser definido como a capacidade de impor mudanças no comportamento de terceiros. O poder que emana de um cargo administrativo é geralmente classificado como autoridade. Pessoas investidas de autoridade têm poder, mas o poder nem sempre corresponde à autoridade. Um subordinado pode não ter autoridade, mas possuir uma grande parcela de poder.

Não é um executivo de verdade aquele que não tem sede de poder. David McClelland, professor de Harvard, chegou a essa conclusão ao final de um exaustivo estudo sobre os objetivos perseguidos pelas pessoas de sucesso.

O conceito de poder como a capacidade de fazer as pessoas agirem dessa ou daquela maneira, forçando ou cooptando sua vontade, jamais mudou na História. O que muda é apenas a forma com que esse poder é exercido, sabe-se que o modo de o exercitar nas empresas mudou bastante a partir dos anos de 1960. É importante conhecer e avaliar com precisão a capacidade de gerir o próprio poder.

O poder possui tantas faces quanto o número de pessoas que o detém. O poder do dirigente se baseia em três pilares: Prepotência, Autoridade e Ascendência Pessoal.

Segundo Paulo R. Motta, "qualquer organização pode ser vista como estrutura de poder. Organizações manejam recursos e geram opções sociais e econômicas, e, portanto, possuem grande capacidade de influência sobre o destino das pessoas.

Quanto maior e mais complexa a organização, maior a quantidade de recursos sobre seu controle e maior a quantidade de poder que possui". Poder organizacional significa para um indivíduo maior controle sobre seus ganhos e perdas e maior influência sobre comportamentos alheios e sobre o destino da própria empresa. E esse poder tende a concentrar-se nos níveis hierárquicos mais elevados.

Assim, o poder organizacional passa a ser cobiçado quase da mesma forma que o poder político. Nessa perspectiva, o poder organizacional constitui um fim em si mesmo, como uma visão de poder político inaugurado por Maquiavel.

**Poder Executivo** – O executivo deve adotar todas as medidas que possam assegurar sua compatibilidade pessoal com os superiores. No caso do executivo chefe, isso significa compatibilidade com os donos e/ou seus representantes, como banqueiros, advogados e membros da família.

O fato é que, embora o administrador possa ter todas as aptidões, experiências e atributos pessoais que sua posição exige, se seus valores e objetivos não forem, razoavelmente, congruentes com aqueles das pessoas que detêm o poder, seu mandato, provavelmente, será curto. Ter poder até que não é muito difícil de adquirir, mas saber tratá-lo não é para qualquer um.

**Aquisição de Poder** – Antes que sejam apresentadas as recomendações para que o executivo adquira poder na organização, é importante conhecer algumas premissas básicas: Ter controle não significa necessariamente ter poder; Aumentar o desejo de prestígio é uma necessidade à medida que o poder diminui; Ter autoridade, influência, carisma ou persuasão (ferramentas de poder) não carrega junto o conceito de subordinação.

As recomendações que se seguem são frutos de anos de observações, relativas à maneira de como se adquirir poder numa organização:

- O executivo deve adotar as medidas que possam assegurar sua compatibilidade pessoal com os superiores.
- O executivo, ao assumir uma atribuição importante, deve obter de seus superiores uma clara, concisa e inequívoca declaração, por escrito, de seus deveres, responsabilidades, relações e âmbito de autoridade.
- O executivo deve ter excepcional cuidado de encontrar subordinados que combinem competência técnica com segurança, fidedignidade e lealdade.
- O executivo, em negócios como na diplomacia, além de ter estratégias de atuação, precisa estabelecer alianças.
- O executivo deve reconhecer o poder do bolso.
- O executivo deve compreender a importância crítica de se ter canais de comunicação claros e críveis, em todos os níveis, para cima e para baixo, da estrutura organizacional.

Para testar o seu poder, faça o seguinte questionamento:

- Quantos projetos novos você tentou realizar?
- Quantos deles foram efetivamente realizados?
- Numa reunião, quando você apresenta uma ideia ela é levada em consideração?
- Seus subordinados e colaboradores cumprem com prazer suas decisões?
- As intervenções numa reunião feitas por você têm receptividade?
- Você pode contar com colegas, superiores e subordinados?
- Quantos almoços de negócios você costuma patrocinar, para conseguir viabilizar seus projetos?
- Seus subordinados o consultam com frequência sobre decisões a tomar?
- Quantas vezes você foi obrigado a enfraquecer o poder dos outros para fortalecer o seu?

## 7.12 Problemas de Comunicação

A comunicação é a ação de revelar dados, informações, fatos, ideias, fenômenos, teorias, leis, técnicas, métodos, por exemplo. Na comunicação, há sempre uma intenção básica e certamente o transmissor espera que o receptor a compreenda.

A comunicação objetiva informar, educar, instruir, treinar, intelectualizar, aculturar (todos de natureza cognitiva), persuadir, divertir, influenciar, motivar, incentivar, interagir, estimular (todos de natureza emocional).

O estabelecimento dos objetivos da comunicação deve levar em conta os seguintes critérios: buscar a coerência; melhorar o nível de percepção; revelar um fato (constatação empírica de um acontecimento); mudar um comportamento e desenvolver compreensão; divulgar a solução de um problema, uma decisão, uma estratégia (tática), uma política (procedimento).

A falta de comunicação ou a comunicação deficiente e falha é causa de muitos problemas. Empregados que deixam de executar determinadas tarefas ou que as executam de forma errada, com desperdício de tempo e de materiais, muitas vezes, assim procedem, porque não foram informados ou foram mal informados. Ainda pode ser que não sabiam o que fazer ou não compreenderam como fazer.

A boa comunicação, por outro lado, faz com que as pessoas tornem seu trabalho mais produtivo.

Os mais importantes problemas de comunicação estão baseados nos seguintes elementos:

**Emissor** – Quanto ao emissor, os obstáculos podem ser devido à personalidade, preconceitos, desatenção, nível de percepção, nível intelectual, grau de educação, experiências, falta de clareza e objetividade, problemas da fala, audição e visão, falta de conhecimento específico, incapacidade de expressar o próprio pensamento, carência de coerência, afetação, prolixidade, pormenorização irrelevante, excesso de adjetivação, falta de espontaneidade, falta de habilidade transacional e de relacionamento com pessoas, não credibilidade de fonte.

**Canal de Transmissão** – Quanto ao meio de transmissão, os obstáculos podem ser devido a problemas de linguagem (polissemia, pleonasmos, exageros, rodeios, vícios de linguagem, gírias), má elaboração da mensagem, tradução com imperfeições e erros, problemas de semântica e estrutura da língua, significação, abstração, ruído (distorção intermediária, canal sobrecarregado, deturpações, interferências), clima e moral organizacionais, sistemas de codificação e decodificação deficientes.

**Receptor** – Quanto ao receptor, os obstáculos podem ser devido a: desatenção, avaliação prematura, resposta e fatores imateriais, incapacidade de ouvir, estilo socrático de dialogar, má interpretação, nível de conhecimento insuficiente, falta de experiência, imaginação e vontade, incompatibilidade com o transmissor.

**Retroalimentação** – Quanto à retroalimentação, os obstáculos podem ser devido à falta de um sistema de retorno eficiente e eficaz que vai do receptor para o transmissor. Se não há a devida retroalimentação da comunicação, a mesma não acontece.

O sistema de feedback (realimentação) objetiva fazer ajustes onde necessário. Se num processo de comunicação não houver retorno da mensagem, diz-se que, na realidade, não houve comunicação. Estudos antigos provaram que a realimentação é necessária, para permitir que as pessoas melhorassem seu desempenho.

Os indivíduos que não recebem nenhuma realimentação apenas não sabem como modificar os seus esforços, ou mesmo se devem modificá-los. A realimentação é fundamental num sistema de comunicação, porque fornece dados para sua adequação, manutenção e criatividade.

Num circuito de feedback, as saídas do sistema são comparadas com valores desejados. Os desvios são retornados à entrada do sistema até que as operações (tarefas, movimentos) sejam ajustadas, para proporcionar saídas coerentes aos padrões estabelecidos.

Tal circuito, que busca amortecer e reduzir as flutuações daquilo considerado normal, ou padrão, é chamado feedback negativo, que, normalmente, envolve quatro elementos: uma unidade censora, uma unidade para comparação, um padrão e uma unidade de correção.

O feedback positivo, por outro lado, reforça a direção do sistema em funcionamento e amplifica a ação de ajustamento. Não esquecer que o feedback num sistema em mudança não é a única operação que fazemos para ajustá-lo. Controlar um sistema, essencialmente, significa manter o mesmo operando dentro de um intervalo de performance.

**Linguagem** – A linguagem é uma instituição psicológica que somente surge e evolui na vida social. O problema da comunicação é transmitir mensagens significativas de uma pessoa para outra. Se A quer se comunicar com B, ele tem, primeiramente, que traduzir ou codificar suas ideias numa mensagem feita em linguagem que ambos compreendam.

A mensagem é, então, transmitida por um canal até B que decodifica os sons, símbolos e objetos até a sua própria percepção.

Cada linguagem tem estilo próprio, em função da sua finalidade. Um estilo correto de linguagem deve: ser organizado e compreensível; usar o vernáculo com propriedade; ser claro, sem rodeios; levar em consideração o leitor; ser conciso e objetivo.

Um estilo incorreto de linguagem é loquaz, confuso, desorganizado, indeciso, opiniático e problemático. Na linguagem corporativa saber se comunicar é fundamental, tanto com subordinados, superiores e pares. Na comunicação hierárquica é a inteligência verbal que resolve os problemas de conflitos e mal-entendidos.

**Elaboração da Mensagem –** O problema na elaboração da mensagem está na combinação de meios e símbolos de sorte que transmita o significado da maneira mais eficiente, eficaz e efetiva possível. A elaboração da mensagem é, portanto, um processo dinâmico e interativo de muitas facetas, com um amplo leque de efeitos possíveis, às vezes, totalmente inesperados.

**Leitura** – Os problemas da leitura advêm da falta do hábito de ler e pela incapacidade de descobrir as palavras-chave, a frase mestra, os parágrafos que embalam o pensamento e os capítulos que resumem o conteúdo. Também a dificuldade de distinguir as ideias principais das secundárias é um outro entrave para o leitor.

**Fala** – Uma pessoa para ser um bom orador precisará ter ênfase, entonação, pronúncia, ritmo, dicção, tom, timbre, intensidade (fatores da voz); articulação, pose, fluência, movimentação, confiança (fatores da pessoa); recursos (fatores da organização).

**Escrita** – Os problemas da escrita acontecem devido à falta de: naturalidade, conhecimento da língua, capacidade de pensar, dificuldade de escrever para o leitor e não para si, acuidade para detalhes e capacidade de observação. Por que se escreve mal? Por falta de conhecimento, cultura, hábito, paciência, reflexão e treinamento, por exemplo.

Um método de escrever pode ser, por exemplo: escolha um assunto, um tema; pense consequentemente; prepare uma lista de ideias; faça um programa de ação; desenvolva um sumário; escreva um esboço (rascunho); revise o rascunho; escreva o texto; faça revisão; mande imprimir; torne a revisar; faça uma avaliação final; solicite críticas de terceiros; edite; publique.

**Percepção –** Embora já se tenha abordado este assunto, é importante lembrar que a percepção humana pode ser detectada pelos sentidos. Ela implica integração, organização, seleção e interpretação dos fenômenos puramente sensoriais.

Um ambiente apresenta, geralmente, um grande número de elementos, cuja totalidade não pode ser percebida, a um só tempo. O processo de aprendizagem desempenha importante papel na percepção. As pessoas trazem, para a organização, determinados padrões aprendidos e não outros possíveis.

De fato, as expectativas oriundas de experiências passadas podem fazer com que as pessoas introduzam fenômenos que não estão presentes no objeto que está sendo estudado e, também, por influências individuais. Às vezes, as pessoas deixam de "ver" coisas que se opõem as suas ideias preconcebidas ou aquilo que possam perturbá-las.

As diferenças de percepção podem afetar a comunicação. Duas pessoas sempre têm visões diferentes da mesma situação. A percepção também pode ser encarada como fenômeno de grupo. Pessoas da mesma família, religião, partido político, escola ou clube tendem a ter comportamentos semelhantes em muitos assuntos.

Mas há, frequentemente, grandes diferenças de percepção entre pessoas de grupos diferentes. Alguns destes fatores são: sensoriais, fisiológicos, físicos, etários, sexuais, educacionais, econômicos, regionais, religiosos, psíquicos, organizacionais, de personalidade, de interesse

**Comunicação do Produto –** Um sistema global de comunicação em vendas deve ser tal que permita todos os esforços para vender. Este sistema é mais ou menos complicado, dependendo da dimensão da empresa, dos valores transacionados e das informações necessárias.

Um bom e rápido sistema de comunicação decide a venda. É preciso que o consumidor de um determinado mercado saiba que o produto existe e está disponível. Por isso, o produto precisa ser comunicado ao público. A comunicação do produto precisa garantir que ele satisfará as necessidades e desejos do consumidor.

O conceito moderno de comunicação de um produto é aquele processo que gera resposta imediata do consumidor, porque é importante saber o que ele pensa e o que ele quer. Os avanços tecnológicos fornecem aos comunicadores os meios de mostrar às pessoas as inovações mercadológicas.

As ferramentas de comunicação em vendas são muitas, tais como: propaganda, publicidade, promoção, relações públicas, marketing direto, telemarketing, anúncios, encartes em revistas e jornais, cartazes, displays, material audiovisual, concursos, sorteios, amostras grátis, exposições, feiras, convenções, demonstrações, cupons, descontos, juros baixos, adesivos, seminários, relatórios, doações, patrocínios, publicações, catálogos, folhetos, anuário, eventos, incentivos, televisão, rádio, internet, telefone...

**Comunicação com Consumidores –** Embora já tenhamos este assunto em Relação com Consumidores (Capítulo 2), vale acrescentar que as empresas investem milhões para conquistar, entender e fidelizar os consumidores.

Apesar disso, bancos continuam tentando vender apólices de seguro a quem já está segurado, às vezes, até pela mesma seguradora, empresas de cartão de crédito seguem oferecendo cartões adicionais para jovens solteiros e empresas de telefonia que sabem com exatidão quantas linhas já instalaram, mas não fazem a mais vaga ideia de quantos domicílios atendem. É incrível!

Vivemos a economia do consumidor. Bens e serviços estão cada vez mais parecidos. A disputa pela atenção do melhor consumidor está, cada dia, mais acirrada. Muitos dirigentes acreditam que o Projeto CRM deve abarcar todo o negócio de uma só vez.

Pensamento errado, pois o projeto deve ser realizado de forma incremental. O ideal é atacar uma área problemática específica primeiro, depois as demais, porque o tempo é um ponto chave no projeto, bem como a produtividade, o lucro, a informação, a comunicação e a qualidade do vendedor (contato direto).

## 7.13 Problemas de Negociação

Negociação é um processo em que as partes envolvidas se deslocam de suas posições originais, inicialmente divergentes, para um ponto no qual a convergência possa ser realizada. As pessoas discutem negócios diariamente e chegam a acordos sem negociar.

Discussão, comunicação, reunião e entrevista não representam o mesmo que negociação. Ela é um tipo de interação humana em que as partes buscam resolver diferenças através da obtenção de um acordo, troca, partilha, barganha, doação. Negociação não é recente. Ela tem sido empregada por milhares de anos como modo não violento e, socialmente, aceitável de alcançar e conciliar as diferenças e os conflitos.

O propósito da negociação é conferir e permutar pontos de vista, chegar a uma conciliação, transacionar por intermédio do "dar" e "receber". O problema na negociação é encontrar os meios para alterar ou dirigir o comportamento da outra parte. Para tal será preciso persuadir, interessar, dissuadir ou atemorizar.

Embora o problema básico da negociação tenha sido dito, é preciso frisar que outros problemas de negociação devem ser considerados, tais como:

**Conhecimento do Negociador** – Muitas são as habilidades conceituais que devem ser do conhecimento do negociador, a fim de facilitar o processo de negociação. Ele precisa estar bem informado, não perder o rumo da conversa, sendo objetivo. Também precisará administrar o conflito, a mudança e o poder. Ter em sua bagagem os conceitos de: compreensão, comunicação, cooperação, empatia, argumentação, construção e emoção.

**Processo de Negociação** – Todos sabem que um processo acontece em etapas e, portanto, precisa ser bem delineado. Assim, negociação, provavelmente, não apresentará problemas, se as fases do processo seguirem uma determinada cronologia, que vai da preparação até a avaliação de resultado.

**Comportamento do Negociador** – O sucesso da negociação ocorrerá, se o comportamento das partes for equilibrado e houver garantia da palavra empenhada. À medida que as partes caminham para uma posição final, cresce o grau de incerteza quanto ao fechamento da negociação.

Como nem sempre tudo funciona conforme o planejado, é necessário estabelecer compromissos, redigir um documento que formalize a negociação, comunicar e solicitar recomendações e desenvolver instrumentos de controle para acompanhar programas, planos, processos e cronogramas preestabelecidos.

**Experiência do Negociador** – É provável que os problemas sejam minimizados quando os negociadores são pessoas experientes na arte da negociação. O negociador experiente deve saber ouvir e não tomar a iniciativa de formular propostas e também deixar que elas sejam construídas ao longo da negociação.

De um negociador experiente espera-se que não cometa erros banais, a fim de evitar obstáculos que não possam ser trabalhados, tais como:

- Facilitar as coisas para o confrontante.
- Comprometer-se antecipadamente.
- Deixar questões importantes para mais tarde.
- Demonstrar triunfo e júbilo antes do tempo.
- Desviar o rumo da negociação.
- Fundamentar sua argumentação em incertezas.
- Embaraçar o confrontante.
- Demonstrar pressa e ganância.

## 7.14 Problemas de Pesquisa

Embora este assunto já tenha sido abordado é bom lembrar que a pesquisa é uma função administrativa voltada ao desenvolvimento de uma busca reflexiva, sistemática, controlada e crítica que permite descobrir causas, novos fatos (ou dados), realidades, relações, leis, regras, princípios e procedimentos, para adequar a organização e/ou a pessoa a uma mudança de estado. Como a mudança é constante, a necessidade de pesquisar é eterna.

Os mais importantes problemas de pesquisa são:

**Objetivo da Pesquisa** – O objetivo da pesquisa é descobrir respostas para perguntas, por meio do emprego de processos científicos. Porém, para que possam ser respondidas através da pesquisa as perguntas precisam ter uma característica comum, devendo ser de tal ordem que a observação ou a experimentação no mundo natural possam dar a informação necessária.

Muitas questões ou decisões não podem ser respondidas apenas com dados, pois, além destes existem valores que evoluem com o passar do tempo. Uma pesquisa perderá, ou não, seu valor durante um determinado período de tempo, porque não existe perenidade e, sim, pelo contrário, transitoriedade.

Quer o objetivo motivador de determinada pesquisa seja fundamentado de forma intelectual ou prática, são idênticas as exigências do processo de pesquisa.

**Coleta de Dados** – Coleta de dados é a reunião metódica, precisa e eficiente de acontecimentos e fenômenos necessários para o perfeito entendimento dos sistemas em uso numa organização. A coleta fornecerá material para o trabalho da fase de análise e, consequentemente, servirá de base para o projeto do novo sistema que resolverá um problema, por exemplo.

Aos menos avisados poderá parecer ser fácil executar uma coleta de dados. Pensamento enganoso, porque esta ficará em função do método e da técnica escolhidos.

**Questionamento** – O questionamento, fase que antecede a pesquisa propriamente dita, ajudará no planejamento da mesma, porque, tendo em vista as respostas da pesquisa, ele será redimensionado em suas estratégias e táticas. O questionamento básico que se faz, geralmente, diz respeito ao mercado de atuação, produto a ofertar e público-alvo a atingir.

**Informação** – Assunto já abordado.

**Fator de Escolha** – O fator determinante de escolha da pesquisa estará sempre sob a ótica do pesquisador, do material, do método e do tempo disponível. Todo trabalho de pesquisa será apresentado sob o ponto de vista do pesquisador, isto é, em função do seu nível de percepção e, principalmente, da experiência obtida de trabalhos anteriores.

Do ponto de vista do material é importante observar que o mesmo condiciona não apenas a técnica a ser utilizada, como, em grande parte, os resultados que se esperam da pesquisa. Do ponto de vista do método (caminho para se alcançar determinado fim) é preciso encarar três possibilidades de investigação: histórica, descritiva e experimental. Do ponto de vista do tempo a pesquisa será superficial ou aprofundada.

No primeiro caso, corre-se o risco da irrelevância dos dados coletados. No segundo caso, corre-se o risco da não conclusão da tarefa a tempo, devido à massa de dados muito grande e do universo pesquisado.

**Processo** – Embora a pesquisa não possa dar respostas finais às perguntas que estuda, tem havido um constante esforço para criar processos que aumentem a precisão das respostas. O processo de pesquisa consiste de atividades intimamente relacionadas, que, continuamente, se sobrepõem, em vez de seguir uma sequência estritamente determinada e única.

Se os processos subsequentes não forem considerados nos estágios iniciais, podem surgir sérias dificuldades que impedirão a complementação do objeto de estudo. É bom observar que o interesse pela minúcia, muitas vezes, dificulta a percepção do todo.

**Avaliação** – Na vida diária, o administrador precisa cada vez mais ser capaz de avaliar a pesquisa, a fim de tomar decisões adequadas aos recursos que possui. Como o trabalho de pesquisa é, geralmente, baseado em amostra, há a possibilidade de erros. Se o método de pesquisa é usado com cuidado, com plena compreensão das possibilidades e limitações, pode se constituir em valiosa ajuda. A pesquisa pode dar sua maior contribuição, quando a análise é feita com objetividade, de maneira imparcial, trabalhando com informações pertinentes.

**Utilização** – A pesquisa não deve ser iniciada a partir de conclusões previamente formuladas e cristalizadas, a ponto de não permitirem modificação ou aperfeiçoamento no próprio processo de sua efetivação. Neste sentido, a atitude fundamental que deve caracterizar o pesquisador é a da investigação.

Problemas não resolvidos devem constituir desafio permanente para o ser humano. Como a atividade pesquisa é uma atividade racional, implica no mais profundo e elevado exercício da razão. Talvez seja nela, mais do que em qualquer outra, que o homem possa dar expressão ao seu ímpeto de criatividade. Desde a antiguidade que filósofos e cientistas se preocupam com a pesquisa para a solução de problemas.

**Pesquisador** – A atividade de pesquisa implica num envolvimento total do pesquisador e de todas as suas potencialidades racionais na solução de um problema e consequente ampliação da sua capacidade criadora. É mister, pois, que todo o empenho, seriedade e honestidade possíveis precisam ser feitos para que uma pesquisa seja realizada a contento.

Resta ao pesquisador a satisfação de haver contribuído para a melhoria da vida e solidificação do edifício intelectual sobre o qual se fundamenta a sociedade humana.

É sabido que um dos problemas com os quais o pesquisador se defronta é, geralmente, o da organização do seu tempo para estudos. Por falta de uma sistemática adequada, instantes preciosos são desperdiçados. É preciso, então, uma orientação para a atividade pesquisa.

Fatores de cunho social podem constituir-se em elementos limitadores de uma percepção mais clara da realidade, por parte do pesquisador. Estes fatores são: preconceito, cultura, formação, tradicionalismo, autoritarismo, etnocentrismo, subjetivismo, generalização, estereotipagem, especialização.

**Metodologia –** Os principais passos de uma metodologia de pesquisa são: Ocorrência e/ou percepção de uma dificuldade; Definição do problema; Planejamento do trabalho e do orçamento; Determinação dos recursos (todos) necessários; Elaboração de uma hipótese (possível solução); Coleta de dados; Operacionalização da coleta; Interpretação e análise de dados; Elaboração racional de um diagnóstico; Formulação de uma solução e/ou conclusão; Justificação da solução; Apresentação do relatório da pesquisa; Aplicação da metodologia para um novo problema.

**Questionário –** Assunto já abordado.

## 7.15 Problemas de Análise

O conceito de analise já foi abordado.

Aprender a decompor problemas, identificar variáveis fundamentais, estabelecer relações de causa e efeito na busca de novos caminhos, objetivos, prioridades e alternativas é a base da análise.

Os principais problemas de análise são:

**Metodologia Empregada –** A análise, mesmo de acordo com uma metodologia científica, apresenta dificuldades, limitações, obstáculos, problemas e riscos, dos mais diversos, antes, durante e depois da análise. De um modo geral, cabe à administração da empresa determinar que um estudo seja feito, seu grau de profundidade, sua duração e seu custo.

Essas determinações agem, daí em diante, como limitações ao trabalho do grupo de análise, e em alguns casos, podem ocasionar conflitos. Seria o caso de, por exemplo, o estudo de uma determinada atividade indicar que uma outra, a ela ligada, deve também ser reformulada.

Se o custo, ou a duração dessa reformulação, não for aceito, o estudo não será feito e, com isso, a atividade inicialmente em pauta ficará certamente com alguma falha, o que não agradará ao grupo de análise.

**Comportamento do Analista –** O analista é aquele que estuda o serviço a ser realizado, determinando as partes componentes, a metodologia de trabalho e a tecnologia de suporte. Não porque tal trabalho seja acentuadamente complexo ou difícil de descrever, mas, simplesmente, porque a maioria dos analistas não possui uma ideia suficientemente clara da estrutura de suas tarefas. Ele procura especificar as necessidades de informação em sua atividade de tomada de decisão, determina as fontes de dados congruentes ao desejado.

Embora cada analista, provavelmente, empregue métodos ligeiramente diferentes, a fim de relacionar as redes de informação, o melhor a fazer é partir das principais e daí proceder ao trabalho descendo até os subsistemas de apoio. Ao agrupar e integrar os fluxos de informação, o analista deve continuar a subdividir as redes até que todos os pólos de decisão tenham sido considerados e interligados.

O profissional de análise deve combinar o que é, atualmente, possível nessa tecnologia galopante e o que vale a pena ser feito para a empresa, em relação à maneira como é administrada. Fazer esta combinação de maneira aceitável a todos os grupos e de modo a aguentar o teste de tempo é a parte mais difícil do esforço.

Se a combinação for bem-feita, então, não importará quão difícil seja o projeto. Isto significa que o analista não tem o direito de esperar dos usuários uma explanação lúcida dos requisitos necessários. Ele precisa ajudá-los a determinar suas necessidades.

## 7.16 Problemas de Avaliação

Avaliar é comparar, por meio de um controle, os resultados obtidos com os padrões propostos anteriormente. Uma avaliação deve ter, de preferência, um relato escrito. Segundo Harold Koontz, "avaliar significa fazer uma apreciação ou estimativa".

A avaliação tem sido o destino do homem e dos animais bem como das coisas inanimadas. Ela é realmente uma condição de vida da qual não há como escapar, a não ser que a retiremos da sociedade. A avaliação requer um referencial, isto é, um padrão. A falta de padrões objetivos e concretos dá àquele que avalia campo para dar vazão a seus preconceitos e tendenciosidades.

Os administradores não julgam apenas a mera capacidade de produzir resultados, mas também estão preocupados com o modo pelo qual os resultados são produzidos e com as implicações nos curto e longo prazos dos métodos utilizados.

Embora nem sempre isto seja possível, a avaliação de desempenho por confronto com o padrão deve, idealmente, ser feita numa base futura, de forma que os desvios possam ser descobertos antes de sua ocorrência real e evitados com remédios adequados. Entretanto, o administrador sagaz, que tem os olhos no futuro, pode, às vezes, predizer desvios do padrão. Na falta de tal habilidade, os mesmos devem ser aferidos. Os principais problemas de avaliação estão nos seguintes elementos:

**Medição –** Um processo de controle inclui a avaliação. Mas, para se chegar a esta fase é preciso a etapa de medição. Assim, medir é determinar o grau a que se está progredindo em relação aos resultados (objetivos) esperados, isto é, reunir informações sobre o desempenho real do sistema (projeto, atividade, plano, programa).

A avaliação é importante para qualquer indivíduo e/ou organização, pois é através dela que se adquire senso crítico.

**Desempenho –** Embora a avaliação de desempenho já tenha sido abordada, é bom lembrar que a avaliação será feita para desempenho das pessoas (resultados alcançados, performance profissional, desenvolvimento individual) e desempenho dos sistemas (rendimento de máquinas e equipamentos, eficiência de processos, eficácia das atividades).

A maioria dos autores, quando fala de avaliação de desempenho, se refere aos recursos humanos, esquecendo os demais recursos que constituem a organização. Talvez falem somente em pessoas, porque, na realidade, quando medimos o desempenho de um sistema, acabamos chegando aos indivíduos que os controlam.

**Avaliador –** Todo e qualquer sistema de avaliação passa pelo avaliador que é humano. Como tal, ele colocará em jogo não apenas a competência do funcionário, mas, principalmente, a simpatia, a amabilidade, a sociabilidade, a reverência e outros aspectos que nada têm a ver com o trabalho de avaliação.

**Finalidade –** Como a avaliação de desempenho significa comparar os resultados obtidos com os previstos e/ou esperados, ela pode servir a, pelo menos, dois fins amplos: julgamento e desenvolvimento. O julgamento refere-se a tomar decisões relativas ao comportamento, remuneração, estrutura e recursos. O desenvolvimento refere-se ao auxílio prestado a subordinados para que melhorem seu desempenho e adquiram novas habilidades no âmbito da organização.

**Meios –** Existem diversos meios e métodos para efetuar avaliações, tais como: observação pessoal, entrevista, questionário de avaliação e de autoavaliação, sistema de mérito, histórico do funcionário, testes e exames.

**Relatório –** O autor do relatório, como já abordado, deverá sempre lembrar que este está sendo escrito para o leitor e não para si mesmo ou para especialistas. Ele deverá ter em mente que um relatório é escrito para comunicar e não para impressionar com palavras difíceis ou detalhes técnicos.

**Importância –** Quando o superior reconhece a importância da avaliação e quando a avaliação não é encarada pelos subordinados como medida disciplinar, os benefícios podem ser grandes. O executivo avaliador também se beneficia com o processo. Ele é encorajado a analisar as responsabilidades de seus subordinados, as quais, afinal de contas, fazem parte de sua própria função.

## 7.17 Problemas de Previsão

Uma previsão é uma tentativa de determinação de futuros eventos que poderão ocorrer (registros de uma série probabilística) ou não. Ela é uma função administrativa que serve para estimular uma situação futura (para um determinado período) a partir de dados, informações e recursos presentes e existentes. Toda previsão é, por definição, incerta, porque não há um grau de certeza absoluto.

As previsões são a base dos planos operacionais e programas de ação. Estes planos serão avaliados, em função do cumprimento do orçamento e estarão, diretamente, ligados ao desempenho empresarial (balanço patrimonial e demonstrativo de resultado).

Já a previsão de vendas é a estimativa de situação futura, em função de um mercado conhecido de um dado produto. Segundo Philip Kotler, "a previsão da empresa é o nível esperado das vendas da empresa, baseado em um plano estratégico escolhido em um ambiente pressuposto de marketing".

A previsão de vendas significa a provável receita da empresa para um determinado período e se constitui, portanto, no elemento básico da orientação gerencial. Ela deve ser encarada como uma variável dependente que é afetada, entre outras coisas, pela atividade planejada de marketing.

Por menor que seja a empresa, a direção precisa estar atenta ao que ocorre no mercado, porque mudanças ambientais influirão nos resultados da organização, podendo ocorrer prejuízos. Estamos sempre atolados e discutindo os problemas do passado, sem tempo para discutir as tendências do futuro.

Assim, perde-se tempo corrigindo o passado, quando talvez fosse interessante ver as possibilidades futuras, talvez porque estas não sejam notícias, tendo em vista não ter ainda acontecido. Os mais importantes problemas de previsão são:

**Participantes da Previsão –** A previsão de vendas, embora acompanhada pelo pessoal de marketing, é feita por matemáticos, estatísticos ou analistas de sistema. A previsão é influenciada pelo planejamento estratégico, o que exige um diálogo contínuo entre as gerências de marketing e de produção e aqueles que fazem as previsões na empresa.

**Processo de Previsão –** O processo de previsão impõe considerar fatos importantes, fatores sazonais, ciclos de demandas, tendências e métodos possíveis para realizar a pesquisa. Toda previsão tem valor relativo, pois, como já foi visto, não há certeza, devido a sua própria natureza. As previsões diferem apenas na extensão dos seus erros. Por isso, a previsão deve ser considerada sempre como um meio e nunca como um fim em si mesmo.

**Método de Previsão –** Normalmente, um método de previsão estará em função de: recursos disponíveis, conhecimento do coordenador, orçamento, nível de percepção dos envolvidos no processo de previsão. A utilização de um determinado método de previsão terá vantagens e desvantagens como toda escolha entre alternativas.

Assim, é importante levar em consideração, as seguintes premissas relativas ao método de previsão:

- O método de previsão deve se aproximar, o mais possível da certeza, evitando um grave problema que é a distorção.
- O método de previsão não deve ser um caldeirão burocrático consumidor de tempo e criador de confusão.
- O método de previsão não deve ser baseado em especulação e, sim, em bases científicas, fundamentadas, principalmente, no conhecimento da matemática e da lógica.

A especulação, às vezes, parece ser um mal necessário, haja vista o acerto de alguns especuladores que ganham rios de dinheiro, acertando no futuro.

## 7.18 Problemas de Recrutamento

Da mesma forma como os indivíduos escolhem as organizações, estas procuram atrair e obter informações sobre as pessoas. Recrutamento é um conjunto de procedimentos para determinar quais os indivíduos estão qualificados a ocupar cargos na organização, isto é, a organização divulga e oferece, ao mercado de recursos humanos, oportunidades de emprego.

Para ser eficaz, o recrutamento deve atrair candidatos de maneira a suprir o setor de seleção a colocar, em seus bancos de dados, as pessoas, potencialmente, aptas a preencherem as necessidades de mão de obra da organização.

Geralmente, o Departamento de Recursos Humanos de uma empresa é encarregado de procurar o pessoal do nível operacional. O recrutamento do pessoal de nível médio, em geral, é entregue a uma agência. O pessoal de alto nível fica a cargo de um conselho de executivos criado especialmente para isto.

Dos recursos necessários à empresa, indubitavelmente, são os recursos humanos aqueles que causam maiores problemas. Uma empresa que deseja um bom time deve começar a procurar os elementos adequados.

Atrair bons candidatos a emprego não é coisa fácil e de pouca importância. Somente uma série de procedimentos administrativos, racionalmente orientados, poderá satisfazer à necessidade de recrutamento. A empresa deve checar tudo, mesmo aquilo que possa parecer irrelevante.

Uma contratação ruim pode causar sérios danos à equipe. Deixar-se levar pela primeira impressão de um candidato e acreditar em tudo aquilo que está escrito no currículo é o maior pecado do entrevistador.

Os principais problemas do recrutamento estão nos seguintes elementos:

**Planejamento do Recrutamento** – Planejamento do recrutamento consiste em estudar e analisar as necessidades de recursos humanos da empresa, presentes e futuras. A pessoa encarregada do recrutamento deve conhecer a classificação de cargos e funções da empresa (quadro de pessoal). Se tal quadro não existir, as dificuldades aumentarão.

**Fontes de Recrutamento** – Diagnosticadas as necessidades, realiza-se o levantamento das fontes, dos processos e das fórmulas capazes de fornecer, à empresa, as pessoas que a ajudarão a atingir os objetivos. Assim, o recrutamento passará a estudar o mercado de trabalho para conhecer o seu potencial, levando em consideração: a área de ação, níveis salariais, cargos, funções, pontos de concentração de mão de obra, concorrentes, universidades, agências de emprego.

Um problema básico da organização é diagnosticar fontes supridoras de recursos humanos, localizadas no mercado, que lhe interessem especificamente. Ademais, a identificação, a triagem e a manutenção das fontes de recrutamento constituem uma das maneiras pela qual a administração de recursos humanos pode:

- Elevar o rendimento do processo de recrutamento.
- Diminuir o tempo do recrutamento.
- Reduzir os custos operacionais de recrutamento.

**Posição do Cargo** – A análise do cargo determinará a posição do lugar na estrutura organizacional, sua própria descrição, requisitos e características que deve ter o candidato. Esta análise abrange os aspectos qualitativos e quantitativos da mão de obra a ser contratada.

**Processo de Recrutamento** – O recrutamento envolve um processo que varia conforme a organização. O início do processo de recrutamento depende de decisão do órgão de linha, porque o setor de recrutamento é uma função de staff. Seu trabalho dependerá de uma requisição de empregado feita por um departamento ou seção de linha.

**Divulgação do Recrutamento** – A divulgação poderá ser feita de muitas maneiras, tais como: jornal, televisão, rádio, quadro de aviso, cartas às instituições governamentais encarregadas de alocação de mão de obra, universidades, sindicatos. Somente através de uma publicidade eficiente é que serão atraídos os melhores candidatos.

Um anúncio de emprego deve ser atrativo e seletivo. Assim, deve despertar o interesse de bons candidatos e desestimular os que não possuem condições que interessem à empresa. Um anúncio basicamente faz referência às vantagens e exigências da empresa.

Vantagens: salário acima do ofertado pelo mercado; ambiente confortável; bom clima organizacional; possibilidade de promoção e carreira; oportunidade de desenvolvimento; assistência médica, dentária e social; horário flexível.

Exigências: idade mínima; nível de escolaridade; especialização; experiência; apresentação pessoal; conhecimentos de línguas estrangeiras; habilidades gerenciais comprovadas através de testes; conhecimentos de informática.

O anúncio deve conter outros dados necessários à compreensão e orientação dos candidatos, como: nome da empresa, período de inscrição, local da inscrição, modos como pode ser feita a inscrição; documentos que devem ser apresentados; provas de seleção a que os candidatos serão submetidos; condições para a habilitação; aproveitamento dos candidatos.

**Inscrição do Candidato** – A ficha de inscrição do candidato, quando bem executada, ajuda a eliminar aqueles que não satisfazem os requisitos do cargo.

**Implementação do Recrutamento** – A implementação do recrutamento pode ser feita por: consulta geral, sem especificação, no mercado de trabalho; meio de ofertas individuais, pessoalmente ou escrita; consulta direta, específica, às fontes de preparação ou suplência de pessoal qualificado (escolas, sindicatos, clubes profissionais, agências de colocação, por exemplo).

Por isso, é bom que se tenha um bom Banco de Dados para candidatos em potencial, isto é, o recrutamento deve ser uma atividade permanente.

**Tipos de Recrutamento –** Praticamente, existem dois tipos de recrutamento: interno e externo. O recrutamento é denominado externo, quando aborda candidatos reais ou potenciais, disponíveis ou aplicados em outras empresas. Será interno, quando aproveita o seu próprio pessoal.

Os tipos de recrutamento têm relação com o local onde estão as pessoas. Ambos os tipos possuem vantagens e desvantagens. Uma das vantagens do recrutamento interno é o estabelecimento de um clima de valorização da "prata da casa", elevando o moral e a motivação.

Por outro lado, a empresa tem gastos menores em dinheiro e tempo. Já o recrutamento externo, possibilita a renovação de ideias, com perspectivas de mudanças na busca de melhores resultados do que os anteriores.

**Técnicas de Recrutamento –** As técnicas para recrutamento interno mais usuais são: Divulgação da vaga em lugares estratégicos da empresa e consulta ao Banco de Dados de Candidatos. As técnicas para recrutamento externo mais usuais são:

Divulgação na mídia da vaga, como também em entidades de classe e em escolas profissionais, formadoras de mão de obra especializada. Um bom exemplo disso são as Escolas do Senac, Senai e Sesi.

## 7.19 Problemas de Seleção

A seleção é a atividade que vem em seguida ao recrutamento. Todo trabalho exige de quem o executa, certos conhecimentos e certas habilidades. Ao admitir um empregado para ocupar determinado cargo, a empresa precisa certificar-se de que ele possui as habilidades e os conhecimentos necessários ao desempenho das funções daquele cargo, ou, se não os possui, se tem condições de adquiri-los de forma satisfatória em tempo hábil.

Muitas vezes, a empresa nem deseja mesmo que os candidatos possuam os conhecimentos e habilidades, preferindo que apenas possuam as condições necessárias para adquiri-los, pois ela fará o treinamento conveniente, pois tem medo de importar vícios e desvios de conduta.

A seleção de pessoal é uma etapa de grande responsabilidade e complexidade, pois nela estão envolvidos: motivações, necessidades, aspirações, objetivos pessoais e organizacionais que precisam ser satisfeitos. Se a empresa avalia o candidato como um ser social e não um mero recurso, o processo de seleção se torna mais complexo.

A avaliação do candidato é feita sob uma multiplicidade de variáveis, tais como: sociais, econômicas, culturais, intelectuais, instrucionais, financeiras, técnicas, comportamentais. Admitir empregados sem seleção é agir de forma pouco inteligente. É jogar com a sorte.

A seleção diminui as incertezas sobre o provável sucesso dos candidatos e, quando a vaga é disputada por vários candidatos, é a forma justa de decidir qual deverá ser o escolhido.

Os objetivos da seleção de pessoal são:

- Escolher, para cada vaga, o candidato que oferece os melhores requisitos para o cargo.
- Escolher a pessoa certa para o lugar certo.
- Medir as aptidões e habilidades do candidato.
- Avaliar o que de relevante o candidato fez e qual sua possível contribuição para a empresa.
- Avaliar o conhecimento do candidato sobre o mercado, onde pretende trabalhar.
- Listar casos de sucesso em que o candidato coordenou ou simplesmente participou.
- Questionar se o candidato tem algum plano para a sua carreira.
- Avaliar se o candidato tem desenvoltura para falar de si mesmo.
- Medir se o candidato está preparado para mudanças.
- Avaliar a visão estratégica do candidato.
- Comparar a filosofia de vida do candidato com a da empresa.

Um bom trabalho de seleção de pessoal se fundamenta nas seguintes premissas: Ao se preparar a seleção, deve-se saber para que selecionar, pois a seleção não visa saber simplesmente quem é o melhor, mas quem é o mais adequado para o cargo.

Conhecimento do trabalho se obtém através de uma análise, enquanto o conhecimento do candidato se obtém através de entrevistas, testes e exames.

Os problemas de seleção estão nos seguintes elementos:

**Etapas da Pré-Seleção –** A seleção do candidato na fase de pré-seleção deve ter os seguintes procedimentos cronológicos:

Ficha de Inscrição – É um formulário que o candidato preenche com o objetivo de fornecer inúmeras informações básicas, como: vida escolar; vida profissional; gostos culturais; posição econômica; vida recreativa; atividades paralelas; experiências anteriores.

Curriculum-Vitae – Além dos dados pessoais, deve o currículo apresentar: vida escolar; vida profissional; principais atividades; experiência profissional e referências.

Análise da Ficha – O selecionador examinará e analisará a ficha de inscrição e o currículo, confrontando-os e sublinhando os pontos básicos sobre os quais repousará a entrevista.

Referências – O candidato deve indicar algumas fontes de referências, isto é, pessoas que possam ser consultadas sobre o seu comportamento pessoal e profissional. Estes dados são utilizados na contratação de pessoas de alto nível.

Entrevista Preliminar – A entrevista é o ponto mais explorado na seleção de pessoas. O propósito de uma entrevista preliminar é avaliar de modo seguro os seguintes pontos: formação, qualificação, personalidade, experiência, atendimento dos pré-requisitos exigidos, atitude, comportamento, pretensões e confronto de méritos.

**Etapas da Seleção –** Da mesma forma as etapas são:

Testes de Conhecimento – Versarão sobre: redação de um tema, exercícios numéricos, testes de conhecimentos gerais, interpretação de texto.

Testes Específicos – Versarão sobre: conhecimento técnico, conhecimento especializado, capacidade profissional, habilidade gerencial, habilidade motora.

Testes Psicológicos – Versarão sobre: inteligência, percepção, personalidade, adaptabilidade, interesse, motivação, interação, cooperação, liderança.

Exames Médicos – A seleção médica deve envolver uma série de pontos de acordo com o cargo.

Entrevista Final – Última etapa do processo de seleção, a entrevista final precisa considerar o seguinte:

- O entrevistador deve ter preparo especializado.
- O entrevistado deve estar em condições de poder informar tudo o que lhe for perguntado.
- As condições, em que se deve realizar a entrevista, devem ser em local adequado, sem perturbações de qualquer ordem, evitando-se a presença de outras pessoas.
- A formulação das perguntas e o registro das respostas obedecem a uma técnica pedagógica própria e não podem ser planejados por quem desconhece o assunto.

**Procedimentos de Seleção –** Os procedimentos de seleção variam em sofisticação, de uma simples e informal entrevista a um teste altamente detalhado e demorado. Mesmo depois de selecionado, o candidato passa por um período de adaptação, onde são passadas as informações necessárias para o desenvolvimento de suas funções.

Às vezes, se faz necessário treinamento. A seleção visa solucionar dois problemas básicos: adequação do homem ao cargo e rendimento do homem no trabalho.

**Critérios de Seleção –** Quem deve integrar a organização e quais devem ser os critérios de seleção? Deverá a empresa selecionar seus empregados de modo informal ou apenas de forma cuidadosa e dispendiosa? Devem as empresas escolher pessoas por sua habilidade em executar uma gama específica de tarefas ou por que parece encaixar numa determinada cultura organizacional? Quais são os critérios de promoção? A empresa valoriza a "prata da casa" ou contrata "sangue novo"?

**Equipe de Trabalho –** Montar uma equipe também requer escolhas sobre a forma do relacionamento empregatício. Deve a empresa procurar trabalhadores para um relacionamento de longo prazo? Ou ainda, integrar ou estabelecer uma variedade de formas de admissão, incluindo meio período e funcionários temporários ou terceirizados? Deve contratar consultores e outras formas externas de expertises em determinados assuntos?

**Dados e Informações –** Todo critério de seleção fundamenta-se em dados e informações a respeito do cargo a ser preenchido. As exigências de seleção baseiam-se nas especificações do cargo, cuja finalidade é dar maior objetividade e precisão à seleção do pessoal para aquele cargo.

Se todos os indivíduos fossem iguais e reunissem as mesmas condições para aprender e trabalhar, a seleção poderia ser dispensada. Contudo, há uma enorme diversidade entre as pessoas. Seus níveis de percepção são diferentes, bem como suas habilidades de relacionamento e aprendizagem.

A partir dessas informações é possível criar uma ficha (arquivo) que contém os atributos psicológicos e físicos necessários ao desempenho satisfatório do ocupante, no cargo considerado.

As fichas do candidato servem para estabelecer as técnicas de seleção mais aplicáveis ao caso.

**Entrevista –** A entrevista é instrumento fundamental na seleção de pessoal. Tem sido supervalorizada por uns e subestimada por outros. É, no entanto, indispensável no processo de escolha de pessoal e, ainda que usada sem ser acompanhada por testes, melhora muito a seleção de pessoal.

A entrevista é, basicamente, uma fonte coletora de dados e fatos aparentes e passados. O seu grande inimigo é o julgamento subjetivo e precipitado do entrevistador. A avaliação da entrevista é ponto vital no êxito de seu uso.

Os cuidados que o entrevistador deve ter, numa entrevista de seleção de candidato, são:

- Ser realizada em lugar isolado.
- Afastar ao máximo seus preconceitos.
- Ser bastante objetivo, evitando atitude doutoral.
- Não fazer perguntas capciosas, evitar se projetar sobre o candidato.
- Colocar o entrevistado bem à vontade e começar a entrevista com um assunto que seja de interesse do mesmo.
- Não se afastar de seu objetivo, trabalhar baseado num roteiro para não se perder, evitando prolongar o tempo da entrevista.
- Redigir um relatório, abordando o seguinte: aparência, inteligência, conhecimento, maneira de se expressar, sociabilidade, temperamento, educação, instrução, moral, documentação, experiência profissional, evolução escolar e profissional, nível de percepção.

Durante a entrevista se estabelece um diálogo, com um fluxo de informações do candidato para o entrevistador, e vice-versa. Há uma relação de troca de informações, o entrevistador busca extrair do candidato as informações básicas necessárias ao desempenho do cargo e, ao mesmo tempo, transmite as informações sobre o cargo.

É muito comum que o entrevistador se valha de um questionário preestabelecido (entrevista estruturada), como orientador da entrevista. Esse método, apesar de facilitar a escolha, não considera a individualidade do candidato e suas peculiaridades o que poderá levar a resultados ruins.

A tarefa de um entrevistador não é fácil. Por essa razão, devem ser redobrados os cuidados para que os erros sejam os menores possíveis. Um cuidado fundamental, que não deve ser esquecido, é o relatório da entrevista.

O entrevistador vai lidar com todo tipo de entrevistado, tais como: enganador, simpático, cativante, de "grande experiência", com currículo brilhante, sedutor, exagerado, mentiroso, mascarado, carismático, aproveitador da ingenuidade do entrevistador, conversador. Assim, a empresa deve checar tudo, mesmo aquilo que possa parecer irrelevante.

A entrevista sendo, essencialmente, um método de coleta de informações coexiste com outros dois métodos mais conhecidos: a observação e a documentação. É interessante notar as vantagens e desvantagens em cada um dos métodos e procurar a possibilidade de combinar os três, porque, de certa forma, o entrevistador sempre estará interpretando documentos prévios à entrevista, bem como observando o comportamento do entrevistado.

**Teste –** Os testes constituem uma técnica de seleção muito utilizada, por possibilitar resultados objetivos, o que facilita a escolha do candidato. O teste objetiva avaliar o grau de conhecimento, habilidade e conceituação adquiridos, através do estudo, da prática, da experimentação, do exercício.

Os testes podem, no mundo corporativo, ser projetados para: admissão, transferência, promoção, treinamento, aprendizado, aptidão, destreza, coordenação motora, liderança, capacidade, atitude, capacitação e habilidade, por exemplo.

Quanto à maneira como são aplicados, os testes podem ser:

- Testes Orais (por meio de perguntas e respostas verbais).
- Testes Escritos (por meio de perguntas e respostas escritas).
- Testes Operacionais (por meio da execução de uma tarefa).

Quanto à forma de como são elaborados, os testes podem ser:

Testes Tradicionais – São os que abrangem poucos itens, possuem um número pequeno de questões e exigem respostas longas. Seus principais defeitos consistem na pequena extensão do campo que examinam e na subjetividade de julgamento.

Testes Objetivos – Possuem maior número de questões, abrangem grandes áreas do conhecimento do candidato e exigem respostas breves e precisas, determinadas na forma e no contexto.

Testes Mistos – Possuem uma parte objetiva e outra subjetiva.

Para construir-se um teste há inúmeros tipos de itens que se pode escolher, a saber:

- Alternativas simples (certo ou errado).
- Preenchimento de lacunas.
- Conjugação de pares (associações).
- Ordenação cronológica; múltipla escolha.

## 7.20 Problemas de Treinamento

Este assunto já foi abordado. Contudo é bom acrescentar que o treinamento consiste em ajudar o subordinado a organizar suas ideias e aptidões de modo a poder usá-las com vantagem em suas relações de trabalho.

O objetivo do treinamento é capacitar o indivíduo a alcançar altos níveis de performance para cumprir seus deveres e responsabilidades para com a organização a que pertence, bem como alcançar os objetivos da empresa, proporcionando oportunidades para que todos, em todos os níveis, obtenham conhecimentos, práticas e condutas requeridos em suas atividades.

Todos os profissionais têm duas opções: Treinar ou Regredir. Um engano muito comum reside no fato das pessoas pensarem que a prática já é um treinamento.

O treinamento encoraja o administrador a se mostrar confiante e a demonstrar responsabilidade diante de seus subordinados, porque esta passa a ter uma maior faculdade de julgar. Entretanto, o fato de uma pessoa conhecer bem um determinado assunto não significa que esteja em condições de ensinar.

Assim, devemos considerar as seguintes premissas do treinamento:

- O aperfeiçoamento em administração inclui tanto o treinamento quanto a educação.
- O treinamento se refere à aquisição de perícia e conhecimento necessário para o desempenho de tarefas específicas num cargo.
- A educação se refere a desenvolver um indivíduo, mental e moralmente, de maneira que ele adquira maior compreensão de seu ambiente e sua adaptabilidade a ele.
- O resultado esperado do treinamento deve ser: o aperfeiçoamento e o desenvolvimento de conhecimentos, bem como técnicas e atitudes, que levem o funcionário a cumprir sua missão.

Os principais problemas de treinamento estão nos seguintes elementos:

**Modelo Educacional –** Uma sociedade moderna tem como espelho seu sistema educacional. Educação é toda influência que o ser humano recebe do ambiente social, durante toda a sua existência, no sentido de adaptar-se às normas e valores vigentes e aceitos. Seja qual for a sua forma, a educação tem que se tornar rotina.

Todos precisam dispor de uma linguagem comum, talento para executar as tarefas e entendimento de sua função pessoal na manutenção da engrenagem da organização. Fazer certo, logo da primeira vez, é o que se quer de fato. No entanto, na vida, talvez as coisas só se ajustem depois da terceira tentativa.

Um modelo educacional clássico é o da implantação de um sistema de melhoria contínua, onde é preciso haver o envolvimento de todos, pois o papel de cada um na geração da qualidade deve ser compreendido por todas as pessoas que fazem parte da organização. Aqueles que estão envolvidos em funções específicas precisam ter uma educação especial.

A educação profissional compreende três etapas interdependentes, mas perfeitamente distintas: Formação (educação que prepara o homem para uma profissão); Aperfeiçoamento (educação que prepara o homem para uma carreira dentro de uma profissão); Treinamento (educação que prepara o homem para um cargo, função ou atividade).

**Instrução** – Assunto já abordado.

**Aprendizagem** – Assunto já abordado.

**Processo de Treinamento –** Este processo terá como fases básicas, as seguintes: diagnóstico da situação; levantamento das necessidades; decisão quanto à estratégia, programa e plano de treinamento; implementação do treinamento; execução do treinamento; sistema de controle; avaliação dos resultados; identificação dos resultados insatisfatórios; realimentação dos desvios para correção.

**Levantamento das Necessidades –** O levantamento das necessidades de treinamento é uma forma de diagnóstico e, como tal, deve basear-se em informações relevantes. Os principais meios utilizados para este levantamento são: avaliações de desempenho; observações; questionários; solicitações de supervisores e gerentes; entrevistas; reuniões; testes; mudanças e modificações nos processos operacionais; relatórios.

O levantamento das necessidades de treinamento pode ser efetuado em três diferentes níveis de análise: Ao nível da organização; ao nível dos recursos humanos; ao nível das operações.

De um modo geral, há necessidade de treinamento quando:

- Empregado é admitido.
- O empregado é promovido ou transferido para outras funções.
- São comprados novos equipamentos.
- Há mudanças nos métodos de trabalho (novas operações, novos materiais).
- Há mudanças administrativas (novos procedimentos, novos regulamentos).
- Há desperdício de materiais.
- Verifica-se má qualidade do produto.
- Há gasto excessivo de tempo.
- Os custos são elevados.

**Execução do Treinamento –** A execução do treinamento dependerá, principalmente, dos seguintes fatores:

- Adequação do conteúdo programático do curso de treinamento ao público-alvo
- A qualidade do material de treinamento apresentado.
- A cooperação de todos os envolvidos.
- A qualidade e preparação dos instrutores.
- A qualidade dos alunos.

**Avaliação do Treinamento –** A avaliação do treinamento deve considerar dois aspectos principais: Determinar até que ponto o treinamento realmente produziu as modificações desejadas no comportamento dos empregados; demonstrar se os resultados do treinamento apresentam relações com a consecução das metas da empresa.

A avaliação do treinamento terá êxito, quando se questionar o participante (aluno) sobre as seguintes perguntas:

- A administração do curso atuou na solução de eventuais dificuldades?
- O mobiliário e as instalações da sala de aula são satisfatórios?
- O horário e a duração das aulas atendem a eficácia do curso?
- Os temas abordados estão atualizados, contribuindo para os objetivos dos participantes?
- A ordem em que foram dadas as aulas formou uma sequência que facilitou a compreensão do assunto abordado?
- O uso de recursos didáticos ajudou no aprendizado?
- A parte prática contribuiu para o seu aprimoramento?
- A carga horária foi suficiente e bem distribuída pelos assuntos?
- O material escrito apresentado tem uma linguagem didática, com informações relevantes?
- Os testes aplicados foram bem elaborados?
- O curso atingiu totalmente o objetivo a que se propôs?

**Funções do Treinamento –** O treinamento possui as seguintes funções básicas: transmitir informações; desenvolver habilidades; modificar atitudes; desenvolver conceitos.

**Análise do Treinamento –** A análise do treinamento será, principalmente, baseada nas seguintes questões: Qual a necessidade? Onde foi assinalada em primeiro lugar? Ocorre em outra área ou setor? Qual a sua causa? É parte de uma necessidade maior? Como resolvê-la? É preciso alguma providência inicial? A necessidade é imediata? Qual a sua prioridade? A necessidade é permanente ou temporária? Quantas pessoas e quantos serviços serão atingidos? Qual o tempo disponível para o treinamento? Qual o custo? Quem irá executar o treinamento?

**Planejamento do Treinamento –** O planejamento deverá trabalhar as seguintes questões:

- O que deve ser ensinado? (Conteúdo Programático)
- Quem deve ser treinado? (Público-Alvo)
- Quem vai treinar? (Instrutor)
- Onde treinar? (Local)
- Como treinar? (Métodos e Recursos)
- Quando treinar? (Época e Horário)
- Quanto treinar? (Duração e Intensidade).
- Para que treinar? (Objetivos e Resultados)
- Qual o custo? (Relação Custo/Benefício)
- Quais pontos são críticos? (Avaliação e Controle).

**Resultado do Treinamento –** O resultado esperado do treinamento pode ser visto sob os seguintes níveis:

- Ao nível organizacional, o treinamento é um dos meios de aumentar a eficácia organizacional. Neste nível o treinamento deve proporcionar resultados como: melhoria da imagem da empresa; melhoria do clima organizacional; minimizar conflitos entre empregados; aumentar a produtividade; maior aceitação das mudanças e inovações tecnológicas.
- Ao nível dos recursos humanos, o treinamento deve proporcionar resultados, como: redução do turnover; redução do absenteísmo; aumento da eficiência individual; aumento das habilidades pessoais; aumento do conhecimento e do nível de percepção dos funcionários; mudanças de atitudes e de comportamento.

- Ao nível das tarefas e operações, o treinamento pode proporcionar resultados, como: melhoria do nível de qualidade dos produtos; redução no fluxo de materiais de produção; redução dos acidentes de trabalho; redução do índice de manutenção de máquinas e equipamentos.

**Metodologia do Treinamento –** A metodologia a ser aplicada estará, em função dos resultados que se quer obter e, também dos recursos instrucionais de que dispõe a empresa. As fases básicas dessa metodologia são:

- Levantamento das necessidades por setor.
- Aplicação dos princípios de aprendizagem.
- Escolha do método adequado ao público-alvo.
- Reunião dos materiais e dados para a instrução.
- Elaboração do programa.
- Treinamento dos instrutores.
- Implementação do treinamento.
- Avaliação e controle do resultado.
- Relatório.

**Recursos Instrucionais –** Os recursos instrucionais mais usados são: livros, apostilhas, manuais, filmes, regulamentos, simulações, estudos de caso, teleconferências, testes, palestras, modelos, esquemas, gráficos, exposição oral, quadros de esboço, slides, projeções, transparências, dramatizações, demonstrações, simulações, dinâmicas de grupo, por exemplo.

**Programa de Treinamento –** Um programa de treinamento objetiva ampliar o conhecimento do participante em relação a: produtos, concorrências, ambientes, comportamentos, mercados, técnicas, atribuições, habilidades, responsabilidades, cenários, qualidades, sistemas de comunicação, ferramentas organizacionais, tecnologias, sistemas de informação.

A seguir, um exemplo de programa de treinamento:

a) Definir áreas carentes de conhecimento.
b) Estabelecer o público-alvo, seu nível e experiência.
c) Elaborar conteúdo programático, em função do público-alvo.
d) Determinar o tempo de duração do curso.
e) Definir a metodologia a ser aplicada.
f) Levantar necessidades de recursos instrucionais.
g) Orçar despesas de implementação.
h) Estabelecer o tipo de linguagem didática adequada.
i) Servir o local de instrução de todo o conforto compatível com o público-alvo.
j) Desenvolver um plano diretor da aula.
k) Aplicar o treinamento.
l) Avaliar resultado do curso, através de um questionário de pesquisa.
m) Fazer correções para o próximo curso.

**Plano de Treinamento –** Um plano de treinamento requer uma série de providências, tais como:

Conteúdo Programático – Programa didático elaborado com ordenação, eliminando-se as justaposições e os conflitos de apresentação. Isto envolve uma perfeita sintonia entre os instrutores.

Metodologia – A metodologia a ser aplicada deve ser útil e agradável. É comum se utilizar estudos de caso para melhorar o desenvolvimento do raciocínio do aluno. A técnica de dramatização ajuda a desinibir e a contornar objeções.

Recursos – Os recursos devem prender a atenção, provocar impacto e ajudar a fixação de conceitos.

Linguagem – No processo de comunicação, a linguagem deve ser adequada ao público-alvo.

Conduta – Ao instrutor cabe transmitir o conteúdo com clareza e providenciar os meios necessários à boa instrução.

Avaliação – Ao final do curso fazer uma avaliação por meio de um questionário.

Outras providências complementares serão exigidas, como: preparar uma descrição das tarefas, com suas obrigações; fixar o grau de profundidade do treinamento; definir as responsabilidades do instrutor, determinando, claramente, os seus limites; estabelecer formas de reciclagem para alunos e instrutores.

# Capítulo 8
# PROBLEMAS com TEMPO

"A trágica experiência de conhecer a transitoriedade da vida ajuda o ser humano a empregar seu tempo com responsabilidade."

José C. V. Gomes

## Objetivos do Capítulo

- Mostrar que o tempo é um recurso inelástico.
- Mostrar que a administração do tempo depende da situação e da pessoa.
- Mostrar os diversos enfoques que se dá para o tempo.

## 8.1 Conceito de Tempo

O conceito de tempo está ligado à noção de espaço, porque o tempo precisa de um espaço (dimensão) para ser medido. Os físicos dizem que devemos nos referir ao tempo como espaço-tempo. Não existe tempo absoluto.

O tempo é cada vez mais um recurso escasso, inelástico, não estocável, mas ele não é importante apenas como recurso. O efeito que seu uso provoca em nós também é fundamental. Pressa, ansiedade e frustração provocam má qualidade de produtos, relações e resultados.

De todos os recursos ao alcance de um indivíduo, o tempo é o mais pessoal e o mais comumente desperdiçado. Aquele que se propõe a usá-lo de forma efetiva e inteligente terá de conhecer profundamente as funções administrativas. Assim, podemos considerar o recurso tempo, cujo significado é intrínseco a cada indivíduo.

A seguir, são colocados, sob a forma de Itens de estudo os principais problemas com tempo:

## 8.2 Problemas de Administração do Tempo

Não existe princípios universais de como administrar o tempo, porque cada pessoa conceitua o tempo, segundo seu nível de percepção.

Porém, tirados do Senso Comum e da Literatura Administrativa, a seguir, são relatados alguns princípios de administração do tempo:

- Reservar algum tempo para planejar adiantadamente o seu dia.
- Delegar parte do seu trabalho que pode ser feito por outra pessoa qualificada.
- Dar aos subordinados uma hora fixa para encontros.
- Levar, em viagens, material para leitura.
- Evitar tempos de espera, sempre que possível.
- Fazer reuniões somente quando necessárias e com as pessoas certas.
- Usar efetivamente o tempo para pensar, pois aquele que só trabalha e não pensa, não evolui.

## 8.3 Problemas de Significado do Tempo

O tempo não é a mesma coisa para todo o mundo. Parece ter especial significado para aqueles que se sentem atraídos pela Administração.

As pessoas com grande necessidade de autorrealização podem desejar posição, cargo, poder, status e bens como qualquer pessoa, mas o que lhes interessa é a fórmula para se chegar a estas necessidades.

Movimento, direção e valor são características principais da visão do tempo desses indivíduos. Pessoas que possuem uma grande sede de realização são mais conscientes do significado do tempo. Para elas o tempo é um recurso precioso, estando particularmente exposto às pressões conjunturais

O constante predomínio das exigências imediatas tem como resultado uma insuficiência deste recurso para pensar e escrever. Consequentemente, cresce sempre uma tendência para que os executivos limitem seus interesses e atividades a áreas cada vez mais reduzidas e a se concentrarem em leitura de caráter técnico e específico.

Porém, existe a dúvida: Será que a falta de um conhecimento interdisciplinar não tirará de nós a melhor forma de administrar o tempo? Pior mesmo são as pessoas que não têm tempo para nada e que acham uma tolice fazer uma autoanálise do uso do tempo.

Atuam como robôs e correm o risco de perderem a noção do quem são e quais as suas convicções, se as tiverem ainda. Portanto, sempre confronte o seu futuro. Não acredite somente na sorte. Utilize todas as variáveis que estiverem à mão.

O economista que tirou o EUA da depressão financeira de 1929, John Maynar Keynes, insistia em dizer, contra aqueles que achavam que o mercado resolveria tudo (política neoliberal): "O Estado, às vezes, precisa intervir, já que os oportunistas são o escolho da humanidade.

O sucesso e o fracasso podem ser alcançados, rapidamente, mas a construção do modelo de sucesso sempre leva mais tempo". Evidentemente que a vida e a morte não são tão íntimas do homem de negócio, mas o domínio do presente sobre o futuro pode ser o grande macete.

A organização burocratizada leva o indivíduo a se concentrar no imediatismo, fato profundamente lamentável. "Os reais desafios gerenciais são tão difíceis e provocam tanta ansiedade, que os indivíduos desejam que seus dias sejam preenchidos com detalhes e trivialidades" (C. Northcote Parkinson).

É durante o processo de orientar e treinar um subordinado que mais evidente aparece o medo de perder o controle, com efeitos colaterais sobre o tempo. Esta incerteza deriva das grandes jornadas de trabalho que consomem horas intermináveis, às vezes improdutivas.

## 8.4 Problemas de Utilização do Tempo

Os seres humanos são eminentemente gregários. Nascem, vivem e morrem fazendo parte de grupos e, em cada um destes, aos quais se filiam por opção própria, por acaso ou por imposição da sociedade em que vivem, os indivíduos representam papéis que lhes conferem direitos e deveres que, por sua vez, determinam certos comportamentos na utilização do tempo.

A participação nos diferentes grupos consome tempo, não só para representar os papéis assumidos, como também para atender às expectativas que se criam em torno dos mesmos. Cada um destes papéis absorve não só parte da nossa energia como também uma parcela das nossas 24 horas do dia.

O objetivo da administração do tempo é aumentar a efetividade (eficiência + eficácia + velocidade) da pessoa, permitindo que ela, mais em menos tempo, atinja seus objetivos com o menor custo, esforço físico e mental.

A administração do tempo começa com a autodescoberta, isto é, como utilizamos o nosso tempo, o que não nos satisfaz e o que desejamos mudar. Como mais coisas temos para fazer e mais pessoas a atender, devemos considerar o tempo como um recurso que precisa ser muito bem otimizado.

Assim, é sugerido que o leitor analise, com especial cuidado, aquela área do conhecimento onde suas dificuldades são acentuadas.

Não se assuste ao ler nos próximos capítulos que você tem inúmeras deficiências na administração do tempo, afinal você é humano.

## 8.5 Problemas de Classificação do Tempo

A classificação do tempo pode ser feita sob diversos critérios. Por isso, apenas foram considerados alguns tipos de tempo:

**Tempo Subjetivo** – É o tempo visto sob a ótica da satisfação (sentimento). Poucas são as pessoas que param para fazer uma análise do seu tempo subjetivo que é o determinante básico da nossa qualidade de vida, questionando-se com perguntas do tipo:

- Gosto do que faço?
- Faço o que gosto?
- Faço o que devo?
- Como distribuo no meu tempo entre o que gosto e o que devo fazer?
- Como me sinto quando faço o que gosto?
- Quanto faço o que devo?
- São questões básicas para verificar como anda a minha qualidade de vida.

**Tempo Objetivo** – É aquele que é medido pelo relógio, podendo ser subdividido em tempo autodirigido e tempo imposto. A qualidade do nosso tempo subjetivo vai depender da maneira como alocamos o nosso tempo objetivo. Quanto mais o tempo é autodirigido mais elevada tenderá a ser sua qualidade, sua sensação de liberdade e sua autorrealização.

Quanto mais o tempo objetivo é imposto menor será a qualidade do nosso tempo subjetivo, e mais intensa a sensação de opressão e a falta de liberdade de optar. Este é um sentimento comum entre as pessoas que se consideram escravas do dever e das obrigações.

**Tempo Imposto** – Implica na obrigação de dedicar, por força de um contrato, certo número de horas em troca de uma remuneração. Uma análise mais cuidadosa, entretanto, revela que o objetivo da contratação entre duas partes não é apenas de alugar o tempo do contratado.

O que se pretende é que o indivíduo produza e obtenha resultados que satisfaçam as necessidades da sociedade e do próprio indivíduo. Nenhuma empresa, por mais rígida, controladora ou burocratizada que seja, tem condições de impor de forma absoluta aos seus funcionários a forma como eles usam o seu tempo.

Em outras palavras, o tempo imposto pelo grupo não abrange, necessariamente, a totalidade do espaço temporal.

**Tempo Autodirigido** – Significa que o indivíduo pode estabelecer suas prioridades, mesmo quando a cultura organizacional tende a valorizar mais as pessoas ocupadas do que as produtivas. Embora os valores, os costumes e as crenças existentes na empresa sejam fatores relevantes na determinação do comportamento dos seus funcionários e dirigentes, estes não são seres passivos.

Cada indivíduo possui certo grau de liberdade para decidir onde, quando e como alocará o seu tempo, ou seja, tem certo poder sobre o tempo autodirigido. O problema é que apenas uma minoria o utiliza adequadamente.

O indivíduo tem a capacidade de influenciar a cultura da empresa, principalmente os que ocupam posições gerenciais, pois servem de modelo para os demais. São estas pessoas que contribuem mais diretamente para a mudança organizacional, desde que tenham novas formas de comportamento.

O tempo autodirigido representa uma alternativa construtiva para escapar da mesmice, permitindo ao dirigente organizar o seu tempo pessoal, minimizando assim uma parte das pressões que recebe do meio em que trabalha, pelo menos no que se refere à sua área de atuação específica.

Um ponto de conflito entre superiores e subordinados é o estabelecimento de uma distribuição inadequada e insatisfatória entre o tempo autodirigido e o tempo imposto.

**Tempo Evento** – Acontecimento ou mudança nas propriedades estruturais de um sistema qualquer, dentro de um período de tempo de determinada duração. Um evento pode ser um fusível aberto que interrompe o fornecimento de energia elétrica ou uma festa que dure uma semana.

**Tempo Consumido –** Tempo gasto num determinado trabalho (aquisição, distribuição, planejamento, produção, atendimento, administração).

**Tempo de Mercado –** Período que uma empresa leva para ir da concepção do produto até a sua entrega ao consumidor final. Porém, alguns autores consideram-no como aquele que vai do lançamento do produto no mercado até a adoção pelos consumidores.

**Tempo Executivo –** Tempo necessário para a alocação de recursos e espaços necessários e adequados para que uma atividade (tarefa, processo) possa ter continuidade com segurança.

**Tempo Médio –** Média aritmética das medições do tempo de uma série de valores relativos a uma atividade.

**Tempo de Ciclo –** Tempo necessário para a execução de um ciclo operacional de uma empresa.

**Tempo Não Operacional –** Somatório do tempo de espera para: reparo, diagnóstico, tratamento, reposição de recursos, tomada de decisão, ações burocráticas, aceitação de padrões.

**Tempo Flexível –** Modalidade de utilização do tempo para evitar: coincidência de horário, superposição, saturação, congestionamento, gargalo, absenteísmo, atraso.

**Tempo de Projeto –** Análise do sequenciamento das várias etapas de um determinado projeto, onde são observados o caminho crítico (tempo mais curto de execução), a determinação do custo, as datas dos eventos e as janelas de oportunidades.

**Tempo Produtivo –** Tempo que estabelece o equilíbrio entre as diversas combinações dos recursos disponíveis. O fato de homens e máquinas serem utilizados plena ou parcialmente fará uma grande diferença em sua produtividade. Porém a utilização desordenada e irracional dos recursos pode levar a empresa à falência.

## 8.6 Problemas de Ocupação

Globalização, inovações tecnológicas e competição selvagem por poder fazem com que homens e mulheres de negócios trabalhem como nunca. Nos últimos anos, as fronteiras comerciais foram derrubadas e provocaram uma profunda mudança na economia mundial.

Para serem competitivas, mesmo pequenas empresas, tiveram de elevar sua produtividade ao nível dos concorrentes, inclusive de grandes companhias de países como Estados Unidos e Japão. A competição atingiu os executivos, que passaram a disputar posições com profissionais de todas as partes do mundo.

A Revolução Digital, que se intensificou a partir da década de 1990 com a adoção generalizada de telefones celulares e computadores cada vez mais portáteis, aumentou sensivelmente a produtividade das empresas, o que não deixa de ser um paradoxo.

Quando os futurólogos do Século XX falavam de maior tempo de lazer e aproveitamento da vida, por que tanto trabalho em detrimento de uma melhor qualidade de vida? Por que trabalhamos tanto? Por que não temos mais horários livres? Colocar o trabalho, acima de tudo, tornou-se uma necessidade para quem pretende atingir o topo da carreira.

Mesmo estando ciente das suas necessidades, você pode ter de enfrentar este problema, sofrer de uma doença chamada febre da ocupação. Talvez esteja tão ocupado que não tem tempo para se tornar melhor diretor da própria vida. Neste ponto, vale a pena fazer uma autoavaliação a respeito.

Individualmente, procure assinalar as proposições que se aplicam a você na sua perda de tempo, tais como:

- Gastar muito tempo em problemas que lhe são trazidos pelos subordinados.
- Supervisionar excessiva ou insuficientemente o subordinado.
- Programar trabalho sem critério de prioridade.
- Começar uma tarefa antes de considerá-la cuidadosamente.
- Abandonar tarefas iniciadas.
- Fazer coisas que podem ser delegadas ou que podem ser feitas por uma máquina.
- Fazer coisas que na verdade não é parte do seu trabalho.
- Gastar tempo demais em suas antigas áreas de interesse ou competência.
- Fazer coisa improdutiva por hábito.
- Manter excessivo número de registros (complicados e superpostos).
- Dedicar-se a projetos que você não pode realizar.
- Dar atenção a coisas sem valor, não sabendo ler o cenário.
- Lidar com muitas coisas ao mesmo tempo.
- Fugir de tarefas novas e ameaçadoras.
- Permitir divagações em reuniões, não tendo jogo de cintura para contorná-las.
- Deixar ocorrer discussões, após ter encerrado a reunião.
- Realizar reuniões, visitas e telefonemas desnecessários.
- Procurar dados irrelevantes só para mostrar que é o tal.
- Buscar o convívio social, deixando o trabalho de lado.
- Ler publicações que nada tenham a ver com sua função, durante o expediente. Não delegar tarefas por achar que subordinados são incompetentes.
- Acreditar que o computador resolverá todos os problemas empresariais.

Vedando essas perdas de tempo, é possível você curar-se da febre da ocupação e encontrar mais tempo para desenvolver suas habilidades administrativas (se as tiver) e melhorar seus conhecimentos congruentes com o cargo que ocupa na organização, na sociedade e na família.

Estar assoberbado demais parece uma desculpa maravilhosa, mas é uma justificativa muito insatisfatória para não atacar problemas vitais que podem comprometer o seu futuro. O chefe ocupado demais, provavelmente, deve ser incompetente.

Embora a vida seja curta, sempre haverá tempo de recomeçar, desde que haja vontade. Afinal, desta vida só se leva a vida que se levou.

## 8.7 Problemas com Uso do Tempo

Por que todos nós trabalhamos com a hipótese de que não vamos realizar o que queremos? Porque há sempre a sensação de que não dispomos de tempo ou que o trabalho será incompleto e improvisado. Por que há a sensação que empregamos mal o uso do tempo?

Na verdade, nosso trabalho é variado e descontínuo, sofrendo interrupções por fatos inesperados, telefonemas, conflitos, oportunidades, urgências, ameaças e outras pendengas, devido à enorme quantidade de controles e detalhes, papéis e estilos de atuação necessários num curto espaço de tempo.

Que dirá do trabalho de um dirigente, cuja necessidade de criação e improvisação está acima dos mortais. Por analogia pode-se dizer que é como o trabalho de um clínico que atende diversas enfermidades, sem ter suficientes informações para diagnosticar com mais precisão.

Será que o presidente de uma grande organização é agitado, estressado, vive em tensão constante, tem uma tendência para soluções superficiais, costuma esbanjar o tempo em pequenos detalhes urgentes do dia-a-dia.

Então, o que as pessoas fazem com seu tempo? Pode-se dizer que as pessoas dedicam tanto tempo a coisas irrelevantes que não sobra senão pouco para o que é importante fazer. Peter Drucker diz que "os executivos têm tendência para coisas inconsistentes".

No que William Oncken acrescenta: "eles têm preferência para fazer o que já faziam antes, para aquilo que lhes é familiar e que já deveriam ter delegado". Ambos, na realidade, parodiaram Maquiavel.

Louis Allen contribuiu com sua própria lei: "Os assuntos operacionais têm prioridade sobre os essenciais". O que no fundo é a aplicação da Lei de Gresham: "A moeda ruim expulsa a moeda boa". Para completar temos o genial C. N. Parkinson criando a sua lei sobre o tempo: "O trabalho se expande por todo o tempo disponível".

Mesmo os executivos conscientes e treinados para a administração do tempo entram em contradição e se perdem com o que não deviam fazer. É por isso que a mecânica dos dispositivos de controle do tempo não nos deve enganar.

O problema persiste porque as prioridades mudam constantemente e a busca daquilo que é realmente importante fazer é um exercício de inteligência e não o resultado garantido de esquemas de bem administrar o tempo.

Então, o que fazer para que você use o seu tempo de uma maneira mais consistente? Estabeleça mecanismos de autorregulação, busque ler o cenário com os pés no chão, busque sinais para uso correto do tempo. Em resumo, procure influir sobre o desenho de sua organização e de seu ambiente para que eles sejam instrumentos da sua realização pessoal.

Para você ser um bom administrador basta observar as seguintes premissas do tempo:

- Não se esqueça do futuro e quais são as tarefas prioritárias.
- Não se valha da memória, ponha as atividades a realizar no papel.
- Prepare-se para enfrentar surpresas desagradáveis.
- Utilize a agenda com racionalidade, definindo espaços de tempos congruentes com o assunto a ser trabalhado.
- Preveja folgas para interrupções.
- Não congestione a sua agenda de trabalho.
- Faça um estudo para saber aquilo que deu errado.
- Crie procedimentos, políticas e modelos para agir em casos semelhantes.
- Evite acúmulo de trabalho, delegue.
- Acredite na metodologia que você criou para controlar o tempo, só alterando se realmente você fracassar.
- Dê crédito ao planejamento, porque sem ele você ficará perdido.
- Leia livros sobre administração do tempo.
- Conheça as funções administrativas.
- Evite se envolver com o desnecessário.

## 8.8 Autoavaliação do Uso do Tempo

*É indispensável que a pessoa possua senso crítico e faça a sua própria avaliação do uso do tempo (autocrítica). Para tal, é colocada, a seguir, uma série de questões para conhecer como você emprega o seu tempo. Seja sincero.*

*01 – É comum você não saber como será o seu próximo dia? □ Sim □ Não*

*02 – Um dia de trabalho sem problemas e crises é cansativo e monótono para você? □ Sim □ Não*

*03 – Nem sempre você termina o que começa? □ Sim □ Não*

*04 – Você é uma pessoa muito ocupada? □ Sim □ Não*

*05 – É comum você tomar uma decisão e ficar em dúvida? □ Sim □ Não*

*06 – Você custa a perceber a existência de um problema? □ Sim □ Não*

*07 – Você prefere executar a tarefa, em vez de delegar? □ Sim □ Não*

*08 – Você é aquele que, quando chamado pelo seu chefe, deixa tudo o que está fazendo para atendê-lo? □ Sim □ Não*

*09 – Você atende pessoalmente todos os telefonemas e e-mails? □ Sim □ Não*

*10 – Você sempre ajuda seus subordinados quando eles têm dificuldades ou problemas com o trabalho? □ Sim □ Não*

*11 – Você encara todo e qualquer trabalho como importante? □ Sim □ Não*

*12 – Você é aquele que liquida as tarefas rotineiras em primeiro lugar? □ Sim □ Não*

*13 – Você é um perfeccionista? □ Sim □ Não*

*14 – Você nunca pensa nos objetivos pessoais? □ Sim □ Não*

*15 – Você acha que é bobagem fazer planejamento? □ Sim □ Não*

*16 – Você passa boa parte do seu tempo de trabalho* quebrando galhos? *□ Sim □ Não*

*17 – Você é daqueles que guarda tudo que é papel? □ Sim □ Não*

*18 – Você, quando dá uma informação, vai aos mínimos detalhes? □ Sim □ Não*

*19 – Havendo riscos, você prefere que as decisões sejam tomadas por outras pessoas? □ Sim □ Não*

*20 – Você é daqueles que não perde tempo à procura de medidas que evitem problemas futuros? □ Sim □ Não*

*21 – Você só delega trabalhos simples e rotineiros, sem grandes responsabilidades? □ Sim □ Não*

*22 – Você é incapaz de dizer não às pessoas? □ Sim □ Não*

*23 – O computador é indispensável no seu trabalho? □ Sim □ Não*

*24 – Você assume tarefas que cabem a outras pessoas? □ Sim □ Não*

*25 – É difícil você distinguir o que é urgente, o que é prioritário e o que é importante? □ Sim □ Não*

*26 – Você sabe o momento do seu dia em que o trabalho rende mais? □ Sim □ Não*

*27 – Você, antes de ler e assinar um documento, tem a preocupação de verificar erros de ortografia e gramática? □ Sim □ Não*

*28 – Você acha que ter objetivos na vida é uma bobagem já que tudo depende do destino? □ Sim □ Não*

*29 – Por mais que programe o seu dia de trabalho, sempre ficam muitas coisas por fazer? □ Sim □ Não*

*30 – Você resolve tudo em cima da hora? □ Sim □ Não*

*31 – Você esquece onde guarda documentos do seu dia-a-dia? □ Sim □ Não*

*32 – É comum que as pessoas não entendam quando você fala? □ Sim □ Não*

*33 – Você gosta de pensar muito antes de tomar uma decisão? □ Sim □ Não*

*34 – A maioria dos problemas é difícil de ser definida? □ Sim □ Não*

*35 – Você gasta tempo em trabalhos que outras pessoas podem fazer melhor? □ Sim □ Não*

*36 – É comum você se sentir sobrecarregado de trabalho? □ Sim □ Não*

*37 – Você, raramente, telefona para confirmar reuniões, visitas, entrevistas e eventos? □ Sim □ Não*

*38 – Sua carga de trabalho é maior do que a dos seus subordinados? □ Sim □ Não*

*39 – É comum não sobrar tempo para fazer aquilo que é importante? □ Sim □ Não*

*40 – Você deixa para o final do expediente as coisas mais importantes? □ Sim □ Não*

*41 – Você sempre revê o trabalho dos seus subordinados por que não confia neles? □ Sim □ Não*

*42 – Seu lema é tocar a vida em frente sem pensar muito nela? □ Sim □ Não*

*43 – Você prefere resolver os problemas na medida em que eles aconteçam? □ Sim □ Não*

*44 – Você acha que as coisas que acontecem numa empresa dependem do acaso? □ Sim □ Não*

*45 – Você costuma fazer várias coisas ao mesmo tempo? □ Sim □ Não*

*46 – Você tem dificuldade em expressar suas ideias? □ Sim □ Não*

*47 – Sempre que você toma uma decisão é comum não avaliar os riscos? □ Sim □ Não*

*48 – Você é do tipo que acha que os problemas são resolvidos, em função do mercado? □ Sim □ Não*

*49 – Você só delega seus assuntos para pessoas experimentadas? □ Sim □ Não*

*50 – Você é daqueles que nunca deixa de atender a um telefonema ou uma visita inesperada, mesmo que esteja ocupado? □ Sim □ Não*

*51 – O seu telefone está sempre ocupado? □ Sim □ Não*

*52 – Você frequentemente leva serviço para casa? □ Sim □ Não*

*53 – Suas prioridades são estabelecidas por seus superiores? □ Sim □ Não*

*54 – O dia foi feito para trabalhar e a noite para descansar? □ Sim □ Não*

*55 – Você controla tudo para nada sair errado? □ Sim □ Não*

*56 – É uma perda de tempo elaborar um plano, por que tudo está sempre mudando? □ Sim □ Não*

*57 – Você evita assumir compromissos para o futuro? □ Sim □ Não*

*58 – Você é do tipo que resolve as crises, não perdendo tempo em evitá-las? □ Sim □ Não*

*59 – Você se esquece do lugar onde estão arquivados seus documentos importantes? □ Sim □ Não*

*60 – É comum você dar uma informação ou uma ordem e as pessoas voltarem para esclarecimentos? □ Sim □ Não*

*61 – Você tem o hábito de adiar problemas difíceis? □ Sim □ Não*

*62 – Você acha que os problemas só estão na cabeça das pessoas, pois tudo é muito simples? □ Sim □ Não*

*63 – Você tem medo de delegar para não perder o emprego? □ Sim □ Não*

*64 – Sua porta está sempre aberta para todos? □ Sim □ Não*

*65 – Você não ensina o pulo do gato? □ Sim □ Não*

*66 – Para você os recursos tecnológicos avançados só servem para aturdir nossas cabeças? □ Sim □ Não*

*67 – Os objetivos do seu trabalho são confusos e incompreensíveis? □ Sim □ Não*
*68 – Você come muito na hora do almoço? □ Sim □ Não*

*69 – Há coisas no seu setor de trabalho que só você sabe fazer? □ Sim □ Não*

*70 – Você acha que regras, manuais, políticas e procedimentos tiram a criatividade das pessoas? □ Sim □ Não*

*71 – Você faz as coisas sem pensar no tempo que leva? □ Sim □ Não*

*72 – Você tem dificuldades para se concentrar no trabalho? □ Sim □ Não*

*73 – Você acha que não é preciso negociar com os subordinados, no dia-a-dia, porque eles já sabem o que têm a fazer? □ Sim □ Não*

*74 – Você é daqueles que faz as tarefas que gosta, não as delegando para outras pessoas? □ Sim □ Não*

*75 – Você é pau para toda obra? □ Sim □ Não*

*76 – Você é daqueles que não resolve problemas por telefone ou e-mails? □ Sim □ Não*

*77 – Seus subordinados passam o dia todo com poucas coisas a fazer?* □ *Sim* □ *Não*

*78 – Você não tem o hábito de ouvir os subordinados, porque só escuta besteiras?* □ *Sim* □ *Não*

*79 – Você acredita que reuniões devem ser feitas em qualquer horário?* □ *Sim* □ *Não*

*80 – Você não consegue lidar com pessoas ignorantes e/ou burras?* □ *Sim* □ *Não*

*81 – Você é usuário compulsivo do computador?* □ *Sim* □ *Não*

*82 – Você se sente satisfeito quando passa a madrugada viajando na internet?* □ *Sim* □ *Não*

*83 – Você gosta mais de executar do que administrar?* □ *Sim* □ *Não*

*84 – Você acha que é bobagem estudar, porque se aprende mesmo é na prática?* □ *Sim* □ *Não*

*85 – Você tem dificuldades de passar para o papel as suas ideias?* □ *Sim* □ *Não*

*86 – Você acha que fazer reflexões e análises sobre uma situação é perda de tempo?* □ *Sim* □ *Não*

*87 – Você só lê coisas do seu interesse e conhecimento específico?* □ *Sim* □ *Não*

*88 – Você acha que estratégia e tática são a mesma coisa?* □ *Sim* □ *Não*

*89 – Você não se interessa em participar da elaboração de um plano por que acha chato demais?* □ *Sim* □ *Não*

*90 – Você nunca se arrependeu de algumas ações realizadas no passado?* □ *Sim* □ *Não*

*91 – Você é daqueles que dá valor ao conhecimento adquirido, no dia-a-dia, não perdendo tempo em ler livros?* □ *Sim* □ *Não*

*92 – Você dificilmente se utiliza de modelos e de políticas na resolução de problemas?* □ *Sim* □ *Não*

*93 – Você exige sempre objetividade das pessoas?* □ *Sim* □ *Não*

*94 – Você é daqueles que acham que a mesa de trabalho deve ser bem grande para que tudo esteja à mão?* □ *Sim* □ *Não*

*95 – Você participa de reuniões por puro hábito?* □ *Sim* □ *Não*

*96 – Você tem dificuldade em encontrar o que quer?* □ *Sim* □ *Não*

*97 – Você tem por hábito adiar decisões difíceis?* □ *Sim* □ *Não*

*98 – Você se acha uma pessoa pragmática?* □ *Sim* □ *Não*

*99 – Você tem dificuldade em treinar subordinados?* □ *Sim* □ *Não*

*100 – Você não suporta pessoas que querem lhe dar conselhos?* □ *Sim* □ *Não*

## Chave de Respostas

**Atenção!** Você não deve ler a chave de respostas antes de preencher o questionário. Se assim o fizer, estará sabotando o seu comportamento real e o teste acima de nada valerá.

Totalize os “sim” que você marcou e confira o resultado:

| Respostas Sim | Resultados |
|---|---|
| De zero a dez | Você administra muito bem o seu tempo. |
| De onze a vinte | Você administra bem o seu tempo. |
| De vinte e um a quarenta | Você administra de forma regular o seu tempo. |
| De quarenta e um a sessenta | Você administra mal o seu tempo. |
| De sessenta e um a cem | Você precisa rever os seus conceitos sobre a Administração do Tempo urgentemente. |

# Problemas Resolvidos

A seguir, são colocados alguns problemas que acontecem no dia a dia das empresas:

**01** – Admitamos que no ano passado as demandas trimestrais foram sucessivamente as seguintes: 40; 20; 30; 10, isto é, uma demanda de 100 unidades. Este ano a empresa espera uma demanda de 120 unidades. Quais são as previsões para os próximos trimestres?

Solução:

Cálculo dos percentuais das demandas passadas:

40/100 = 40%     20/100 = 20%     30/100 = 30%     10/100 = 10%

Demandas para os próximos trimestres:

1º Trimestre = 0,40 x 120 = 48     2º Trimestre = 0,20 x 120 = 24
3º Trimestre = 0,30 x 120 = 36     4º Trimestre = 0,10 x 120 = 12

**02** – Num determinado ano os resultados em vendas foram os seguintes: janeiro = 400; fevereiro = 450; março = 500; abril = 350; maio = 200; junho = 450; julho = 350; agosto = 450; setembro = 550; outubro = 600; novembro = 550; dezembro = 800. Dizer qual a tendência para o próximo ano, utilizando o método gráfico.

Solução:

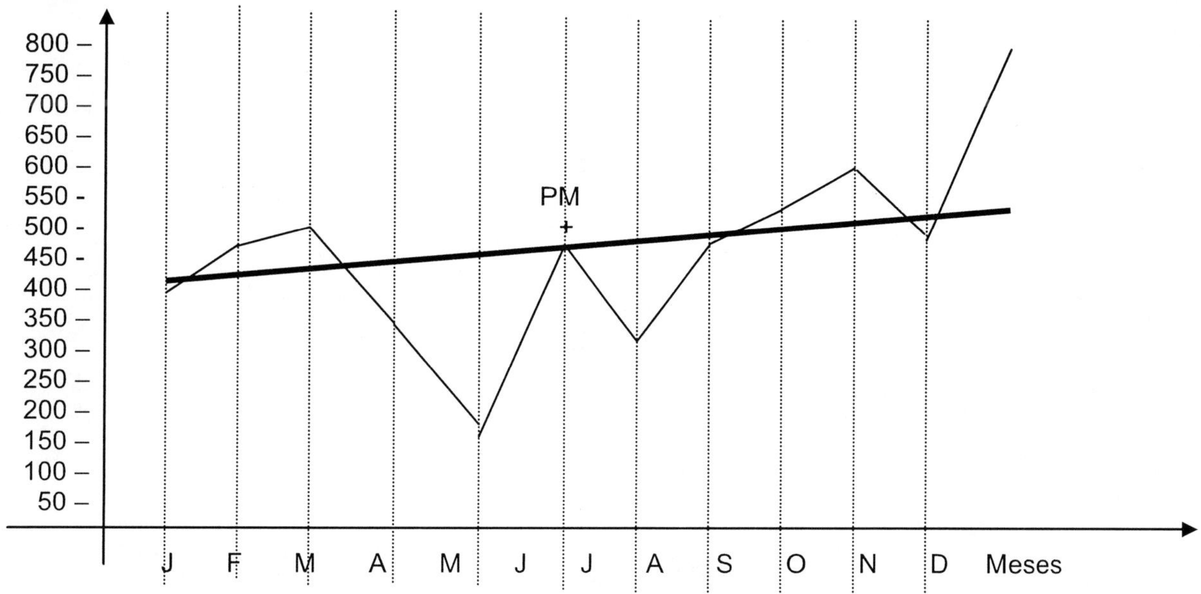


Cálculo do Ponto Médio:

PM = (400+450+500+350+200+450+350+450+550+600+550 +800) /12 = 470

Resposta: A tendência é de alta, conforme mostra a reta (curva).

**03** – Tomar os dados do exercício anterior e apontar qual é a tendência pelo método das médias móveis.

Solução:

Os períodos tomados serão de cinco em cinco meses:

(400+450+500+350+200) /5 = 380
(450+500+350+200+450) /5 = 390
(500+350+200+450+350) /5 = 370
(350+200+450+350+450) /5 = 360
(200+450+350+450+550) /5 = 400
(450+350+450+550+600) /5 = 480
(350+450+550+600+550) /5 = 500
(450+550+600+550+800) /5 = 590

Resposta: A tendência é de alta.

**04** – Utilizando o método da ponderação determine o valor de vendas previsto para o segundo trimestre de 2011, sendo dada a seguinte tabela.

| Anos | Trimestres | Vendas |
|---|---|---|
| 2011 | 1º | 180 |
| 2010 | 4º | 170 |
| | 3º | 160 |
| | 2º | 165 |
| | 1º | 180 |
| 2009 | 4º | 170 |
| | 3º | 160 |
| | 2° | 165 |
| | 1º | 175 |
| 2008 | 4º | 175 |

Solução:

| Ano | Trimestre | Vendas | Peso | V x P |
|---|---|---|---|---|
| 2011 | 1º | 180 | 0,500 | 90,00 |
| 2010 | 4º | 170 | 0,250 | 42,50 |
| | 3º | 160 | 0,125 | 20,00 |
| | 2º | 165 | 0,062 | 10,23 |
| | 1º | 180 | 0,031 | 5,58 |
| 2009 | 4º | 170 | 0,016 | 2,72 |
| | 3º | 160 | 0,008 | 1,28 |
| | 2º | 165 | 0,004 | 0,66 |
| | 1º | 175 | 0,002 | 0,35 |
| 2008 | 4º | 175 | 0,001 | 0,17 |
| Totais | | | 0,999 | 173,50 |

Resposta: A previsão de vendas para o segundo trimestre é de 173,50

**05** – Determine a tendência das vendas usando o método dos mínimos quadrados, para a seguinte série: janeiro = 364; fevereiro = 423; março = 434; abril = 423; maio = 409; junho = 362; julho = 229; agosto = 316; setembro = 323; outubro = 420; novembro = 410; dezembro = 450.

Solução:

Cálculo das tendências para quatro amostras:

Dezembro/janeiro = (450 - 364) / (12 - 1) = 86/11 = 7,82
Novembro/fevereiro = (410 - 423) / (10 - 1) = - 13 /9 = - 1,44

Outubro/março = (420 - 434) / (8 - 1) = - 14/7 = - 2,00
Setembro/abril = (3423 - 423) / (6 - 1) = - 100/5 = - 20,00

Resposta: A previsão é de queda.

**06** – Qual o ângulo de inclinação da reta representada pela equação: y = 0,48 + 0,65 x

Solução:
Cálculo do valor interpolado:

0,577 = Tangente 30°
0,700 = Tangente 35°

0,700 – 0,577 = 0,123

Se 0,123 correspondem a 5 graus, então: 1 grau = 0,123/5 = 0,025

Cálculo do ângulo:

30° = 0,577
31° = 0,577 + 0,025 = 0,602
32° = 0,602 + 0,025 = 0,627
33° = 0,627 + 0,025 = 0,651

Resposta: Por aproximação, o ângulo de inclinação da reta é de 33°

**07** – Qual é o coeficiente de regressão linear (t) para o resultado do período de janeiro até dezembro: 224; 363;274; 263; 249; 202; 70; 156; 163; 234; 236; 270.

Solução:

| P | p | V | V x p |
|---|---|---|---|
| 1 | - 5,5 | 224 | - 1.232,00 |
| 2 | - 4,5 | 363 | - 1.633,50 |
| 3 | - 3,5 | 274 | - 959,00 |
| 4 | - 2,5 | 263 | - 657,50 |
| 5 | - 1,5 | 249 | - 373,50 |
| 6 | - 0,5 | 202 | - 101,00 |
| 7 | + 0,5 | 70 | 35,00 |
| 8 | + 1,5 | 156 | 234,00 |
| 9 | + 2,5 | 163 | 407,00 |
| 10 | + 3,5 | 234 | 819,00 |
| 11 | + 4,5 | 236 | 1.062,00 |
| 12 | + 5,5 | 270 | 1.485,00 |
| | 0 | 2.604 | - 914,00 |

Cálculo de t:

t = S (p x V)/ S (pp)
S (pp) = 143 (valor retirado da tabela)
S (p x V) = - 914,00
t = - 914,00/143 = - 6,40  t = - 6,40

Resposta: O coeficiente de regressa linear é igual a - 6,40

**08** – Baseado no exercício anterior calcular para o mês treze a previsão de vendas.

Solução:

Cálculo de p:

p = 13 - (12 - 5,5) = 13 - 6,5 = 6,5

Cálculo do valor interpolado:

Vi (15) = x + pt
x = 2.604/12 = 217
Se t = - 6,40, vem:

Vi (15) = 217 + (- 6,4 x 6,5) = 217 - 41,60 = 175,40

Resposta: Para o mês treze, a previsão de vendas é de 175,00 (aproximadamente).

**09** – É o seguinte o resultado das vendas por vendedor de um determinado mês:
A = 20.100; B = 55.000; C= 19.000; D = 19.500; E = 21.000; F = 5.000; G = 21.300; H = 20.500; I = 20.800

Qual a média se tomarmos todos os vendedores?
Qual a média se excluirmos valores extremos?
Qual é a distorção entre os dois cálculos?

Solução:

Total de vendedores = 9
Total das vendas = 202.200
Média aritmética = 202.200/9 = 22.466
B + F = 55.000 + 5.000 = 60.000
Média Corrigida = (202.200 - 60.000) / 7 = 20.314
Índice de distorção = 1 - (20.314/22.466) = 0,095 = 9,5%

Resposta: O índice de distorção é de 9,5%.

**10** – Calcular os dias necessários para os ciclos operacional e financeiro de uma determinada indústria, que apresenta as seguintes condições:

Período de planejamento (PP) = 15 dias
Tempo para o recebimento de matéria-prima = 15 dias
Pedido de matéria-prima é feito no final do planejamento.
Período de produção = 90 dias
Crédito de fornecedores = 30 dias
Tempo de distribuição após a produção = 15 dias
Prazo de pagamento do cliente = 30 dias
Período de vendas = 45 dias
A entrega de matéria-prima é defasada de 30 dias (50% + 50%).
É feito um outro pedido de reposição de matéria-prima, 30 dias depois do início das vendas, nas mesmas condições anteriores.

Solução:

0 15 180

| | | | | | | | | | | | |
| PP |
| Período de Vendas |
| M-Prima |M-Prima |
| Produção |
| Fornecedores |
| Distribuição |
| Contas a Receber dos Clientes |
| Ciclo Operacional (180 dias) |
| Ciclo Financeiro (120 dias) |
| 15 dias|

O período a descoberto é de 15 dias e representa o espaço de tempo entre o primeiro compromisso de pagar fornecedores e o começo de receber as faturas da clientela.

**11** – Uma empresa possui 60.000 clientes e perdeu 3.000. Um cliente representa um faturamento de $ 20.000,00 ao ano. A margem de lucro é de 10%. Pergunta-se: Qual a taxa de cliente perdido? Quanto à empresa deixou de faturar/ano com a perda? Qual o prejuízo que teve quando perdeu consumidores?

Solução:

Taxa de clientes perdidos = 3.000/60.000 = 0,05 = 5%
Faturamento perdido/ano = 3.000 x 20.000,00 = $ 60.000.000,00

Se a margem de lucro é de 10%, então vem:

Resposta: O prejuízo é igual a $ 6.000.000,00

**12** – Qual o valor líquido que o cliente terá de pagar por um produto, cujo preço de venda é de $ 1.000,00, se a loja está dando um desconto de 30%?

Solução:

Pv = $ 1.000,00
Desconto (D) = 30%
VL = Valor líquido = Pv - (D x Pv)
VL = Pv (1 - D) = Pv (1 - 0,30) = Pv x 0,70
VL = 1.000 x 0,70 = 700

Resposta: $ 700,00

**13** – Se o custo de uma mercadoria é de $ 400,00 e a margem de comercialização deve ser 50% do custo, qual o preço de venda desta mercadoria?

Solução:

Custo = 400,00
Margem = 50%
Pv = Cu (1 + x)

Se x = 50%, então vem:

Pv = 400 (1 + 0,50) = 400 x 1,50 = 600

Resposta: $ 600,00

**14** – O custo de um produto é $ 500,00 e a margem de comercialização é de 80% do custo. Qual o preço de venda deste produto?

Solução:

Pv = Cu (1 + x)
Cu = 500,00
x = 80%
Pv = 500 (1 + 0,80) = 500 x 1,80 = 900,00
Pv = $ 900,00

Resposta: R$ 900,00

**15** – Suponha que nossa margem é igual a 50% do custo de produção. Pergunta-se qual o desconto máximo que se pode dar ao consumidor na tabela de venda?

Solução:

Se markup = 50%Cu, vem:
Pv = Cu (1 + 0,50) = 1,5 Cu
Cu = Pv/1,5
Pv - D = Cu (condição do problema)
Pv - D = Pv/1,5
D = Pv - Pv/1,5 = (1,5Pv - Pv) /1,5
D = Pv (1,5 - 1) /1,5; D = Pv (0,50/1,50)
D = Pv x 0,33; D = 33%Pv

Resposta: Desconto terá de ser no máximo de 33% do preço de venda.

**16** – Qual o preço de venda de um produto, cujo custo unitário é de $ 3,00 para as seguintes condições: custo de comercialização é igual a 35% do faturamento e margem de lucro desejada é igual a 15% do faturamento.

Solução:

Custo = 3,00
Margem em função do Pv = 35% + 15% = 50%
Pv = Cu + 0,50 x Pv
Pv - 0,5Pv = Cu
Pv (1 - 0,50) = Cu
Pv = Cu/0,50
Pv = 3,00/0,50 = 6,00

Resposta: O preço de venda deverá ser de $ 6,00.

**17** – Qual é o preço de venda de um produto se o preço de aquisição é de $ 200,00 e a margem de comercialização é de 20% do preço de venda?
Solução:
Cu = 200,00

Se o markup é 20%Pv, vem:

Pv = Cu / (1 - x) = 200/ (1 - 0,20) = 200/0,80 = 250

Resposta: $ 250,00

**18** – Qual a verdadeira inflação em um determinado período para a sua empresa, quando o departamento de compras informa o seguinte sobre determinada matéria-prima, que se constitui como a base para a fabricação de quase todos os produtos.

| Momento | Preço | Quantidade |
|---|---|---|
| 01 | 2,00 | 5.000 |
| 02 | 2,24 | 4.600 |
| 03 | 2,80 | 4.000 |

Solução pelo preço:

2,00 = 100%
2,24 = 112%
2,80 = 140%

Resposta = 40%
Solução pelo produto (P x Q):

2,00 x 5.000 = 10.000 > 100%
2,24 x 4.600 = 10.304 > 103,4%
2,80 x 4.000 = 11.200 > 112%

Resposta = 12%

**19** – Calcule a inflação em 180 dias, sendo dado: março = 2,5%; abril = 2,4%; maio = 2,2%; junho = 2,0%; julho = 1,8%; agosto = 1,5%

Solução:

Fevereiro = 100 (Valor de referência para iniciação dos cálculos)
Março = 100 x 2,5% = 100 x 1,025 = 102,5%
Abril = 102,5 x 2,4% = 102,5 x 1,024 = 105,0%
Maio = 105 x 2,2% = 105 x 1,022 = 107,3%
Junho = 107,3 x 2,0% = 107,3 x 1,020 = 109,5%
Julho = 109,5 x 1,8% = 109,5 x 1,018 = 111,4%
Agosto = 111,4 x 1,5% = 111,4 x 1,015 = 113,1%

Resposta: 13,1% (113,1 – 100,0)

**20** – Uma empresa vende cinco produtos num determinado mês e ela teve o seguinte resultado de vendas.

| Produtos | Preço de Venda | Quantidade |
|---|---|---|
| Tipo A | 500,00 | 10 |
| Tipo B | 600,00 | 15 |
| Tipo C | 1.000,00 | 5 |
| Tipo D | 2.000,00 | 10 |
| Tipo E | 2.800,00 | 6 |

Pergunta-se: Qual o preço médio de venda dos produtos desta linha?

Solução:

| Tipo | Preço de Venda | Q | Pv x Q |
|---|---|---|---|
| A | 500,00 | 10 | 5.000,00 |
| B | 600,00 | 15 | 9.000,00 |
| C | 1.000,00 | 5 | 5.000,00 |
| D | 2.000,00 | 10 | 20.000,00 |
| E | 2.800,00 | 6 | 16.800,00 |
| | | 46 | 55.800,00 |

Resposta: Pv (médio) = 55.800,00 / 46 = 1.213,00

**21** – Se uma empresa consegue vender 30.000 unidades de seu produto a $ 5,00 por unidade, pergunta-se qual o lucro se ela vender o mesmo produto a $ 4,00, considerando-se que esta diminuição no preço de venda faz aumentar em 60% a quantidade vendida. Sabe-se também que o custo fixo total é da ordem de $ 90.000,00 e o custo variável unitário do produto é de $ 2,00. Analise as duas alternativas.

Solução:

V = CT + L
L = V - CT
L = Pv x Q - (CF + Q x Cv)

Onde:

V = Vendas; L = Lucro; CT = Custo total = CF +CV; Pv = Preço de venda; Q = Quantidade vendida
CF = Custo Fixo; CV = Custo Variável = Q x Cv; Cv = Custo variável unitário

Análise da Alternativa 01:

L = 30.000 x 5 - (90.000 + 30.000 x 2) = 150.000 - 150.000 = 0 (zero)

Análise da Alternativa 02:

Pv = 4,00
Q = 30.000 + 60%30.000 = 30.000 x 1,6 = 48.000
L = 48.000 x 4 - (90.000 + 48.000 x 2) = 192.000 - (90.000 + 96.000)
L = 192.000 - 186.000 = 6.000

Resposta: A segunda alternativa proporciona um lucro de $ 6.000,00

**22** – Você precisa tomar uma decisão para matricular o seu filho num colégio. Os critérios observados serão: mensalidade até $ 300,00, perto de casa, acesso por um único ônibus, nível de ensino e credenciamento do curso. Monte uma tabela de decisão para facilitar o trabalho.

Solução:

| Critérios | Colégio A | Colégio B | Colégio C | Colégio D |
|---|---|---|---|---|
| Mensalidade até $ 300,00 | | | | |
| Perto de casa | | | | |
| Acesso por um único ônibus | | | | |
| Nível de ensino bom | | | | |
| Curso credenciado | | | | |
| Alternativa escolhida | | | | |

**23** – Uma empresa resolveu estimular a demanda e gastou mais 10% do que normalmente gastaria com propaganda e teve como resposta um acréscimo de 30% no faturamento. Qual a eficiência da propaganda?

Solução:

Neste caso trabalhamos com a razão incremental por falta de maiores dados. Assim, temos a equação:

P/F = E
E = dP/dF = 10%/30% = 1/3

Onde:

P = Verba com propaganda
F = Faturamento
E = Eficiência
dP = Variação percentual de propaganda (10%)
dF = Variação percentual de faturamento (30%)

Resposta: Para cada $ 1,00 gasto a mais em propaganda a empresa teve um acréscimo de $ 3,00 na receita com vendas.

**24** – Diga que decisão você tomará para a seguinte situação. Se tiver aumento de 10% nas vendas, ocorrerá um lucro de $ 400,00 se fabricar o produto, mas apenas de $ 380,00 se comprar. Se tiver uma redução de 10% nas vendas, ocorrerá um lucro de $ 340,00 se fabricar o produto, mas de $ 350,00 se comprar. A probabilidade de que as vendas aumentarão em 10% é de 70%. A probabilidade de que as vendas cairão em 10% é de 30%. Solucione através de árvore de decisão.

Solução:

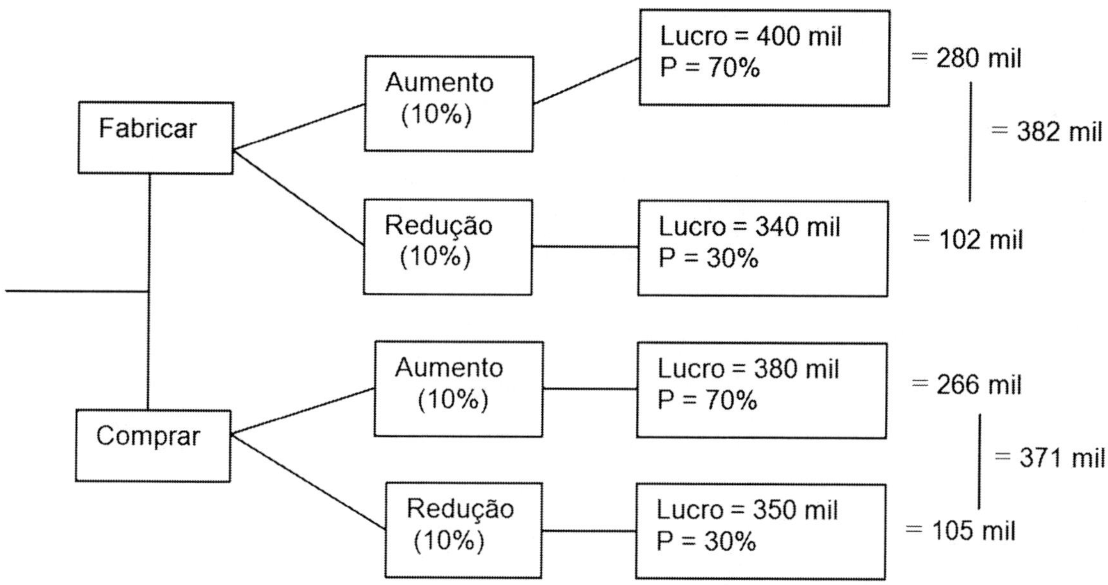


Resposta: Fabricar.

**25** – Avalie a eficiência da propaganda para a seguinte situação: empresa A gasta $ 3.500 com propaganda e detém 45% do mercado; empresa B gasta $ 2.500 com propaganda e detém 30% do mercado; empresa C gasta $ 1.000 com propaganda e detém 25% do mercado

Solução:

| Empresa | Gastos | % (gastos) | Fatia | Eficácia |
|---|---|---|---|---|
| A | 3.500 | 50% | 45% | 0,90 |
| B | 2.500 | 35% | 30% | 0,86 |
| C | 1.000 | 15% | 25% | 1,67 |
| | 7.000 | 100% | 100% | |

Resposta:

Empresa A – Relativamente eficaz.
Empresa B – Ineficaz.
Empresa C – Muito eficaz.

**26** – Uma empresa pretende vender 4.000 unidades de um produto ao preço de $ 1,00, num determinado trimestre, mas só conseguiu vender 3.000 a um preço de $ 0,80. Qual foi a variação de seu desempenho?

Solução:

Previsão = 4.000 x 1,00 = 4.000,00 (100%)
Real = 3.000 x 0,80 = 2.400,00 (60%)
Variação = 60% - 100% = - 40%

Resposta: O seu desempenho teve uma queda de 40%.

**27** – Se a margem de lucro é de 1,5 e o giro do ativo é de 3,2, qual o retorno sobre o ativo?

Solução:

Margem de Lucro = Lucro Líquido/Vendas = 1,5
Giro do Ativo = Vendas/Ativo Total = 3,2
Retorno sobre Ativo = Lucro Líquido/Ativo Total =
= (Lucro Líquido/Vendas) x (Vendas/Ativo Total) = 1,5 x 3,2 = 4,8

Resposta: O retorno sobre ativos levará 4,8 anos.

**28** – Qual o volume de vendas no ponto de equilíbrio de uma empresa com custo fixo de $ 90.000,00 e vendas de $ 450.000,00? Os custos variáveis correspondem a 70% de vendas.

Solução:

L = R - CT = R - (CF + CV)

Se: L = zero; R = V = Vendas; CF = 90.000,00; CV = 450.000,00; CV = 70%V = 0,70V

V - (90.000,00 + 0,70V) = 0
V = 90.000,00 + 0,70V
V - 0,70V = 90.000,00
V (1 - 0,70) = 90.000,00
V (0,30) = 90.000,00
V = 90.000,00 / 0,30 = 300.000,00

Resposta: Volume de vendas para o ponto de equilíbrio deve ser de $ 300.000,00.

**29** – Qual a quantidade de equilíbrio, se as condições são as seguintes: CF = 42,00; Pv = 0,50; Cv = 0,34

Solução:

QE = 42 / (0,50 - 0,34) = 42 / 0,16 = 263

Resposta: Quantidade de equilíbrio é igual a 263.

**30** – A seguir, são dadas as despesas relativas ao custo fixo. Calcular quais são os valores no equilíbrio se o preço de venda é de 0,50 e o custo variável unitário é de 0,33.

Aluguel das instalações = 6,00
Aluguel das máquinas = 10,00
Despesas com impostos e taxas = 5,00
Despesas com escritório = 2,00
Despesas com vendas = 6,00
Despesas com contador = 5,00

Solução:

Total do custo fixo = 34,00

QE = 34 / (0,50 - 0,33) = 34 / 0,17 = 200

Resposta:

Quantidade de equilíbrio = 200
Custo variável total no equilíbrio = 200 x 0,33 = 66,00
Faturamento de equilíbrio = 200 x 0,50 = 100,00

**31** – Admitindo-se que uma firma tenha um custo fixo de $ 100.000,00, um custo variável unitário de $ 24,00 e um preço de venda de $ 40,00. Qual é a sua margem de contribuição? Seu ponto de equilíbrio? Faturamento no equilíbrio? Seu lucro se vender 10.000 unidades?

Solução e Respostas:

Dados: CF = 100.000,00; Cv = 24,00; Pv = 40,00; Q = 10.000
Margem de Contribuição (Pv - Cv) = 40,00 - 24,00 = 16,00
Quantidade de Equilíbrio (QE) = 100.000,00/ 16,00 = 6.250
Faturamento no Equilíbrio = 6.250 x 40,00 = 250.000,00
Lucro = L = R - CT = R - (CF + CV)
L = 10.000 x 40,00 - (100.000,00 + 24 x 10.000) = 400.000,00 - 340.000,00 = 60.000,00

**32** – Imagine que uma empresa está atualmente comprando uma peça usada no seu produto final, ao preço de $ 15,00 cada. A empresa estima que o custo para fabricação da peça seria: material $ 9,00; mão de obra $ 5,60; custo variável $ 2,00; taxa de rateio do fixo $ 1,20. O fornecedor notificou que um aumento de preço para a peça ocorrerá em breve. Qual o percentual de aumento que o fornecedor pode cobrar, antes que a empresa decida fabricá-la?

Solução:

Custo de Fabricação (F) = 9,00 + 5,60 + 2,00 + 1,20 = 17,80
Valor da compra (C) = 15,00
F = C + x%C = C (1 + x%)
1 + x% = F/C = 17,80/15,00 = 1,19
x% = 1,19 - 1,00 = 0,19 = 19%

Resposta: O aumento máximo aceitável é de 19%.

**33** – Se no setor de produção de uma linha de manufatura trabalham 3 pessoas, cada uma, em média, trabalha 184 horas por mês e o valor da folha de pagamento é de $ 2.400,00. Considerando-se que o tempo de fabricação do produto é de 5 minutos e a empresa define como encargos sociais 62% da folha de pagamento. Pergunta-se qual o custo total de fabricação de cada unidade de produto, sabendo-se que os custos de matéria-prima e de embalagem são $ 0,23 e $ 0,94 respectivamente.

Solução:

Cálculo da folha de pagamento:

Folha de pagamento mensal = 2.400,00
Encargos sociais (62%) = 1.488,00
Total da folha = 3.888,00
Cálculo do Custo/hora da mão de obra direta:
Horas trabalhadas = 3 x 184 = 552 horas/mês
Custo/hora = 3.888,00/552 = 7,04/h

Cálculo do custo da mão-de-obra de cada unidade:

60 min – 7,04
5 min – x     x = 0,62

Resposta: $ 0,62

Cálculo do custo total de fabricação de cada unidade:

| | |
|---|---|
| Matéria-prima | 0,23 |
| Embalagem | 0,94 |
| Mão de obra | 0,62 |
| Total | 1,79 |

Resposta: R$ 1,79

**34** – Determinar os valores no equilíbrio para a seguinte situação: receita com vendas = $ 80.000,00; custo variável total = $ 40.000,00; custos fixos = $ 20.000,00; produção = 10.000 unidades.

Solução:

Dados: R = 80.000,00; CV = 40.000,00; CF = 20.000,00; Q = 10.000,00

Pv = 80.000,00/10.000 = 8,00
Cv = 40.000,00/10.000 = 4,00
QE = 20.000,00/ (8,00 - 4,00) = 5.000
F= 5.000 x 8,00 = 40.000,00

Resposta: Faturamento no equilíbrio é igual a R$ 40.000,00.

**35** – Calcule o ponto de equilíbrio do exercício anterior, se as vendas tivessem um desconto de 10%.

Solução:

R = 80.000,00 - 0,10 (80.000,00) = 72.000,00
Pv = 72.000,00/10.000 = 7,20
QE = 20.000,00/ (7,20 - 4,00) = 20.000,00/3,20 = 6.250

Resposta: Faturamento no equilíbrio = 6.250 x 7,20 = R$ 45.000,00

**36** – A Companhia ABC tem uma capacidade de fabricação igual a 10.000 unidades de um determinado produto. Atualmente, está operando com 80% da capacidade instalada. Os custos fixos mensais montam a $ 100.000,00. O custo variável unitário é igual a $ 8,00. O preço de venda no mercado é igual a $ 20,00 por unidade. Qual o lucro da empresa num determinado mês, supondo que ela vende tudo que produz, no próprio mês? Se um comprador externo ao mercado atual desejasse comprar 2.000 unidades por um preço igual a $ 17,00, qual seria a sua decisão?

Solução:

Dados:
Capacidade instalada = 10.000
Produção = 0,80 x 10.000 = 8.000
CF = 100.000,00
Cv = 8,00
Pv = 20,00
L = R - (CF + CV)

Situação A:
R = 20,00 x 8.000 = 160.000,00
CV = 8,00 x 8.000 = 64.000,00
L = 160.000,00 - (100.000,00 + 64.000,00) = - $ 4.000,00

Situação B:
R = 160.000,00 + 2.000 x 17,00 = 194.000,00
CV = 8,00 x 10.000 = 80.000,00
L = 194.000,00 - (100.000,00 + 80.000,00) = $ 14.000,00

Resposta: Deve aceitar.

**37** – Sendo dadas as quantidades produzidas (5, 10, 20, 40, 80) e seus respectivos custos fixo ($ 50,00) e variável unitário ($ 1,50). Mostrar o desempenho do custo fixo unitário e do custo total unitário.

Solução e Respostas:

| Quantidade | Custo Fixo | Custo Variável | Custo Total | Custo Fixo Unitário | Custo Variável Unitário | Custo Total Unitário |
|---|---|---|---|---|---|---|
| 5 | 50,00 | 7,50 | 57,50 | 10,00 | 1,50 | 11,50 |
| 10 | 50,00 | 15,00 | 65,00 | 5,00 | 1,50 | 6,50 |
| 20 | 50,00 | 30,00 | 80,00 | 2,50 | 1,50 | 4,00 |
| 40 | 50,00 | 60,00 | 110,00 | 1,25 | 1,50 | 2,75 |
| 80 | 50,00 | 120,00 | 170,00 | 0,62 | 1,50 | 1,12 |

**38** – Sendo dados: vendas = $ 1.000,00, custo variável total = $ 600,00 e custo fixo total = $ 200,00. Pergunta-se qual o valor que se tem de vender no ponto de equilíbrio, considerando-se que o valor de vendas corresponde a 100% da capacidade instalada.

Solução:

CF = 200,00
CV = 600,00
V = 1.000,00
QE = CF/ (Pv - Cv)
QE (Pv - Cv) = CF
QEPv - QECv = CF

QEPv = CF + QECv
QEPv = Faturamento de equilíbrio (F)
QECv = Custo variável total no equilíbrio
F = CF + QECv

Se Vendas = 100% da Capacidade Instalada (CI)
Custo Variável = 60% CI, porque CV/V = 600/1.000 = 60% = 0,60
F = CF + 0,60F
F - 0,60F = CF
F (1 - 0,60) = 200,00
F = 200/0,40 = 500,00

Resposta: Faturamento de equilíbrio é de $ 500,00.

**39** – Qual deve ser a capacidade instalada numa fábrica se queremos que o ponto de equilíbrio seja 50% desse valor e no ensaio que se fez de produção para atender ao mercado constatou-se o seguinte: Preço de venda = $ 20,00; Custo variável unitário = $ 15,00; Custo fixo total = $ 50.000,00.

Solução:

QE = 50.000,00/ (20,00 - 15,00) = 10.000

Se 10.000 unidades correspondem a 50% da CI, então 100% CI = 10.000 x 2 = 20.000

Resposta: Capacidade instalada deve ser de 20.000 unidades.

**40** – Qual a alternativa que você escolheria?

Alternativa A: Produção = 20.000; Custo fixo = $ 10.000,00; Custo variável por unidade = $ 0,50; Preço de venda = $ 2,00; Utilização da capacidade instalada = 90%.

Alternativa B: Produção = 20.000; Custo fixo = $ 12.000,00; Custo variável por unidade = $ 0,45; Preço de venda = $ 2,00; Utilização da capacidade instalada = 92%.

Solução:

Alternativa A:

Q = 0,90 (20.000) = 18.000
L = Q (Pv - Cv) - CF
L = 18.000 (2,00 - 0,50) - 10.000,00 = 17.000,00
QE = 10.000,00/ (2,00 - 0,50) = 6.667
K = 6.667/20.000 = 0,333 = 33%
K = Fator de comprometimento da capacidade instalada

Alternativa B:

Q = 0,92 (20.000) = 18.400
L = 18.400 (2,00 - 0,45) - 12.000,00 = 19.520,00
QE = 12.000,00/ (2,00 - 0,45) = 7.742
K = 7.742/20.000 = 0,387 = 39%

Resposta: Na alternativa 02 o lucro é 15% maior e o fator K é 18% maior do que a alternativa 01. Se não há muita necessidade de caixa, a alternativa 01 é a preferível, devido ao seu menor fator de comprometimento.

**42** – Sendo o custo fixo de uma empresa igual a $ 50.000,00, o custo variável unitário do produto igual a $ 40,00 e o preço de venda dado pelo mercado é igual a $ 70,00. Pergunta-se, se a empresa só vende este produto, qual a quantidade necessária deste produto que se tem de vender para que a empresa possa sobreviver, isto é, nem ter lucro nem prejuízo.

Solução:

CF = 50.000,00; Cv = 40,00; Pv = 70,00
QE = 50.000,00/ (70,00 - 40,00) = 1.667

Resposta: 1.667 produtos.

**43** – Se numa empresa o custo fixo é igual a $ 90.000,00, o custo variável é igual a $ 50.000,00 e receita com vendas é igual a $ 200.000,00. Pergunta-se qual deve ser o faturamento no ponto de equilíbrio?

Solução:

F = QE x Pv
QE = CF/ (V/Q - CV/Q) = CF (Q)/ (V - CV)
QE = (90.00,00Q) / (200.000,00 - 50.000,00) = (90.000,00/150.000,00) Q = 0,6Q
Q = 200.000,00/Pv
QE = 0,6 (200.00,00/Pv)
F = 0,6 (200.000,00/Pv) (Pv) = $ 120.000,00

Resposta: Faturamento de equilíbrio é de $ 120.000,00

**44** – Qual o custo rateado por produto numa fábrica de água sanitária para as seguintes condições: custo total = $ 8.000,00; total de horas trabalhadas (mão de obra direta) = 552 horas; tempo gasto na fabricação de 1 litro do produto = 5 minutos.

Solução:

Rateio por hora trabalhada:
Custo/hora = 8.000,00/552 = 14,50/h

1 hora ------ 14,50
5 min ------ x x = 1,21

Resposta: Rateio de $ 1,21 por litro de água sanitária

**45** – Considerando-se que uma empresa teve um lucro de $ 100.000,00 para um faturamento (vendas) de $ 800.000,00. Pergunta-se qual o faturamento no ponto de equilíbrio, sabendo-se que o preço de venda do produto é de $ 8,00 e seu custo é de $ 4,00.

Solução:

L = 100.000,00; R = 800.000,00; Pv = 8,00; Cv = 4,00
L = R - (CF + CV) = R - (CF + 4,00Q)
100.000,00 = 800.000,00 - (CF + 4,00Q)
Q = 800.000,00/8,00 = 100.000
CF + 4,00 x 100.000 = 800.000,00 - 100.000,00
CF = 700.000,00 - 400.000,00 = 300.000,00
QE = 300.000,00/ (8,00 - 4,00) = 75.000
F = QE x Pv = 75.000 x 8,00 = $ 600.000,00

Resposta: O faturamento no ponto de equilíbrio é de $ 600.000,00.

**46** – Qual o lucro máximo numa empresa que produz dois produtos, A e B, com os seguintes dados:

Produto A: Lucro por unidade = $ 15,00; Usinagem = 6 horas; Montagem = 4 horas; Capacidade de usinagem = 40 unidades; Capacidade de montagem = 20 unidades.

Produto B: Lucro por unidade = $ 10,00; Usinagem = 8 horas; Montagem = 2 horas; Capacidade de usinagem = 30 unidades; Capacidade de montagem = 40 unidades.

Solução:

A equação do lucro máximo é: L = 15A + 10B

Usinagem: 6A + 8B = 240
Montagem: 4A + 2B = 80

12A + 16B = 480
12A + 6B = 240 (-)
--------------------------
0 + 10B = 240 B = 24

Se B = 24, então: A = 8

L = 15,00 (8) + 10,00 (24) = 120,00 + 240,00 = 360,00

Resposta: Para o lucro ser máximo ($ 360,00) devemos produzir 8 unidades do produto A e 24 unidades do produto B.

**47** – Uma empresa decidiu lançar um novo produto. Ela vai adquirir o produto de um fabricante, embalar e vender, através de um grupo de atacadistas escolhidos geograficamente. Foi realizada uma pesquisa de mercado antes do lançamento que indicou o volume esperado e o tamanho da equipe de vendas. São dadas as seguintes informações:

| Eventos | Atividades | Tempo |
|---|---|---|
| A | Organizar o escritório de vendas (recrutar gerente) | 5 semanas |
| B | Recrutar vendedores | 4 semanas |
| C | Treinar vendedores | 7 semanas |
| D | Escolher agência de propaganda | 2 semanas |
| E | Planejar campanha de propaganda | 4 semanas |
| F | Executar campanha de propaganda | 10 semanas |
| G | Desenhar embalagem | 4 semanas |
| H | Montar seção de embalagem | 12 semanas |
| I | Embalar estoques iniciais | 8 semanas |
| J | Encomendar estoques iniciais do fabricante | 13 semanas |
| L | Escolher atacadistas (distribuidores) | 9 semanas |
| M | Vender aos atacadistas | 6 semanas |
| N | Expedir pedidos iniciais | 6 semanas |

Pergunta-se:

A – Qual é o menor tempo necessário para lançarmos o produto?
B – Qual será o efeito de uma demora de 2 semanas na organização do escritório de vendas?
C – Se a empresa contratar vendedores treinados, eliminando o período de treinamento de 7 semanas, pode-se antecipar o lançamento do novo produto em 7 semanas?
D – Quanto tempo pode-se demorar em escolher a agência, sem atrasar o projeto?
E – Se o lançamento deve ser efetuado o quanto antes, quais as atividades que precisam estar concluídas até o final da semana 16?

F – Pode-se economizar tempo se a agência de publicidade for escolhida junto com a organização do escritório de vendas?

Solução:

Como as preocupações são todas voltadas para o tempo, constrói-se uma rede PERT/CPM.

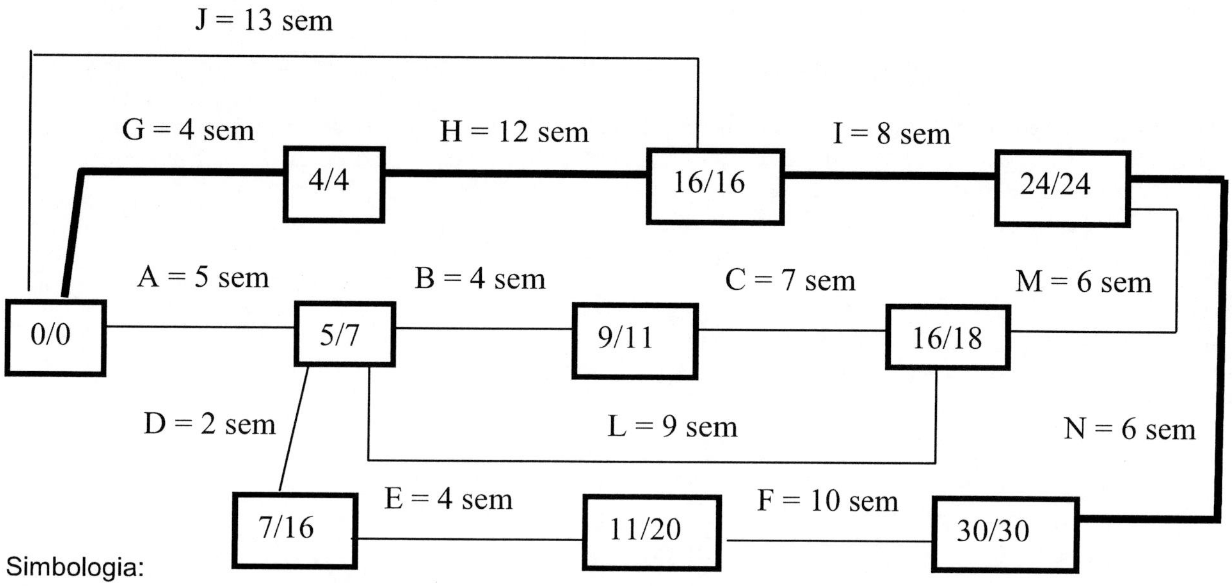


Simbologia:

a/b = Controle do tempo, onde o numerador indica o somatório dos tempos acumulados e o denominador indica o valor máximo de tempo para o evento se realizar.

——— = Caminho dos eventos (atividades)

▬▬▬ = Caminho crítico

A diferença entre o denominador e o numerador indica a folga de tempo. Depois de feito o caminho crítico os valores do denominador são calculados de trás para frente. Se a fração for de 5/7, isto indica que há uma folga de duas semanas.

Definições:

A = Organizar o escritório de vendas/recrutar gerente (5 semanas).
B = Recrutar vendedores (4 semanas).
C = Treinar vendedores (7 semanas).
D = Escolher agência de propaganda (2 semanas).
E = Planejar campanha publicitária (4 semanas).
F = Executar campanha publicitária (10 semanas).
G = Desenhar embalagem (4 semanas).
H = Montar seção de embalagem (12 semanas).
I = Embalar estoques iniciais (8 semanas).
J = Encomendar estoques iniciais do fabricante (13 semanas).
L = Escolher atacadistas (9 semanas).
M = Vender aos atacadistas (6 semanas).
N = Expedir pedidos iniciais (6 semanas).

Respostas:

30 semanas (caminho crítico).

Como a folga neste ramo é de 2 semanas, nada acontecerá.
O treinamento de vendedores está num ramo da rede que já possui uma folga de 2 semanas, logo não adiantaria, porque a folga passaria para nove semanas.
11 semanas = 2 + 9
Desenhar embalagem, montar seção de embalagem e encomendar estoque inicial.
Não, a folga é muito grande (9 semanas).

**48** – Qual o capital de giro próprio necessário para levar avante um empreendimento para as seguintes condições: custo variável = $ 300,00/ano; custo fixo = $ 110,00/ano; receita com vendas = $ 600,00/ano; vendas a prazo = 80% da receita total: prazo médio de vendas = 2 meses; estoques médios de matéria-prima = 2 meses do custo variável; estoques médios de produtos acabados = 1 mês de custo total; disponibilidades mínimas (encaixe) = 1 mês de custo fixo; crédito bancário = desconto de duplicatas correspondente a 60% das vendas a prazo (considerada a média mensal); crédito de fornecedores = 2 meses de custo variável.

Solução:

Disponível = 110,00/12 = $ 9,17
Estoque de matéria-prima = (300,00/12) x 2 = $ 50,00
Estoque de produtos acabados = (110,00 + 300,00) /12 = $ 34,17
Duplicatas a Receber = Faturamento a Prazo/Rotação do Estoque
Faturamento a Prazo = 80% (600,00) = $ 480,00
Rotação do Estoque = 12 meses/2 meses = 6
Duplicatas a Receber = 480,00/6 = $ 80,00
Fornecedores = 300,00/12 = $ 50,00
Empréstimos bancários = 60% (480,00/12) = 0,60 (40,00) = $ 24,00

Resposta = 9,17 + 50,00 + 34,17 + 80,00 - 50,00 - 24,00 = $ 99,34

**49** – Como será o balanço patrimonial do projeto acima?

Solução:

| Ativo | | Passivo | |
|---|---|---|---|
| Disponível: | | Exigível de Curto Prazo: | |
| Caixa e Bancos | 9,17 | Fornecedores | 50,00 |
| Realizável de Curto Prazo: | | Empréstimos Bancários | 24,00 |
| Matéria-Prima | 50,00 | Total | 74,00 |
| Produtos Acabados | 34,17 | Capital de Giro Próprio: | |
| Duplicatas a Receber | 80,00 | (173,34 - 74,00) | 99,34 |
| Total | 164,17 | | |
| Ativo Total | 173,34 | Passivo Total | 173,34 |

**50** – Qual deve ser o preço de venda de determinado produto, para os seguintes dados:

Valor da folha de pagamento mensal = 2.400,00
Encargos sociais = 1.488,00
Total da mão de obra direta = 2.400,00 + 1.488,00 = 3.888,00
Horas trabalhadas no mês por pessoa = 184 h
Total de empregados = 5 pessoas
Total de horas trabalhadas = 184 x 5 = 920/mês
Custo / hora = 3.888,00 / 920 = 4,23
Tempo gasto de fabricação do produto = 30 min = ½ h
Custo total de mão-de-obra por produto = 4,23 / 2 = 2,12
Custo de matéria-prima por produto = 1,50

Custo variável unitário do produto = 2,12 + 1,50 = 3,62

Cálculos:

Rateio do custo fixo:
Total mensal do custo fixo = 30.000,00
Produção Mensal = 10.000
Parcela do custo indireto do produto = 30.000,00/ 10.000 = 3,00
Custo total unitário do produto = 3,62 + 3,00 = 6,62
Custo de Comercialização:

Comissões = 5,0%
ICMS = 17,0%
IPI = 4,0%
Tributos incidentes (pis ...) = 1,25%
Expedição = 3,0%
Despesas financeiras = 2,0%
Total = 32,25%
Margem de lucro = 12,0%

Solução:

Como o custo de comercialização foi calculado com base no preço de venda, faremos com que a margem de lucro também o seja. Assim, a taxa de markup será dada por:

Mk = x% x Pv

x% = 32,25% + 12,0% = 44,25%
x = 0,44 (aproximadamente)

Cálculo do preço de venda:

Pv = Cu / (1 - x) = 6,62 / (1 - 0,44) = 6,62 / 0,55 = 11.87 = 12,00 (aproximadamente)

Resposta: O preço de venda deverá ser de $ 12,00.

**51** – Você terá lucro ou prejuízo se vender um determinado produto cuja composição de preço no momento da venda é a seguinte: mão de obra = 40,00; custo do produto = 30,00; administração = 20,00; lucro = 10,00; preço de venda = 100,00. Considerando-se que o produto foi vendido a prazo de 60 dias e a inflação é de 0,5%/mês.

Solução:

| Itens | Hoje | 30 dias | 60 dias |
|---|---|---|---|
| Mão-de-obra | 40,00 | 40,20 | 40,40 |
| Custo de produção | 30,00 | 30,15 | 30,30 |
| Administração | 20,00 | 20,10 | 20,20 |
| | 90,00 | 90,45 | 90,90 |

Resposta: Daqui a 30 dias o produto já estará custando $ 90,45 e daqui a 60 dias estará custando 90,90. Logo, haverá um lucro de aproximadamente 9% e não 10% como previsto.

**52** – Faça um mapa de controle da carteira de pedidos de uma empresa para as seguintes condições:

Mês de janeiro: Pedidos em execução = 20; Pedidos recebidos = 10 e Pedidos entregues = 12
Mês de fevereiro: Pedidos recebidos = 15 e Pedidos entregues = 10

Mês de março: Pedidos recebidos = 13 e Pedidos entregues = 15
Mês de abril: Pedidos recebidos = 15 e Pedidos entregues = 12
Mês de maio: Pedidos recebidos = 20 e Pedidos entregues = 15

Solução:

| PEDIDOS | JAN | FEV | MAR | ABR | MAI |
|---|---|---|---|---|---|
| Em Execução | 20 | 18 | 23 | 21 | 24 |
| Recebidos | 10 | 15 | 13 | 15 | 20 |
| Entregues | 12 | 10 | 15 | 12 | 15 |
| Pendentes | 18 | 23 | 21 | 24 | 29 |
| Média de Entrega | 12 | 11 | 12 | 12 | 13 |
| Atraso em Meses | 1,5 | 2,1 | 1,8 | 2,0 | 2,2 |
| Atraso em Dias | 45 | 63 | 54 | 60 | 66 |

**53** – No final do ciclo de produção, a empresa apresentou os seguintes dados de custo, para os produtos A, B e C:

Mão-de-obra direta (MOD): A = 30.000,00; B = 35.000,00; C = 15.000,00
Matéria-prima direta (MPD): A = 180.000,00; B = 150.000,00; C = 70.000,00
Custo indireto de fabricação = 90.000,00
Despesas administrativas = 250.000,00
Despesas com vendas = 68.000,00
Quantidade produzida: A = 300.000; B = 200.000; C = 180.000; Total = 680.000
Homens /hora trabalhadas: A = 50.000,00; B = 40.000,00; C = 35.000,00; Total = 125.000,00
HP instalado: A = 20.000,00; B = 30.000,00; C = 10.000,00; Total = 60.000,00
Empregados: A 500; B = 200; C = 300; Total = 1.000

Usando a melhor base de rateio, calcular o custo final unitário de cada produto e seus respectivos preços de venda. A margem de lucro é de 10% do custo.

Solução:

Cálculo dos rateios:

Produto A:
Despesas administrativas (homens-hora trabalhados):
250.000,00 (50.000,00/125.000,00) = 100.000,00

Custos indiretos (Hp instalados):
90.000,00 (20.000,00/60.000,00) = 30.000,00

Despesas com vendas (quantidade produzida):
68.000,00 (300.000/680.000) = 30.000,00

Produto B:
Despesas administrativas:

250.000,00 (40.000,00/125.000,00) = 80.000,00

Custos indiretos:

90.000,00 (30.000,00/60.000,00) = 45.000,00

Despesas com vendas:

68.000,00 (200.00,00/680.000,00) = 20.000,00

Produto C:

Despesas administrativas:

250.000,00 (35.000,00/125.000,00) = 70.000,00

Custos indiretos:

90.000,00 (10.000,00/60.000,00) = 15.000,00

Despesas com vendas:

68.000,00 (180.000,00/680.000,00) = 18.000,00

Cálculo dos custos unitários:

| Itens | A | B | C |
|---|---|---|---|
| Mão de obra direta | 30.000,00 | 35.000,00 | 15.000,00 |
| Matéria-prima direta | 180.000,00 | 150.000,00 | 70.000,00 |
| Custo Indireto | 30.000,00 | 45.000,00 | 15.000,00 |
| Despesas Administrativas | 100.000,00 | 80.000,00 | 70.000,00 |
| Despesas com vendas | 30.000,00 | 20.000,00 | 18.000,00 |
| Custo Total | 370.000,00 | 330.000,00 | 188.000,00 |
| Quantidade produzida | 300.000 | 200.000 | 180.000 |
| Custo unitário | 1,23 | 1,65 | 1,04 |

Preço de venda:

Fórmula Geral: Pv = Cu + 10%Cu = Cu (1 + 0,10) = Cu x 1,10

Respostas:

Produto A = 1,23 x 1,10 = 1,35
Produto B = 1,65 x 1,10 = 1,82
Produto C = 1,04 x 1,10 = 1,15

**54** – Uma empresa apresentou os seguintes dados de custo ao final do seu ciclo de produção:

Matéria-prima direta:

Produto A = 12.721,00 (33%)
Produto B = 25.703,00 (67%)

Mão de obra direta:
Produto A = 50.000,00 (28%)
Produto B = 130.000,00 (72%)

Outros dados:
Mão-de-obra indireta = 36.000,00
Matéria-prima indireta = 10.000,00
Depreciação = 25.000,00
Energia Elétrica = 12.000,00
Aluguel = 15.000,00
Honorários = 18.000,00
Salários administrativos = 54.000,00

Imobilização industrial:

Produto A = 100.000,00 (40%)
Produto B = 150.000,00 (60%)

Consumo de energia:

Produto A = 4.000 kw/h (67%)
Produto B = 2.000 kw/h (33%)

Área ocupada:

Produto A = 90 m (60%)
Produto B = 60 m (40%)

Quantidades produzidas:

Produto A = 1.000
Produto B = 1.700

Total de produção = 2.700

Determinar o custo unitário dos produtos A e B:

Solução:

Cálculo dos custos unitários:

| Item de Custo | Produto A | Produto B | Total | Base de Rateio |
|---|---|---|---|---|
| Matéria-prima direta | 12.721,00 | 25.703,00 | 38.424,00 | - |
| Mão de obra Direta | 50.000,00 | 130.000,00 | 180.000,00 | - |
| Matéria-prima Indireta | 3.310,00 | 6.690,00 | 10.000,00 | Matéria-prima direta |
| Mão de obra Indireta | 11.000,00 | 25.000,00 | 36.000,00 | Mão de obra direta |
| Depreciação | 10.000,00 | 15.000,00 | 25.000,00 | Imobilização |
| Energia elétrica | 8.000,00 | 4.000,00 | 12.000,00 | kw/h |
| Aluguel | 9.000,00 | 6.000,00 | 15.000,00 | Área |
| Honorários de diretoria | 6.000,00 | 12.000,00 | 18.000,00 | Mão de obra direta |
| Salários Administrativos | 18.000,00 | 36.000,00 | 54.000,00 | Mão de obra indireta |
| Custo Total | 128.031,00 | 260.393,00 | 388.424,00 | - |
| Quantidade Produzida | 1.000 | 1.700 | 2.700 | - |
| Custo unitário | 128,00 | 153,00 | | - |

**55** – George é motorista de táxi. Normalmente, pode trabalhar 6 horas por dia, mas não o faz por ser um senhor de idade. Ele roda por dia uma média de 240 km. Suas dúvidas são: Quantos quilômetros ele terá que rodar num dia para pagar suas despesas? Quanto precisará ganhar por dia para começar a ter lucro?

Dados adicionais:

Custo do carro (depreciação) = 14.000,00
Vida útil provável = 10 anos
Tributação anual = 720,00
Aluguel mensal da garagem = 30,00
Litro de óleo para cada 100 km = 4,00
Litro de gasolina por 5 km rodados = 0,30
Despesa de manutenção por km rodado = 0,05

Preço do taxímetro por quilômetro rodado = 0,50

Solução:

Cálculo do custo fixo:
Depreciação/dia = 14.400,00 / (260 x 10) = 4,00
Tributação por dia = 720,00 / 360 = 2,00
Aluguel por dia = 30,00 / 30 = 1,00
Custo fixo = 7,00

Cálculo do custo variável:

Gasolina = 0,30 / 5 km = 0,06/km
Óleo = 4,00 / 100 km = 0,04/km
Manutenção = 0,05/km
Custo variável = 0,15 /km

A margem de contribuição é a seguinte:

Receita por quilômetro = 0,50/km
Despesa variável por quilômetro = 0,15
Margem de contribuição = 0,35/km
Ponto de equilíbrio = Custo Fixo / Margem de contribuição = 7,00/0,35/km = 20 km

Faturamento dia = 20 km x 0,50/km = 10,00

Resposta: O Sr. George deverá percorrer 20 km/dia para que o total da receita alcançada cubra todos os seus custos diários. Aquilo que ultrapassar 10,00 é lucro.

**56** – Aproveitando o problema anterior, digamos que o Sr. George tenha uma despesa mensal de 540,00 para as despesas com educação e saúde, além de 1.000,00 para cobrir suas despesas domésticas. Então o Sr. George quer saber quanto precisa rodar para cobrir todas as suas despesas:

Solução:

Custos e despesas fixas:

Depreciação = 120,00 (4,00 x 30)
Seguro = 60,00 (2,00 x 30)
Aluguel = 30,00 (1,00 x 30)
Despesa com colégio = 540,00
Despesas domésticas = 1.000,00
Total = 1.750,00

Ponto de equilíbrio = 1.750,00 / 0,35/km = 5.000 km

Resposta: o Sr. George deverá rodar pelo menos 5.000 km por mês para sobreviver.

Uma outra resposta que poderá ser dada é a seguinte: O Sr. George deverá trabalhar durante 25 dias, rodando uma média de 200 km diários para cobrir suas despesas. Este exemplo simples dá a medida da utilidade da análise no ponto de equilíbrio para a solução de alguns projetos relacionados ao planejamento de uma empresa.

**57** – Supondo que uma empresa, produza com a seguinte estrutura de custos e despesas:

Custos fixos de produção = 1.400.000,00 / mês

Custos variáveis de produção, exceto para MP e MOD = 400,00 / hora-máquina
Despesas de administração, vendas e financiamento = 1.200.000,00 / mês
Despesas variáveis de vendas = 20% por 1,00 de venda

Para poder chegar ao preço de venda para cada encomenda, a empresa previu um volume total de trabalho para o ano de 2.500 horas-máquina e fixou como meta o lucro anual de 1.000.000,00. Estando ociosa, numa determinada semana, recebe um cliente que lhe propõe uma encomenda com as características seguintes:

Materiais e mão de obra direta = 96.000,00
Horas-máquina = 50 horas

Supondo, adicionalmente, que o cliente esteja disposto a pagar apenas 200.000,00 pela encomenda. Deverá a nossa empresa aceitar ou não o trabalho?

Solução:

Custo Fixo por hora-máquina = 1.400.000,00 / 2.500 = 560,00
Custo variável por hora-máquina = 400,00
Despesas fixas por hora-máquina = 1.200.000,00 / 2.500 = 480,00
Custo e despesa por hora-máquina = 1.440,00
Lucro desejado por hora-máquina = 1.000.000,00 / 2.500 = 400,00
Valor total = 1.840,00

Relativo à encomenda:

Materiais e mão de obra direta = 96.000,00
Custos para 50 horas-máquina = 92.000,00 (50 x 1.840,00)
Total = 188.000,00

Como este montante deve corresponder a 80% do preço de venda, já que 20% são despesas variáveis com vendas, o preço do pedido deverá ser de:
Preço = 188.000,00 x 0,80 = 235.000,00

Resposta: Se a indústria olhar com base nos valores obtidos talvez não aceite, já que poderia estar computado: Despesas de vendas variáveis (20% de 200.000,00) = 40.000,00; Custo, despesa e lucro (encomenda) = 188.000,00; total de despesas e custos = 228.000,00; Preço ofertado pelo cliente = 200.000,00; Prejuízo = 28.000,00

Na realidade o prejuízo é de 8.000,00, pois em 20.000,00 estão embutidos 20.000,00 (50 x 400,00) de lucro. Verificamos, entretanto, o que aconteceria de fato se a empresa deixasse de aceitar essa encomenda: seus custos e despesas fixas continuariam a existir, independentemente da encomenda, e ela poderia, não aceitando, deixar de gastar apenas:

Matéria e mão de obra direta = 96.000,00
Custos e despesas variáveis = 20.000,00 (400,00 x 50)
Despesas variáveis de vendas (20% de 200.000,00) = 40.000,00
Total = 156.000,00

Deixaria de gastar essa quantia, mas deixaria de receber os 200.000,00. Portanto, estaria perdendo uma margem de contribuição de 44.000,00. Seu resultado anual seria, caso não aceitasse a oferta, reduzido em 44.000,00. Mais uma vez verificamos que os custos fixos podem provocar problemas no momento da decisão. Assim, a margem de contribuição tem a grande virtude de tornar mais clara à situação e a solução a ser dada.

# Referências Bibliográficas


ACKOFF, Russel L. *Planejamento empresarial*. Rio de Janeiro: LTC, 1979.
ADDISON, M. E. *Fundamentos de organização e métodos*. Rio de Janeiro: Zahar, 1979.
ADIZES, Ichak. *Os ciclos de vida das organizações*. São Paulo: Pioneira, 1990.
ALBERS, H. e Schoer L. *Princípios de organização e administração*. Rio de Janeiro: Renes, 1970.
ALBERS, Henry H. *Princípios de administração*. Rio de Janeiro: LTC, 1971.
ARAÚJO, Luiz César. *Organização e métodos*. São Paulo: Atlas, 1994.
ARGYRIS, Cris. *Personalidade e organização: o conflito entre o sistema e o indivíduo*. Rio de Janeiro: Renes, 1969.
BACÃO, Yolanda Ferreira e L. Leite Cordeiro. *O comportamento humano na empresa: uma antologia*. Rio de Janeiro: FGV, 1977.
BACKER, Paul de. *Gestão ambiental: a administração verde*. Rio de Janeiro: Qualitymark, 1995.
BARKI, Roger e Josy Alzogaray. *Guia completo do funcionamento de uma empresa*. Petrópolis: Vozes, 1985.
BARNARD, Chester I. *As funções do executivo*. São Paulo: Atlas, 1971.
BARNES, R. M. *Estudo de movimentos e tempos*. São Paulo: Edgar Blücher, 1969.
BAUER, Ruben. *Gestão da mudança: caos e complexidade nas organizações*. São Paulo: Atlas, 1999.
BENNIS, Warren G. *Desenvolvimento organizacional: sua natureza, origens e perspectivas*. São Paulo: Edgard Blücher, 1969.
BENNIS, Warren. *Formação do líder*. São Paulo: Atlas, 1996.
BERGANINI, Cecília Whitaker. *Motivação nas organizações*. São Paulo: Atlas, 1997.
CASTILHO, Áurea. *Liderando grupos: um enfoque gerencial*. Rio de Janeiro: Qualitymark, 1999.
CHIAVENATO, Idalberto. *Administração: teoria, processo e prática*. São Paulo: Makron Books, 1987.
CHIAVENATO, Idalberto. *Introdução à teoria geral da administração*. Rio de Janeiro: Campus, 2000.
CHURCHUMANN, C. West. *Introdução à teoria dos sistemas*. Petrópolis: Vozes, 1972.
COSTA, Nelson P. *Análise do resultado empresarial*. Rio de Janeiro: Ciência Moderna, 2010.
COSTA, Nelson P. *Básico de administração*. Rio de Janeiro: Pecos, 2005.
COSTA, Nelson P. *Comunicação empresarial* – 2ª Edição. Rio de Janeiro: Ciência Moderna, 2008.
COSTA, Nelson P. *Documentos empresariais*. Rio de Janeiro: Ciência Moderna, 2012.
COSTA, Nelson P. Gestão de restaurante. Rio de Janeiro: Ciência Moderna, 2016.
COSTA, Nelson P. *Marketing para empreendedores*. Rio de Janeiro: Qualitymark 2003.
COSTA, Nelson P. *Tempo: aprenda a administrar*. Rio de Janeiro: Ciência Moderna, 2008.
COSTA, Nelson P. *Administração para empreendedores*. Rio de Janeiro: Ciência Moderna, 2018
COSTA, Nelson P. *Antologia do empreendedor*. Rio de Janeiro: Ciência Moderna, 2018
COSTA, Nelson P. *Glossário do empreendedor*. Rio de Janeiro: Ciência Moderna, 2019
COSTA, Nelson P. *Marketing para empreendedores*. Rio de Janeiro: Ciência Moderna, 2020
COSTA, Nelson P. *Oficina do livro*. Rio de Janeiro: Ciência Moderna, 2021
COSTA, Nelson P. *Sistemas de informação*. Rio de Janeiro. Ciência Moderna, 2022
COSTA , Nelson P. *Estudo de caso*. Rio de Janeiro. Ciência Moderna, 2023
CULLIGAN, Matthew J. *Administração de volta às origens*. São Paulo: Abril, 1987.
CURY, Antonio. *Organização e métodos: uma perspectiva comportamental*. São Paulo: Atlas, 1981.
D'ARAUJO, A. Luiz. *Princípios de organização*. Rio de Janeiro: Fórum, 1974.
DEMING, W. Edwards. *A nova economia*. Rio de Janeiro: Qualitymark, 1997.
DEMING, W. Edwards. *Qualidade; a revolução da administração*. Rio de janeiro: Saraiva, 1989.
DRUCKER, Peter F. *Inovação e espírito empreendedor*. São Paulo: Pioneira, 1990.
DRUCKER, Peter F. *Introdução à administração*. São Paulo: Pioneira, 1991.
DRUCKER, Peter F. *O gerente eficaz*. Rio de Janeiro: Zahar, 1981.
DRUCKER, Peter F. *Prática de administração de empresas*. Rio de Janeiro: Zahar, 1959.
DRUCKER, Peter F. *Uma era de descontinuidade*. Rio de Janeiro: Zahar, 1974.
ENRICK, Norbert L. *Planejamento administrativo*. São Paulo: Atlas, 1972.
ETIZIONI, Amitai. *Organizações modernas*. São Paulo: Pioneira, 1969.
FARIA, A. Nogueira. *A comunicação na administração*. Rio de Janeiro: LTC, 1982.
FARIA, A. Nogueira. *Chefia e liderança*. Rio de Janeiro: LTC, 1982.
FARIA, A. Nogueira. *Dinâmica da administração: perspectivas e projeções*. Rio de Janeiro: LTC, 1978.

FARIA, A. Nogueira. *Organização de empresas*. Rio de Janeiro: LTC, 1974.
FARIA, Nivaldo Maranhão. *Organização do trabalho*. São Paulo: Atlas, 1984.
FAYOL, Henri. *Administração industrial e geral*. São Paulo: Atlas, 1981.
FRANCAROLLI, Luiz Machado. *Pequena e média empresa*. São Paulo: Pioneira, 1975.
GARCIA, Volnei Pereira. *Desenvolvimento das famílias empresariais*. Rio de Janeiro: Qualitymark, 2001.
GARVIN, David A. *Gerenciando a qualidade: a visão estratégica e competitiva*. Rio de Janeiro: Qualitymark, 1998.
GATES, Bill. *A empresa na velocidade do pensamento*. São Paulo: Companhia das Letras, 2000.
GIL, Antonio de Loureiro. *Sistemas de informações contábil e financeira*. São Paulo: Atlas, 1992.
GRAHAM, Pauline. *Mary Parket Follet: profeta do gerenciamento*. Rio de Janeiro: Qualitymark, 1996.
HAMPTON, David R. *Administração contemporânea*. São Paulo: McGraw-Hill, 1983.
HAMPTON, David R. *Conceitos de comportamento na administração*. São Paulo: EPV, 1973.
HANKS, Kurt. *O navegador de mudanças*. Rio de Janeiro: Qualitymark, 1998.
IUDICIBUS, Sergio de. *Contabilidade gerencial*. São Paulo: Atlas, 1987.
JUCIUS, Michael J. e Willian E. Schlender. *Introdução à administração*. São Paulo: Atlas, 1988.
KANAANE, Robert. *Comportamento humano nas organizações*. São Paulo: Atlas, 1999.
KATZ, Daniel e Robert Kanh. *Psicologia social das organizações*. São Paulo: Atlas, 1976.
KEIN, David A. *A gestão estratégica do capital intelectual*. Rio de Janeiro: Qualitymark, 1998.
KOONTZ, Harold e Cyril O' Donnel. *Princípios de administração*. São Paulo: Pioneira, 1974.
LAWRENCE, Paul e Jay Lorsch. *As empresas e o ambiente*. Petrópolis: Vozes, 1973.
LEONE, George S. Guerra. *Custos: um enfoque administrativo*. São Paulo: Atlas, 1983.
LERNER, Walter. *Organização, sistemas e métodos*. São Paulo: Atlas, 1982.
LIKERT, Rensis. *Novos padrões de administração*. São Paulo: Pioneira, 1971.
LODI, J. G. *A crise da organização*. São Paulo: Atlas, 1986.
LODI, João Bosco. *A diretoria da empresa: estratégia e estrutura*. Petrópolis: Vozes, 1972.
LODI, João Bosco. *A presidência da empresa*. São Paulo: Pioneira, 1985.
LODI, João Bosco. *História da administração*. São Paulo: Pioneira, 1980.
LOEN, Raymundo. *Administração eficaz*. Rio de Janeiro: FGV, 1985.
LUCENA, Maria D. Salete. *Avaliação de desempenho*. São Paulo: Atlas, 1992.
MACHIAVEL, Nicolo de. *O príncipe*. Rio de Janeiro: Civilização, 1976.
MASLOW, Abraham H. *Maslow no gerenciamento*. Rio de Janeiro: Qualitymark, 2000.
MAXIMIANO, Antonio C. Amaru. *Teoria geral da administração*. São Paulo: Atlas, 2000.
Mc GREGOR, Douglas. *O lado humano da empresa*. São Paulo: Martins Fontes, 1980.
MINTZBERG, Henry. *Criando organizações eficazes*. São Paulo: Atlas, 1995.
MORAIS, Carmem. *Atitudes de empreendedores*. Rio de Janeiro: Qualitymark, 2000.
MOTTA, Paulo Roberto. *Gestão contemporânea: a ciência e a arte de ser dirigente*. Rio de Janeiro: Record, 1991.
MOTTA, Paulo Roberto. *Planejamento Organizacional*. Rio de Janeiro: FGV, 1988.
NASBIT, John e P. Adurdene. *Megatrens*. São Paulo: Amana-Key, 1990.
OUCHI, Willian. *Teoria Z*. São Paulo: Nobel, 1988.
PARKER, S. R. *Sociologia da indústria*. São Paulo: Atlas, 1988.
PARKINSON, C. Northcote. *A lei de Parkinson*. São Paulo: Pioneira, 1967.
PAULA, Ieda de. *Do chão de fábrica à presidência*. Rio de Janeiro: Qualitymark, 1999.
PERROW, Charles. *Análise organizacional: um enfoque sociológico*. São Paulo: Atlas, 1976.
PETERS, Thomas e Robert Watermann Jr. *Vencendo a crise*. São Paulo: Harbra, 1991.
RAMOS, A. e Materko R. *Comunicação administrativa eficaz*. São Paulo: Alhambra, 1985.
RESNIK, Paul. *A bíblia da pequena empresa*. São Paulo: McGraw-Hill, 1991.
RONCHI, Luciano. *Organização, métodos e mecanização*. São Paulo: Atlas, 1973.
SILVA, Adelphino Teixeira. *Administração básica*. São Paulo: Atlas, 2000.
SIMON, Herbert A. e James G. March. *Teoria das organizações*. Rio de Janeiro: FGV, 1970.
SIMON, Herbert. *Comportamento administrativo*. Rio de Janeiro: FGV, 1964.
SLOAN, Alfred. *Minha vida na General Motors*. Rio de Janeiro: Record, 1965.
TAVARES, Maria das Graças de Pinho. *Cultura organizacional*. Rio de Janeiro: Qualitymark, 1999.
TAYLOR, Frederick Winslow. *Princípios de administração científica*. São Paulo: Atlas, 1966.
THUROW, Lester C. *A construção da riqueza*. Rio de Janeiro: Rocco, 2001.
TOFFLER, Alvin. *A empresa flexível*. Rio de Janeiro: Record, 1985.

TOFFLER, Alvin. *O choque do futuro*. Rio de Janeiro: Artenova, 1972.
TZU, Sun. *A arte da guerra*. São Paulo: Record, 1990.
VIEIRA, Marcelo M. Falcão e Lucia M. B. de Oliveira. *Administração contemporânea: perspectiva estratégica*. São Paulo: Atlas, 1999.
WARLICH, Beatriz M. S. *Uma análise das teorias de organização*. Rio de Janeiro: FGV, 1974.
WEIL, Pierre. *Relações humanas na família e no trabalho*. Rio de Janeiro: FGV, 1976.
WOODWARD, Joan. *Organização industrial: teoria e prática*. São Paulo: Atlas, 1977.

# Índice Remissivo

## A

# B



# C

# D

# E

# F

# G



# H



# I

# J



# L



# M

# N



# O

# P

# Q



# R

# S



# T

# U



# V

Impressão e acabamento
Gráfica da Editora Ciência Moderna Ltda.
Tel: (21) 2201 - 6662